역사가
기억하는
세계 100대
명화

우지에 편저   남은성 옮김

꾸벅

차 례

애도	11
유다의 키스	14
성삼위일체	17
아르놀피니의 결혼	20
그리스도의 세례	24
봄	27
비너스의 탄생	31
최후의 만찬	35
모나리자	39
잠자는 비너스	43
자화상	46
성 안토니우스의 유혹	49
아테네의 학당	52
시스틴의 성모	56
아담의 창조	60
최후의 심판	64

신성한 사랑과 세속적인 사랑	68
바쿠스 축제	71
십자가에 못 박힌 예수	75
에라스무스의 초상	78
목욕하는 수산나	81
눈 속의 사냥꾼들	85
농가의 결혼식	89
성 마태오의 소명	92
큐피드의 승리	96
라오콘	100
헬레네의 납치	104
집시소녀	107
니콜라스 튈프 교수의 해부학 강의	110
야경	114
사냥터의 찰스 1세	118
참회하는 막달라 마리아	122
시녀들	126
실 잣는 여인들	129
우유 따르는 여인	132
키테라 섬의 순례	135
목욕 후에 쉬는 다이애나 여신	139

퐁파두르 후작 부인의 초상	142
식전의 기도	145
그네	148
호라티우스 형제의 맹세	151
마라의 죽음	155
옷을 벗은 마하	158
1808년 5월 3일	161
그랑드 오달리스크	164
샘	167
메두사호의 뗏목	170
건초마차	173
보리밭	176
키오스 섬의 학살	180
민중을 이끄는 자유의 여신	183
비와 증기와 속도 - 그레이트 웨스턴 철도	186
멱 감는 여인들	189
화가의 아틀리에	192
이삭 줍는 여인들	195
만종	198
님프와 사티로스	202
인상 해돋이	205

수련	208
3등 열차	211
풀밭 위의 점심	214
피리를 부는 소년	218
오이디푸스와 스핑크스	221
볼가 강의 뱃사람들	224
발레수업	227
근위병 처형의 아침	230
이렌 카앵 당베르 양의 초상	233
물랭 드 라 갈레트의 무도회	236
생트 빅투아르 산	239
그랑드자트 섬의 일요일 오후	242
카네이션, 백합, 백합, 장미	245
별이 빛나는 밤	248
해바라기	251
절규	254
키클롭스	257
몽마르트의 거리, 오후 햇살	260
우리는 어디에서 왔는가? 우리는 누구인가? 우리는 어디로 가는가?	263
잠자는 집시	266
꿈	269

모자를 쓴 여인	272
푸른 옷을 입은 여인	275
입맞춤	278
아비뇽의 처녀들	281
게르니카	284
우는 여인	287
나와 마을	290
생일	293
계단을 내려오는 누드	296
L.H.O.O.Q.	299
부두와 바다	302
늙은 왕	305
아를뤼캥의 사육제	308
여러 개의 원들	312
노랑-빨강-파랑	315
기억의 지속	318
삶은 강낭콩이 있는 부드러운 구성-내전의 예감	321
죽음과 불	324
그림 그리는 손	327
작품 1호 - 라벤더 빛 안개	330
두 개의 마릴린	333

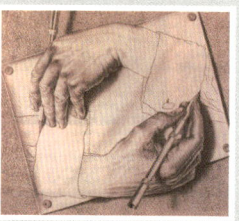

◀ 애도
(Lamentation)

명화자료
창작시기 : 1303 ~ 1305년
크기 : 183 × 198cm
기법 : 프레스코
소장 : 이탈리아 파도바(Padova) 스크로베니 예배당(Cappella degli Scrovegni)

애도

불후의 명작인 《신곡(La Divina Comedia)》을 남긴 시인 단테(Alighieri Dante)와 함께 중세 이탈리아가 낳은 양대 천재 중 한 명으로 손꼽히는 지오토 디 본도네(Giotto di Bondone)는 오늘날까지도 이탈리아인들의 존경을 받고 있다. 당시 이 두 천재가 보여준 뛰어난 창조력은 서구 문화와 예술 분야에 불어 닥친 거대한 파도와도 같았다.

지오토의 유명한 작품인 〈애도〉는 이탈리아의 파도바에 위치한 스크로베니 예배당*의 벽을 장식하고 있다. 이 작품은 성서에서 말하는 가장 비극적인 순간의 이야기를 그만의 독자적인 기법으로 생동감 있게 표현하고 있어 기독교인들에게 짙은 호소력과 깊은 감동을 전해주는 명작으로 인정받고 있다.

예수의 시신을 둘러싼 인물들의 표정 및 자세 등을 자세히 살펴보

▲ 지오토 초상

* 아레나 성당(Arena Chapel)이라고도 부른다

11

▲ 이집트로의 피신
(The Flight into Egypt)

자. 양 팔을 뒤로 크게 젖힌 채 몸을 살짝 앞으로 굽혀 일그러진 표정으로 예수를 들여다보고 있는 젊은이가 보일 것이다. 그가 바로 성 요한이다. 그 위로 하늘을 맴돌며 절망과 슬픔에 찬 고통스러운 표정을 한 천사들의 무리가 보인다. 하지만 이들 중 가장 큰 슬픔을 느끼는 사람은 성모이다. 성모의 자세는 얼핏 침착해 보인다. 그러나 아들의 죽음 앞에서 극도의 슬픔을 느끼는 성모 마리아의 표정과 잠든 듯 나체로 누워있는 예수의 평온한 표정이 선명하게 대비됨으로써 비극적이고 무거운 분위기를 자아낸다. 긴 겉옷에 두건으로 머리를 가린 채 화면을 등지고 앉아 있는 두 여인의 얼굴 표정은 알 수가 없다. 그러므로 그림 밖 세계에서는 그녀들이 느끼는 슬픔의 깊이를 헤아릴 수 없다. 다만 힘없이 늘어진 예수의 머리를 조심스럽게 받친 두 손과 웅크린 등을 보며 짐작할 뿐이다. 지오토는 인물들 뒤로 사선으로 뻗어나가는 언덕의 능선과 깊고 푸른빛을 띤 하늘, 잎도 없이 앙상한 가지만 있는 나무를 그려 넣어 그들이 느끼고 있는 슬픔과 안타까움, 절망, 공포 등을 더욱 두드러지게 했다. 그림 속 인물들이 느끼는 끝없는 슬픔과 절망을 생생하게 표현하면서도 고귀한 존재의 성스러움이 함께 느껴진다는 점에서 지오토의 천재성이 발휘된다. 이 그림의 특징은 뭘까? 당시의 일반적인 종교화 형식을 벗어나 인물을 표현할 때 입체감을 주어 사실적으로 그려냈다는 점이다. 인물들의 옷차림은 소박하며 한 사람 한 사람의 표정과 동작에서 저마다 개성이 드러난다. 시선은 죽음을 맞이한 예수와 이를 끌어안고 있는 성모에게 집중된다. 비스듬히 기울어진 언덕의 경사각 때문이다.

이러한 지오토의 화풍 방식은 평면 위에 마치 새로운 공간을 창조하는 듯한, 일명 '착각의 예술'이다. 또한 배경이나 인물의 옷차림에 음영을 주는 등 원근법의 원리를 이용하여 작품 세계에 입체적 공간을 부여한다. 따라서 평면적이고 추상적이던 비잔틴 화풍의 전통에서 벗어나게 되었다.

지오토 디 본도네는 1266년, 이탈리아 피렌체 부근에 위치한 베스피냐노(Vespignano)* 의 한 농가에서 태어났다. 평범한 양치기 소년에 불과했던 그는 우연한 기회에 치마부에(Cimabue)의 눈에 띄어

─────────
* 현재의 비키오(Vicchio) 지역

작자소개
지오토 디 본도네
(Giotto di Bondone, 1266~1337)
이탈리아 피렌체 출신의 화가 겸 조각가. 르네상스 시대의 뛰어난 예술가로 회화, 조각에서 건축에 이르기까지 광범위하게 재능을 펼쳤다. 이탈리아 미술사에서는 그를 르네상스 시대의 문을 연 개척자이자 이탈리아 회화의 창시자로 기리고 있다. 1266년에 피렌체 근방의 농촌에서 태어나 1337년에 피렌체에서 사망했다.
지오토의 대표작으로는 〈최후의 심판(The Last Judgment)〉, 〈금문에서의 만남〉, 〈유다의 키스〉, 〈애도〉 등을 꼽을 수 있다. 이 작품들은 중세 성상화(Icon화, 종교나 신화를 중심 소재로 하며, 분명한 목적과 의도를 담고 있는 것이 특징)의 일정한 틀에서 벗어나 르네상스 시대의 인문주의 정신을 잘 표현하고 있다. 지오토는 예술 분야에 인문주의 사상의 숨결을 불어넣고 사실주의 표현 기법을 사용하여 회화 발전사에 새로운 바람을 일으킨 창조적 예술가로 평가받고 있다.

화실에 들어가 제자로서 허드렛일을 맡아서 했다는 이야기가 전해지지만 확실하지는 않다. 피렌체의 화실에서 일하는 동안 그는 마치 스펀지가 물을 빨아들이듯 빠른 속도로 회화의 모든 것을 배웠다. 당시 회화는 딱딱하고 정형화된 비잔틴 미술이 주를 이루고 있었다. 그러나 지오토가 지닌 천재성은 전통적인 비잔틴 미술을 따르기보다는 참신하고 혁신적인 기법으로 기존의 권위에 도전함으로써 인정받았다. 그의 벽화는 이렇게 새로운 예술의 시대를 여는 데 큰 기여를 했다.

1334년 6월, 피렌체 정부는 지오토에게 피렌체 대성당(Duomo di Firenze)의 건축공사 감독직을 의뢰했고, 이를 계기로 그는 이 성당의 유명한 건축물인 '지오토의 종탑'을 세웠다. 피렌체 정부 인사가 지오토를 공사 감독으로 임명하면서 "이 일에 지오토만한 적임자는 없다."라고 단언했을 정도로 당시 그는 크게 인정받는 예술가로서 왕성한 활동을 펼치고 있었다.

그중에서도 〈애도〉는 지오토의 예술적 혁명이 절정에 달했음을 나타내는 작품이다. 작품속에 한결같이 흐르는 인문주의 사상과 사실주의적 표현은 이탈리아를 넘어 서구 세계 곳곳에 막대한 영향을 끼치게 되었다. 지오토가 평생에 걸쳐 남긴 작품들은 대부분 종교적 주제를 강하게 담고 있다. 그러나 지오토의 등장을 계기로 그동안 종교 미술에서 철저히 배제되거나 축소되었던 인간의 존재가 종교성과 어우러져 중요한 가치를 지니게 되었다. 현실적 존재인 인간의 가치가 재조명된 것이다. 서양 미술사에서 지오토를 위대한 예술가로 평가하는 이유가 바로 그것이다. 이렇듯 그의 화풍은 그리스와 로마의 고대 미술이 지닌 인본주의 정신을 만족시켜 르네상스 시대를 꽃피우는 데 중요한 역할을 해냈다.

◀ 오랜 역사를 자랑하며 우뚝 서 있는 피렌체 대성당의 종탑

▶ 유다의 키스
(The Kiss of Judas)

명화자료
창작시기 : 1305~1306년
크기 : 200 × 185cm
기법 : 프레스코
소장 : 이탈리아 파도바 스크로베니 예배당

유다의 키스

　〈유다의 키스〉는 13세기 후반 이탈리아 피렌체의 거장 지오토의 대표작 중 하나로 유럽 르네상스 초기의 걸작이다. 13세기 이전까지 이탈리아 회화 예술은 비잔틴 미술의 영향을 받으며 발전했다. 이는 로마 비잔틴 제국의 영향으로 탄생한 화풍으로 화려한 색채와 일정한 형식을 따르는 정형화된 엄격한 화법이 가장 큰 특징이다. 비잔틴 미술에서 화려한 회화 작품에 등장하는 인물은 뚜렷한 개성이나 인간적인 표정이 드러나지 않고 '신격화'되어 대부분 비현실적인 인상을 준다. 지오토의 등장으로 이탈리아 회화는 비잔틴 미술의 영향에서 벗어나 현실주의 노선을 걷기 시작했다.
　〈유다의 키스〉는 《성경》 속 이야기를 그림으로 표현한 작품이다. 지오토는 구도의 특성을 잘 살려서 살아있는 인물과 사실적 세계를 표현하고자 했다. 작품 소재에는 이미 인문주의 정신이 잘 반영되어 있고, 신 중심의 신앙에서 인간의 삶과 가치를 존중하는 방향으로 발전해나가는 모습을 보여 준다.

《성경》에서는 로마 지배세력이 민중에게 큰 인기를 얻고 있는 예수를 제거하기로 결심하여 포상금을 걸고 예수 수배령을 내렸다. 그러자 예수의 사도 열두 명 중 한 명인 가롯 유다가 은화 30닢을 받기로 하고 예수를 팔아넘겼다고 전한다. 유월절의 저녁 만찬 때 예수는 그날 밤 유다가 자신을 팔아넘길 것이라는 사실을 이미 알고 있었다. 스승이 자신의 배신 행위를 미리 알고 있다는 사실을 깨달은 유다는 즉시, 대제사장 가야바에게 예수가 있는 곳을 고발했다.

▲ 금문에서의 만남
(Meeting at The Golden Gate)

이 작품은 유다가 병사들과 제사장, 법리인 등 예수를 잡으려는 한 무리의 사람들을 이끌고 온 순간을 담고 있다. 그들은 손에 등불이나 무기 등을 들고 쳐들어왔고 그들의 선두에 선 유다는 예수의 바로 앞으로 뛰어들어 예수를 두 팔로 옭아매듯 감아 안고 키스를 한다. 이 키스는 이 사람이 바로 예수 그리스도라는 것을 제사장과 병사들에게 알리는 암호였다. 그림 속 예수의 눈빛은 유다의 내면을 모두 꿰뚫고 있는 듯하다. 그 시선 앞에서 유다는 잔뜩 긴장한 얼굴이다. 수많은 인파가 그들을 에워싸고 있다. 그림은 전반적으로 무거운 색조를 띠고 있으며 윗부분은 짙은 푸른색, 아랫부분은 갈색이 주가 되어 일촉즉발의 긴장된 분위기를 잘 표현하고 있다.

지오토는 날카롭게 대립하고 있는 인물들을 화면 가운데에 배치하여 시선이 집중되도록 했다. 희극 무대에서나 연출할 듯한 구도를 작품에 적용한 것이다. 또한 예수와 유다 외의 기타 인물들을 그 양쪽에 배치해서 중심인물을 강조하는 대칭구도를 이루었다. 그리고 유다는 쉽게 눈에 띄는 밝은 황색의 겉옷을 입고 있다. 때문에 어두운 색 옷을 입고 있는 주변사람들 속에서 유다의 존재를 금방 알아볼 수 있다. 유다가 두 팔을 들어 예수의 어깨를 안아 유다가 입고 있는 밝은 빛의 겉옷이 선명한 부채꼴 구도를 형성하는데, 이는 그림을 감상하는 이의 시선을 인물들의 머리 부분에 두게 하여 마주보고 선 예수와 유다의 얼굴에 집중할 수 있도록 한다. 지오토는 마주보고 선 예수와 유다를 그려냄으로써 인류 사회의 선악과 미추, 빛

르네상스

문예부흥 즉, 르네상스는 고대 그리스 로마 시대의 미술 정신을 이어받아 인간 중심의 문화를 꽃 피우고자 하는 문예 사조로 14세기 이탈리아의 각 지역에서 일어나기 시작했다. 15세기 이후에는 전 유럽이 르네상스 운동이라는 사상 문화 운동의 거대한 파도에 휩쓸리게 되었고, 이 시대를 통해 과학과 예술 분야는 눈부신 성장을 이루었다. 당시 유럽 역사는 중세 봉건 시대를 벗어나 근대 시기로 접어들기 위한 중요한 전환점을 맞이했다. 이 사조는 16세기에 이르러 독일, 네덜란드, 영국, 프랑스 및 에스파냐 등지까지 확대되는 등 위세를 떨쳤다. 당시 르네상스 운동 세력이 주장한 인문주의 정신은 인간성을 회복한다는 의미를 담고 있다. 그 동안 봉건 계급이 '신 중심'의 사회를 주장했다면, 이 무렵에는 그에 반대되는 개념인 '인간 중심'의 태도를 내세우는 자산 계급이 등장하여 권력의 중심 세력으로 떠올랐다.

▲ 보좌에 앉으신 성모마리아와 아기 예수
(Ognisanti Madonna)

과 어둠 등 대립되는 가치를 상징적으로 표현했다.

또한 군중에 둘러싸인 예수와 유다의 모습을 그린 이 작품은 대립하는 인류의 정신문화적 가치들을 종교적인 시각에서 성공적으로 표현했다. 동시에 선과 악에 대한 자신의 감정을 선명하게 드러냈다.

문학 분야에서는 위대한 시인 단테와 소설가 보카치오(Giovanni Boccaccio)가, 회화 분야에서는 바로 지오토가 르네상스 시대의 대표적인 인물이다. 지오토와 단테라는 두 이탈리아인이 르네상스 사조의 선구자로서 이름을 빛내고 있으며, 단테는 그의 대표작인 《신곡》을 발표하면서 인류에 시공을 초월한 감동을 선사해 영원히 퇴색되지 않는 빛을 얻었다. 13세기 이탈리아는 이 두 인물을 배출해 내면서 유럽 르네상스 시대를 여는 발판이 되었다. 그 영향으로 이탈리아 인들이 르네상스 역사에 대해 지닌 자부심은 지금까지도 대단하다. 한편, 보카치오는 그가 남긴 불후의 명작인 《데카메론(Decameron)》에서 "그는 타의 추종을 불허하는 굉장한 상상력의 소유자이자 사물의 본질을 화폭에 담아낼 수 있는 예술가로, 이 세상에서 그의 붓놀림으로 표현할 수 없는 것은 없을 것"이라며 지오토를 극찬하기도 했다.

평소 밝고 재치가 넘치던 지오토는 권력이나 돈 앞에서도 당당함을 잃지 않았다. 이탈리아에는 그의 이러한 성격이 그대로 드러나는 일화가 전해진다. 어느 여름 날 지오토가 일하는 화실에 나폴리의 왕이 찾아왔다. 그 날은 찌는 듯한 무더위가 기승을 부리고 있었다.

▶ 르네상스 시대를 대표하는 위대한 시인 단테의 조각상

때마침 그는 땀에 푹 젖은 채 작품에 몰두하고 있었다. 왕은 무더위에도 아랑곳하지 않고 집중하는 그의 모습을 보며 "내가 자네라면 이런 무더위 속에서는 일 같은 건 하지 않고 그저 쉬면서 시간을 보내겠네."라고 말했다. 그러자 지오토는 아무렇지도 않다는 듯 가볍게 웃으며 "만약 제가 전하의 입장이었다면, 저 역시도 이런 날씨에는 절대로 일하지 않았을 것입니다."라는 농담으로 받아넘겼다고 한다.

◀ 성삼위일체
(The Holy Trinity)

명화자료
창작시기 : 1425~1428년
크기 : 667 × 317cm
기법 : 프레스코
소장 : 이탈리아 피렌체 산타마리아 노벨라 성당(Chiesa di Santa Maria Novella)

성삼위일체

   지오토가 세상을 떠난지 수십년 후, 르네상스 회화사에 굵은 획을 긋는 재능 있는 화가가 다시 등장했다. 비록 짧은 기간이었으나 마사치오의 재능을 통해 피렌체의 화단畵壇*은 다시 한 번 눈부신 성장을 이룰 수 있었다. 그가 등장하면서 유럽 회화에는 르네상스가 추구하던 생생하고 사실적인 표현 방식이 본격적으로 유행하기 시작했다. 특히 그는 옷자락 아래에 감추어진 인체의 존재감을 두드러지게 하고 명암의 대비를 자유롭게 활용할 줄 알았다. 당시 사람들이 보기에 그의 인물 표현이 얼마나 입체적이었는지, 실제로 작품 속에 나타난 인물들에게서 사람의 온기가 느껴질 것만 같은 착각이 들 정도였다고 한다.

▲ 마사치오의 초상

* 화가들의 사회

▲ 성전 납세
(The Tribute Money)

〈성삼위일체〉는 마사치오의 대표작이다. '삼위일체'란 교회가 섬기는 성부와 성자, 성령이라는 세 요소가 하나로 이루어지는 것으로 기독교의 중요한 정신문화적 뿌리를 의미한다. 이 작품은 예수 그리스도가 십자가에 못 박혀 이 세상에서의 삶이 다한 순간을 나타내고 있다. 그 뒤편으로는 예수를 안아들고 있는 하나님이 공중에 보이고, 발아래 쪽에는 성모 마리아와 성 요한이 경건한 자세로 서 있다. 여기서 성모 마리아의 시선과 손동작을 이용하여 관찰자의 시선을 십자가에 못 박힌 예수에게 집중하도록 하는 화가의 작은 '장치'가 돋보인다. 그 밖에도 마사치오는 몇 가지 작은 장치를 이용하여 전지전능한 하나님의 권능을 드러냈고 죽음을 맞이한 예수가 다시 부활할 것을 암시했다.

먼저 그는 평면 공간에 현실 공간의 입체감을 사실적으로 표현하기 위해 명암 대비와 투시도법을 적용했다. 덕분에 작품을 감상하는 이들은 그림 속에서 벌어지는 사건, 즉 예수의 죽음에 대해 마치 눈앞에서 벌어지고 있는 일을 현장에서 지켜보고 있는 듯 생생한 느낌을 받았다. 투시도법을 적용해 그린 〈성삼위일체〉가 완성되자 당시 사람들은 이를 벽화가 아니라 벽에 큰 구멍을 뚫고 감실을 만들어 조형물을 앉힌 것으로 착각했다는 일화는 아주 유명하다. 작품의 구도를 보면 소실점(vanishing point)***은 그림 속 인물들이 딛고 서 있는 지면보다도 낮은 곳에 위치해 있다. 이는 원근법의 특징을 잘 살릴 뿐만 아니라 거대한 건축물을 올려다 볼 때 느낄 수 있는 웅장함을 그대로 전달하는 효과도 있다. 평행 구도가 주를 이룬 기존의 작품들과 달리, 낮은 곳에서 우러러보는 것 같은 착각이 드는 이 획기적인 구도 앞에서 사람들은 저도 모르게 존경심과 숭고함을 느끼는 것이다.

한편, 르네상스 시대의 회화에는 그림을 의뢰한 사람이나 화가를 후원해주는 후원자, 이른바 스폰서의 모습이 작품 속 인물로 나타나

작가소개
마사치오
(Masaccio, 1401~1428)
이탈리아 토스카나 지방의 카스텔 산 조반니에서 태어나 로마에서 여생을 마쳤다. 그의 본명은 토마소 디 지오반니 디 시모네 구이디(Tommaso di Giovanni di Simone Guidi)이고, 마사치오는 어린 시절에 붙은 별명으로 '덩치 크고 어수룩한 토마소'라는 의미이다. 마사치오가 남긴 몇몇 작품들은 르네상스 초기 대표작에 속하는데 앞서 다루었던 지오토 디 본도네가 사망한 지 수십 년이나 지난 뒤에 미술사에 등장했다.

마사치오가 남긴 작품 중에는 〈성삼위일체〉,〈성모마리아와 아기 예수〉,〈성모 마리아〉,〈성전 납세〉 등이 특히 유명하다. 그의 작품들은 초기 르네상스가 지향했던 인문주의 정신을 그대로 담아내었으며, 마사치오는 공간의 거리감을 입체적으로 표현하기 위해 투시도법**을 회화에 최초로 도입한 화가로 미술사에 기록되었다. 특히 그는 새로운 회화 기법을 선보여 현실주의 표현 방식과 인문주의 사상을 조화롭게 표현했다. 이후 르네상스 미술 발전에 새로운 가능성이 열렸다. 하지만 불행히도 서른을 넘기지 못한 젊은 나이에 세상을 떠난 탓에 그의 화풍 역시 맥이 끊기고 말았다. 제대로 키워놓은 제자가 아직 없었기 때문이다. 하지만 이후 15세기 피렌체의 화가들은 대부분 그의 화풍으로부터 영향을 받았으니 넓은 의미로 보면 그들 모두가 마사치오의 제자라고 해도 과언이 아니다.

** 대상을 눈에 보이는 대로 그려 입체감을 살리는 원근법
*** 원근법에서 물체의 연장선을 그렸을 때 선과 선이 만나는 부분

는 일이 종종 있다. 마찬가지로 이 작품에도 당시 마사치오에게 재정적으로 도움을 주었던 피렌체 지역의 명사가 그려져 있다. 재단 아래에 붉은 색 옷을 걸친 남자인데, 붉은 옷은 그가 피렌체 공화국 내에서 상당히 높은 지위에 있는 인물임을 의미한다. 풍성한 붉은 옷이 그의 몸 전체를 휩싸고 있지만 화가는 빛과 구도를 이용해 옷자락의 주름 하나하나까지 섬세하게 표현하고 있다. 덕분에 우리는 남자가 어떤 자세를 취하고 있는지 마치 옷 속을 들여다보는 것처럼 자세히 알 수 있다.

▲ 성모 마리아와 아기 예수
(Madonna with Child)

물론 르네상스 이전의 중세 회화에서도 작품 속에 후원자 등을 그려 넣는 일이 적지 않았는데, 그 때까지만 해도 그 존재가 주인공보다 더 눈에 띄지 않도록 신체를 작게 그려야한다는 원칙이 있었다. 하지만 마사치오는 기존의 원칙으로부터 벗어나고자 했다. 작품 구도 상 자신의 후원자가 감상자로부터 가장 가까이 위치해 있는 셈이므로 그는 원근법에 따라 그를 주인공보다도 크게 그려낸 것이다. 그는 사소한 부분까지도 철저하게 사실주의를 따랐다. 따라서 이 작품은 그림 속에 있는 존재들뿐만 아니라 그림을 보고 있는 사람까지도 한 공간 안에서 같은 순간을 맞이하고 있다는 느낌을 준다.

앞에서도 말했듯이 이 그림에서 가장 눈여겨보아야 할 것은 투시도법이다. 이 혁신적인 회화 기법은 르네상스 시대에 마사치오의 작품에서 최초로 등장했다. 이는 15세기 르네상스 회화가 나아가야 할 관념적 기준을 제시한 큰 전환점이었다. 투시도법은 대상을 정밀하게 관찰하고 계산해서 정확한 측량 값을 얻고 이를 다시 그림으로 옮긴다. 이는 현실 세계의 사물과 현상을 관찰하고 연구했던 당시의 과학 사조와도 잘 맞아떨어졌다. 2차원의 새하얀 평면 공간에 건물과 산천초목 등을 그려 넣어 현실의 3차원 입체 공간을 사실적으로 재현한다. 그 중심에 인물을 그려 넣는 회화 방식은 르네상스 시대의 인간관을 표현하고 있다.

마사치오가 선보인 투시도법은 동시대를 살았던 화가들에게 빠르게 전파되었고, 이는 후대에까지 커다란 영향력을 미치게 되었다. 사실적 방식과 완벽한 구도, 우아한 조형 등 마사치오가 구사한 표현 방식을 배우기 위해 피렌체를 중심으로 많은 화가들이 그의 작품을 사소한 부분까지 자세히 연구하면서 피렌체 화파의 사실주의 전통 확립에 크게 기여했다.

▶ 아르놀피니의 결혼
 (The Arnolfini Marriage)

명화자료
창작시기 : 1434년
크기 : 82 × 60cm
기법 : 목판에 유화
소장 : 영국 런던 내셔널 갤러리

▲ 얀 반 에이크의 초상

아르놀피니의 결혼

 유럽 르네상스 운동은 이탈리아에서 시작되었지만, 일단 흐름을 타기 시작하자 마치 급물살을 탄 듯 빠르게 유럽 각지로 전파되었다. 이 무렵 플랑드르 지역 역시 유럽 내 중요한 문화 중심지로 발돋움했다. 얀 반 에이크는 네덜란드 회화 발전사에서 중요한 지위를 차지한 플랑드르 화파의 기틀을 닦고 발전 방향을 제시한 인물이다. 그의 대표작인 〈아르놀피니의 결혼〉은 유화 물감이라는 새로운 재료를 이용하여 회화 표현의 영역을 크게 넓혔다. 또한 이 작품이 완성된 이후 유럽 회화에서 풍속화와 실내 풍경을 담아낸 작품들이 대거 등장했다는 점도 눈여겨볼 만하다.

서양의 전통 회화에서는 묘사를 중시하는 풍조가 강하다. 작품 안에 상징성을 갖는 사물을 적절히 묘사함으로써 작품의 주제나 화가 자신이 느낀 정서를 에둘러서, 하지만 효과적으로 전달하는 방식은 서양 미술에서 가장 흔하게 볼 수 있는 특징이다. 이렇듯 상징적 묘사를 중요하게 여기는 서양 회화의 전통적 가치관은 〈아르놀피니의 결혼〉에도 잘 드러나 있다. 얀 반 에이크의 이 작품은 미술 역사상 보기 드물게 탁월한 작품임이 분명하다.

손을 잡고 있는 두 남녀는 이제 막 결혼한 아르놀피니 부부이다. 신랑은 당시 루카 출신의 유명한 상인이자 은행가였으며, 피렌체를 지배했던 메디치 가문이 브뤼헤(Brugge) 지역 내 재무 대리인으로 삼았던 거부 조반니 아르놀피니(Giovanni Arnolfini)이고, 신부는 조반나 체나미(Giovanna Cenami)이다. 이 그림은 당시 신랑인 조반니 아르놀피니가 얀 반 에이크를 초청하여 일종의 결혼 증명서와도 같은 이 초상화를 그려달라고 의뢰해 탄생했다.

▲ 붉은 터번을 감은 남자
(Portrait of a Man in a Turban)

그림 속 배경은 아르놀피니 저택의 응접실이다. 결혼식은 어두운 실내 공간을 배경으로 차분한 분위기 속에서 진행된다. 오른손을 들어 올린 신랑의 모습에서 아내에게 남편의 의무를 다하겠다는 결혼의 서약이 자연스럽게 떠오른다. 신부는 오른손을 내밀어 신랑의 왼손에 겹쳐 잡고 있는데 마치 평생 아내의 도리를 다하겠다는 인상을 준다.

작품 속 인물이 입고 있는 의복은 화려하고 고급스럽다. 신부가 입고 있는 드레스는 배 부분이 불룩해 보여 마치 임신한 것처럼 보이지만 실제로 이는 치마 자락을 끌어올린 자세 때문에 그렇게 보일 뿐, 임신 중이 아니었다고 한다.

이 그림을 자세히 살펴보면 정밀 묘사를 추구했던 작가의 열정이 담긴 흔적을 발견할 수 있다. 또한 그림 속 세세한 부분에도 수많은 상징적 장치들을 배치하여 도상학(iconography)* 적 흥미를 일으키

작가소개

얀 반 에이크
(Jan van Eyck, 1395년 무렵~1441)
플랑드르(Flandre) 화파의 기초를 확립하여 북부 유럽 지역의 르네상스 미술을 이끈 화가이다. 또한 서양 회화 역사상 최초로 사실적 배경을 바탕으로 하는 초상화를 그린 화가로도 유명하다. 그는 항상 사물을 자세히 관찰하여 실제에 가깝게 표현하기 위해 노력했으며, 인물의 실제 성격을 작품에 반영하기 위해 공간 구성 및 빛과 색을 표현하는 데도 주의를 기울였다. 그 밖에도 얀 반 에이크는 유화 물감을 최초로 제작한 화가로도 유명하다. 안료에 기름을 넣어 만든 유화 물감을 개발함으로써 회화 분야의 표현력을 한층 넓히는 데 크게 공헌했다. 이처럼 유럽 회화계에 다방면으로 지대한 영향을 끼친 얀 반 에이크의 작품 중 〈아르놀피니의 결혼〉이 대표작으로 손꼽힌다.

* 상징성과 우의성 등 어떤 의미를 안고 있는 도상을 비교·분류하는 미술사 연구방법

▶ 헨트 제단화
(Ghent Altarpiece) 중
이브(Eve)

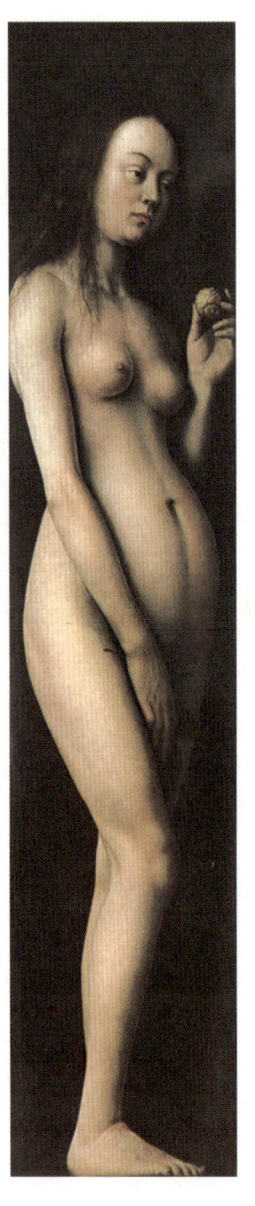

는 다양한 재미를 선사한다. 먼저 신부의 발아래에서 검은 눈망울을 빛내고 있는 귀여운 복슬 강아지는 복종과 충성의 상징이다. 또한 신랑의 발 근처와 부부의 뒤쪽 소파 아래에 벗어놓은 신발이 한 쌍씩 놓여 있다. 결혼 서약의 신성함과 신발을 벗는 행위의 연관성은 《구약성서 : 출애굽기》, 모세가 시나이(Sinai) 산에 올랐을 때 "이곳은 성스러운 땅이니 신을 벗으라"는 하나님의 말씀이 들렸다는 대목에서 찾을 수 있다. 창틀 아래, 궤짝 위에 놓인 사과 역시 기독교적 의미를 담고 있는 대상물이다. 최초로 인간을 타락하게 만든 금단의 과실인 선악과를 상징하는 사과를 그려 넣어 신실하지 못한 행위에 대한 경고를 나타냈다. 뒤 쪽 벽에 걸린 거울은 이 작품에서 가장 유명한 반전 요소다. 거울을 유심히 들여다 보면 두 부부의 뒷모습과 함께 두 남자의 앞모습이 보인다. 이 두 사람이 바로 화가 자신과 그의 조수인데, 이쯤 되면 정밀 묘사를 향한 그의 집착이 얼마나 깊었는지 알 수 있다. 얀 반 에이크 이후 네덜란드 지역을 중심으로 활동하는 화가들 사이에서 거울을 이용하여 그림 속 공간을 늘리는 새로운 기법이 유행했다고 한다. 이 거울 테두리에는 그리스도의 수난을 묘사한 작은 그림들이 그려져 있다. 거울 위의 벽에는 라틴어로 '얀 반 에이크, 이 자리에 있었노라. 1434' 라는 글귀를 남겨 화가 자신이 이 결혼의 증인임을 분명히 했다. 그 밖에도 화가는 정밀 묘사로 표현해 낸 다양한 소품들을 최대한 활용하여 수많은 상징적 의미들을 화폭에 담았다. 이 그림 속에 나타난 모든 사물은 각각 의미를 지니고 있다고 해도 지나치지 않을 정도로, 깊이 생각하며 들여다볼수록 새로운 재미를 발견할 수 있다. 사소한 장치들을 이용해 상징화하는 '숨겨진 상징' 기법은 얀 반 에이크 및 플랑드르 화파에서 두드러지는 특징이다. 빛과 색채, 정확한 구도를 이용하여 사물의 입체적 표현과 현실적 공간감을 살린 그의 화풍은 플랑드르 화파의 사실주의 전통의 근간을 확립하는 데 결정적 역할을 했다.

얀 반 에이크는 그의 형인 후베르트(Hubert) 반 에이크와 함께 유화 물감을 만든 것으로 유명한데, 이것이 사실인지는 정확하지 않다. 다만 얀 반 에이크야말로 유화 물감이 지닌 예술적 표현 능력을 최대한 끌어내어 대중에 알렸던 최초의 화가라는 점은 부인할 수 없다. 그 결과 플랑드르가 동시대에 활동했던 이탈리아 화가들의 역량을 단숨에 뛰어넘어 르네상스의 새로운 성지로 부상했다. 얀 반 에이크는 초기에 안료를 송진이나 유화제에 섞어서 사용했다고 하는데, 건축가이자 저명한 고미술 사가인 조르조 바사리(Giorgio Vasari)는 자신의 저서에서 얀 반 에이크가 속건성 유화 물감을 사용해서 그림을 그렸기 때문에 건조 시간은 하루 정도 걸렸고 그의 작품은 습기에도 강하다고 언급했다. 그 후로 유화 물감은 빠르게 전파되어 이탈리아 화가들도 널리 사용하는 중요한 회화 재료가 되었다.

그는 더 자유롭게 표현하기 위해 새로운 미술 재료를 찾아내려고 노력했다. 이렇듯 그의 열정적인 도전정신과 창의력 덕분에 유럽 각지의 화가들은 유화 미술이라는 새로운 영역에 발을 내딛을 수 있었다. 새로운 안료를 찾아내기 위한 재료의 조합 방식뿐만 아니라 붓을 놀리는 방식, 채색 방법 등 원하는 결과가 나올 때까지 몇 번이고 연구에 연구를 거듭했다. 자신이 생각한 색에 가장 가까운 색을 내는 방법과 그 색이 오래 보존될 방법을 찾기 위해 끊임없는 노력을 기울인 그의 의지는 숭고하기까지 하다.

▶ 그리스도의 세례
(The Baptism of Christ)

명화자료
화가 : 피에로 델라 프란체스카
창작시기 : 1450년
크기 : 167 × 116 cm
기법 : 목판에 템페라(Tempera)*
소장 : 영국 런던 내셔널 갤러리

▲ 피에로 델라 프란체스카

그리스도의 세례

〈그리스도의 세례〉는 예수가 세례자 요한에게서 세례를 받는 장면을 나타낸 작품으로 프란체스카가 고향의 교당을 장식하기 위해 그린 제단화**이다. 그리스도가 세례를 받는 장면은 기독교 미술에서 자주 채택되는 주제 중 하나로, 세례자 요한은 요르단 강 일대의 백성들에게 하나님의 말씀을 전하며 세례 의식을 행하는 인물이다.

* 계란을 섞어서 사용하는 안료
** 교회의 제단 뒤쪽에 그리는 그림

《신약성서》에 갈릴리에서 요르단 강변으로 온 예수가 자신도 다른 이들처럼 세례자 요한에게서 세례를 받고자 했다고 전한다. 그러나 요한은 하나님의 아들이 어째서 세례 받기를 청하는 것인가를 반문하며 당황했다. 그러자 예수는 "이와 같이 하여 모든 의를 이루는 것이 합당하니라."라고 답했고 이를 수긍한 요한은 세례를 행했다. 세례 의식을 모두 마친 후 갑자기 하늘에서 성령이 내려오고, 곧이어 하늘에서 "이는 내 사랑하는 아들이요, 기뻐하는 자"라는 하나님의 목소리가 들려왔다고 한다.

프란체스카의 〈그리스도의 세례〉는 바로 이 장면을 묘사하고 있다. 화면 중앙에 두 손을 합장하고 선 이가 예수이며, 그 오른쪽에 붉은 옷을 입고 예수의 머리 위로 성수를 붓는 남자가 바로 세례자 요한이다. 천으로 하반신만 가린 예수의 피부색은 감탄이 절로 나올 만큼 맑고 깨끗한 상아빛이다. 예수의 정수리 위쪽으로 성령을 상징하는 흰 비둘기 한 마리가 날개를 수평으로 쭉 편 채 날아든다. 세례자 요한 뒤에는 강물로 들어가기 위해 이제 막 옷을 벗고 있는 어떤 남자의 뒷모습이 보이며, 예수 왼쪽에는 가지와 잎이 무성하게 자란 나무 한 그루가 곧게 서있다. 그 나무 아래에서 세 천사가 예수의 세례를 지켜보고 있다. 그런데 천사의 얼굴에는 경이로움인지 의아함인지 알 수 없는 모호한 표정이 재미있다. 그리고 세례 현장에서 멀리 뒤쪽으로 보이는 풍경 속에는 길을 걷는 사제들 네 명의 모습도 보인다.

예수는 이 그림 한가운데 위치하고 있으며 그 중에서도 예수의 얼굴과 합장한 두 손이 바로, 그림의 중심이다. 반라의 예수를 보면 신체의 선이 유려하고 피부색은 부드럽고 우아하여 여성적인 느낌이 언뜻 풍기면서도 전체적으로 기품과 위엄이 서려 있다는 인상을 받는다. 그러한 예수의 뒤로 펼쳐진 아름다운 풍경은 그림 속 중심인물들을 돋보이게 하는 역할을 충실히 이행하고 있다. 프란체스카는 배경을 그릴 때 이탈리아의 우르비노(Urbino)의 구릉을 모델로 삼았다. 여유롭고 한가한 산천 풍경과 그리스도가 세례를 받는 엄숙한 상황이 대비되어 보는 이들의 주의를 끄는 절묘한 효과를 자아낸다. 물론 인물의 자세가 인위적이고 딱딱한 느낌을 준다는 점에서 전통적 비잔틴 미술의 흔적이 남아있지만, 당시 사람들은 이 작품의 부드러운 선과 맑고 온화한 색감에서 신선한 감동을 받았다. 또한 치밀하게 계산된 인체 비례와 세밀한 묘사, 과학적 투시도법을 응용한 배경 그림과 이를 통해 특정 공간의 입체감을 부각시키는 화가의 감

작가소개
피에로 델라 프란체스카
(Piero della Francesca, 1420~1492)
르네상스 초기의 저명한 이탈리아 화가이다. 남토스카나 지방의 산 세폴크로(San Sepolcro)라는 작은 마을에서 제법 잘 나가는 구둣방의 아들로 태어나 비교적 여유로운 생활을 누렸다. 피렌체에서 3년가량 머물 기회가 생기자 거장들의 투시학 원리와 조형방법, 빛과 색채 사용의 방법 등을 연구했다. 그 영향으로 그의 작품은 맑고 선명하면서도 침착한 느낌이 강한 색조와 나무랄 데 없이 완벽한 구도, 빛을 자유자재로 구사한 명암법이 조화를 이루어 그만의 독특한 화풍을 자아낸다. 대표작으로는 〈세니갈리아의 성모(Madonna di Senigallia)〉, 〈예수 책형〉, 〈예수의 부활(The Resurrection)〉, 〈그리스도의 세례〉 등을 꼽을 수 있다.
그 밖에도 프란체스카는 수학에 뛰어난 감각을 보였는데, 실제로 그에게 수학을 배워 수학자가 된 제자도 있었다. 레오나르도 다빈치와도 친분이 있는 것으로 알려진 수학자가 바로 프란체스카의 제자였다. 그가 지닌 천재적 수학 능력은 자신의 회화 발전에도 커다란 영향을 끼쳤다.

▲ 예수 책형
(The Flagellation of Christ)

각 등 여러 요소가 이 작품 안에서 조화를 이루고 있다. 참신한 여러 시도와 프란체스카의 예술적 개성이 조화를 이루면서도 엄숙함이 잘 살아있는 〈그리스도의 세례〉는 종교화로서 대작이라는 평가를 받았다.

하지만 피에로 델라 프란체스카의 명성은 그가 죽은 직후, 한때 역사 속에서 사라질 뻔 했다. 레오나르도 다빈치와 비슷한 시기에 활동했던 프란체스카는 그 당시 이름 없이 사라져 간 수많은 화가들과 같이 잊혀져갔다. 하지만 그로부터 약 500여 년이 지난 후 유럽 미술계에 나타난 후기 인상파의 거장 폴 세잔(Paul Cezanne)이 프란체스카의 미술을 재발견하면서 미술사가들은 그의 색채와 조형에 대해 연구하기 시작했다. 이렇게 그의 이름은 다시 대가의 반열에 오를 수 있었다.

프란체스카는 회화 이외에 수학 분야에도 상당한 재능을 지닌 인물이었다. 그의 수학적 재능은 회화 작품에 응용되어 꽃을 피웠다. 실제로 그가 저술한 《투시화법에 대하여》에서 수학적 원근법을 바탕으로 한 건축학적 구도에 대해 언급했다. 이는 미술사상 투시도법에 관해 상세히 다룬 최초의 미술 이론 서적이었다. 이 책은 구도에 관한 수학적 관념에서 출발하지만, 빛과 색채를 사용하여 2차원 평면 위에 3차원 공간의 입체성을 어떻게 표현할 것인가에 대한 커다란 주제로 접근한다. 프란체스카가 저서에서 말한 바와 같이 그의 작품은 치밀하게 계산된 구도와 비례를 기본으로 하고 있다. 그 위에 색채와 빛의 변화를 민감하게 잡아내면서 비로소 공간을 창조하는 프란체스카만의 독창적 화풍을 성공적으로 완성한 것이다.

그 밖에도 프란체스카는 입체 공간과 평면 공간이 자연스레 이어질 수 있도록 한 화면에 담는 등 동시대 화가들에 비해 더욱 복잡하면서도 구체적인 기교를 구사했다. 그는 정확히 계산된 수치와 비례로 완벽한 구도를 구현하는 수학적 재능과 화가로서 빛과 색에 대해 남다른 통찰력을 갖고 있었다. 이후 그는 수많은 화가들에게 영향을 끼치며 르네상스 초기의 선구자적 반열에 올랐다.

▲ 봄
(Primavera)

봄

르네상스 시대에는 신성한 천상뿐만 아니라 인간세상에서 예술적 아름다움을 찾아내기 위한 시도가 활발히 이루어졌다. 덕분에 세심하고 정밀한 묘사와 부드러운 필법이 발달했고 우아한 아름다움을 표현하기 위해 더욱 노력했다. 그중에서도 당시 사람들이 꿈꿨던 '이상적 아름다움' 화가는 바로 보티첼리다. 미의 여신 비너스와 그녀의 정원을 그린 〈봄〉은 한 시대를 풍미한 보티첼리의 예술적 재능이 집약된 정수와도 같은 작품이다.

작품의 정중앙에 비스듬히 서 있는 여성이 바로 비너스 여신이다. 오렌지 나무들과 월계수 나무가 주를 이루고 있는데, 그녀의 뒤에만 꽃 넝쿨이 우거져 주인공의 존재감을 더욱 돋보이게 한다. 나긋나긋한 곡선을 자랑하는 몸매가 미의 여신답게 매혹적이며 아주 사실적이다. 특히 부드러운 질감의 흰색 실크 원피스와 어깨에서 떨어지는 붉은 망토 아래에 감춰진 몸매의 굴곡에서 보이는 콘트라포스토(Contraposto) 구도가 아주 인상적이다. 이 의상은 푸른색 계열인 배

명화자료
창작시기 : 1482년
크기 : 204 × 314cm
기법 : 목판에 템페라
소장 : 이탈리아 피렌체 우피치 미술관(Uffizi)

▲ 산드로 보티첼리

작자소개

산드로 보티첼리
(Sandro Botticelli, 1445~1510)
본명은 알렉산드로 디 마리아노 필리 페피 (Alessandro di Mariano Filipepi)로 르네상스 초기 피렌체 화파의 마지막 거장이다. 그는 젊은 시절에 동시대의 천재 예술가 레오나르도 다빈치와 안드레아 델 베로키오(Andrea del Verrocchio) 밑에서 함께 가르침을 받았다. 1480년대에는 피렌체 학파를 대표하는 화가로 크게 이름을 날렸고, 그의 화풍은 그때부터 유럽 회화계에 커다란 영향력을 끼치기 시작해 19세기까지 이어졌다.
이번 장에서 다룰 〈봄〉과 다음 장에서 다룰 〈비너스의 탄생〉은 보티첼리의 최고 걸작으로 1, 2위를 다투는 유명한 작품이다.

경 색상과 대비를 이루며 작품의 주인공을 강조해 준다. 하지만 이는 사실 기독교미술에서 성모 마리아를 그릴 때 푸른색과 붉은색을 주로 사용하는 방식을 빌려온 것이다. 덕분에 우아하면서도 위엄 있는 여신의 풍모가 완성되었다. 그러나 희미하게 애수가 배어 있는 그녀의 깊은 눈매는 여신의 위엄과는 조금 다른 빛을 띠고 있어서 보는 이의 시선을 잡아끈다. 신플라톤주의(Neo-Platonism)* 자들은 고대 그리스 로마 신화의 비너스(또는 아프로디테)와 성경의 성모 마리아 사이에 여러 가지 공통점이 있는 것으로 보았다. 특히 젊고 아름다우며 기품이 있는 비너스와 성모 마리아는 당시 사람들이 생각하는 가장 이상적인 미의 절대적 기준이었으며, 영적인 치유력을 지닌 여성스러운 신격이라는 점이 가장 닮았다.

　작품의 배경은 아름다운 정원으로 비너스와 정령들이 있는 어느 봄날의 정경이 그려져 있다. 전문가들은 이 작품을 오른쪽부터 왼쪽 방향의 순서로 감상해야 한다고 말한다. 가장 오른쪽에는 푸르스름한 피부색이 독특한 느낌을 주는 서풍의 신 제피로스(Zephyros)와 그에게 쫓겨 달아나는 한 처녀가 있다. 몸매가 비치는 얇은 흰 옷을 입고 뒤를 돌아보며 도망가는 그녀는 대지의 정령 클로리스(Chloris)다. 볼을 부풀린 제피로스가 클로리스를 향해 두 팔을 뻗고 그의 손이 닿은 순간 그녀의 입에서 흘러나온 숨결이 봄꽃으로 변한다. 그리고 그녀는 봄과 꽃, 번영의 여신인 플로라(Flora)로 다시 태어나게 된다. 그들 왼쪽에 정적인 자세로 서서 화관을 쓰고 꽃무늬 드레스를 입은 우아한 여성이 바로 플로라 여신이다. 이는 고대 로마의 시인 오비디우스(Publius Ovidius Naso)의 '변신 이야기'를 한 화면에 표현한 것이다.

　한편 이 아름다운 정원의 주인 비너스는 화면 중심에 예스럽고 아담한 자태로 서 있고, 그 위에는 아들 큐피드(또는 에로스)가 화면 왼쪽을 향해 활을 겨누고 있다. 화살 끝이 향하는 곳에는 서로 손을 마주잡고 춤을 추는 '미의 세 여신'이 있다. 보티첼리는 흐르는 듯 부드러운 곡선을 이용해 세 여신을 우아하고 기품 있게 그려내고 있는데, 그녀들은 각각 애욕과 순결, 아름다움을 상징한다. 그중에서도 큐피드의 화살이 겨누고 있는 것은 풋풋한 소녀같은 수줍은 뒷모습의 그녀로 바로 순결을 상징하는 여신이다. 한편, 왼쪽 끝에 있는 청년은 다른 인물들이 있는 화면 중심부를 등진 채 테두리 밖을 바라

---

* 2~6세기 유럽에서 유행했던 그리스 철학의 일파로 플라톤의 전통을 따랐다

▲ 아펠레스의 비방
(The Calumny of Apelles)

보고 있다. 이 청년은 수성(Mercury)을 상징하는 신들의 전령 메르쿠리우스(또는 헤르메스)로, 손에 쥔 지팡이는 그를 상징하는 케리케이온(Kerykerion)이다.

보티첼리는 비너스 여신을 주제로 삶의 에너지가 가득한 생생한 봄날의 풍경을 배경으로 삼았는데, 그 묘사에서 화가의 예술적 감성이 얼마나 탁월한지 여지없이 드러난다. 또한 그는 사랑과 아름다움을 관장하는 비너스 여신 주변에 큐피드와 미의 세 여신, 꽃의 여신 플로라 등을 효과적으로 배치했다. 덕분에 각각의 존재가 지닌 일화와 상징이 더해져 그림의 내용도 아주 풍성해졌다.

길고 혹독한 겨울이 지나고 비너스 여신의 정원에도 생명력 넘치는 봄날이 다시 돌아왔다. 꽃이 피고 나무에는 달콤한 열매가 주렁주렁 매달린 풍요로운 정원. 여기에서 사랑과 성장, 탄생의 의미를 표현하려는 화가의 의도가 충분히 전해진다.

또한 화가는 절대적이고 엄격한 기독교의 신격보다 인간적인 감정을 지닌 고대 그리스 로마의 신들을 등장시켜 르네상스의 정서를 강조했다. 화가가 숭상하는 가장 이상적인 인간 중심의 미학을 정중앙에 서 있는 비너스 여신을 통해 집중적으로 표현했다.

회화 기법의 측면에서 보면 소묘, 투시, 색채 등 각 요소가 완벽하게 조화를 이루고 있다. 작품 속 인물과 인물 혹은 인물과 배경 사이에도 부자연스러움이 느껴지지 않는다. 〈봄〉이라는 작품명은 르네상스 시대의 유명한 미술사가인 바사리가 처음 붙였다.

1980년대에 들어 이 작품이 복원된 후, 전문가들은 여기에 그려진 식물 중 500여 종의 정체를 밝혀냈다. 놀라운 것은 그중 90%에 이르는 식물들이 전부 3~4월에 피렌체에서 볼 수 있는 품종이라는 점이다. 이런 점에서도 보티첼리가 사실적인 봄의 풍경을 표현하기 위해 얼마나 심혈을 기울였는지 엿볼 수 있다.

▶ 매그니피캣의 성모 마리아
 (The Madonna of the Magnificat)

▲ 비너스의 탄생
(The Birth of Venus)

비너스의 탄생

보티첼리의 대표작 〈비너스의 탄생〉은 누구의 의뢰로 그려진 작품인지 정확히 알려져 있지 않다. 다만 당시 막강한 힘을 자랑하며 피렌체를 통치하던 메디치 가문에서 주문했을 것이라는 추측이 가장 큰 설득력을 얻고 있다.

중세 시대에는 사상의 통제가 엄격해서 그리스 로마 신화에 등장하는 수많은 신들이 이교도의 우상으로 여겨져 배척당했다. 당시의 기독교는 특히 인간 본능을 부정하고 금욕을 엄격하게 강요했다. 따라서 사랑과 아름다움의 대명사인 비너스는 여신으로서 찬미를 받기는 커녕 찬미 받아야 할 신성성마저 빼앗기고 말았다. 그리고 반기독교적인 존재, 혹은 세속적 욕망을 부추기는 부정한 이교도의 요부 취급을 받으며 금단의 존재가 되었다.

그러나 이탈리아에서 시작된 문예 부흥의 바람을 타고 비너스 여신의 암흑기도 마침내 끝이 났다. 고대 인간에게 아름다움을 전해준 그녀가 이번에는 관념화된 중세 예술로부터 인간 중심의 새로운 시

명화자료

창작시기 : 1485~1486년
크기 : 172.5 × 278.5cm
기법 : 캔버스에 템페라
소장 : 이탈리아 피렌체 우피치 미술관

▲ 보티첼리의 초상화

▲ 멜라그라나의 성모
(Madonna of the Pomegranate)

피렌체 화파

피렌체 화파는 르네상스 시기의 미술 유파 중 하나이다. 15세기 피렌체 지역은 이탈리아 회화 예술의 미래를 제시하고 발전을 주도한 예술 중심지의 역할을 했으며, 이 화파의 화가들은 참신한 회화 기법을 꾸준히 연구했다. 당시 이들의 작품에는 섬세하고 세밀한 표현 특성 및 부드럽고 온화하게 처리한 명암 대비가 공통적으로 나타난다. 피렌체 화파를 대표하는 화가로는 지오토, 마사치오, 보티첼리, 다빈치 등이 있다.
중세 시대의 예술은 권력 집단화 된 교회가 지배하는 종교적인 속박을 받았다. 그러나 르네상스 시대가 열리자 창조적 정신문화로서 인정받아 독립된 영역을 갖게 되었다. 여기에는 인문주의 정신의 기치를 내걸고 새로운 세속 문화 경향을 선도한 피렌체 화파가 막대한 영향력을 발휘했다.

대를 여는 열쇠, 혹은 전령으로서 사랑받기 시작한 것이다. 그중에서도 보티첼리의 붓 끝에서 탄생한 이 걸작 속 비너스는 종교가 사회에 강요해 온 금욕주의에 정면으로 내민 도전장과 같다. 그 당시까지만 하더라도 화가들은 성경 속 이야기를 주제로 하는 종교화를 주로 그렸기 때문에 보티첼리가 작품의 주제로 여신의 나체를 그린 것은 굉장히 파격적인 선택이었다. 게다가 〈비너스의 탄생〉은 당시에는 찾아볼 수 없는 참신함이 돋보인 작품이다. 당시 화가들이 명암의 차이를 이용해서 인체를 표현하기에 치중했던 것과는 달리, 보티첼리는 인체의 윤곽선을 강조해서 마치 부조(relief)* 작품을 보는 것처럼 입체감을 살려 장식적인 느낌을 강조했다.

〈비너스의 탄생〉에는 신플라톤주의적 해석을 그림으로 나타냈다는 평가가 꼬리표처럼 따라붙는다. 보티첼리는 메디치 가문에 고용된 어용御用 시인이자 14세기 최고의 이탈리아 시인으로 추앙받는 안젤로 폴리치아노(Angelo Poliziano)의 장편 시 중 비너스 여신이 바다 거품에서 태어난 대목에서 영감을 얻어 이 그림을 그렸다고 한다. 앞 장에서 다룬 〈봄〉 역시 폴리치아노의 시에서 영감을 얻은 바 있다.

이 작품의 구도는 매우 단순하다. 나체의 비너스 여신이 두 손으로 중요 부위를 가리고 커다란 조개껍데기 위에 선 모습이 정중앙에 그려져 있다. 연인 클로리스를 안은 서풍의 제피로스가 입으로 바람을 불어 비너스 여신이 타고 있는 조개껍데기가 해변 쪽으로 밀려가도록 하는 표정도 재미있다. 비너스의 육체는 10등신에 가까우며, 건강미가 넘치는 풍만한 몸매로 표현되어 있다. 길게 늘어뜨려 바람에 흩날리는 머리카락은 여신의 나체와 대비를 이루어 흰 대리석처럼 매끄럽게 빛나는 피부결과 몸매의 곡선을 더욱 강조한다. 비너스 여신의 탄생을 축복하는 듯 아름다움과 순결을 상징하는 꽃이 분분히 흩날린다. 한편 해안가에는 계절의 여신 호라이(Horai)가 비너스 여신을 맞이해 겉옷을 입혀주려 하고 있다.

---

* 평면 위에 형상이 떠오르도록 표현한 조각 기법

화면 속 인물들의 자태와 의상들을 자세히 살펴보면 섬세하고 뛰어난 붓놀림에 감탄이 절로 나온다. 인물과 조화를 이루는 자연 풍경이 자아내는 분위기는 감동스럽기 그지없다. 이 작품 속 비너스의 형상은 고대 그리스의 조각상에서 따온 것으로, 양손으로 중요부위를 가리는 비너스의 자세는 '베누스 푸디카(Venus Pudica)'라고 부른다. 베누스 푸디카란 라틴어로 '정숙한 비너스'를 의미한다. 이 자세는 기원전 7세기~6세기 무렵에 해당하는 고대 그리스의 아케익(Archaic) 시기에 제작된 비너스 상에서 최초로 나타났다. 한 가지 덧붙이자면 위에서 10등신으로 밝힌 비너스의 신체 비율 역시, 고대 그리스의 조각상에서 영향을 받은 것으로 볼 수 있다.

화가는 찬란했던 고대 그리스의 미술을 답습하는 것에 그치지 않고 자신의 가치관에 따라 새로운 도전을 시도했다. 즉, 〈비너스의 탄생〉은 르네상스 시대가 추구한 온고지신溫故知新의 정신을 받아들인 보티첼리의 사상과 가치관이 고스란히 담긴 작품이다. 그 밖에도 담담하면서 우아한 분위기를 자아내는 색채, 선을 중시하는 조형 등

◀ 팔라스와 켄타우르스
(Pallas and the Centaur)
이 작품은 〈아테나와 켄타우르스〉라는 이름으로도 알려져 있다.

당시 피렌체 화파의 대표적인 특징들을 살펴볼 수 있다는 점에서도 커다란 의의를 지닌다.

보티첼리는 이 작품을 통해 우아함과 청순함을 동시에 갖춘 완벽한 아름다움을 성공적으로 표현했다. 그는 예술가로서 고대 그리스 로마 시대의 미의식을 존경하며, 철학적으로는 신플라톤주의에서 깊은 영향을 받았다. 따라서 '인간의 영혼을 구원하는 데 아름다움은 과연, 어떤 작용을 하는가?'에 대해 깊이 고민했다. 기독교 사회가 추구하는 정신적 아름다움을 대표하는 성모 마리아와 세련된 미의식을 통해 절대적 육체미를 구현했던 고대 그리스·로마 예술의 대표 아이콘인 비너스, 이 둘을 어떻게 통합할 것인가 하는 것이 그의 연구 과제였다.

보티첼리는 시적 감상과 상상력이 풍부한 화가였다. 그도 한때 사실주의의 영향을 받았지만 아주 일시적이었으며, 사진처럼 현실의 풍경을 그대로 재현하는 일에는 전혀 흥미를 느끼지 못했다. 그가 말년에 그린 작품일수록 그런 성향이 강하게 나타나는 것을 알 수 있다. 그가 그린 자연 소재들만 보더라도 실제 풍경을 모델로 한 것이 아니라 화가 자신의 머릿속에 떠오른 장면을 그림으로 옮긴 것이다. 실제로 그는 레오나르도 다빈치에게 "화가가 그림을 그릴 때 현실의 풍경을 자세히 관찰해서 그대로 재현하려고 하는 것은 대체 어떤 의미가 있느냐?"라고 물어본 적도 있다고 한다. 이 작품의 배경이 되는 키프로스 섬 해변 역시 신화적 사건이 일어나는 장소에 걸맞게 그의 머릿속에서 각색된 풍경이다.

보티첼리는 창조적 상상력과 아름다움을 향한 집착이 집약된 몇몇 작품을 남기면서 그 동안 종교적 금욕주의가 억눌러온 '미에 대한 인간의 갈망'에 불을 지피는 역할을 했다. 보티첼리 이후로 수많은 예술가들이 진정한 아름다움, 혹은 아름다움의 진리를 찾아내기 위해 깊은 고뇌의 바다에서 헤매기 시작했다.

최후의 만찬

〈최후의 만찬〉은 기독교 역사에서 손꼽히는 극적인 순간들 중 하나를 담은 작품이다. 성서의 내용에 따라 종교화를 그렸던 수많은 화가들이 종종 이 주제를 선택했기 때문에 기독교 문화권에서는 오랜 기간에 걸쳐 같은 제목을 가진 다른 작품들이 무수히 탄생했다. 하지만 그중에서도 최고의 걸작은 물론 레오나르도 다빈치가 남긴 〈최후의 만찬〉이다. 이 작품은 세상에 공개된 순간부터 지금까지 압도적인 인기를 누리고 있으며, 이를 뛰어넘는 작품이 다시 나올지는 미지수라고 한다. 오죽하면 다빈치 이후에는 어느 화가도 감히 이 주제를 선택하지 못했다는 설까지 있을까. 덧붙이자면, 유럽 미술사에서는 다빈치의 〈최후의 만찬〉을 기점으로 르네상스가 최고의 전성기를 누렸다고 보고 있다.

〈최후의 만찬〉은 원래 다빈치가 산타마리아 델레 그라치에 성당과 도미니크 수도원(The church and Dominican Convent of Santa Maria delle Grazie)에 위치한 수도사 식당에 그린 벽화다. 이 작품은 유다의 배반을 미리 알고 있던 예수가 '그리스도의 수난'을 겪기 하루 전 열두 제자와 함께 한 마지막 저녁 식사를 그렸다. 이 자리에서 예수는 제자들 중 한 명이 자신을 팔아넘기리라는 사실을 알리고, 그 말을 들은 제자들은 공포와 불안에 술렁인다. 침착한 표정으로 앉아 평정심을 유지하고 있는 예수와는 달리 부산스러워 보이는 제자들의 대조적 모습에서 뒤숭숭한 분위기가 그대로 전해져 온다.

그림 한가운데 예수가 있고 그 양쪽에는 열두 제자들이 일렬로 앉아 있다. 그들은 세 명이 한 무리를 이루며 총 네 무리로 구성되었다. 제자의 배반을 예언하는 충격 발언을 하는 예수의 오른편에 앉은 한 무리의 제자 중 한 사람이 가룟 유다라는 것이 일반적인 견해다. 얼굴이 검고 한손으로 주머니를 쥔 채 상체를 예수로부터 멀리 떨어뜨린 이가 가룟 유다로 추정되는데, 그가 쥐고 있는 주머니에는 예수를 판 대가로 받은 은화가 들어 있다고 한다.

예수의 왼쪽에 앉아 스승의 말씀을 경청하고 있는 제자는 작은 야고보이다. 충격적인 예언을 들은 그는 두 팔을 벌린 채 놀라움을 표현하고 있다. 작은 야고보의 어깨 위로는 도저히 믿을 수 없다는 표정과 함께 검지를 치켜들고 있는 토마스가 보인다. 작은 야고보의 옆에 일어서 있는 제자가 빌립으로, 그는 두 손을 가슴에 모은 채 스승을 향해 상체를 내밀고 자신의 결백을 주장한다. 그의 얼굴에는

▲ 레오나르도 다빈치

작자소개

레오나르도 다빈치
(Leonardo da Vinci, 1452~1519)
이탈리아 르네상스 시기의 저명한 예술가이며, 유럽 전체의 르네상스 역사에도 큰 영향을 미친 거장 중의 거장이다. 피렌체 근교에 위치한 토스카나의 빈치 마을에서 태어나 프랑스의 클루에서 사망했으며 말년에도 수많은 작품을 남겼다.
그는 타고난 재능이 넘친 팔방미인이자 다방면에 해박한 지식을 겸비한 천재로서 회화, 조각, 건축, 음악 등 예술의 전반 분야에서 명성을 떨쳤다. 그 밖에도 해부학과 생물학, 식물학, 수학, 천문학, 물리학, 지리학 같은 학문은 물론 토목 및 도시계획에 이르기까지 각 분야에서 탁월한 재능을 발휘했다. 그가 남긴 회화 작품은 해박한 지식과 예술적 재능이 총체적으로 집약된 르네상스 예술의 정수와도 같다. 대표작으로는 〈최후의 만찬〉, 〈앙기아리의 전투(The Battle of Anghiari)〉, 〈모나리자〉, 〈흰 족제비를 안은 여인〉 등이 있다.

▶ **최후의 만찬**
  (The Last Supper)

명화자료
창작시기 : 1495~1497년
크기 : 460 × 880cm
기법 : 회벽에 유채와 템페라
소장 : 이탈리아 밀라노의 산타마리아 델레 그라치에 성당

스승에 대한 변함없는 믿음과 충정어린 사랑이 이튿날 벌어질 일에 대한 걱정 및 공포가 떠올라 있다.

바톨로메와 큰 야고보는 중앙을 향했으며 그 옆에 앉아 있는 안드레는 두 손을 들어 다들 조용히 스승의 말을 경청하자고 말하는 듯 하다. 그리고 그들의 반대편 식탁 맨 끝 부분에서 격렬한 논쟁을 벌이고 있는 세 사람이 바로 유다와 마태, 시몬이다.

예수 그리스도를 포함한 열세 명의 자세와 표정을 하나하나 살펴보면 성경에 나타난 이들의 성격과 개성을 화폭에 담아내기 위해 다빈치가 무척 고심했다는 것을 잘 알 수 있다. 게다가 식탁과 양쪽 벽의 문, 천정의 무늬 등 실내 풍경이 이루는 구도는 정 중앙에 위치한 예수에게 시선이 더욱더 집중되도록 되어있다. 또한 이 작품의 배경으로 그려 넣은 창을 통해 실내로 들어오는 빛의 투과량 및 광선의 각도까지 치밀하게 계산했기 때문에 더욱더 풍성한 색채의 향연이 효과적으로 표현되었다. 이 작품은 과학 지식과 예술적 감성이 만나 탄생한 르네상스 최고의 걸작으로 꼽힌다. 또한 2000년대 전 세계적

인 열풍을 일으킨 소설《다빈치 코드》에서 줄거리를 이끄는 중심 소재로서 큰 인기를 얻어 다시 한 번 이 작품의 존재감을 과시했다.

　마지막으로 이 작품과 관련된 유명한 일화가 있다. 다빈치는 이 그림을 그리기 위해 인물의 모델을 물색하던 중 교회 성가대에서 노래하는 청년을 발견했다. 깨끗하고 순수한 외모를 가진 청년 피에트로 반디네리는 예수의 모델로 아주 적합했다. 그를 찾아

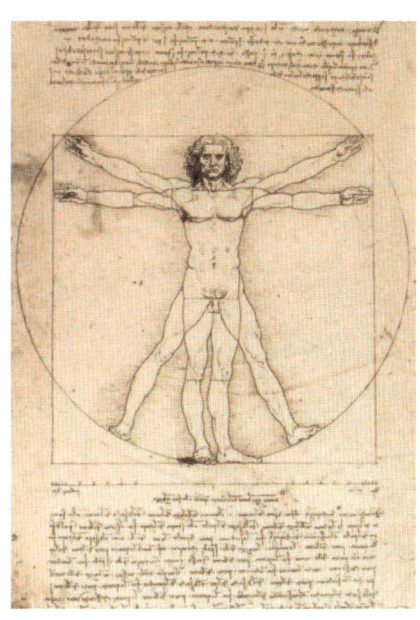

◀ 비트루비우스의 인체비례
(Vitruvian Man)

37

▶ 다빈치의 스케치

낸 덕분에 다빈치는 이 작품의 주인공인 예수를 그렸고, 역사상 가장 위대한 〈최후의 만찬〉의 탄생은 순조로워 보였다. 그러나 그가 예수를 완성시킨 지 수년이 지나도록 이 작품은 여전히 완성되지 못하고 있었다. 모든 제자들의 모습이 이미 완성되었지만 예수를 배신한 가롯 유다에 어울리는 모델을 찾지 못했기 때문이다. 이 소문을 들은 로마 시장이 다빈치에게 배신자인 가롯 유다의 모델을 사형수 중에서 찾으면 어떻겠느냐는 제안을 해왔다. 다빈치는 여러 사형수들 중에서 자신이 생각하던 가롯 유다의 이상적인 모델을 찾아 드디어 그림을 완성했다. 그러나 그림이 완성되자 그 모델은 갑자기 다빈치에게 "선생님, 저를 모르시겠습니까?"라고 물었다. 다빈치는 도무지 그와 만난 일을 기억할 수 없어 고개를 저었다. 하지만 그 청년은 자신이 아주 오래 전에 다빈치의 모델을 했다고 말하며 자신의 이름을 밝혔다. 그의 이름을 들은 다빈치는 크게 놀랐다. 그는 바로 이 작품에서 예수 그리스도의 모델이었던 피에트로 반디네리였다.

◀ 모나리자
(Mona Lisa)

명화자료
창작시기 : 1503~1505년
크기 : 77 × 53cm
기법 : 목판에 유채
소장 : 프랑스 파리 루브르 박물관

모나리자

　〈모나리자〉는 르네상스의 거장 레오나르도 다빈치가 남긴 초상화로, 그가 이 그림을 완성하기까지 4년이라는 긴 시간이 걸렸다. 이 그림 속 실제 모델에 대해서는 여러 가지 주장이 있으나 피렌체의 대부호인 프란체스코 디 바르톨로메오 델 지오콘도(Francesco di Bartolomeo del Giocondo)의 아내라는 설이 가장 일반적이다. 그녀

투시도법

투시도법은 르네상스 시기에 이탈리아의 화가들 사이에서 처음 사용하기 시작한 원근법으로, 수학적 지식이 뛰어났던 당시의 예술가들이 입체 기하학에 대해 정확하게 이해했던 덕분에 발명될 수 있었다. 예를 들어 투시도법이 회화에 응용되기 전에는 회화 작품 속 인물 및 사물이 모두 일직선 위에 놓여 있는 것처럼 표현하는 기법이 일반적이었다. 이 경우 작품은 평면적인 2차원 세계만을 표현할 뿐이다. 그러나 화가들이 수학적 원리를 응용한 투시도법을 회화 분야에 접목하면서 회화 작품은 현실과 같은 3차원 입체 공간을 재현하는 데 성공했다. 15세기 초반에 선투시법을 확립한 인물로 알려진 사람은 피렌체가 낳은 천재 예술가 브루넬레스키(Filippo Brunelleschi)로 조각, 회화, 건축 분야에서 활발하게 활동했던 다재다능한 인물이다.

의 이름은 '리자'이며 '모나'란 이탈리아에서 남의 부인에게 붙이는 경칭이다. 이 작품의 또다른 이름인 〈라 지오콘다(La Gioconda)〉는 이탈리아어로 지오콘다의 부인'이라는 의미이다. 다빈치는 이 작품을 가지고 프랑스로 건너가서 여생을 보내던 중에 사망했다. 따라서 이 작품은 자연스레 프랑스에 남겨졌고 지금은 루브르(Louvre) 박물관에 전시되어 있다.

다빈치는 이 초상화를 그리면서 부유층의 귀부인에게서 나타나는 여유로운 특유의 분위기와 함께 자신이 생각하는 가장 이상적인 아름다움을 담고자 했다. 그래서 즐겁고 편안한 작업 분위기를 조성하기 위해 매번 악사나 광대를 불러왔다는 일화는 아주 유명하다. 그 노력 덕분에 다빈치는 그녀가 '불멸의 미소'를 짓는 한 순간을 포착해 화폭에 옮기는 데 성공했다.

수백 년이 흐른 오늘날까지 〈모나리자〉가 짓는 신비로운 미소는 수많은 이들에게 감동을 주며 가슴을 설레게 한다. 게다가 신기하게도 그녀의 미소는 보는 사람에 따라 다른 인상을 받는다고 하며, 심지어 같은 사람이 이 초상화를 두 번 세 번 보더라도 감상하는 시간대나 심리 상태에 따라 또 다른 인상을 받는다고 해서 더욱 유명하다. 그녀의 미소는 때로는 따스하고 정감이 넘치지만, 때로는 엄숙하고 또 때로는 슬퍼 보인다. 인생의 모든 감정이 농축되어 있는 것 같은 그녀의 미소를 보면서 사람들은 위로를 받기도 하고 감동을 받기도 한다. 작품 속 빛의 변화는 아주 부드럽게 표현되어 마치 안개가 낀 것만 같은 인상을 주며 특히 그녀의 얼굴 부분에 드리워진 옅은 그림자는 마치 신비로움을 증폭시키는 베일과 같은 역할을 한다. 그녀는 부드럽게 휜 눈초리와 살짝 끌어올린 입 꼬리로 웃는 듯 마는듯한 희미한 미소를 짓고 있다. 우아하고 정숙하면서도 마치 무언가를 감추고 있는 것만 같은 그녀의 모호한 미소, 일명 '모나리자의 미소'라고 부르는 이 표정 덕분에 작품 전반에 흐르는 비밀스러운 분위기가 더욱 짙어진다. 그 후로 그녀는 수백 년 동안 문화 예술계의 집중적인 관심을 계속 받아왔다.

〈모나리자〉는 구도와 비례에 대한 다빈치의 미학이 드러난 작품이다. 먼저 이 작품의 구도를 보면 르네상스의 영향을 받은 다빈치가 전통적 초상화 기법을 어떻게 타파했는지 쉽게 알 수 있다. 우선 다빈치 이전에는 인물을 풍경보다 높은 위치에 배치하는 일이 없었다고 한다. 그러나 모델 뒤로 펼쳐진 풍경을 그릴 때 다빈치는 당시의 고정관념을 깨고 소실점을 낮은 곳에 배치하는 파격적인 시도를 꾀했다. 반면에 화면 속 그녀가 편안하게 두 손을 포개고 몸을 살짝 틀어 앉은 자세는 전통적인 피라미드 구도를 이루는데, 이는 가장 안정적인 느낌을 준다. 때문에 당시 화가들이 초상화를 그릴 때에는 피라미드 구도를 선호했다. 한편 이 작품은 '황금 비율의 향연'이라고 불릴 정도로 곳곳에 1:1.618의 비율이 적용되어 있다. 황금 비율이란 인위적으로 만들어 낸 것이 아니라 자연에 이미 존재해 있는 우주적 법칙으로, 사람들은 무의식중에 황금 비율에서 시각적인 편안함과 매력을 느낀다고 한다. 이 작품 속 모델의 코와 턱, 코와 이마를 포함한 얼굴 각 부분에 머리와 몸에 이르기까지 수많은 황금 비율이 존재한다.

▲ 흰 족제비를 안은 여인
(Lady with an Ermine)

그 밖에도 그녀의 옷과 밝고 부드럽게 빛나는 피부가 만들어 낸 명암의 대비에서 다빈치의 실력이 이미 빛을 자유자재로 표현하는 경지에 이르렀음을 알 수 있다. 얼굴에서 가슴, 손으로 이어지는 피부 표현을 보면 20대 여성의 탄력 있고 부드러운 피부 질감이 그대로 느껴질 정도로 정밀하다. 오죽하면 이 작품을 실제로 분석한 전문가들도 붓 자국을 전혀 찾아볼 수 없을 정도로 세밀하게 표현된 그녀의 피부에 감탄을 금치 못했다고 한다. 최근에는 전문 연구진들이 디지털 복원을 통해 500여 년 전 완성된 당시의 상태를 공개해 화제가 되기도 했다. 한편 그림 속 의복 표현을 살펴보면 더더욱 감탄스럽다. 모델의 옷도 그림이라고 하기엔 표현이 너무 사실적이어서 놀랍기 그지없다. 언뜻 우아하고 고상한 인상을 주는 어두운 색상의 단순한 드레스같지만 자세히 보면 빛을 이용해서 미세한 주름 하나도 빠뜨리지 않고 세밀하게 잡아낸 그의 표현 기술은 절정에 올랐다.

'모나리자의 미소'라고 불리는 신비스러운 표정만큼이나 유명한 것은 바로 이 작품에 나타난 다빈치의 회화 기법이다. 첫째 엷은 안개가 깔린 듯 묘한 분위기를 풍기는 이 작품의 색채 및 명암 표현의 비밀이 있다. 이를 '스푸마토(sfumato)'라고 하는데, 섬세한 붓놀림을 통해 윤곽선을 흐릿하게 처리하는 기법이다. 스푸마토 기법은 중심 소재와 배경 간의 조화를 중시한 다빈치가 원근을 표현할 때 즐겨 사용한 명암법이다. 그는 윤곽을 진하게 그리면 중심 소재와 배경 간의 단절을 가져온다고 믿었고 스푸마토 기법에 굉장히 공을 들였다. 연구가들이 현대 과학 기술을 이용해 이 작품의 기술적 비밀을 분석하려 했으나 결과는 초라했다. 그의 붓놀림이 너무나 섬세해서 엑스레이나 현미경으로도 붓 자국을 잡아낼 수 없었기 때문이다.

그 밖에도 〈모나리자〉는 작품을 둘러싼 수많은 일화와 일련의 사건들을 통해 더욱 유명해졌다. 수백 년 동안 자신이 〈모나리자〉 진품을 소장하고 있다고 주장하는 인물들이 도처에서 나타났는데 잘 알려진 경우만 60건이 넘는다. 더욱 흥미로운 일은 1984년 미국의 메인 주에 있는 포틀랜드 미술관에 〈웃지 않는 모나리자〉가 기증된 사건이다. 감정 결과는 위작이나 패러디일 것이라는 당초의 예상을 깨고 진품일 가능성을 인정받아 커다란 파장을 일으켰다. 안료 분석 결과 다빈치가 활동하던 시대에, 특히 모나리자와 제작 연대가 비슷한 작품임을 인정받고, 나아가 이 그림을 그린 이가 다빈치와 마찬가지로 왼손잡이라는 사실까지 드러났다.

이 작품의 '위작 논란'은 오늘날까지 계속되고 있는데, 그 근거는 1911년에 발생한 도난 사건이다. 루브르 박물관에 전시되어 있던 〈모나리자〉가 도난당한 이후 그 위작을 진품으로 속여 몇몇 미술 애호가에게 비밀스럽게 팔아넘기고 돈을 챙긴 일당이 붙잡힌 것이다. 도난당한 지 2년 만에 이탈리아 고미술상의 기지로 구출된 〈모나리자〉는 루브르 박물관으로 돌아왔으나, 이번에는 작품의 진위 여부가 논란이 되었다. 만약 이 작품이 진품이라고 한다면 안타까움을 금할 수 없는 문제가 또 남아 있다. 원래 작품 중 배경의 일부분이 유실된 채 돌아온 것이다. 하지만 전문가들 중에는 진품은 이미 어느 대부호의 수집품이 되어 있으며, 현재 루브르 박물관에 전시된 것은 위작일 것이라고 냉소적인 반응을 보이는 이들도 적지 않다.

▲ 잠자는 비너스
(Sleeping Venus)

잠자는 비너스

명화자료
창작시기 : 1505년
크기 : 175 × 108cm
기법 : 캔버스에 유채
소장 : 독일 드레스덴(Dresden) 회화관

　르네상스 시기 이탈리아의 미술계는 피렌체 화파와 베네치아 화파라는 양대 산맥의 주도하에 발전을 거듭해나갔다. 조르조네(Giorgione)는 전성기를 맞이한 베네치아 화파에서 중요한 의의를 지닌 화가 중 한 사람이다.

　그가 남긴 대표작이 바로 이 〈잠자는 비너스〉이다. 맑은 하늘 아래 누워 느긋하게 낮잠을 즐기는 여신의 뒤편으로는 한가로운 시골 풍경이 넓게 펼쳐져 있다. 언덕 위로는 소박한 집들이 보이고 완만한 언덕 끝부분에는 호수가 반짝 반짝 빛나고 있으며 하늘에는 뭉게구름이 풍성하게 피어올랐다.

　나체의 비너스 여신은 왼쪽을 향해 은백색의 실크를 깔고 누워 푹신한 쿠션 위에 기대어, 한 팔을 올려 머리를 받치고 다른 한 팔은 힘을 빼서 아랫배 위에 올려두었다. 편안히 잠든 그녀의 모습은 자연 풍경과 조화를 이루고 있다. 완전히 힘을 빼고 몸을 길게 누인 그

▲ 조르조네

▲ 폭풍
(The Tempest)

녀의 몸은 풀밭 위에서 하얗게 빛나며 매끄럽고 부드러운 곡선을 그린다. 한창 물오른 여성미를 뽐내는 그녀의 생기 있는 피부는 마치 실제로 맥박이 뛰는 듯 따뜻한 체온이 도는 착각을 준다.

조르조네는 이 작품에서 비너스 여신이라는 소재를 통해 자연의 일부로서 인체가 지닌 아름다움을 강조하며 격조 높고 우아하면서도 세속적 정취를 표현하고자 했다. 세심하게 표현한 여인의 인체가 그려낸 곡선은 그 뒤로 굽이굽이 겹쳐 보이는 언덕과 마을, 민가, 나무덤불이나 뭉게구름이 그려내는 변화무쌍한 곡선들과 어우러져 절묘한 조화를 이루며 예술적 구도를 형성한다. 이 그림에서 조르조네가 인체와 배경의 조화를 극대화하는 능력이 뛰어나다는 것을 알 수 있다.

〈잠자는 비너스〉는 르네상스 시대 최초로 기대어 누운 자세의 누드화를 선보여 독특하고 참신한 구도를 제시한 작품으로 유명한 동시에 베네치아 화파 특유의 서정성이 돋보이는 걸작으로도 꼽힌다. 지금까지도 베네치아에서는 '베네치아의 진정한 아름다움을 보고 싶다면 조르조네의 그림을 보라'고 할 정도로 조르조네에 대해 자부심을 갖고 있다. 조르조네는 자신이 생각하는 이상향과 숭고한 정신세계를 그림으로 표현하고자 하는 욕구가 강했으며, 그에 걸맞은 실력도 지닌 화가였다. 특히 부드러운 표현에 적합한 섬세한 붓놀림을 자유자재로 구사하고 자연스럽게 이어지는 곡선의 조형을 구성하는 데 탁월한 재능이 있었다.

그의 색채 감각 또한 개성이 뚜렷하다. 이 작품은 금색을 덧씌운 것 같은 느낌으로 채색되어 전반적으로 고급스러운 분위기가 풍긴다. 붉은색과 녹색, 푸른색 같은 다양한 색상을 인물 주변에 배치함으로써 아이보리 빛으로 맑게 빛나는 여신의 피부가 더욱 도드라져 보이는 시각적 효과가 나타나는데, 여기서 그의 뛰어난 색채 감각이 돋보인다.

그는 평소 대자연 속에 나타나는 색의 변화를 표현하는 데 관심이 많았으므로 날씨의 변화와 관련이 있는 작품을 많이 그렸다. 시시각각 달라지는 태양에 따라 빛이 변한다는 사실을 이해하고 자연광에 깊은 관심을 보였으며, 빛이 색채에 미치는 영향을 연구하기 위해 그는 항상 눈을 빛내며 예리하게 모든 사물을 관찰했다. 조르조네가 세상을 떠나고 약 30년이 지난 뒤 유명한 전기 작가인 바사리는 색채와 빛에 대해 남다른 이해력과 시적 서정성이 두드러진 조르조네의 화풍을 크게 칭송했다.

그는 1507년 무렵 베니스의 두칼레 궁전(Palazzo Ducale)을 장식하는 일을 맡거나, 그 이듬해에는 폰다코 데이 테데스키(Fondaco dei Tedeschi)의 파사드*를 장식하는 일을 맡는 등 가끔은 공식적인 활동을 했지만 대부분은 개인으로부터 주문을 받아 작품 활동을 이어갔다. 때문에 현재 공식적으로 인정받는 그의 작품은 겨우 다섯 점에 불과하다. 그럼에도 조르조네의 천재성은 예술을 사랑하는 사람들의 눈에 띄어 호평을 받았고, 베네치아 화파를 대표하는 화가 중 한 명으로 인정받게 되었다. 베네치아의 회화계에 색채와 구도에 대한 새로운 해석을 제시한 조르조네는 안타깝게도 1510년 30대 초반의 젊은 나이로 흑사병에 걸려 갑작스레 세상을 떠나고 말았다.

작자소개

조르조네(Giorgione, 1478~1510)
본명은 조르조 바바렐리(Giorgio Barbarelii)로 별명인 조르조네는 '덩치가 큰 조르조'라는 의미이다. 베네치아에서 가까운 곳에 위치한 작은 마을인 카스텔프랑코(Castelfranco)에서 태어나 베네치아에서 사망했다. 조르조네의 삶에 대해 자세히 알려진 바는 없지만 바사리는 그가 미술뿐만 아니라 노래나 악기 연주 등 음악에도 능한 다재다능한 예술가였다고 밝혔다. 유년 시기에는 조반니 벨리니(Giovanni Bellini)의 문하에서 그림을 배웠으며, 〈우르비노의 비너스〉를 그린 화가로 유명한 티치아노와 친하게 지냈다고 알려져 있다. 그의 대표작으로는 〈잠자는 비너스〉, 〈폭풍〉, 〈세 명의 철학자(The Three Philosophers)〉 등이 있다.

---

* 유럽 건축물의 정면 부분

▶ 자화상

명화자료
창작시기 : 1500년
크기 : 67 × 49cm
기법 : 목판에 유채
소장 : 독일 뮌헨의 알테 피나코텍
(Alte Pinakothek)

▲ 뒤러

자화상

뒤러는 평생 동안 수 많은 자화상을 그렸던 화가로도 유명하다. 르네상스 시대의 초상화 분야는 뒤러를 통해 예술적으로 커다란 성취를 이루었고 그는 훗날 자화상의 아버지라고 불렸다. 그의 화풍에서는 이탈리아 르네상스 예술에 대한 화가의 깊은 애정이 잘 나타나 있으며, 중세 고딕 양식의 흔적과 르네상스에 뒤이어 유럽 미술을 선도할 바로크 양식의 특징이 혼재되어 독특한 느낌을 풍긴다.

이번 장에서 소개할 뒤러의 자화상은 1500년도에 그려졌으며 절정에 오른 그의 예술적 재능이 여과 없이 드러나 있다. 사실주의적 표현 방식에 충실하면서도 깊이 있는 정신세계가 조화롭게 깃들어져 형식과 내용이 모두 충실한 명작이다. 화려하고 고급스러운 옷을 입은 그가 정면을 응시하는 모습을 그린 이 자화상은 뒤러가 스물아홉 살 때 실물 크기로 제작한 것이다. 그림 속 남자는 엄숙하면서도 우수에 찬 표정을 짓고 있지만, 박학다식하고 예술적 재능이 넘치는 인상을 준다. 그는 오른손을 가슴 위 심장 부근에 올려둔 특이한 자세를 취하고 있다. 이 작품에서 그는 예술가로서의 자신을 전부, 있는 그대로 담아내고자 노력했다.

◀ 네 사람의 사도
(The Four Apostles)

상반신만 그린 이 작품에서 뒤러가 취하고 있는 자세는 삼각형 구도를 이루고 있으며, 정면을 향하고 있다. 그 당시 이와 같은 정면 구도는 전통적인 초상화에서는 볼 수 없었으며, 예수 그리스도를 그릴 때만 주로 사용되었다는 점에 비추어 뒤러가 예술가로서 자신에 대해 대단한 자부심을 가지고 있었음을 알 수 있다. 실제로 그는 '예술적 재능이란 신이 내려주신 아주 특별한 능력'이라고 믿는 인물이었다.

그 밖에도 이 작품에서는 아주 사소한 부분까지 놓치지 않은 세심한 묘사가 돋보인다. 특히 그가 입고 있는 갈색 상의의 목 주변 모피의 풍성한 질감이나 어깨 위로 길게 늘어뜨린 그의 곱슬머리는 어두운 부분과 광택이 나는 부분이 한 올 한 올 섬세하게 표현되어 화가의 정성이 놀라울 따름이다.

1500년은 뒤러에게 예술 인생의 전환점이 된 기념비적인 한 해였다. 그의 초기 작품을 보면 초상화를 그릴 때나 제단화를 그릴 때를 가리지 않고 무조건 사실적 표현을 추구하는 경향이 강했다. 그러나

작자소개

알브레히트 뒤러
(Albrecht Dürer, 1471~1528)
독일의 뉘른베르크(Nünberg) 지역 출신의 화가로 르네상스 시기의 대표적 인물이다. 어린 시절에는 부친에게 금속 공예를 배웠으나 이내 미하엘 볼게무트(Michael Wohlgemuth)의 제자로 들어가 회화를 배웠다. 성인이 된 후에는 이탈리아의 베네치아와 네덜란드 등지를 여행하며 유럽 미술을 이끄는 최고 수준의 화가들이 선보이는 기법과 미술 이론을 둘러보고 시야를 넓혔다. 착실히 실력을 쌓고 공부한 경험은 그의 천재성을 꽃피웠고, 뒤러는 독일의 사실주의 철학과 이탈리아 예술경향을 성공적으로 접목시켜 16세기 독일 미술계의 발전에 큰 영향을 미쳤다. 그때까지 예술 분야에서 기타 유럽국가에 비해 뒤쳐져 있던 독일은 뒤러 이후로 비약적인 발전을 이룰 수 있었다.
뒤러는 판화와 유화, 수채화 및 소묘 등 다양한 회화 작품을 1,000여 점이나 남겼다.

▲ 오스볼트 크렐의 초상
(Portrait of Oswolt Krel)

이 시기를 기점으로 그의 관심은 사실적 표현 대신 일정한 법칙이 내재된 조형을 표현하는 것으로 옮겨갔다. 이를 배우기 위해 그는 열정적으로 선배들의 작품을 연구했고, 때로는 그들과 교류를 하면서 유익한 가르침을 얻기도 했다. 1500년에 그린 이 자화상은 뒤러가 그 간의 연구를 통해 얻은 성과를 전부 쏟아 부어 완성한 최초의 작품이다. 그 후에도 그는 이론적 지식을 체계화하기 위해서 다시 이탈리아로 유학을 떠나는 열정을 보였다. 그곳에서 그는 레오나르도 다빈치의 작품을 가장 눈여겨보았다고 하며, 실제로 그의 작품 중에서 다빈치의 영향을 받은 듯한 요소들이 종종 눈에 띈다.

북유럽의 르네상스를 대표하는 예술가인 뒤러가 활동하던 시기는 독일이 역사상 가장 암울한 한 때였다. 사상과 신앙 문제로 인한 사회적 혼란이 계속되는 가운데, 흉년 때문에 사람들은 기아에 시달렸으며 설상가상으로 흑사병이라는 무서운 돌림병까지 돌아 수많은 사람들이 덧없이 죽어갔다. 이탈리아를 필두로 유럽 각국이 앞 다투어 화려한 르네상스 문화의 꽃을 피우고 있을 때 독일은 당장 눈앞에 닥친 생존과 안정 문제에 허덕이느라 문화와 예술 분야의 발전에는 신경 쓸 겨를이 없었다. 유럽의 다른 국가들보다 크게 뒤처진 독일의 예술과 문화 수준을 한순간에 끌어올린 선구자가 바로 뒤러였다.

뒤러는 동시대 사람들로부터 천재성을 인정받았으며 사랑과 존경을 받았다. 그는 천문과 지리에 밝았고 철학적 사고의 깊이와 미학의 관점이 남다른 인물이었다. 그 밖에 정확한 인체 비례를 이해하기 위해 전문 모델을 고용해서 여성의 누드화를 그린 최초의 화가로도 유명하다. 뒤러의 대표작으로는 목판화 작품인 〈요한 묵시록(Apocalypse)〉, 동판화 작품인 〈기사, 죽음과 악마(Knight, Death, and the Devil)〉, 〈멜랑콜리아(Melencolia)〉, 〈서재의 성 히에로니무스(St. Jerome in His Study)〉 등이 있다.

◀ 성 안토니우스의 유혹
(The Temptation of St. Anthony)

명화자료
창작시기 : 1500~1510년
크기 : 131.5 × 119cm
기법 : 목판에 유채
소장 : 포르투갈 리스본 국립 고대 미술관(Museu Nacional de Arte Antiga)

성 안토니우스의 유혹

〈성 안토니우스의 유혹〉은 보슈의 대표작으로, 리스본에 위치한 성 요한 성당을 장식할 제단화로 그린 작품이다.

성 안토니우스는 보슈가 가장 존경한 성인으로, 그는 이 작품을 포함해 성 안토니우스를 주제로 하는 작품을 많이 남겼다. 이집트 중부 코마나(Comana)의 어느 부유한 기독교 집안에서 태어난 성 안토니우스는 청년 시절 부모가 사망하자 유산을 가난한 이들에게 나누어 준 다음 산에 거처를 마련해 홀로 지내기 시작했다. 기도와 연구, 노동과 같은 일과로 이루어진 건실한 수행 생활 중 그가 경험한 맹렬한 영적 유혹과 육체적인 유혹은 종교화에서 자주 선택되는 주제다. 끊임없이 밀려드는 유혹을 물리치기란 무척 고된 일이었으나

▲ 히에로니무스 보슈

▶ 십자가를 짊어진 그리스도
(Christ Carrying the Cross)

작자소개

히에로니무스 보슈(Hieronymus Bosch, 1450년 무렵~1516)

네덜란드 스헤르토헨보스 (s-Hertogenbosch) 지역 출신이다. 가족들도 그림을 그리는 직업에 종사했기 때문에 보슈는 어려서부터 자연스럽게 회화 교육을 받으며 자랐다. 당시 네덜란드 화단은 이탈리아 르네상스로부터 많은 영향을 받으며 발전했으나 기본 바탕에는 중세 말 고딕 양식의 흔적이 깔려 있었다. 그러나 그의 그림은 당시 활동하던 여타의 화가들과는 아주 다른 분위기를 띠고 있었다. 그는 사실적 표현 방식을 추구하는 동시에 암시와 비유로 상징적 표현을 더하여 당시의 사회와 교회의 실상을 냉정한 눈으로 주시하는 보기 드문 화풍을 지닌 화가였다. 또한 그의 작품을 가득 메우고 있는 여러 가지 상징적 특징에서는 기독교에서 깊은 영향을 받은 흔적이 두드러지며, 전체적으로 불가사의하고 환상적인 분위기를 띠고 있다. 그는 당시 그 지역의 상류층과 유산계층 등으로부터 좋은 평가를 받았으며, 에스파냐의 이사벨 여왕이나 공정왕 필라프 등이 대표적인 애호가였다. 이사벨 여왕의 아들인 펠리페 2세는 보슈의 작품을 다수 수집하기도 했다.

20세기에 등장한 초현실주의에 큰 영향을 끼친 보슈의 대표작으로는 〈최후의 심판(The Last Judgment)〉, 〈건초 수레(The Haywain)〉, 〈세속적 쾌락의 정원(The Garden of Earthly Delights)〉, 〈성 안토니우스의 유혹〉 등이 있다.

그는 결국 이를 극복해 신성한 승리를 쟁취했고, 그 후 그의 주변에는 제자들이 모여들었다.

그러나 보슈가 〈성 안토니우스의 유혹〉에서 말하고자 한 주제는 '악마의 유혹'이 아니라 '유혹 앞에서 쇠약해가는 인간의 정신력'이다. 보슈는 상징과 우의 등 과장된 방식을 이용해 상상 속의 동물이나 반인반수의 괴물, 인간을 표현해서 가톨릭의 부정적인 면을 간접적으로 비판하고 있다.

작품 속 성 안토니우스는 평평한 곳에서 무릎을 꿇고 물그릇을 들고 있는 인물이다. 아래에는 성경을 읽는 척하는 성직자와 인간의 몸에 여우나 쥐의 머리를 하고 있는 괴상한 존재, 아예 정체를 알 수 없는 존재들의 모습이 뒤섞여 있다. 뒤편으로는 고위 성직자 복장을 한 남자가 여인과 함께 술을 마시며 즐기고 있는 모습도 보인다. 보슈는 이 작품 외의 다른 작품에서도 괴이한 모습을 한 존재를 종종 그려 넣었다. 이는 욕망에 약한 인간의 본성과 내면을 직접적으로 폭로하고 비판한 것으로 볼 수 있다.

보슈가 살았던 시대를 이해한다면 그가 무엇을 비판하려 했는지 좀 더 쉽게 알 수 있다. 당시 서유럽에서는 봉건 시대가 끝을 고하는 동시에 심하게 부패한 교회 권력자에게 반성을 요구하는 목소리가 커져가고 있었다. 통치 계층과 종교가 쌓아놓은 중세의 견고한 권력 체계가 뿌리부터 흔들리기 시작한 것이다. 그의 작품 속에는 각종 사회악, 예를 들어 교회의 악행, 봉건정치의 잔혹함 등을 날카롭게 비판하는 것으로 보이는 수많은 상징들이 담겨 있다.

프랑스의 저명한 철학자 미셸 푸코(Michel Foucault)는 자신의 저서 《광기의 역사(Histoire de la folie l'ge classique)》에서 인간의 광기를 설명하기 위해 보슈의 작품을 예로 들었다. 그는 '광기'란 일종의 무질서 또는 혼돈 상태, 즉 인간의 이성과 대립하는 비非이성으로 정의했다. 이는 이성적으로 사고하는 인간의 내면 가장 깊은 곳에 숨어 있는 근원적 진실, 즉 본성을 가리키는 것으로 볼 수 있다. 실제로 보슈가 자신의 작품에서 온갖 기이한 도상을 이용해서 비판하고자 했던 인간의 단면은 푸코가 정의한 '광기'와 일맥상통한다.

히에로니무스 보슈의 할아버지와 아버지는 지역에서 유명한 화가였다. 그는 예술가 집안에서 태어난 덕분에 어려서부터 자연스럽게 영재 교육을 받았다고 볼 수 있다. 화가의 길을 선택한 그는 곧 명성을 얻었고, 그의 작품은 상류층 인사들에게 인기가 많았다고 한다. 특히 에스파냐의 펠리페 2세는 보슈가 사망한 이후 그의 작품을 열성적으로 수집했다고 한다. 그래서 오늘날 보슈의 작품 중 다수가 스페인의 박물관에 소장되어 있다.

보슈의 예술인생이 중반기에 이르면서 예술적 표현력과 풍부한 상상력이 가장 폭발적으로 드러난 전성기가 찾아왔다. 이 무렵 그는 작품 활동을 통해 사실주의적 기법과 낭만주의적 구성과 표현이 절묘하게 어우러진 판타지 소설 속에나 있을 법한 새로운 세계를 창조하는 놀라운 능력을 유감없이 발휘했다. 그의 작품 속 세상은 기이한 환상처럼 보인다. 고도의 상징화를 통해 인간 세계에 실재하지만 눈에 보이지 않는 미추美醜의 상대적 개념이 공존하는 세계를 시각적으로 표현해 냈기 때문이다. 이 작품에서도 보슈는 이성이라는 아름다운 껍질을 뒤집어 쓴 인간의 추한 광기의 본능을 가차 없이 비판하고 있다.

▲ 프랑스의 저명한 철학자 미셸 푸코(1926.10.15~1984.6.25). 대표적인 저서에서 보슈의 작품 세계를 연구했다.

그 후 말년에 완성한 작품들의 구도와 조형, 색채와 붓놀림을 살펴보면 종전의 작품에서는 볼 수 없던 철학적 사유와 해박한 지식의 깊이가 나타나며 그가 이런 요소들을 얼마나 효과적으로 운용했는지가 고스란히 나타난다. 우선 작품 속 도상과 색채는 전부 그가 인생에서 보고 듣고 겪은 모든 것들로부터 축적된 것이다. 그가 어린 시절 읽었던 동화의 삽화, 고딕 양식에서 종종 보는 무서운 괴물 조각상들, 호기심을 갖고 들여다보았던 화폐의 도안, 점성술 등이 모두 작품 세계를 채우는 자양분이 되었다. 작품이 주는 인상 때문인지 미술사의 기록에 따르면 보슈가 활동하던 당시에도 이미 많은 사람들이 그를 기인이나 불가사의한 인물로 여겼던 것 같다. 그리고 20세기에 들어 그의 화풍이 다시 살아 숨쉬기 시작하자 보슈의 이름 앞에는 '초현실주의의 선구자'라는 수식어가 새로 붙게 되었다.

▲ 아테네의 학당
(The School of Athens)

명화자료
창작시기 : 1509년
크기 : 579.5 × 823.5cm
기법 : 프레스코
소장 : 로마 바티칸 궁전
(Musei Vaticani)

아테네의 학당

  1508년, 교황 율리우스 2세는 벽화를 의뢰하기 위해 당대의 천재 화가인 라파엘로를 바티칸으로 불러들였다. 피렌체에 있던 라파엘로는 로마로 건너가 작업에 착수했다. 〈아테네의 학당〉은 이때 교황청 내에 그린 프레스코 연작 벽화 중 하나로 가장 널리 알려져 있다. 이 벽화는 고대 그리스, 로마, 스파르타 및 이탈리아의 유명한 철학자들이 삼삼오오 모여 열정적인 학술 토론의 삼매경에 빠져 있는 장면을 보여준다. 이 그림 속에는 인류의 자산인 학문을 물려준 학자들에게 바치는 존경과 역사상 눈부시게 발달했던 황금시대의 예술과 문화에 대한 찬미를 표현하고 있다. 웅장하면서도 우아한 분위기가 물씬 풍기는 아케이드 아래에는 위대한 철학자 플라톤(Platon)과 아리스토텔레스(Aristoteles)를 중심으로 총 54인이나 되는 대학자들

◀ 파르나소스
(Il Parnaso)

▲ 라파엘로

의 모습이 그려져 있다.

　이 작품에서 초상화 분야에 대한 라파엘로의 재능이 십분 발휘되었으며, 더불어 능숙하고 세련되게 처리한 공간 구성 능력이 돋보인다. 〈아테네의 학당〉은 다빈치의 〈최후의 만찬〉, 미켈란젤로의 〈최후의 심판〉과 더불어 르네상스 최고의 3대 걸작으로 손꼽힌다. 놀라운 점은 라파엘로가 50명의 제자들을 이끌고 이 작품을 제작할 당시, 그의 나이가 겨우 스물여섯 살에 불과했다는 사실이다.

　이 작품의 제목인 〈아테네의 학당〉은 고대 그리스의 철학가 플라톤이 제자들을 가르치기 위해 아테네에 개설한 학원 '아카데메이아(Akademeia)'를 가리킨다. 학생들은 이곳에서 철학을 중심으로 수학, 음악, 논리, 천문학 등 학문 연구에 힘썼으며, 아테네가 필요로 하는 각 방면의 인재들이 이곳에서 많이 배출되었다. 라파엘로는 이 거대한 벽화 작품에 아카데메이아를 배경으로 인류 역사 발전에 크게 이바지한 철학가나 과학자, 수학자, 예술가들의 모습을 생생하게 그려 넣었다. 그리고 화면의 좌우에는 각각 태양신 아폴론과 지혜의 여신 아테나의 모습을 새긴 조각상이 보인다. 이 위대한 인물들의 중앙에 선 플라톤과 아리스토텔레스는 지금 한창 열띤 논쟁을 벌이는 중이다. '대화(Timaeus)'라고 쓰여 있는 책을 왼쪽 팔에 안고 있는 인물이 바로 플라톤이고, '윤리학(Eticha)'이라고 쓰인 책을 들고

작자소개

라파엘로 산치오
(Raffaello Sanzio, 1483~1520)
레오나르도 다빈치, 미켈란젤로와 함께 르네상스 시대 이탈리아가 낳은 3대 천재 예술가로 불린다. 그의 아버지는 궁정 화가이자 시인이었다. 그러나 어머니를 일찍 여의고 11세 때 아버지마저 세상을 떠나게 되면서 피에트로 페루지노(Pietro Peruggino)의 작업실에서 도제 수업을 받기 시작했다. 그는 15세기 피렌체 화파의 작품들을 중심으로 폭넓은 연구를 거듭한 끝에 자신만의 독자적인 화풍을 만드는 데 성공했다. 회화 기법이나 품격 면에서 그가 가장 영향을 받은 인물은 레오나르도 다빈치와 미켈란젤로이다.
대표작으로는 〈갈라테아의 승리〉, 〈시스틴의 성모〉, 〈아테네의 학당〉 등이 있다.

있는 인물이 바로 플라톤의 제자인 아리스토텔레스이다. 플라톤은 오른손 손가락을 치켜들고 하늘을 가리키며 '이데아(idea)'에 대해 설명하고 있으며, 아리스토텔레스는 오른쪽 손바닥으로 지상을 가리키며 인간과 사물이 실재하는 현실세계에 대해 이야기하며 반론을 펼친다. 철학적 명제를 두고 펼친 스승과의 토론에 너무 열중한 탓에 책을 떨어뜨릴 뻔했는지, 한쪽 무릎으로 받친 아리스토텔레스의 자세가 인상적이다.

그 밖의 인물들 중에는 이들 or 두 사람의 토론을 흥미롭게 듣고 있는 이들이 있는가 하면 자신만의 세계에 빠져 주위의 상황에는 아랑곳하지 않는 이들도 있다. 화면 왼쪽에는 플라톤이 가장 존경했던 철학자 소크라테스가 있다. 무언가를 열심히 말하고 있는 소크라테스의 주위에는 사람들이 모여 있는데, 소크라테스와 마주보고 서서 그의 말을 경청하고 있는 인물은 알키비아데스(Alcibiades)이다.

화면 왼쪽의 계단 아래에 모여 있는 사람들 가운데에 수학자 피타고라스(Pythagoras)가 보인다. 피타고라스는 한쪽 무릎을 세워 받친 책 위에 열심히 필기 중이고, 그의 주변에서 그를 지켜보는 이들 중 흰색 터번을 두른 머리를 앞으로 길게 빼고 피타고라스를 보고 있는 인물이 아랍계 학자인 이븐 루시드(Ibn Rushd)*다. 그 곁에는 피타고라스의 제자들도 보인다. 그들 뒤쪽으로는 사각 기둥에 기대어 책을 펴들고 있는 남자가 있다. 머리에 월계관을 쓰고 있는 이 남자는 인간이 느낄 수 있는 고차원적인 쾌락에 대해 사색했던 철학자 에피쿠로스(Epicurus)다. 피타고라스의 앞쪽에 서서 책 내용을 손으로 가리키는 자세를 취한 인물은 파르메니데스(Parmenids)다.

중앙 쪽으로 시선을 이동하면 계단에 걸터앉아 대리석 탁자에 턱을 괴고 종이 위에 글자를 적고 있는 철학자 헤라클레이토스(Heracleitos)가 있으며, 그 왼쪽으로는 보라색 겉옷을 대충 깔고 느긋하게 기대어 누운 인물이 있다. 그가 바로 견유학파(犬儒學派, the Cynics)의 대표적 인물인 디오게네스(Diogenes)다. 다시 오른쪽에 있는 인물들 쪽으로 시선을 옮겨보면, 손에 컴퍼스를 쥐고 흑판에 원을 그리면서 무엇인가를 설명하느라 몸을 구부린 이를 중심으로 사람들이 또 한 무리 모여 있다. 몸을 구부린 인물은 기하학자 유클리드(Euclid)이고, 그 옆에 화면을 등지고 서서 지구를 두 손으로 들고 서 있는 인물은 무리 자 프톨레마이오스(Ptolemaeos), 그와 마주서서 한

---

* 라틴어 이름인 아베로에스(Averroes)로도 잘 알려져 있다

손에는 천구를 들고 있는 이가 조로아스터(Zoroaster)* 이다. 프톨레마이오스의 오른쪽으로는 화가인 일 소도마(Il Sodoma)가 보이고, 두 사람 사이로 검은 모자를 쓴 청년이 얼굴만 내밀고 서서 그림을 감상하는 관객들을 응시하고 있는데, 그가 바로 라파엘로 본인이다.

인류 역사 발전에 공헌한 위대한 인물들의 모습을 각각의 개성을 살려가며 한 화면에 담아내는 작업은 보통 힘든 일이 아니었을 것이다. 이 작품을 그릴 당시 라파엘로는 쉬지 않고 연구하고 고민하고 또 수많은 시행착오를 거치며 꾸준히 완성해나갔다고 한다. 그는 화면의 수평 기준을 높은 곳에 잡고 '1점 소실점에 의한 원근법'을 채택해서 그림 속 공간이 깊어 보이는 동시에 집중되는 효과도 주었다. 덕분에 수많은 인물이 등장하는 데도 전혀 산만하다는 느낌은 전혀 없

▲ 갈라테아의 승리
(The Triumph of Galatea)

다. 안정감 있는 구도와 온화한 색채 감각, 뛰어난 심리 묘사와 사실적 인체 표현을 통해 생동감을 얻게 된 인물들의 모습에서 피렌체 화파의 전통 양식에 충실한 그의 화풍이 드러나고 있으며, 다빈치와 미켈란젤로의 영향을 크게 받았음을 눈치챌 수 있다.

그 밖에도 이 그림에서 발견할 수 있는 작은 재미가 하나 더 있다. 라파엘로는 이 작품 속 인물들을 그릴 때 자신이 존경해 마지않던 당대 예술가들의 얼굴을 그려 넣었다고 한다. 눈썰미가 좋은 사람이라면 쉽게 발견할 수 있는 익숙한 얼굴들도 있다. 그 중에서도 플라톤의 모델은 다빈치, 헤라클레이토스의 모델은 미켈란젤로, 유클리드의 모델은 건축가 브라만테(Bramante)로 알려져 있다.

---

* 자라투스트라(Zarathushtra)의 영어 이름

▶ 시스틴의 성모
　(The Sistine Madonna)

명화자료
창작시기 : 1513~1514년
크기 : 265 × 196cm
기법 : 캔버스에 유채
소장 : 독일 드레스덴 미술관

시스틴의 성모

〈시스틴의 성모〉는 라파엘로가 그린 성모상 중에서도 아주 유명한 작품이다. 라파엘로의 부드럽고 온화한 화풍은 종교화 특유의 성스러운 분위기를 자아냈다. 따라서 완성된 이 작품은 기품 있고 심미적인 명작이 되었다.

라파엘로는 신체가 건장하고 강한 영웅적 남성의 모습보다는 자애롭고 온화하며 우아한 분위기를 풍기는 성모 마리아를 더 많이 그렸다. 그는 르네상스 시대에 활동한 수많은 예술가들 중에서 여성성을 가장 아름답게 표현할 줄 아는 화가였다. 특히 그가 표현한 성모 마리아는 티 없이 선하고 순결하며 청순한 소녀의 모습과 자애롭고 단아하며 현명한 어머니의 모습이 조화를 이루어 신비로움이 감돈다. 라파엘로만이 그려낼 수

▲ 초원 위의 성모
(The Madonna of the Meadow)

있는 숭고한 여성미가 느껴지는 작품 속 성모 마리아의 모습은 르네상스가 추구했던 가장 이상적인 완벽한 성모로서 칭송 받았으며, 그 정점에 있는 작품이 바로 〈시스틴의 성모〉이다.

〈시스틴의 성모〉는 교황 식스토 2세(Sixtus II)를 기념하기 위해 중건한 시스티나 성당(Cappella Sistina) 내부를 장식할 제단화용으로 그린 작품이다.

녹색의 장막이 서서히 열리며 아기 예수를 안고 있는 성모 마리아의 모습이 드러난다. 상서로운 기운이 감도는 구름 위에서 이제 막 한 발을 앞으로 내딛고 있는 자태에서 그녀가 천상으로부터 이제 막 지상에 내려온 순간을 그렸다는 사실을 알 수 있다. 아기를 안아 든 그녀의 얼굴에는 차분하고 평온한 표정이 떠올라 거룩한 분위기가 감돌고 있다. 그녀의 두 눈을 들여다보면 어느 새인가 마음이 정화될 것만 같은 신비한 기분이 든다. 그리고 품에 안긴 아기 예수는 자신의 미래에 닥쳐올 운명을 이미 예감한 듯 그림 밖 인간 세상을 조용히 응시하고 있다.

성모 마리아의 발치에는 남녀가 무릎을 꿇고 성모자의 강림을 영접하고 있다. 화면 왼쪽에 있는 남성이 입고 있는 고급스러운 복장과 옆에 벗어놓은 높은 모자에서 그의 신분을 알 수 있다. 그가 바로

▼ 아름다운 정원사 성모 마리아
(La belle jardinière)

▲ 의자에 앉은 성모
(Madonna della seggiola)

제단화

제단화란 교회나 성당의 제단을 꾸미기 위한 그림으로, 병풍처럼 접을 수 있도록 만든 패널 위에 그림을 그려 제작한다. 제단화 작품 중 일반적으로 가장 널리 알려진 작품으로는 반 에이크 형제가 제작한 《헨트 제단화(The Ghent Altarpiece)》를 꼽을 수 있다. 이 작품은 날개 그림을 접었을 때는 여덟 면으로, 펼치면 무려 열두 면이나 되는 대형 작품이다. 이 제단화는 성 바보 대성당(Cathedral of Saint Bavo)에 소장되어 있는데, 평일에는 접어두었다가 주일이나 축일에는 날개 그림을 열어두어 대중에게 그림을 공개하고 있다.

교황 식스토 2세이다. 그리고 오른쪽에 보이는 여성은 존경받는 순교자 성녀 바바라(St. Barbara)이다. 그녀의 등 뒤로 얼핏 성벽(혹은 탑)의 일부가 보인다. 전설에 따르면 그녀가 기독교 신자가 되자 부친이 그녀를 탑에 가둔 뒤에 결국 참수했다고 한다. 때문에 기독교 도상학에서 탑 그림은 일반적으로 성녀 바바라를 가리키는 상징물이다. 몸을 옆으로 틀고 앉아 눈을 내리깔고 있는 성녀 바바라의 조신한 모습에서 경건한 마음과 고상한 품격이 그대로 드러난다. 그녀는 인자한 표정으로 그림 아래에 있는 두 아기 천사에게 따스한 시선을 보내고 있다.

천진난만한 표정으로 엎드려 성모자의 강림을 구경하고 있는 귀여운 아기 천사들은 르네상스 시대의 작품에 나타난 아기 천사들 중 가장 큰 사랑을 받았다. 이 사랑스러운 아기 천사들의 탄생 배경에 대해 재미있는 비화가 있다. 어느 날 라파엘로가 길거리를 지나가던 중 우연히 빵집 꼬마들을 보게 되었는데, 그 모습에서 영감을 얻어, 그 전까지는 예정에 없었던 아기 천사의 모습을 제일 마지막으로 작품에 그려 넣었다고 한다.

그런데 사실 이 작품에 나타난 아기 천사는 둘뿐만이 아니다. 성모 마리아의 후광이 마치 달무리처럼 뿌옇게 비치는 부분은 얼핏 구름이나 안개처럼 보이는데 자세히 살펴보면 수많은 아기 천사들의 얼굴이다. 이와 같은 배경은 라파엘로의 작품에서 종종 나타나는데 신성하고 장엄한 기독교적 분위기를 극대화하는 데 효과가 있다.

그 밖에 이 작품의 구도나 원근법도 흠잡을 곳이 없다. 라파엘로는 이 작품에서 균형 잡힌 삼각형 구도를 정확하게 구성하여 안정적인 느낌을 주고 있으나 사소한 부분에 변화를 주어 본인만의 독특한 화풍을 자랑한다. 이 변화는 물론 그가 치밀한 계산을 통해 고안한 장치다. 두껍고 무거워 보이는 교황의 대법의를 화면의 왼쪽 아래로 늘어뜨린 반면에, 오른쪽에 앉아 있는 성녀 바바라의 머리를 교황의 머리보다 약간 높은 곳에 둠으로써 화면의 전체적인 무게 중심이 원쪽으로 쏠려 있는 느낌을 주었다. 전통적 기본은 지키되 좌우 대칭과 비례를 약간 어그러뜨리는 작은 변화만으로 생동감을 불어 넣었던 라파엘로야말로 천재가 아닐까.

이 작품은 지금 미술관에 보관되어 있지만, 완성된 당시에는 시스티나 성당의 제단 위에 놓여 있었다. 금방이라도 제단 위로 걸어 나올 것처럼 한 발 내딛은 성모 마리아의 모습이 너무나도 생생해서, 당시 무심코 성당에 들어오던 사람들은 분명 제단 위의 성모를 보고 가슴 벅찬 감동을 받았을 것이다. 실제로 라파엘로는 성모 마리아의 자세를 결정할 때 이와 같은 효과를 기대하기도 했다.

라파엘로는 여성의 아름다움을 시각적으로 가장 완벽하게 재현해 내는 예술가라는 찬사를 받으며 천재성과 선한 인품, 아름다운 외모를 고루 갖추어 만인의 사랑을 받았다. 그러나 불행히도 서른일곱이라는 젊은 나이에 갑작스럽게 세상을 떠났다. 당시 교황 레오 10세는 평소 그의 재주와 인품을 높이 사서 그를 추기경으로 임명해 곁에 두고자 했다고 한다. 결국 그는 라파엘로의 갑작스러운 죽음에 슬퍼하며 국장을 치르도록 했다.

갑작스러운 죽음으로 〈그리스도의 변용(The Transfiguration)〉을 완성하지 못했기 때문에 〈시스틴의 성모〉가 그가 생전에 완성한 마지막 작품이 되었다.

▲ 아담의 창조
(The Creation of Adam)

명화자료
창작시기 : 1510년
크기 : 280 × 570cm
기법 : 프레스코
소장 : 바티칸 시스티나 대성당

▲ 미켈란젤로

아담의 창조

〈아담의 창조〉는 바티칸 시스티나 대성당 천장화 중 〈천지창조〉에서 가장 중요한 부분으로 손꼽는다. 1508년 교황 율리우스 2세는 미켈란젤로를 바티칸으로 불러들여 시스티나 대성당의 궁륭형 천장에 장식화를 그리도록 했다. 사실 율리우스 2세와 미켈란젤로는 사이가 좋은 편이 아니었다. 율리우스 2세는 미켈란젤로의 강한 고집과 자존심 때문에 권력 앞에서도 굴하지 않는 점이 마음에 들지 않았고, 미켈란젤로 역시 변덕이 심한 율리우스 2세의 의뢰를 내켜하지 않았다. 이 때문에 미켈란젤로는 벽화 경험이 없다며 의뢰를 맡지 않으려 했으나 교황의 끊임없는 요구와 미켈란젤로의 재능을 시기했던 이들의 등쌀에 못 이겨 결국 작업에 착수했다. 하지만 일단 착수하기로 한 이상 맡은 일은 철저하게 완성하기로 결심한 그는 먼저 18미터나 되는 높은 천장까지 닿는 작업대를 만들었다. 그는 먼저 자신이 작업하는 동안에는 누구도 방해하지 말라고 요구하고 성당 안에 틀어박혔다. 그리고 이 방대한 작품의 구상과 밑그림 채색까지 모든 과정을 혼자서 해냈다. 그는 작업을 끝내기까지 4년이라는 긴 시간을 매일같이 작업대 위에 누워서 그림을 그리며 보냈다. 이때 그는 피부에 떨어진 물감 때문에 피부병이 생겼다. 또한 오랜 시간 위를 바라보고 그림을 그린 탓에 목이 굳어버려서 편지를 읽을 때도 고개를 뒤로 젖히고 읽어야 할 정도로 고생이 많았다. 미켈란젤로가 드디어 작업실에서 나왔을 때 마치 노인과 같은 모습이었다. 그는 도저히 서른일곱 살이라고 믿기 어려울 정도로 몸이 쇠약해져 있었다. 오랜 기간 시스티나 대성당의 천장화 작업에 매진하느라 자신의 건강을 제대로 돌보지 못했기 때문이다.

시스티나 대성당에서 천장화가 차지하는 면적은 무려 500제곱미터에 이른다. 이는 미술사상 찾아볼 수 없을 정도로 거대한 규모이다. 작품은 구약 성서의 내용을 바탕으로 크게는 천지창조, 인간의 타락, 노아 이야기를 주제로 하는 3장으로 구성되어 있으며, 각 장은 다시 9화면으로 이루어져 있다. 그중에서도 이 〈아담의 창조〉는 가장 시선을 끄는 부분이다. 미켈란젤로는 〈아담의 창조〉 부분을 그릴 때 구약 성서의 창세기 제 2장에서 이 세상을 창조하는 작업의 마지막 단계로 인간을 만든 여호와의 모습을 묘사한 구절을 시각적으로 잘 표현하기 위해 고심했다.

그림 속 아담은 건강하고 아름다운 신체를 지닌 청년이다. 그러나 그의 모습은 이제 막 잠에서 깬 것처럼 기운이 없고 멍하다 못해 나른해 보인다. 반면에 그와 마주한 여호와는 힘이 넘치는 역동적인

작자소개

미켈란젤로 부오나로티
(Michelangelo Buonarroti, 1475~1564)
이탈리아에서 르네상스가 정점에 달한 시기에 활동했던 대표적인 예술가로 조각과 회화, 건축 등 다방면에서 천재적인 재능을 드러냈다. 토스카니 지역의 카프레세(Caprese)에서 태어나 로마에서 숨을 거뒀다. 13세 때 피렌체의 화가 기를란다요(Ghirlandajo)의 제자가 되면서 미술에 입문했으나 그 이듬해에 조각가 베르톨도(Bertoldo di Giovanni)의 밑으로 옮겨가 메디치 가문의 고대 조각을 연구하면서 조각가의 길을 걷기 시작했다. 이때 그는 '위대한 로렌초'라고 불리는 로렌초 데 메디치(Lorenzo de' Medici)와 만나게 되는데, 그는 미켈란젤로의 인생에서 중요한 전환점이 되는 인물이다.
미켈란젤로는 1508년부터 교황청의 부름을 받고 시스티나 대성당의 천장화 작업에 착수했다. 작업 기간 동안 그에게 여러 가지 악조건이 겹치는 바람에 힘들게 완성했다. 하지만 완성된 작품이 대중에 공개되자 '세상을 깜짝 놀라게 한 걸작'이라며 찬사를 받았다. 수많은 인물들을 그려 넣어 구약 성서의 내용을 역동적으로 표현한 시스티나 대성당의 천장화는 전성기 르네상스 미술을 대표하는 위대한 창작물이다. 미켈란젤로는 그 밖에도 〈다비드(David)〉, 〈피에타(Pieta)〉, 〈최후의 심판〉, 〈성가족(Holy Family with the young Saint John)〉 등 조각과 회화 분야에서 다수의 역작을 남겼다.

◀ **노아의 대홍수**
(The Great Flood)
시스티나 대성당 천장화 중 노아 이야기의 일부

모습으로 그려져 있어 아담과 극명한 대비를 이룬다. 기대어 누운 아담이 무릎을 세워 기운이 없는 팔을 올려 여호와를 향해 길게 뻗는다. 손끝이 아래로 처져 있는 아담의 손가락 맞은편에는 천사와 함께 공중을 날고 있는 여호와가 그에 답하듯 아담을 향해 오른팔을 힘차게 뻗었다. 이 장면은 이 세상을 창조한 전지전능한 여호와가 최초의 인간인 아담에게 생명력을 불어넣고 영적인 교류를 나누는 극적인 순간을 표현한 것이다.

여호와의 왼쪽 팔에 안겨 있는 아름다운 여인은 아담의 짝이 될 이브다. 아담을 자세히 살펴보면 그의 시선은 자신의 왼손을 지나 창조주인 여호와와 이브를 향해 있다. 자신을 위해 두 번째 인간이자 최초의 여인인 이브를 데려왔다는 사실을 눈치 챈 모양이다. 수줍음이나 부끄러움 따위는 전혀 모른다는 순진무구한 얼굴을 한 그녀는 본능적으로 생명의 근원을 향해 손 뻗는 아담을 바라보고 있다.

이 작품은 미켈란젤로의 수많은 걸작 중에서도 창조적 상상력이 폭발적으로 발휘된 작품이다. 동시에 조각가의 길을 고집한 그에게 위대한 화가로서의 입지를 굳혀주는 데 결정적 역할을 한 작품이기도 하다. 작품 속 인물들의 모습을 자세히 들여다보자. 마치 그의 대리석 조각 작품을 보는 것처럼 매끄럽고 섬세하며, 입체적인 신체 표현에서는 사실적이고 자연스러운 원근법이 돋보인다. 작품 전반에 나타나고 있는 그의 폭넓은 색채 활용 능력과 풍부한 도상학적 지식 또한 감탄이 절로 나올 정도이다.

앞서 말한 것처럼 미켈란젤로는 조각가로서 높은 긍지를 지닌 인물이었다. 수많은 이들이 그의 회화 재능에 대해 찬사를 보내도 그는 항상 자신의 본분은 조각가라고 여겼다. 미켈란젤로는 원래 시스티나 대성당의 천장화 작업을 맡기 몇 해 전에 교황 율리우스 2세의 거대한 기념묘비를 만드는 일을 맡았었다. 그러나 교황 쪽 상황과 관련해 여러 가지 문제가 생기는 바람에 이 계획은 흐지부지 중단되고 말았다. 그 덕분에 시스티나 대성당의 천장화가 탄생했다고 본다면, 전화위복이 된 셈 쳐도 무방하지 않을까.

미켈란젤로는 어린 시절 로렌초 데 메디치의 후원을 받아 메디치가에 머무르며 고대 조각에 대해 연구하고 각종 학문을 폭넓게 접할 수 있었다. 그 덕분에 미켈란젤로는 서양 미술의 역사에 큰 획을 긋는 위대한 화가로 성장할 수 있었다. 특히 그 시절 인체 해부 연구에도 전념할 수 있었던 덕분에 누구보다도 탄탄한 해부학적 지식을 쌓을 수 있었다. 인체의 아름다움을 더욱 완벽한 수준으로 표현하기 위해 끝없이 연구했던 미켈란젤로의 엄격한 애정과 해박한 지식은 그의 손끝을 통해 그대로 발산되었다. 〈천지창조〉가 공개되자 일반인뿐만 아니라 화가들까지도 열광적으로 환호했고 이후 유럽 화단에 큰 파장을 불러일으켰다. 라파엘로를 포함한 수많은 화가들이 이 작품을 통해 구도와 색채, 인물의 자세 등을 배우고 영감을 얻었다.

◀ 시스티나 대성당의 내부 전경

▶ **최후의 심판**
(Last Judgment)

명화자료

창작시기 : 1534~1541년
크기 : 13.7 × 12.2m
기법 : 프레스코
소장 : 바티칸 시스티나 대성당

▲ 미켈란젤로

최후의 심판

　1535년, 교황 클레멘스 7세는 이미 예순 살을 훌쩍 넘긴 미켈란젤로를 또다시 바티칸으로 불러들였다. 클레멘스 7세는 약 25년 전인 1508년 시스티나 대성당의 천장화를 제작했던 미켈란젤로에게 다시 제단 뒤 벽을 장식할 거대 벽화를 의뢰했다.

　이 작품의 중심 소재는 《신약성서》 중 마태복음에서 빌려왔다. 언젠가 '세상의 종말' 또는 '심판의 날'이 오면 모든 영혼이 여호와의 뜻에 따라 심판을 받아 선한 영혼은 천국으로, 악한 영혼은 지옥으로 떨어지게 될 것이라는 기독교의 오랜 예언 내용을 표현하고 있다. 이 작품은 '미켈란젤로가 창작한《신곡》'이라는 평을 받을 정도로 단테의《신곡》에서 큰 영향을 받았다. 그중에서도 지옥의 정경을 묘사할 때 단테의 이 걸작 장편 시에서 결정적인 영감을 얻었다고 한다.

약 200제곱미터에 달하는 거대한 그림 속 공간은 천상과 지상, 지옥으로 3등분 되어 있으며 등장인물 수는 무려 391명에 이른다. 그 중에서 가운데에 한 팔을 치켜들고 구름 위에 선 청년이 예수 그리스도이다. 그 동안 기독교 성화에 나타난 예수의 모습은 희생과 사랑을 상징하는 인류의 선구자적 면모가 부각되었던 것에 비해 이 작품에 나타난 예수는 감정을 드러내지 않은 냉엄한 표정으로 공정한 심판을 내리는 심판자의 모습을 보인다.

성모마리아는 예수의 오른쪽에 앉아 승천하거나 지옥으로 떨어지는 인간들의 모습을 내려다보고 있다. 성모 마리아와 예수의 주변은 천사들과 그의 12제자를 포함한 기독교 성인들이 둘러싸고 있다. 예수의 바로 오른쪽 아래에 머리가 벗겨지고 수염이 길게 자란 노인이 있는데 그의 오른손에는 칼이, 왼손에는 사람의 살가죽이 들려 있다. 이 노인은 산 채로 살가죽이 벗겨져 순교한 것으로 알려진 기독교의 성인 바르톨로메오이다. 그가 들고 있는 가죽에 사람 얼굴이 보이는 데 그 얼굴의 주인공은 놀랍게도 미켈란젤로 자신이다. 예수의 왼쪽 아래로는 나뭇가지를 들고 있는 남자와 그 뒤로 얼굴을 내밀고 있는 여자가 보인다. 이들은 바로 최초의 인간인 아담과 이브 커플이다. 아담과 이브에서 시선을 다시 오른쪽 위로 옮기면 보이는 기골이 장대한 남자가 성 바오로이다. 그 밖에도 이 작품에는 수많은 순교자들과 예언자들의 모습이 그려져 있다.

열두 사도의 아래 부분에 있는 이들은 천국행이 될지 지옥행이 될지 심판을 기다리고 있는 중이며, 그들 사이로 시인 단테도 보인다.

작품 속 공간은 크게 3등분으로 나뉘어 있지만, 인물들의 배치로 인해 5중의 수평 구조가 형성되었다. 거기에 지옥으로 추락하거나 승천하는 인물들이 만들어내는 몇 겹의 수직선이 교차되어 한층 더 복잡한 구도를 이룬다. 그러나 제각기 다양한 자세를 취한 인간군상을 효과적으로 그려 넣어 작품을 보는 이의 시선이 중앙의 예수 그

▲ 도니 톤도 - 성 가정과 세례자 요한
(Doni Tondo - The Holy Family with St. John the Baptist)

벽화

벽화는 인류 역사상 가장 이른 시기에 나타난 회화 예술 형식의 한 종류로 그림이나 조각 및 기타 여러 가지 수단으로 벽면을 꾸미는 것을 이른다. 건축물이나 동굴 등의 내외 벽면이나 천장, 기둥 등을 장식하기 위해 그린 그림들이 전부 벽화의 영역에 속한다. 현존하는 가장 오래된 벽화는 구석기 시대에 그려진 것으로 알타미라(Altamira) 동굴 벽화 등이 있다.

벽화의 종류는 방법에 따라 벽면 위에 직접 그림을 그리는 화장지化粧地 벽화와 그림을 먼저 완성시킨 후 벽면에 장식하는 첨부 벽화 두 종류로 볼 수 있다. 화장지 벽화의 경우 프레스코 기법이 주로 사용되었으며, 첨부 벽화의 경우에는 그림을 그려 넣은 테라코타나 유제에 그림을 그려 넣은 캔버스를 벽에 붙이는 방법이 대부분이다. 르네상스 시대 이후 17세기 무렵부터 현재까지 첨부 벽화의 방식이 주로 채택되었고, 덕분에 다양한 소재를 활용한 첨부벽화 기법이 발전되었다.

리스도에게 집중되도록 처리했다. 덕분에 전혀 산만하게 느껴지지 않는다. 그 밖에도 작품 속 모든 요소가 조화를 이루며, 장엄한 심판의 순간을 보기 위해 교회를 찾는 이들을 맞이한다.

1541년 작품이 대중에게 공개된 낙성식 날, 사람들은 미켈란젤로의 예술적 재능과 카리스마에 다시 한 번 압도되었다. 이는 같은 주제로 그려진 작품들 중 전례를 찾아볼 수 없을 정도로 거대한 규모였기 때문만은 아니다. 시스티나 대성당의 제단을 장식한 이 벽화는 웅대한 구상과 화려한 색채의 향연, 인물들의 역동적인 자세와 인체 표현 등 모든 부분에서 화가의 천부적인 재능을 전부 드러냈다. 당시 유럽에서 활동하고 있던 예술가들에게 미켈란젤로는 넘을 수 없는 벽과도 같았다. 그림의 장막을 거두어 낸 순간 미켈란젤로는 나이를 먹었지만 그의 예술적 창의력은 건재하다는 사실을 만방에 알린 것이었다.

그러나 몇몇 인사들이 이 작품 속 인물들이 전부 나체를 적나라하게 드러낸 것을 선정적이라고 문제 삼았다. 그중 잘 알려진 인물이 바로 비아지오 다 체세나(Biagio da Cesena)라는 추기경이다. 그는 작업 중인 미켈란젤로를 찾아가 작품이 선정적이라며 참견한 적도 있었다. 그림이 완성된 지 20년 이상이 지나도록 선정성 논란이 계속된 끝에 1564년 1월 트리엔트 공의회에서 결국 "비속한 부분을 모두 가려야 한다."라는 결정을 내렸다. 미켈란젤로가 사망하기 한 달

▼ 원죄와 낙원 추방
(The Original Sin and Expulsion from Paradise)

전의 일이었다. 결국 생식기 부위를 가리기 위해 부분적으로 덧그림을 그리기로 했고, 그 작업을 미켈란젤로의 제자인 볼테라(Daniele da Volterra)가 맡았다. 제자가 맡게 된 덕분에 원작을 최대한 손상하지 않는 선에서 논란을 종식시킬 수 있었던 것은 다행이나, 이 일로 볼테라는 '팬티를 입히는 화가'라는 뜻이 담긴 '브라게토니(Braghettone)'라는 별명을 얻는 수모를 겪어야 했다.

  재능 하나만으로 세상을 놀라게 한 미켈란젤로는 피렌체 화파의 조각적 형태주의를 완성한 르네상스의 거장으로 오랜 세월 동안 추앙 받았다. 위대한 조각가이자 화가, 건축가, 시인이었던 그가 남긴 수많은 예술 작품은 인류의 소중한 문화유산이다.

▲ 신성한 사랑과 세속적인 사랑
(Sacred and Profane Love)

신성한 사랑과 세속적인 사랑

명화자료
창작시기 : 1514년
크기 : 118 × 279cm
기법 : 프레스코
소장 : 이탈리아 로마 보르게세 미술관(Galleria Borghese)

▲ 티치아노

〈신성한 사랑과 세속적인 사랑〉은 티치아노가 베네치아에서 인지도를 높여 가던 중에 그린 작품이다. 고전적 회화에서 바로크 미술로 넘어가는 데 막대한 영향을 미친 그의 개성적인 화풍이 이 무렵부터 분명하게 드러나기 시작한다. 이 작품은 원래 베네치아의 귀족인 니콜로 아울렐리오(Niccoóurelio)가 그의 신부인 라우라 바가로토(Laura Bagarotto)에게 결혼 기념 선물로 주기 위해 주문했다고 알려져 있다. 이 무렵, 그는 한창 조르조네의 화풍으로부터 크게 영향을 받고 있었다. 조르조네와 티치아노 둘 다 조반니 벨리니의 제자라는 인연으로 작품 작업을 함께 한 일이 많았기 때문이다. 이 작품은 한가롭고 고요한 목가적 정서와 전체적으로 시원스럽고 호방한 화풍, 그리고 거침없는 붓놀림을 보여준다. 그러나 시원스러운 배경 표현과는 달리 인물 표현은 매우 부드럽고 유연하다. 그림 속 여인들은 우아하고 고상하면서도 소녀의 순결함이 그대로 남아 있다. 그래서일까? 여인들을 바라보면 그녀들의 매력에 흠뻑 빠지는 것 같다.

그림 속 두 여인이 걸터앉아 있는 물체의 정면에 조각된 장식을 보면 그것은 고대 로마 시대의 석관인 것 같다. 양 끝 부분에 앉아 있는 두 여인 중, 왼쪽 여인은 풍성한 흰색의 비단 드레스에 선홍색 토시와 가죽 장갑까지 끼고 제대로 의장을 갖추고 있는 데 비해 오른쪽 여인은 나체에 천으로 중요 부위만 가린 채로 검은 색 등잔을 쥔 왼손을 치켜들고 있다. 두 여인 사이에 있는 아기 천사는 장난기 가득한 얼굴로 한 팔을 물속에 집어넣고 휘젓는 데 여념이 없다.

미의 여신과 인간 미녀가 만나는 장면을 연출한 화가의 의도에 대해 여러 가지 해석이 있었다. 그 중 두 여인을 '여신으로서의 비너스'와 '인간 세상의 비너스'로 보는 신플라톤주의적 시각으로 해석한 학설이 가장 설득력이 있다. 얼핏 보기에는 화려한 옷을 입고 완벽하게 꾸민 모습으로 정숙하게 앉아 있는 여인이 여신같지만, 진짜 여신은 인위적인 장식을 배제한 채 자연 그대로의 모습으로 그려져 있는 나체의 여인이다. 이는 꾸밈없는 아름다움이 지닌 진정성과 순결함을 나타내는 동시에 신성하고 본질적인 천상의 사랑을 상징한다. 반면 제대로 옷을 갖춰 입은 아름다운 여인은 물질적이고 격식을 중시하며 사회적 제도에 의해 영원히 유지할 수 있는 세속의 사랑을 상징한다. 그 예로 그녀가 입고 있는 순백 드레스와 장갑, 머리를 장식한 화관, 손에 들고 있는 장미꽃은 모두 결혼과 연관된 의미를 지닌다. 그녀의 왼편에는 토끼들이 그려져 있는데, 이는 예로부터 다산을 기원하는 상징이었다.

▲ 바쿠스와 아리아드네
(Bacchus and Ariadne)

두 여인의 중간에서 놀고 있는 천진난만한 아기 천사는 비너스의 아들인 큐피드이다. 그리스 로마 신화에서 큐피드는 사랑을 주관하는 신이다. 티치아노는 이 작품에 큐피드를 그려 넣어 '사랑'이라는 주제를 더욱 선명하게 드러내고 있다. 한편, 르네상스 시대의 예술가들은 완벽하게 치장한 인간 미녀의 모습보다 인위적 장식을 걸치지 않아도 아름답게 빛나는 여신의 모습에서 절대적 미의 기준을 찾을 수 있다고 믿었다. 그 밖에도 그림 속 두 여인이 각각 육체적 사랑과 정신적 사랑을 상징한다고 보는 이분법적 시각도 있었다.

〈신성한 사랑과 세속적인 사랑〉에 나타난 상징성을 분석할 때 두 비너스와 큐피드 외에 눈여겨 볼 부분이 더 있다. 바로 그녀들이 앉아 있는 석관에 새겨진 부조 장식의 내용이다. 중앙의 나뭇가지를 중심으로 인간 비너스 쪽에는 여인의 머리채를 휘어잡고 있는 남자와 말이, 여신 비너스 쪽에는 격렬한 구타 장면이 표현되어 있다. 이 부

베네치아 화파

베네치아 화파는 피렌체 화파와 함께 이탈리아의 르네상스 시대를 이끌었던 유파이다. 특히 15세기 베네치아는 동지중해 연안에 발달한 무역의 중심이자 상업이 크게 발달한 도시로서 막대한 부를 축적했다. 게다가 이 무렵 베네치아에는 귀족 공화제 체제가 발족되어 정치와 경제, 문화, 예술 등 각 방면에서 최고의 번영기를 맞이했다. 피렌체 화파의 화가들이 공식적인 장소를 장식할 웅대하고 장엄한 예술 작품을 주로 제작했다면, 베네치아 화파는 귀족이나 부유한 상인들을 대상으로 하는 초상화나 인테리어 일부분의 장식 회화를 제작하는 등 미술을 사적인 영역으로 끌어들이는 데 중요한 역할을 했다. 때문에 베네치아 화파의 화가들의 작품은 화려하고 영롱한 색채가 특징이었고 향락적이고 현세적인 정서가 주류를 이루었다.

베네치아 화파의 주요 특징인 색채주의를 정착시킨 인물은 조반니 벨리니였다. 조반니 벨리니는 초상화나 풍경화에 탁월한 재능을 뽐낸 화가로, 대표작으로는 〈레오나르도 롤레다노의 총독〉, 〈쌍수의 성모자〉 등이 있다. 시적인 정취가 물씬 풍기는 자연 풍경 속에 인간의 육체가 지닌 아름다움을 조화롭게 배치해서 하나의 이상적 예술 작품을 완성하려는 그의 뜻을 잇는 제자들이 있었다. 그들은 바로 조르조네와 티치아노였는데 덕분에 베네치아 화파는 전성기를 이루었다. 조반니 벨리니로부터 시작된 색채주의는 이후 베네치아 화파의 근간을 이루는 주요 화풍이 되었다.

분의 의미에 대해서도 다양한 시각으로 바라본다.

〈신성한 사랑과 세속적인 사랑〉은 풍부한 상징성을 통해 다양한 해석을 이끌어낸 작품으로 유명하며, 대담하면서도 신비로운 색채감을 비롯한 모든 요소에서 나타나는 화가의 뛰어난 재능을 볼 수 있는 작품이다. 티치아노는 빛과 색채를 자유롭게 사용해 맑고 선명한 화면을 구현했으며 섬세한 기교로 작품에 생기를 불어넣었다. 또한 젊고 아름다운 비너스 여신의 나체는 탄력 있고 매끈한 피부의 촉감과 따스한 체온이 그대로 느껴질 정도로 투명하고 맑은 윤기가 흐르는가 하면, 인간 미녀가 입고 있는 드레스 위로 내리쬐는 빛은 풍성한 주름 사이로 그림자를 만들며 우아하고 고급스러운 비단의 광택을 사실적으로 보여준다. 그녀의 옷자락은 부드럽게 불어오는 바람결에 흔들리며 금방이라도 비단끼리 사각사각 스치는 경쾌한 소리를 들려줄 것만 같다. 이처럼 두 여인이 각각 천상과 세속의 사랑을 의미하는 상징적 존재로서 성숙함과 청순함, 우아미와 관능미 등 상반되는 가치를 지닌 채 한 화면에 공존한다. 하지만 그 사이에는 어떠한 불협화음도 느껴지지 않는다.

티치아노는 평소 그림을 그릴 때 밑그림이나 초안을 그리지 않고 캔버스에 직접 채색부터 하는 독특한 작화 습관으로도 유명하다. 그가 일단 작업을 시작해서 붓이 가는대로 손을 움직이다보면 아무것도 없던 흰 공간 속에는 어느새 아름다운 색채로 가득 찬 하나의 세상이 창조되었다. 그는 한 번 발동이 걸리면 순식간에 한 작품을 완성시키지만 반면에 심상이 떠오르지 않을 때는 몇 개월이고 손에 붓조차 쥐지 않았다고 한다. 동시대의 화가 중에서는 피렌체 화파의 미켈란젤로 외에는 티치아노와 견줄 수 있는 화가가 없다. 피렌체 화파의 조각적 형태주의가 미켈란젤로의 등장으로 전성기를 맞이했다면, 베네치아 화파는 티치아노의 등장을 기점으로 회화적 색채주의를 완성했다고 볼 수 있기 때문이다. 티치아노는 생전에 활동할 때부터 천재 미켈란젤로와 쌍벽을 이루는 베네치아 화파의 대표적인 화가로서 재능을 인정받아 확고한 지위에 올랐다.

▼ 플로라
(Flora)

◀ 바쿠스 축제
(Bacchanal of the Andrians)

명화자료
창작시기 : 1523~1525년
크기 : 175 × 193cm
기법 : 캔버스에 유채
소장 : 스페인 마드리드 프라도 미술관(Museo del Prado)

바쿠스 축제

베네치아 공화국이 수립된 후, 16세기 베네치아 사회 내부는 정치적으로나 경제적으로 번영기를 맞이했고 반 봉건주의의 바람이 점차 거세게 불기 시작했다. 경제적 풍요로움을 누리게 된 베네치아인들은 점차 자유와 인간 중심적 철학에 빠져들었다. 당시 베네치아 학파의 저명한 화가로 이름을 날리고 있던 티치아노 역시 사회 분위기로부터 영향을 받았기 때문에, 엄격하게 사상을 통제하는 기독교와 불합리한 사회 제도에 대한 반발심이 그의 작품에 은연중에 나타나 있다. 이번 장에서 다룰 〈바쿠스 축제〉 역시 티치아노의 심리가 반영된 작품이다. 티치아노는 〈바쿠스 축제〉 외에도 고대 그리스 로마 신화에서 소재를 차용해서 인간의 삶과 밀접한 희로애락의 정서를 섬세하게 표현하는 동시에, 이상적 아름다움을 추구하는 작품을 다수 남겼다.

주신酒神 바쿠스는 그리스 신화에서는 디오니소스(Dionysos)라고 불리는 술의 신으로, 바쿠스는 로마식 이름이다. 이 그림은 술의 신

▶ 우르비노의 비너스
(Venus of Urbino)
이 작품과 조르조네의 작품인 〈잠자는 비너스〉는 유사성이 많아서 종종 함께 설명된다.

바쿠스가 주재하는 환락의 축제 장면을 그려낸 유화 작품이다. 바쿠스, 즉 디오니소스는 올림포스 12신 중 최고신인 제우스와 인간인 세멜레의 사이에 태어난 아들로 식물의 신이며, 그중에서도 포도를 관장하는 신이다. 그리스 신화에 따르면 그가 태어나기 전 어머니인 세멜레가 죽게 되자 제우스는 태아를 자신의 허벅지에 넣고 꿰매어 적절한 시기에 태어날 수 있도록 했다고 한다. 아버지인 제우스의 허벅지를 뚫고 나온 디오니소스의 탄생은 대지를 뚫고 돋아나는 식물의 습성에 빗대어 해석할 수 있다.

포도를 관장하는 신인 그는 포도주를 만들기도 했다. 때문에 그는 술의 신으로 숭배되었다. 이러한 특성으로 그는 인간의 이성적 제어를 해체하고 원시적인 광기와 정열, 흥분과 폭력 등을 이끌어내는 퇴폐적 향락주의를 대표하는 복잡한 신격을 갖게 되었다. 이와 관련해서 고대 그리스에서는 향기로운 포도주의 제조법과 더불어 정신적 해방의 기쁨을 인간에게 전해 준 이 감사한 술의 신을 기리기 위해 매년 디오니소스 축제(또는 바쿠스 축제)를 열었다고 한다.

이 작품은 술의 신 바쿠스와 인간들이 뒤엉켜 먹고 마시고 춤추며 사랑을 나누는 장면을 담고 있다. 이는 단순한 퇴폐적 향락이 아닌 바쿠스 신을 향한 숭배 의식이다. 고대 그리스인들은 실제로 술과 음악, 춤을 통해 자신을 인간적 이성으로부터 해방시키는 것이 그에 대한 경배의 방식이라 여겼다고 한다. 그림 속에는 커다란 술잔이나 술 항아리를 들고 서로 술을 따르거나 상체를 뒤로 크게 젖히고 술을 마시는 남녀, 엎드려 누워 즐겁게 담소를 나누는 여인들, 서로 팔짱을 끼고 춤추는 남녀, 술에 취한 듯 드러누운 여인 등 제각각 바쿠스 축제를 흥겹게 즐기는 모습이 나타나 있다. 그중에서도 그림 전면에 풀밭을 배경으로 누워 있는 여인의 모습은 이 작품에서 가장 눈에 띈다. 술에 취한 것처럼 아무런 경계심이 없는 자세로 편안히 누워 있는 여인의 나신은 티치아노 특유의 색채 감각과 섬세한 붓놀림을 통해 관능적으로 표현되었다. 그의 작품에 등장하는 미녀들은 종종 이와 비슷한 자세를 취하고 있는데 그중에서 가장 잘 알려진 작품이 바로 〈우르비노의 비너스〉이다. 사실 조르조네가 티치아노보다 이 자세를 먼저 선보였지만 티치아노의 작품에 더 많이 등장하고 있으므로 이후 수많은 화가들이 티치아노로부터 영감을 얻어 미녀들의 누운 자세를 종종 화폭에 담았다.

▲ 술의 신 바쿠스의 조각상

누워 있는 이 젊은 여인의 모습을 들여다보면 탄력적이고 매끄러운 피부 결에서 우러나오는 젊은 여체의 향기로운 체취와 온기, 빛나는 생명력이 마치 그대로 전해지는 것만 같은 환상에 사로잡힌다. 이는 관능적이나 저속하지 않고, 향락적이나 천박하지 않은 환상으로, 티치아노의 예술적 재능이 우리에게 선사한 기묘한 감각적 경험이다.

베네치아 화파의 가장 위대한 화가인 동시에, 르네상스 시기 색채주의 분야에서 최고의 성취를 이룬 예술가 티치아노는 호방하고 대담한 형상과 풍부하고 다채로운 색채 표현을 통해 뜨거운 열기로 가득한 바쿠스 축제를 그려냄으로써 인간의 본성과 세속적 삶의 환락을 보여주었다. 그는 〈바쿠스 축제〉를 포함한 일련의 작품들을 통해 중세 시대를 지배해온 엄격하고 경직된 금욕 사상과 권위주의적 태도에 대해 정면으로 도전장을 내밀었다. 예술 활동으로써 사회 활동에 참여하는 티치아노의 모습에서 그의 가치관과 실천적 예술가의 면모를 발견할 수 있다.

베네치아 화파가 낳은 또 하나의 천재화가 조르조네가 불행하게도 30대에 요절하면서 티치아노는 베네치아 화파 내에서 독보적인 지위를 얻게 되었다. 그의 명성은 1530년경에 이르러 베네치아 내외의 상류층 사이에 널리 알려졌다. 1531년에는 베네치아 궁전 내에 거처하게 되었으며 그가 로마에 가서 카를 5세의 초상화를 그린 것도 1530년대 초반의 일이다. 그 당시 그렸던 카를 5세의 초상화는

작자소개

티치아노 베첼리오
(Tiziano Vecelli 또는 Tiziano Vecellio, 약 1489~1576)
이탈리아 르네상스 시기 베네치아 지역을 중심으로 발전한 미술 화파의 화가들 중 가장 걸출한 인물이다. 그는 스승인 조반니 벨리니와 조르조네가 확립시킨 베네치아 화파의 계보를 잇는 동시에 르네상스 이후인 바로크 시대의 회화 발전에도 커다란 영향을 끼쳤다.
그의 작품을 보면 강한 필치와 역동적 구도, 특유의 색채 감각, 작품 전반에 흐르는 시적 정서가 어우러져 있다. 르네상스 시대 북부 유럽을 대표하는 거장이라는 수식어에 걸맞은 높은 수준과 천재적 재능을 생생히 느낄 수 있다.
티치아노가 평생 동안 그린 작품 수는 500점 이상이라고 한다. 그에게 그림을 의뢰하고 후원해준 이들 대부분이 최상류층에 속해 있었다. 하지만 그의 작품은 주로 현실주의에 입각해서 인간에 초점을 맞추므로 오히려 교회 권력과 통치 권력과 같은 기존의 권위에 반발하고 도전하는 역설적 성향이 강하게 드러난다. 대표작으로는 〈신성한 사랑과 세속적인 사랑〉,〈바쿠스와 아리아드네〉, 〈그리스도의 매장〉,〈성모의 승천〉 등이 있으며, 그 밖에 카를 5세와 교황 바오로 3세를 그린 초상화가 걸작으로 손꼽힌다.

73

〈바쿠스 축제〉와 함께 프라도 미술관에 소장되어 있다. 초상화에 너무나도 만족한 카를 5세는 티치아노에게 기사 작위를 내렸고, 이후로도 합스부르크 왕가는 티치아노의 재능을 높이 평가하여 그의 예술 활동을 적극 후원해주었다. 카를 5세가 티치아노의 재능을 얼마나 아꼈는지 잘 나타나는 일화가 있다. 어느 날 황제가 티치아노의 연습실을 찾아갔다. 그때 바닥에 떨어져 있는 붓 한 자루가 황제의 눈에 띄었다. 황제는 몸소 몸을 굽혀 붓을 줍고 나서 "위대한 황제가 최고의 천재 예술가에게 붓을 주워 주도록 하지."라는 농담과 함께 티치아노에게 건넸다고 한다.

그 후 서른여덟 살이 되던 해에는 베네치아 궁정 전속 수석 화가로 임명되었고, 그 외에도 펠리페 2세와 교황인 바오로 3세 등 상류층에서 티치아노를 각별히 아끼는 등 그의 인생은 탄탄대로를 달렸다. 티치아노의 명성이 높아질수록 그의 삶은 점점 부유해지고 권력에 가까워졌다. 하지만 그만큼 티치아노를 질시하는 세력들도 점차 많아졌다.

1576년, 베네치아에 돌림병이 크게 유행했다. 이 해에 티치아노는 자신의 별장에서 숨졌으나 뒤늦게야 발견되었다.

▶ 성모의 승천
(Assumption of the Virgin)

◀ 십자가에 못 박힌 예수
(Crucifixion)

명화자료

창작시기: 1515년
크기: 269×307cm
기법: 목판에 유채
소장: 프랑스 콜마르 운터린덴 미술관

십자가에 못 박힌 예수

미술사가들에게 르네상스 시기의 예술가 중 가장 불가사의한 인물이 누구냐고 묻는다면 〈십자가에 못 박힌 예수〉를 그린 독일인 화가 그뤼네발트를 꼽을 것이다. 그의 생애에 대해서도 알려진 바가 없거니와 당시의 독일 회화계에서는 유사성을 지닌 화가를 찾을 수 없는 독특한 화풍 역시 불가사의하기 때문이다. 특히 강렬한 대비색을 즐겨 사용한 그의 색채 감각과 어둠 속에서의 강렬한 빛을 표현한 듯 경계가 확연하게 나뉘도록 명암을 처리한 방식은 중세 시대 스테인드글라스 작품을 보는 것 같은 느낌을 준다. 그의 작품속 과장된 형상과 색채는 보는 이의 뇌리에 깊은 인상을 준다.

오늘날 그의 작품으로 확실히 인정된 작품 수는 극소수에 불과하다. 게다가 그의 생애에 대한 기록은 더더욱 적다. 현재로서는 남아있는 그의 작품들 몇 점과 관련된 기록 몇 줄에 의지해 알 수 있는 것은 그가 자신의 예술적 재능을 통해 사람들에게 좋은 영향을 미치고자 했다는 사실과 그는 인간에 대해 박애 정신을 지닌 독실한 기독교 신자였다는 점 뿐이다.

▲ 그뤼네발트

작자소개
마티아스 그뤼네발트
(Matthias Grünewald,
약 1470~1528)

독일 바이에른주 뷔르츠부르크(Würzburg)에서 태어나 작센안할트주 할레(Halle)에서 사망했다. 본명은 마티스 고트하르트 니트하르트(Mathis Gothardt Nithart)로, 본명 외에 그가 태어났을 때를 비롯한 유년 시절의 행적에 대해서는 정확히 알려진 바가 없다. 그의 이름이 미술사에서 공식적으로 거론되기 시작한 것은 1509년 라인강 유역에 위치한 마인츠(Mainz)의 대주교 아래서 궁정 화가로 일하면서였다. 이름이 뒤늦게 알려진 탓에 현재까지 전해지는 작품 수는 그리 많지 않다. 그중에서도 가장 유명한 작품은 이젠하임 제단화(Isenheim Altarpiece)로, 이는 같은 시기에 제작된 미켈란젤로의 시스티나 대성당의 천장화와 비견될 정도로 대작이라는 평가를 받고 있다.

이젠하임 제단화는 날개 그림을 접었을 때의 너비만 3미터에 이르는 큰 규모의 다익多翼 제단화로 날개 부분의 그림은 경첩을 따로 연결해 달았으며 〈십자가에 못 박힌 예수제단〉, 〈성 안토니우스의 유혹 제단(emptation of St. Anthony)〉, 〈그리스도의 매장(Entombment of Christ)〉 등 기독교와 관련된 성인의 모습이나 주제들을 시각적으로 표현한 현 한가 패널 각 부분에 그려져 있다. 현재는 프랑스 동부의 콜마르(Colmar)에 위치한 운털린덴 미술관(Musée d' Unterlinden)에 소장되어 있다.

그뤼네발트는 기독교와 관련된 작품을 주로 남겼다. 그중에서도 그뤼네발트 특유의 섬세하고 정밀한 묘사 능력이 돋보이는 〈십자가에 못 박힌 예수〉가 가장 유명하다. 예수 그리스도의 몸 위에 나타난 잔학한 폭력의 흔적은 소름끼칠 만큼 사실적으로 상세하게 표현되어 그림을 보는 사람에게 그가 죽기 직전까지 받아야 했던 고통의 정도를 생생하게 전한다. 그는 예수 그리스도가 누구를 위해, 어떤 고통을 감내하며 희생했는가를 사람들에게 전하기 위해 이 그림을 그렸다. 이 충격적이고 비극적인 장면은 그가 남긴 최고의 역작으로 평가받는다.

못 박힌 양손에서 붉은 핏줄기가 흘러나온다. 이는 십자가에 못 박혀 늘어져 있는 예수의 몸을 따라 길게 흘러내리고, 못 박힌 양 발에서 흐른 핏줄기와 만나 뚝뚝 떨어지면서 바닥에 피 웅덩이를 이루고 있다. 두 팔은 뒤틀려서 기형적으로 길게 늘어났으며, 힘이 잔뜩 들어가 있는 그의 손가락에서는 감당할 수 없을 정도로 극심한 육신의 고통이 그대로 느껴지는 것 같다. 그의 피부는 과도한 출혈로 제 색을 잃었고, 허리도 힘없이 늘어져 배 부분은 움푹하게 꺼져 있다. 그리스도의 왼쪽에는 낡고 거친 느낌의 붉은 겉옷에 투박한 허리띠를 맨 차림에 수염이 덥수룩하게 난 남자가 오른손으로는 그리스도를 가리키고 왼손에는 책을 들고 서 있다. 그 뒤에 그려진 물이 그가 바로 요르단 강에서 그리스도에게 세례를 해주었던 세례자 요한임을 암시한다. 또한 그의 오른쪽 어깨 위쪽 배경에 쓰인 붉은 색 글귀는 '그는 흥하고 나는 쇠하여야 하느니라' 라는 뜻으로, 그의 정체가 세례자 요한임을 가리킨다.

그리스도의 오른쪽에는 붉은 망토를 입은 청년이 있는데 그의 품에는 흰 옷을 입은 여인이 금방이라도 쓰러질 것 같은 아슬아슬한 모습으로 안겨 있다. 이들은 성모 마리아와 그리스도가 가장 총애했던 제자인 성 요한이다. 아들의 죽음을 목격한 그녀의 얼굴은 충격과 슬픔으로 창백하게 질렸고 몸에서 힘이 빠진 듯 성 요한의 부축을 받고 있다. 바닥에 무릎을 꿇고 비탄에 잠겨 마주 잡은 두 손을 높이 올리고 있는 여인은 막달라 마리아다. 간절히 기도하듯 두 손을 하늘로 높이 치켜 든 자세는 격정적이다 못해 다소 과장스럽게 느껴지기도 하지만, 얼굴에 떠오른 표정에서 그녀에게 닥친 슬픔과 절망의 무게를 충분히 짐작할 수 있다. 그리스도의 발아래에는 하얀 양 한 마리가 있다. 양의 다리 옆에는 잔이 하나 놓여 있는데, 양의 가슴에서 쏟아진 피가 그 잔 안으로 흘러들어가고 있다. 양은 기독교에서 희생을 의미하는 상징물이다. 이 작품은 그리스도가 자신을 희생함으로써 인류가 원죄를 용서받고 구원받는다는 내용을 담고 있다.

그뤼네발트는 이 참혹한 장면을 순화하거나 은유적으로 표현하지 않고 최대한 사실적으로 그려냈다. 그러면서도 어두운 배경 위에 선명한 채색으로 부각시킨 인물들의 모습과 원근법을 무시한 참신한 구도를 이용해 이 장면이 지닌 비극성과 종교적 감동을 극적으로 끌어올렸다. 많은 이들에게 기독교를 전파하고자 했던 그뤼네발트는 이 독특한 화풍 덕분에 자신의 의도를 더욱 효과적으로 전달할 수 있었다. 당시의 사람들은 이 그림을 볼 때 마치 눈앞에서 실제로 벌어지는 상황을 지켜보는 것만 같은 착각에 빠져 경건함과 숭고함, 은혜로움 등 벅찬 종교적 감동을 느꼈을 것이다.

▲ 십자가를 진 그리스도
(Carrying the Cross)

그뤼네발트는 그만의 특유한 색채 응용 방식으로 작품 속에 몽환적 분위기를 불어 넣었다. 따라서 이 작품은 보는 사람의 심금을 울리는 비장미와 격동적인 감정을 불러일으킨다. 특히 눈에 띄는 것은 화면 속 성모 마리아의 모습이다. 이 작품 속 마리아는 같은 주제로 그려진 다른 작품들에서는 보기 힘든 인간적 면모를 보여 준다. 그녀에게는 아들을 억울하게 빼앗긴 어머니의 슬픔과 충격이 생생하게 나타나있다. 빈사 상태로 초라한 나무 십자가에 못 박힌 그리스도의 모습 앞에서 그녀는 금방이라도 실신할 것 같다.

그뤼네발트는 급진적 진보 성향을 지닌 인물이었다. 마인츠 지역에서 궁정 화가의 지위에 올라 권력층과 가까이 하며 편안히 지낼 수도 있었지만, 민생 문제에 지대한 관심을 보였다. 1520년대에는 고질적인 가난과 핍박을 참다못한 소작농들이 중심이 되어 교회를 포함한 권력층을 상대로 농민 봉기를 일으켜 사회 분위기가 험악해졌다. 농민 봉기와 종교 개혁을 지지했던 그뤼네발트는 궁정화가라는 지위를 잃었고 그의 작품들은 파괴되었다. 그리고 1526년에 그는 결국 생명의 위협을 받아 도망치듯 마인츠를 떠나 1528년 할레에서 사망했다. 그뤼네발트의 삶에 막대한 영향을 끼친 그의 진보적 성향은 작품에는 별로 드러나 있지 않다.

▼ 그리스도의 수난
(The Mocking of Christ)

그의 삶에 대한 기록이나 무사히 남겨진 작품이 극소수인 탓에 그의 이름은 오랜 세월 동안 거의 잊혀졌다. 그러나 매너리즘 회화의 뿌리를 찾는 움직임이 일면서 그뤼네발트는 초기 매너리즘 회화의 거장으로서 재조명되었다.

▶ 에라스무스의 초상
(Portrait of Erasmus)

명화자료
창작시기 : 1525~1530년
크기 : 96 × 74cm
기법 : 캔버스에 유채
소장 : 프랑스 파리 루브르 박물관

에라스무스의 초상

▲ 한스 홀바인

〈에라스무스의 초상〉의 모델인 데시데리위스 에라스무스(Desiderius Erasmus)는 16세기 서유럽을 중심으로 반봉건주의를 전파하고 종교 비판 정신을 불어넣은 인문주의 학자로, 많은 저서를 남겼는데 그 중 《우신예찬(Encomium Moriae)》이 대표적이다. 한스 홀바인은 출판업을 하는 지인의 소개를 통해 에라스무스와 만나 친분을 쌓게 되었는데 그 인연으로 1523년에서 그 이듬해까지 에라스무스의 초상화 세 점을 그렸다. 그 중 가장 잘 알려진 작품이 바로 이 〈로트르담에서 집필 중인 에라스무스의 초상(Portrait of Erasmus of Rotterdam Writing)〉이다.

이 작품에는 집필 도중 눈을 감고 사색 중인 에라스무스의 옆모습이 그려져 있다. 검은색 옷을 입고 검은 모자를 쓴 그의 모습은 청렴한 인상을 준다. 깊은 생각에 잠긴 듯 꾹 닫힌 눈꺼풀과 날카로운 느낌의 높은 콧대, 단정한 입매에서 위대한 철학자의 면모가 느껴진다. 오른손으로 펜을 쥐고 왼손으로 종이를 고정한 자세에서 그가 지금 글을 쓰는 중이라는 것을 알 수 있다. 왼손 검지와 약지에는 그의 옷차림과는 달리 보석으로 화려한 장식을 한 다이아몬드 반지가 그려져 눈에 띈다. 이는 에라스무스의 변함없는 신념에 대한 존경과, 그의 사상이 영원히 빛나는 다이아몬드처럼 세상을 비추는 빛이 되기를 바라는 화가의 마음을 담은 상징물로 볼 수 있다.

 이 작품의 구도는 비교적 단순해 보인다. 하지만, 에라스무스가 취한 이 자세는 화가에게 주관적 표현의 여지를 남겨주지 않으므로 초상화가들이 무척 어려워하는 종류이다. 얼굴도 제대로 보이지 않는 옆모습에 생동감 있는 표정뿐만 아니라 인물의 영혼까지 담아내야 한다는 것은 쉽지 않은 일이기 때문이다. 물론 이처럼 제약이 많은 작품에서 오히려, 화가의 출중한 표현 능력과 천재적인 예술성이 돋보이게 마련이다. 한스 홀바인은 대상의 두 손과 옆얼굴의 이목구비를 섬세하게 묘사하면서 에라스무스라는 인물의 예리함과 비판의식, 빛나는 총명함, 강한 신념 등을 생생하게 담는 것에 성공했다. 초상화를 그릴 때 상대의 본질적인 면에 대한 화가의 관찰과 이해가 없다면 감상하는 이들에게 예술적인 감동을 줄 수 없다. 이 그림에서 글을 쓰는 두 손은 특히 뛰어난 완성도를 자랑한다. 손만 따로 보더라도 철학과 사상, 현실의 문제에 대해 깊이 고뇌하며 글을 쓰는 느낌이 나타난 것 같지 않은가. 이 두 손이 에라스무스 그 자체라고 느낄 만큼 자연스럽게 일체감을 형성하고 있다.

 그 밖에도 화가는 색채 사용 방식에도 자신만의 개성을 잘 살렸다. 우선 대상의 주변을 모두 어둡게 처리한 반면 빛을 얼굴과 두 손에 집중시켜 밝게 표현한 명암법은 아주 중요한 특징이다. 한스 홀바인은 이를 통해 중요한 부분을 강조하면서 고요하고 안정감 있는 분위기와 인물의 현학적인 면모를 잘 전달하고 있다.

 한스 홀바인은 이 작품에서 인물의 외형적 특징 묘사를 통해 내면세계를 시각적으로 표현하는 데 성공했다. 그에 대해 로댕(Auguste Rodin)은 "그의 그림에는 피렌체 화파의 온화함이나 베니스 화파의 다채롭고 아름다운 색채 감각은 없지만, 그 누구에게서도 느낄 수 없었던 압도적인 재능과 내재된 힘이 있다."라고 호평했듯이 그와 같은 시대에 유럽에서 활동하던 초상화가 중 이처럼 대상의 삶과 영혼을 그림에 담아낼 수 있었던 화가는 찾아보기 어렵다.

 한스 홀바인은 독일 바이에른주의 아우크스부르크(Augsburg)에서 태어나 동명의 화가였던 부친에게서 회화 교육을 받으며 성장했다.

작자소개

한스 홀바인
(Hans Holbein, 1497~1543)
독일 아우크스부르크에서 태어나 영국 런던에서 생을 마감했다. 그는 알브레히트 뒤러(Albrecht Dürer), 루카스 크라나흐(Lucas Cranach)와 함께 독일 르네상스 회화 미술을 대표하는 화가로 손꼽힌다. 주요 대표작으로는 〈대사들〉, 〈에라스무스의 초상〉, 〈니콜라우스 크라처의 초상(Portrait of Nikolaus Kratzer)〉, 〈최후의 만찬(The Last Supper)〉, 〈다름슈타트의 성모(Meyer Madonna)〉, 〈다람쥐와 찌르레기와 함께 있는 여인(Portrait of a Lady with a Squirrel and a Starling)〉 등이 있다.

▲ 대사들
(The Ambassadors)

1514년에는 스위스 바젤(Basel)로 건너가 새로운 사상을 접했고 예술적으로도 크게 성장했다. 2년 후에는 바젤 시장인 야콥 메이어 줌 하센과 그 아내의 초상화를 그린 후 명성을 얻었다. 한스 홀바인의 초상화 중 가장 유명한 작품은 에라스무스의 초상화 세 폭이다. 이는 한스 홀바인의 대표작을 넘어 유럽에서 가장 유명한 초상화로 손꼽히는 의미 있는 작품들이다. 1517년에는 북이탈리아 지역을 방문해 새로운 예술을 접하고 이후 바젤에서 가정을 꾸리고 화방을 운영하다가 1524년에는 예술 애호가로 유명한 프랑수아 1세(Francis I)가 통치하는 프랑스로 여행을 떠난다.

그 후 그는 영국으로 떠났고 1532년에는 정착해서 영국 왕실의 궁정화가로 일할 기회를 얻었다. 영국에서 일하는 동안 그가 남긴 작품들은 아쉽게도 그전과는 달리 생명력이 느껴지지 않는 딱딱하고 신중한 인상이 강하지만 사실적 묘사나 작화 기교 측면에서 눈부신 발전을 보여주고 있다. 또한, 이 시기에 그는 특기인 초상화 외에 종교화나 판화, 서적의 삽화 분야에서도 괄목상대할 만한 성장을 보여주었다.

르네상스 시대 북유럽 회화를 대표하는 화가 한스 홀바인은 뛰어난 창의력으로 초상화 분야의 발전에 크게 이바지했다. 그의 대표작인 〈대사들〉을 보면 인물의 사회적 지위와 성격 특징, 심리 등을 자세히 그려내는 한편, 이탈리아식 초상화 기법을 활용하려고 시도한 것을 알 수 있다. 특히 그는 대상을 억지로 미화시키려 하기보다는 자신의 직관을 믿고 사실적인 방식으로 대상에 대해 자신이 받은 인상을 충실히 화폭에 옮기고자 했다. 그럼에도, 초상화에서 자신의 모습을 이상적으로 남기고 싶어 했던 귀족들의 요구가 영향을 미친 탓인지 딱딱하고 틀에 박힌 느낌을 지울 수 없다.

한스 홀바인의 후기 예술 작품이 예전보다 독창성을 조금씩 잃어 갔다고는 해도 그가 르네상스 시기 예술 발전이 비교적 늦어졌던 15~16세기 독일과 영국에 막대한 영향을 미친 화가라는 사실은 부인할 수 없는 사실이다.

▲ 목욕하는 수산나
(The Bathing Susanna)

목욕하는 수산나

〈목욕하는 수산나〉는 16세기 이탈리아 베네치아 화파의 저명한 화가 틴토레토의 대표작으로 가장 유명한 작품이다. 어린 시절 그를 가르쳤던 티치아노와 마찬가지로 틴토레토 역시 신화나 성서 내용에서 작품 소재를 많이 빌려왔다.

이 작품의 주인공 수산나는 구약 성서 이야기 중에 나오는 젊은 여인으로 성정이 현숙하고 신앙심도 두터우며 외모도 빼어났다. 어느 날 그녀가 숲 속에서 목욕을 하고 있는데 그 지역의 장로이자 재판관인 두 노인이 그 모습을 훔쳐보았다. 아름다운 용모와 싱싱한 젊음으로 빛나는 그녀의 나체에 욕정을 품은 두 노인은 간음을 강요했으나 그녀는 단호히 거절했다. 그녀에게 부정한 욕망을 적나라하게 드러낸 두 노인은 이 일이 사회에 알려져 그 동안 쌓아온 자신들의 명성이 무너질 것이 두려워 전전긍긍했을 것이다. 결국 그들은

명화자료

창작시기 : 1560~1562년
크기 : 147×194cm
기법 : 캔버스에 유채
소장 : 오스트리아 빈 미술사 박물관 (Kunsthistorisches Museum)

▲ 틴토레토

작자소개
틴토레토
(Tintoretto, 1518~ 1594)
본명은 야코포 로부스티(Jacopo Robusti)로 16세기 이탈리아의 베네치아 화파에 속한 유명한 화가이다. 틴토레토라는 별명은 작은 염색장인이라는 의미로 그의 아버지가 염색장인(tintore)이었던 데서 유래한다. 어린 시절부터 그림 그리는 것을 좋아하고 실력도 뛰어나서, 아들의 재능을 알아본 그의 아버지가 티치아노에게 그림을 배우도록 했다. 그러나 틴토레토는 고집이 세고 스승을 유순하게 따르지 않았다. 결국 티치아노는 그를 집으로 돌려보냈다. 그러나 짧은 기간이긴 했지만, 그는 티치아노로부터 중요한 회화 기법들을 흡수했고 이는 그의 예술 인생에 밑거름이 되었다.
대표작으로는 〈성 마르코의 기적(The Miracle of St. Mark)〉, 〈목욕하는 수산나〉, 〈최후의 만찬〉 등이 있다.

자신들의 악행을 감추기 위해 선수를 쳐서 오히려 수산나를 모함해서 간통죄로 고발하기에 이른다. 두 노인이 입을 모아 요아힘의 아내인 수산나가 젊은 노예와 간통하는 모습을 봤노라고 증언하자 그녀는 사형을 언도 받았다. 그러나 평소 신앙심이 깊었던 그녀는 성령의 도움으로 억울한 누명을 벗을 수 있었다.

그림 속 수산나는 르네상스 시기 이탈리아 예술계가 추구한 고전적 아름다움이 그대로 투영된 미녀의 외모를 보여준다. 목욕을 마친 그녀는 거울을 보면서 수건으로 물기를 닦고 단장하는 중이다. 건강미 넘치는 그녀의 풍만한 나체와 백옥처럼 희고 매끄럽게 빛나는 피부는 마치 그녀의 굳건한 신앙심과 고결하고 기품 있는 내면적 아름다움을 시각적으로 표현한 것처럼 전혀 흠 잡을 곳이 없다. 게다가 화면은 전체적으로 세피아 빛 색조로 처리되어 유연하고 풍만한 그녀의 아름다운 나체에 고전적인 분위기와 따스하고 부드러운 느낌을 주고 있다.

그녀는 올리브나무 그늘에 앉아 한쪽 다리를 물에 담근 채 거울을 들여다보고 있다. 수산나는 자신을 몰래 지켜보는 시선을 느끼지 못한 채 은밀하고 사적인 목욕 시간을 여유롭게 즐기는 모양이다.

한껏 물오른 그녀의 미모만큼이나 소담스러운 꽃이 핀 장미 울타리 뒤로 수산나의 목욕을 훔쳐보는 두 노인이 보인다. 두 장로다. 둘은 그녀의 모습을 엿보기 위해 비굴하고 옹색한 자세도 마다 않고 울타리의 양 끝에 달라붙어 있다. 화면의 앞쪽에는 머리가 벗겨진 노인의 정수리가 수산나를 향해 있으며, 담장의 저쪽 끝에는 또 다른 노인이 구부정하고 고개를 숙인 음산한 모습을 한 채 그녀를 훔쳐보고 있다.

틴토레토는 목욕을 즐기는 이상적 미인의 모습에 평화와 여유, 온화함이 묻어나는 서정적 분위기를 표현한 후 울타리 하나를 사이에 두고 존재하는 인간의 추악한 욕망을 함께 담았다. 이처럼 인상적인 표현 방식과 분위기 덕분에 이 작품은 르네상스 시대의 걸작 중 한 편으로 기나긴 생명력을 얻었다. 실제로 18세기 영국의 유명한 화가 윌리엄 호가스(William Hogarth)는 이 작품을 보고 "미켈란젤로를 능가하는 걸작이다."라는 평가를 남기기도 했다.

틴토레토는 소재와 내용 면에서는 독창성과 개성이 풍부한 예술가였다. 그러나 베네치아 화파 특유의 화려한 색채 사용방식에서는 한때 스승이었던 티치아노의 흔적이, 그리고 소묘 부분에서는 미켈란젤로에게서 큰 영향을 받은 흔적이 뚜렷이 나타난다.

◀ 은하수의 기원
(The Origin of the Milky Way)

　그는 평생 수많은 작품을 남겼다. 그의 작품들은 중반기 및 성숙기로 갈수록 틴토레토 특유의 화풍이 제대로 확립되어 가는 것을 보여 준다. 그는 두 개 이상의 복수 소실점을 통해 투시 효과를 강조하고 복잡한 구도를 다듬어 다변적인 느낌을 주는 기법을 즐겨 사용했다. 덕분에 원근법과 단축 표현을 효과적으로 응용할 수 있었으며 자신의 의도대로 공간을 왜곡해서 표현하는 능력도 뛰어났다. 여기에 강렬한 명암 대비와 티치아노식 몽환적 색채 표현을 통해 극적인 표현을 창조해낼 정도로 탁월한 감각을 지녔다. 이런 특성 때문에 틴토레토는 기존의 방식을 계승하는 마니에리스모(manierismo) 형식의 대표적 화가 중 한 명으로 손꼽힌다.

　마지막으로 틴토레토는 불같은 성정으로도 유명했던 모양이다. 어느 날 그의 제자 중 한 사람이 그림을 팔았다. 베네치아의 어느 상인이 그 그림을 구입했는데, 상인은 자신이 그림을 비싸게 구입한 것은 아닌가 하는 의심을 하기 시작했다. 결국 그는 틴토레토를 집으로 초청한 후 그림을 감정해 줄 것을 부탁했다. 그림을 두 눈으로 확인한 틴토레토는 화가 난 기색이 역력한 얼굴로 바로 제자를 불러

▶ 최후의 만찬
(The Last Supper)

들이더니 다짜고짜 그를 한 대 쥐어박았다. 이를 지켜본 상인은 깜짝 놀랐지만 한편으로는 그림 값을 돌려받을 수 있으리라는 생각에 들떴다. 하지만 틴토레토는 "이 바보 녀석! 이렇게 멋진 작품을 어째서 겨우 그 가격에 팔아치운 게냐!"라고 제자를 꾸짖었다고 한다.

▲ 눈 속의 사냥꾼들
(Hunters in the Snow)

눈 속의 사냥꾼들

명화자료
창작시기 : 1565년
크기 : 117 × 162cm
기법 : 목판에 유채
소장 : 오스트리아 빈 미술사 박물관

　피테르 브뢰헬은 플랑드르 지역의 농민들에게는 반갑고 고마운 분으로 통했지만, 통치계층 쪽에서 볼 때는 반역의 위험이 있는 눈엣가시와도 같은 인물이었다. 그의 사회 비판적 성향은 후기작으로 갈수록 짙게 나타나 광대한 식민지를 통치하고 있던 지도자들의 눈에는 무척이나 거슬렸다. 그 영향으로 당시 네덜란드 내 미술관 중에는 피테르 브뢰헬의 작품을 전시하거나 소장하겠다며 용기 있게 나서는 전시관이 없었기 때문에 현재까지 남아 있는 그의 작품은 겨우 40여 점 정도에 불과하다. 그나마도 전부 국외에 가 있는 실정이며 그중 오스트리아의 빈 미술관이 가장 많이 소장하고 있다. 이번 장에서 다룰 〈눈 속의 사냥꾼들〉 역시 빈 미술관에 소장된 작품이다.

　1565년에 완성된 〈눈 속의 사냥꾼들〉은 그가 안트베르펜(Antwerpen)

▲ 피테르 브뢰헬

▲ 갈보리로 가는 행렬 중 일부분
(The Procession to Calvary)

플랑드르

라인 강과 스헬데(Schelde) 강, 뫼즈(Meuse) 강과 접한 북해 연안 지역 일대의 저지대 평야를 가리킨다. 당시 플랑드르는 오늘날의 네덜란드와 벨기에, 프랑스 지역에 걸쳐져 발달했었다.
북해에 임해 북유럽과 지중해, 영국을 잇는 교통의 요지였다. 특히 해상 교통이 발달하여 무역이 번성해서 16세기 초 플랑드르 지역 내에 번성을 누린 도시만 약 300여 곳에 이르렀다. 브뢰헬의 고향인 안트베르펜 역시 유럽 무역의 중요한 거점도시 중 하나였다.

의 어느 부유한 회화 수집가를 위해 그린 작품으로, 브뢰헬의 유명한 '계절 연작' 중 하나이다. 총 여섯 패널로 이루어져 한 패널이 두 달에 해당되는데, 한 장은 유실되고 다섯 장만 남아 있다. 그중에서 가장 유명한 것이 12월에서 이듬해 1월에 이르는 한겨울의 풍경을 묘사한 〈눈 속의 사냥꾼들〉이다.

이 작품은 플랑드르 지역의 대자연과 그 속에서 사람들이 살아가는 다양한 모습에 대해 깊은 애정을 갖고 그린 서정적인 풍경화처럼 보인다. 그러나 브뢰헬과 그의 작품에 대해 연구한 연구가들은 〈눈 속의 사냥꾼들〉을 분석할 때는 화가의 삶과 철학, 재능 등 다방면에 비추어 살펴야 한다고 지적하며, 이 작품은 보면 볼수록 의미심장한 그림이라고 주장한다.

브뢰헬은 장인어른으로부터 수준 높은 회화 계몽 교육을 받았으며, 문화계 인사들이 모이는 사교의 장이었던 출판사 '오 카트르 방(Aux Quatre Vents)'을 통해 예술의 철학적 사고를 확립했다. 당시 주요 출판업자였던 히에로니무스 코크도 판화가로서 이름이 알려진 인물이다.

브뢰헬의 생애에 대해서 상세히 기록된 바는 없다. 단 유명한 화가 집안 출신으로 그의 부친이나 동생 모두 당대에 유명한 화가였다고 하며, 1551년에는 그의 이름이 안트베르펜 지역 화가 조합의 수장으로 등록되었다는 기록이 있다. 그는 그 지위 덕분에 사비를 들이지 않고 각 지역을 여행할 수 있었다. 브뢰헬은 여행 중 각지에서 보고 듣고 느낀 것을 스케치하는 일을 가장 큰 즐거움으로 여겼다. 특히 농촌 사회는 그의 삶 속에서 가장 중요한 예술 환경이었다. 오랜 기간 농촌에서 애정을 갖고 서민들과 함께 지냈기 때문인지 현지인들도 마찬가지로 그에게 친근감을 갖고 있었던 것 같다. 그 예로 브뢰헬은 '농민 브뢰헬'이라는 별명도 얻었다고 한다. 농촌의 삶에 대한 화가 자신의 면밀한 관찰과 그의 깊은 사고가 시각화된 걸작이 바로 〈눈 속의 사냥꾼들〉이다.

산등성이에서 완만하게 내리막을 그리면서 이어지는 지평선이 멀리 보이고, 넓은 들판에는 드문드문 집들이 보이는 한적한 농촌 풍경이다. 하얀 눈으로 온통 뒤덮인 이 마을은 정적인 느낌을 풍긴다.

◀ 죽음의 승리
(The Triumph of Death)

그러나 사냥을 마치고 귀가하느라 지친 모습으로 언덕을 내려가고 있는 사냥꾼들과 사냥개들, 그들이 지나가는 길가에 있는 작은 여관 앞에서 돼지 털을 그슬리기 위해 바지런히 볏짚을 날라다 불을 활활 때고 있는 사람들, 먹잇감을 찾아 눈 쌓인 나뭇가지 위에 앉아 두리번거리는 까만 새들의 모습과 언덕 아래 얼음판에는 아이들이 모여 겨울을 즐기는 일상적 풍경들이 이 그림에 사실적인 생동감을 불어넣는다.

 화가는 흑과 백, 회색과 같은 무채색들을 겹겹이 교차되도록 사용해서 복잡한 구도를 짠 후 작품 속 인물들과 마을, 대자연의 풍경을 효과적으로 배치했다. 이 작품의 가장 큰 특징은 풍경을 마치 지도를 보는 것처럼 상세하게 묘사했다는 점이다. 플랑드르 지역의 지형 및 특유의 풍경에 대해 거의 전문가적 수준의 해박한 지식을 자랑했던 화가 브뢰헬은 그 아름다움을 최대한 끌어내 그림으로 표현하는 데에 누구보다도 탁월한 능력을 보여준다. 〈눈 속의 사냥꾼들〉을 포함한 브뢰헬의 작품들에서 그가 자신의 고국에 대해 느끼는 깊은 애정이 잘 드러난다. 그러나 에스파냐와의 길고도 지독했던 갈등과 전쟁으로 농민들은 오랜 기간 약탈과 기아에 시달려야 했고 그 탓에 그가 사랑하는 농촌은 점차 황폐해갔다. 이 과정을 지켜본 브뢰헬은 에스파냐의 통치자인 펠리페 2세를 크게 원망하고 그의 압제에 크게 반발하게 되었다. 지친 모습으로 귀가하는 사냥꾼들의 모습에서 겨울철에는 사냥이라도 하지 않으면 연명하기 어려울 정도로 황폐해진 당시 농촌 사회의 현실을 바라보는 작가의 시선을 읽을 수 있다. 그러나 한겨울 추위에도 아랑곳없이 얼음 위에서 즐겁게 노는 아이들의 모습에서는 어둡고 힘든 시기일지라도 여전히 희망과 바람을 안고 살아가는 화가의 일면이 나타난다.

이 그림에서 가장 특징적인 부분은 잘 짜인 구도라 볼 수 있다. 화면 왼쪽에 일렬로 늘어선 검은 몸체의 겨울나무들은 상승적 느낌을 주는 수직구도를 형성하는 동시에 사냥꾼들의 이동 방향에 따라 한 그루씩 멀어지는 느낌을 주는 단축법을 표현하고 있다. 조금 시선을 멀리 두고 언덕 아래로 펼쳐진 마을 풍경을 보면 유독 사람들이 많이 모여 있는 곳이 눈에 띈다. 크기가 너무 작아서 검은 그림자처럼 그려져 있지만, 썰매를 타거나 즐겁게 노는 아이들이라는 것은 쉽게 알 수 있다. 그들의 머리 위로 검은 새 한 마리가 날개를 한껏 펼쳐 비행하고 있다. 멀리 뾰족하게 급경사가 진 산봉우리 아래로는 완만하게 비스듬한 선을 이루며 회색빛 하늘과 땅이 만나는 경계선이 길게 이어져 있다. 그리고 원경은 안개가 낀 듯 뿌연 느낌의 채색과 과감한 생략법으로 처리했다. 덕분에 공간감과 대기의 기운을 이용한 거리감이 사실적으로 표현될 수 있었다. 브뢰헬은 높고 낮음, 길고 짧음, 멀고 가까움, 수직과 수평 등 눈에 보이는 구도에서 흑과 백의 채색, 동과 정을 담아낸 분위기까지 이 작품 속의 이 모든 요소들을 이용해 다변적이며 생동감 있는 대자연의 본질을 화폭에 재현해냈다. 이 작품은 사실적 풍경을 담고 있지만 실재하지 않는 장소이며, 작품 속 진실 또한 화가의 상상력 내에 존재한다. 만약 브뢰헬이 아무런 사상이나 철학, 미술에 대한 이론도 없이 그저 실제로 존재하는 풍경을 기계적으로 옮기는 화가였다면 절대 탄생할 수 없는 작품인 것이다.

브뢰헬은 1569년에 젊은 나이로 세상을 떠났다. 그러나 그는 실제 플랑드르의 풍경보다 더 플랑드르의 정취가 물씬 풍기는 풍경화를 그렸다는 평가를 받으며 재능을 인정받았다. 그의 화풍은 이후 플랑드르를 비롯한 북유럽 풍경화 전통을 확립하는 데 커다란 영향을 끼쳤다.

◀ 농가의 결혼식
(The Peasant Wedding)

명화자료

창작시기 : 1567~1568년
크기 : 114 × 164cm
기법 : 목판에 유채
소장 : 오스트리아 빈 미술사 박물관

농가의 결혼식

　플랑드르가 낳은 저명한 화가 피테르 브뢰헬은 유럽 미술사상 최초로 농촌 사회의 현실과 그 안에서 살아가고 있는 사람들의 순박한 모습, 그리고 무던하고 소박한 삶을 예술의 영역으로 끌어들인 화가다. 그가 작품에서 선보인 화풍은 향후 17세기 북유럽의 회화 발전 방향을 제시하는 중요한 길잡이가 되었다. 〈농가의 결혼식〉은 그가 남긴 풍속화 작품 중에서도 특히 유명한 작품이다.

　〈농가의 결혼식〉은 어느 가난한 농가에서 치러지는 결혼식 연회의 풍경을 담고 있다. 잔치 분위기에 들뜬 사람들이 시끌벅적하게 어울리고 있는 모습을 표현하고 있지만 그 이면에는 고되고 힘든 하층 노동민의 삶이 사실적으로 묘사되어 있어 가슴 한구석에 애틋함이 밀려온다. 떠들썩한 결혼식 연회가 벌어지는 장소는 평소 곡식 창고로 사용하는 곳으로 보인다. 벽에는 마른 볏짚이 걸려 있고 사람들이 앉아 있는 나무의자와 식탁은 조잡하고 엉성하게 만들어져 허름하고 투박한 느낌이다.

작자소개

피테르 브뢰헬
(Pieter Bruegel the Elder, 1525~1569)
플랑드르의 안트베르펜에서 태어나 브뤼셀에서 사망했다. 그의 출생과 성장에 대해 자세히 알려진 바는 없으나 그의 작품에서는 농촌에 대한 특별한 애정과 관심이 드러나기 때문에 농가의 아들이라고 여기는 이들도 많다. 피테르 브뢰헬은 유럽 미술사상 최초로 이름 앞에 '농민 화가'라는 수식어를 달았던 인물이다. 실제로 그의 그림에는 농민이나 도시 하층민 등에 대한 연민과 애정이 짙게 배어 있다. 또한 그의 작품 속에는 현실에 대한 객관적 성찰과 예리한 사회 비판적 시각이 있으며 그가 높은 수준의 소양과 지성을 지닌 지식인이었다는 사실을 쉽게 추측할 수 있다.

그는 과장과 왜곡을 통한 조형적 특징이 두드러지게 그렸으며, 내용상으로는 풍자성을 띤 작품을 다수 남겼다. 그의 대표작으로는 〈농가의 결혼식〉, 〈장님의 우화(The Blind Leading the Blind)〉, 〈눈 속의 사냥꾼들〉, 〈농민들의 춤(The Peasant Dance)〉, 〈아이들의 놀이(Children's Games)〉, 〈교리를 전하는 세례자 요한(Preaching Of John The Baptist)〉, 〈교수대 위의 까치〉, 〈바벨탑〉 등이 있다.

화면의 전면에 가장 크게 보이는 남자는 흰색 앞치마를 두르고 음식을 가득 올린 커다란 나무판을 나르고 있다. 남자의 차림새는 붉은색 모자와 푸른색 상의가 보색 대비를 이루어, 존재감을 선명하게 각인시킨다. 그의 앞에는 음식을 함께 나르는 남자가 있다. 재미있는 사실은 그의 모자에 나무 숟가락이 꽂혀 있다는 점이다. 짙은 푸른색 모자와 붉은색 상의, 하얀색 앞치마 차림이 뒤의 남자가 입고 있는 옷의 색채들과 서로 호응해서 더욱 선명한 인상을 남기는 상승 효과를 거둔다. 색채적 관점에서 두 사람의 옷차림에 호응하는 인물이 한 명 더 있다. 바로 결혼식에서 음악을 담당한 두 악사 중 오른쪽 인물이다. 그러나 그는 자신의 본분인 축하곡 연주에 대해서는 까맣게 잊은 듯 몸을 반쯤 돌리고 서서 노골적으로 음식을 바라본다. 구도 상 그가 정면을 향해 몸을 살짝 틀어 줌으로써 세 사람이 각각 하나의 점이 되어 공간적인 앵글이 형성되었다. 벽에 등을 대고 나란히 줄지어 앉은 사람들은 긴 선을 이루는데, 이는 악사와 음식을 나르는 앞쪽 남자 사이를 연결해서 구도를 더욱 안정적으로 만들어 준다. 사람들이 앉아 있는 긴 줄을 따라 시선을 옮기면 들어오려는 사람들이 바글거리는 입구가 보인다. 사람들이 밀집된 원경遠景에 비해 사람 수가 적은 근경近景은 상대적으로 공간이 비어 보인다.

허름한 창고 벽 일부는 짙은 녹색 천을 드리워 장식했고, 그 아래로 젊은 여인 한 명이 다소곳이 앉아있다. 그녀는 바로, 이 결혼식 주인공인 신부다. 머리에는 화관을 쓰고, 부끄러운 듯 양 볼이 발그레하게 물든 얼굴로 두 손을 모아 쥔 채 시선을 내리깐 모습이 영락없는 새색시다. 아름답다고는 할 수 없는 시골 처녀다운 외모지만 그녀의 입가에 걸린 은은한 미소에서 행복함과 미래에 대한 기대감으로 두근거리는 속마음이 그대로 드러나고 있다. 결혼을 앞둔 새색시의 마음가짐이나 자태는 동서고금을 막론하고 비슷한 모양이다. 신부 왼

▶ 교수대 위의 까치
(The Magpie on the Gallows)

쪽에는 부모가 앉아 있는데 각각 흰 두건과 검은 모자를 썼다. 그런데 한 가지 이상한 점이 있다. 그림 속 인물들을 아무리 살펴봐도 다들 먹고 마시는 데 정신이 팔려 있을 뿐, 신랑으로 보이는 인물을 찾을 수가 없다.

이 작품을 얼핏 보면 경사를 축하하러 온 사람들이 물밀 듯이 밀려드는 모습과 시끌벅적한 잔치 분위기가 흘러넘치는 농촌의 결혼식 장면이 담긴 따스하고 해학적인 풍속화 같다. 그러나 브뢰헬이라는 작가를 알고 이 그림을 자세히 들여다보면 사소한 부분에서 당시의 현실이 보인다. 우선 결혼식 연회에 온 사람들은 먹고 마시는 데 지나치게 열중하고 있다. 가장 가까이에 보이는 소녀는 두 다리를 뻗고 앉아 접시에 묻은 것까지 손가락으로 싹싹 모아 핥아 먹고 있으며, 음식을 옮기는 사람이 지나갈 때 붉은 모자를 쓴 청년은 앉은 채 몸을 돌려 부지런히 그릇을 탁자로 옮기고 있다. 잔치를 즐기고 경사를 축하하기보다 우선은 먹는 일에 몰두할 정도로 농민들의 삶은 곤궁하고 배고픈 것이었다. 그리고 또 하나, 결혼식 상에 오른 음식들은 무척 간소하고 소박하며 불과 몇 종류에 지나지 않는다. 이 사실을 알아차리고 작품을 보는 사람들은 서글픈 마음을 감출 수 없을 것이다.

브뢰헬은 종종 변장을 하고 농촌의 축제에 참가해서 농민들과 함께 어울리기를 즐겼다. 어려운 시기를 보내는 플랑드르 지역 농민들의 현실과 그럼에도 불구하고 희망과 사소한 즐거움을 포기하지 않는 그들의 낙관적 사고방식을 현장에서 직접 보고 느끼려 했던 것이다. 그래서인지 그의 작품에는 농민들에게 보내는 화가 자신의 호의적이고 따스한 시선이 솔직하게 녹아들어 있어 훈훈한 분위기를 잃지 않는다.

▼ 바벨탑
(The Tower of Babel)

▶ 성 마태오의 소명
(The Calling of Saint Matthew)

명화자료
창작시기 : 1597년
크기 : 322 × 340cm
기법 : 목판에 유채
소장 : 로마 산루이지 데이 프란체시 성당

성 마태오의 소명

    16세기에서 17세기로 넘어가던 무렵, 이탈리아 예술 분야에서 종교적 색채가 많이 약해진 대신 궁정과 귀족 중심의 화려한 예술 문화가 꽃을 피웠다. 그 동안에도 사실주의와 대중문화를 발전시키기 위한 씨앗은 착실히 싹을 틔우며 때가 오기만을 기다리고 있었다.
    카라바조는 밀라노에서 가까운 베르가모(Bergamo)의 근교 카라바조 마을에서 태어났다. 그러나 그가 어렸을 때 온 가족이 밀라노로 이사했다. 그 후, 그의 아버지와 어머니가 차례로 세상을 떠났고, 그는 불과 열한 살 때 고아가 되었다. 천애 고아가 된 그에게 가장 먼저 화가로서의 길을 열어준 사람은 당시 밀라노의 저명한 매너리즘(mannerism)* 화가였던 시모네 페테르차노(Simone Peterzano)였

▲ 카라바조

---

* 예술의 표현 방식이 일정한 기법을 답습하거나 기존의 형식에 안주해 독창성과 생기를 잃음.

다. 시모네 페테르차노는 티치아노의 제자였으며 틴토레토의 영향도 많이 받았다.

미술 발전사의 측면에서 볼 때, 매너리즘 회화의 유행은 르네상스에서 바로크로 넘어가는 과정에 나타난 과도기적 미술 양식으로 설명된다. 시모네 페테르차노를 포함한 대다수 화가들은 당시 유행한 매너리즘 예술의 영향을 받았다. 그들은 르네상스 시기의 미술, 그 중에서도 특히 우아하고 절대적 아름다움을 추구하는 미켈란젤로와 라파엘로의 화풍을 계승하고자 했다. 그중에는 기교나 장식성에 매달려 본질을 잊은 이들도 있었지만, 예술적 참신성과 화가의 개성을 더해 발전시키고자 노력해서 바로크 양식의 시대를 여는 초석이 된 이들도 있었다. 카라바조는 후자에 속했던 화가이다.

약 4년간 시모네 페테르차노 아래에서 그림을 배운 영향으로 카라바조의 초기 작품에는 매너리즘 회화의 형식주의가 짙게 나타나고 있다. 그 후 시모네 페테르차노를 떠나 화가로서 수행을 떠나게 된 카라바조는 1590년 드디어 꿈에 그리던 로마로 향했다.

그러나 그는 가난한 고아였기에 로마에 도착하자마자 생계를 위해 고용살이를 하는 등 무척 고생했다. 하지만 얼마 지나지 않아, 당시 매너리즘 회화에서 이름을 떨친 화가인 카발리에르 다르피노(Cavalier d'Arpino)의 작업실에서 꽃이나 과일 그림을 담당하는 보조 일을 맡아 다시 창작 활동에 힘썼고, 이때부터 점차 그의 이름이

작자소개
카라바조
(Caravaggio, 1571~1610)
본명은 미켈란젤로 메리시(Michelangelo Merisi). 그는 이탈리아 밀라노에서 가까운 도시에서 태어나 포르토 에콜레(Porto Ecole)에서 사망했다. 17세기 이탈리아의 사실주의 회화를 이끌어간 위대한 화가로 자신이 태어난 마을의 이름인 카라바조를 자신의 예명으로 사용한 독특한 취향의 소유자였다.
미국의 저명한 미술사 학자이자 비평가인 버나드 베런슨(Bernard Berenson)은 카라바조를 두고 "르네상스 시기에 활동한 이탈리아의 화가 중 미켈란젤로를 제외하고 후대에 가장 막대한 영향력을 끼친 천재는 카라바조뿐이다."라고 말했을 정도로 그의 재능을 극찬했다.
카라바조의 대표작으로는 〈로자리오의 성모(Madonna of the Rosary)〉, 〈베드로의 부인(The Denial of Saint Peter)〉, 〈그리스도의 매장(The Entombment of Christ)〉, 〈나자로의 부활(The Raising of Lazarus)〉, 〈홀로페르네스의 목을 치는 유디스(Judith Beheading Holofernes)〉, 〈세례자 요한의 참수(The Beheading of Saint John the Baptist)〉외 다수를 꼽을 수 있다.

◀ 여자 점쟁이
(The Fortune Teller)

알려져 화가로서의 기반을 다지기 시작했다. 이곳에서 지내는 동안 카라바조가 얻은 최대의 성과는 사실적인 정물화 기법을 확립한 것이다. 이 무렵 그는 르네상스 시대의 미술 분위기를 모방한 사실적 표현 기법을 통해 실제 사물의 질감과 입체감을 그대로 표현해내는 데 특별한 재능을 보였다.

그러던 중 1597년에 카라바조는 일생일대의 전환점을 맞는다. 추기경인 프란체스코 마리아 델 몬테(Francesco Maria Del Monte)가 그의 작품에 큰 관심을 보이며 적극 후원하기 시작한 것이다. 덕분에 카라바조는 산루이지 데이 프란체시 성당(Chiesa di San Luigi dei Francesi)의 콘타렐리 예배당(The Contarelli Chapel) 내부를 장식할 작품 세 점을 그리게 되었다. 이번 장에서 다룰 〈성 마태오의 소명〉이 그중 하나로 가장 유명한 작품이다.

〈성 마태오의 소명〉은 성서 속 이야기를 회화 작품으로 재구성한 것이다. 마태오가 그리스도의 제자가 된 성경 내용에 화가의 상상력을 더해 완성되었다. 당시 이탈리아 화가들에게 마태오가 그리스도의 부름을 받는 순간은 가장 엄숙하고 신성한 주제였다. 때문에 카라바조 이전에도 같은 주제로 그림을 그린 화가는 많았다. 그러나 대부분은 그림 속 인물을 이상적으로 미화하고 위엄과 존귀함을 갖춘 신성한 인물로 표현하는데 주력했다. 하지만 카라바조의 이 작품 속 그리스도는 로마 뒷골목에나 있을 법한 지하 술집에 있다. 굉장히 파격적인 반전이다. 〈성 마태오의 소명〉은 배경 및 분위기에서 그 당시의 화가들이 주로 선보였던 종교화들에 비해 큰 차이를 보이며 비주류로 구분된다. 이 작품이 완성된 이후 카라바조는 신성해야할 성상화聖像畵를 풍속화처럼 그렸다는 비판에 시달려야 했다. 하지만 이 문제작 덕분에 명성이 높아지리라고는 화가 본인조차도 예상치 못한 일이었다.

화면 오른쪽에는 열린 문을 통해 비쳐 들어오는 강한 빛줄기 아래로 한 손을 들어 누군가를 가리키는 예수 그

▼ 바쿠스
(Bacchus)

리스도가 있다. 그의 손가락 끝은 창문 아래에 모여 앉아 있는 사내들 중 한 명을 가리킨다. 그 남자는 손가락으로 자신을 가리키며 믿기지 않는다는 듯 놀라는 표정을 짓고 있다. 그가 바로 마태오이다.

이 작품 이후 카라바조는 로마에서 일약 스타가 되었다. 그의 성공 요인 중 핵심 사항은 두 가지가 있다. 첫째로, 그리스도의 손짓에 대한 작품 속 인물들의 반응이 모두 제각각이라 절묘한 긴장감을 빚어낸다는 점이다. 둘째로는, 강렬한 색조 대비를 이용해 작품 속 인물들의 얼굴 위로 떠오르는 감정을 극대화해서 표현했다는 점이다. 카라바조의 명암 대비 기법은 이후 그의 이름을 따서 '카라바지스티(Caravaggisti)'라고 불렸으며 17세기에 이르면 수많은 후배 화가들이 이를 계승, 발전시켜 '테네브리즘(Tenebrism)'** 기법을 확립하는 데 이른다.

카라바조는 그 자신의 천재적 재능 외에 무수히 많은, 그리고 아주 강력한 스캔들 때문에도 이름을 날렸다. 사람들과 싸우다가 수차례 구금된 탓에 그의 폭력성을 알 수 있는 수많은 일화가 지금까지도 남아 있다. 하지만 가장 결정적인 사건은 바로 1606년에 일어난 살인사건이었다. 그는 살인을 저지른 벌로 사형을 선고받고 로마를 탈출해서 나폴리, 몰타, 시칠리아 등지를 떠돌며 도피 생활을 했다. 그러나 1610년, 그는 고생한 끝에 사면받을 기회가 찾아오자 로마로 돌아가기로 했다. 하지만 로마로 돌아가는 도중 불행히도 그는 당시에 유행하던 전염병에 걸려 서른일곱의 젊은 나이로 죽고 말았다. 그의 목숨을 앗아간 병은 말라리아로 추정된다.

번뜩이는 섬광과 적막한 어둠, 카라바조식의 명암 대비는 이후 수백 년간 유럽 회화계에 큰 영향을 끼쳤다. 이탈리아의 저명한 미술사가이자 비평가, 그리고 롱기 재단의 설립자인 로베르토 롱기(Roberto Longhi)는 "리베라, 페이메이르, 라 투르, 렘브란트는 카라바조가 없었다면 존재할 수 없었다."라고 말한 바가 있다. 그만큼 카라바조가 유럽 미술사에서 매우 중요한 의의를 갖고 있으며, 그가 이룬 예술적 성취는 바로크라는 새로운 예술 양식을 개척하는 데 매우 중요한 역할을 했다는 점을 알 수 있다.

** 빛과 그림자의 극적인 대비를 이용해 대상을 강조하는 것

▶ 큐피드의 승리
 (Love Conquers All)

명화자료
창작시기 : 1602~1603년
크기 : 154 × 110cm
기법 : 목판에 유채
소장 : 독일 베를린 국립 미술관
 (Staatliche Museen zu Berlin, Gemaldegalerie)

큐피드의 승리

 카라바조는 이탈리아 미술계에 혜성처럼 나타났다. 그는 유럽 미술의 발전에 지대한 영향을 끼친 화가이자 길들여지지 않는 반항아로서 미술사에 깊은 인상을 남긴 예술가였다. 그의 이름 앞에는 폭력이나 외설 등 각종 어두운 수식어들이 따라다닌다. 하지만 죽는 날까지 파란만장하고 굴곡진 삶을 살아야 했던 카라바조의 일대기를 자세히 살펴보면 그는 그저 평생 채울 수 없는 상실감과 외로움을 안고 살아가야 했던 비주류 화가에 불과했다. 카라바조의 죽음은 그의 재능을 사랑한 많은 사람들의 가슴을 안타깝게 했지만, 정작 그는 죽는 순간까지 철저히 혼자였다.

1590년 카라바조는 반드시 성공하겠다는 꿈을 안고 로마를 향해 떠났다. 그러나 기세 좋게 로마에 입성한 그의 눈앞에 펼쳐진 현실은 녹록하지 않았다. 10년 가까이 그는 무명 화가 생활을 벗어나지 못했다. 그러던 중 1600년, 어느 덧 스물일곱 살이 된 카라바조는 드디어 로마 미술계를 깜짝 놀라게 하는 작품을 내놓음으로써 화제의 중심에 우뚝 서게 되었다. 인기가 치솟자 그를 괴롭히던 경제적 어려움은 자연히 해결되어 창작 활동에 몰두할 수 있었고, 덕분에 이 무렵에는 그의 대표작으로 꼽을 수 있는 걸출한 작품들이 대거 쏟아져 나왔다. 〈큐피드의 승리〉 역시 이 무렵에 완성된 카라바조의 걸작 중 하나다.

사실 이 작품의 원어 명은 'Amor Vincit Omnia'라는 라틴어로, 직역하면 '사랑은 모든 것을 지배한다'라는 의미를 담고 있는데, '시의 성인詩聖'으로 존경받았던 고대 로마의 시인 푸블리우스 베르길리우스 마로(Publius Vergilius Maro)의 '목가(Bucolicis)'에 나타난 유명한 구절인 '사랑은 모든 것을 지배한다. 하여 우리도 사랑에 굴복하리라(Omnia vincit Amor et nos cedamus Amori)'에서 빌려온 것이다.

〈큐피드의 승리〉가 완성된 후 이탈리아의 화단은 다시 한 번 술렁였다. 이 작품이 공공의 공간인 성당을 장식하기 위한 〈성 마태오의 소명〉과 달리, 후원자를 위해 그린 사적인 작품이었다는 사실을 생각한다면 당시 카라바조가 이탈리아 예술가들로부터 주목받는 화가였음을 알 수 있다. 카라바조의 초기 작품에서는 당시 주류를 이루던 매너리즘 미술의 영향이 많이 나타나지만, 나중

▼ 도피하던 성 가족의 휴식
(The Rest on the Flight into Egypt)

▲ 류트 연주자
(The Lute Player)

으로 갈수록 신플라톤주의적인 시각으로 바라보는 매너리즘 미술 양식을 버리고 자연주의에 탐닉하는 성향을 강하게 드러내는데, 이 작품은 자연주의 관점에 입각해 사실주의를 추구한 그의 자세가 가장 분명하게 표현되었다.

매너리즘 미술이 주류를 이루던 시절, 도전보다는 반란에 가까운 카라바조의 화풍이 불러일으킨 논란은 이 작품의 소유주인 이탈리아의 귀족 빈센조 주스티니아니(Vincenzo Giustiniani)를 귀찮게 했던 것이 분명하다. 그는 이 문제작을 누구의 눈에도 띄지 않도록 침실에 숨겨 두었다고 한다.

이 작품의 구도는 매우 단순하며 명쾌한 색채 사용이 두드러진다. 특히 화면의 왼쪽 상단에서 시작된 섬광은 소년의 육체가 그리는 곡선을 따라 강한 반사광과 어두운 그림자를 만들어낸다. 이로써 이 무렵 카라바조 특유의 날카로운 명암 대비 기법이 이미 높은 수준에 이르렀다는 것을 알 수 있다. 이 작품의 모델은 훗날 '카라바조의 체코(Cecco del Caravaggio)'라고도 불렸던 화가 프란체스코(Francesco)로 추정된다.

작품 속 큐피드는 천진난만한 개구쟁이 소년처럼 보인다. 화살을 쥔 오른손을 앞으로 내밀고 왼손은 등 뒤로 숨기고 있다. 그의 자세는 활발하게 움직이는 도중에 한 순간을 포착한 사진처럼 자연스러운 생동감이 넘친다. 큐피드의 주변에는 바이올린과 류트로 보이는 악기와 악보, 펜, 왕관, 월계수 잎과 컴퍼스, 천구天球 등이 어지럽게 놓여 있다. 그는 이렇게 수많은 사물들을 늘어놓고 그 안에 큐피드를 둠으로써 사회가 만들어놓은 법과 제도, 규율, 도덕 등에 얽매여 내재된 본능과 욕망을 억누른 채 살아가야 하는 인류를 표현하려 했다. 그가 믿는 사랑의 본질은 육체적인 사랑, 즉 흔히 말하는 '에로스적 사랑'에 가까웠다. 이 세속적인 감정이야말로 사회의 모든 인위적 족쇄로도 절대 누를 수 없는 인간의 본능이며, 인간은 결국 사랑 앞에서 무릎을 꿇고 만다는 그의 철학이 이 작품에 숨김없이 드러나 있다.

작품 속 큐피드의 입가에 걸린 미소는 꾸밈없이 맑고 상냥한 인상을 주어 사랑스럽다. 당시 이 작품에서 문제시 되었던 것은 큐피드 주위에 널려져 있던 사물들 때문이라는 지적도 있다. 천진하게 웃는 얼굴로 인류의 평화와 문명을 상징하는 사물들을 금방이라도 밟아 부술 것 같은 자세를 취한 소년에게 사람들은 경악했다. 심지어 '이 큐피드의 날개 색은 신성한 순백이 아닌 우중충하게 짙은 색이지 않은가!' 하고 이 작품에 숨어 있을지도 모를 작가의 악의적 의도를 캐내려고 한 이들도 있었을지 모른다. 물론 기존의 예술가들이 쌓아 올린 큐피드의 인상이 너무 강했던 탓에 그가 표현한 색다른 큐피드의 모습은 당시 사람들이 받아들이기에는 무리가 따랐을 것이다. 또 한편으로는 작품 전체에 흐르는 '카라바조의 코드'를 제대로 이해하지 못한 채 종교적인 잣대로 평가하려고 했기 때문이다.

그 외에도 그의 작품이 대중들에게 받아들여지기 힘들었던 이유 중 하나는 그가 끝까지 고집했던 '현실성 추구' 원칙 때문이었다. 이 원칙은 그의 종교화에도 나타난다. 당시 사회의 상식으로 보면 종교화의 가장 큰 의의는 완벽한 미화를 통해 '절대적 선'을 추구하는 것이었다. 그러나 그의 손끝에서 탄생한 종교화 속 인물들은 기독교의 성녀나 성자, 심지어는 성모 마리아까지도 신성성을 벗고 필부필부匹夫匹婦로 전락하고 말았다.

카라바조의 공격성과 폭력성이 겉으로 드러나기 시작한 것은 그에 대한 비난 여론이 들끓기 시작하고 그가 예술가로서 누리던 부와 명예가 무너져 내리면서였다. 계속 사건을 일으키던 카라바조는 결국 1606년 다투던 상대의 목숨을 빼앗고 말았다. 상대는 상류층 가문의 자제로 결국, 그는 로마에서 도망쳐 나폴리, 시칠리아, 몰타 등지를 떠돌다가 1610년 7월 포르토 에콜레(Porto Ecole)에서 전염병에 걸려 지켜봐주는 이 하나 없이 세상을 떠났다.

카라바조가 생전에 제자를 두지 않았고 또 자신의 아틀리에 조차 운영하지 않았던 탓에 그의 화풍은 그대로 사라질 위기에 처했다. 그러나 그의 새로운 예술적 시도를 눈여겨 본 당대 화가들은 그의 화풍을 '카라바지스티'라고 부르며 모방하기 시작했다. 그 이후로 카라바조의 화풍은 할스와 렘브란트, 벨라스케스의 초기 작품에 이르기까지 바로크 양식을 주도할 수많은 화가들에게 영향을 끼쳤다.

▲ 성모의 죽음
(Death of the Virgin)

카라바조 화파

이탈리아 남부에 위치한 나폴리 지역을 중심으로 형성되었다. 카라바조가 도피생활 중 나폴리에서 약 2년이라는 짧은 기간 동안 머물면서 영향을 받았던 화가들을 중심으로 구성되었다. 대표적인 인물로는 G. B. 카라촐로와 에스파냐 태생인 J. 리베라 등이 있다. 카라바조 화파는 소박하고 경쾌한 화풍을 추구하며 사실적으로 대자연을 표현하고자 했다. 그림은 과도한 장식을 피해 단순한 편이며 강렬한 명암 대비, 뚜렷한 윤곽선 등을 중요시한다는 점을 특징으로 꼽을 수 있다.

▲ 라오콘
 (Laocoon)

명화자료
창작시기 : 1610년
크기 : 142 × 193cm
기법 : 캔버스에 유채
소장 : 미국 워싱턴 D.C. 국립 미 술관

라오콘

 16세기 르네상스를 거치면서 유럽 회화 미술은 기법과 내용 등 모든 면에서 눈부신 성장을 이루며 활기를 띠었다. 당시 사람들 중에는 회화의 영역이 이미 완벽에 가까울 정도로 발전했으므로 이제 더 이상 발전할 여지가 없을 것이라고 생각하는 이도 있었다. 무수히 많은 신인 화가들이 출사표를 던졌고 수많은 천재들이 역사에 남을 걸작들을 남겼다. 엘 그레코는 이런 시대적 배경 속에서 태어나 성장했다.
 1566년, 스물다섯 살을 맞이한 엘 그레코는 고향을 떠나 베네치아로 향했다. 빼어난 색채 운용 방식과 서정성을 강조한 베네치아의 화풍에 감명받은 엘 그레코는 그곳에 베네치아 화파의 거장인 티치아노의 제자로 들어가 회화를 배웠다. 1570년 그는 다시 티치아노를 떠나 당시 에스파냐의 정치와 경제, 문화의 중심지였던 톨레도(Toledo)로 향했다. 엘 그레코는 죽을 때까지 그곳에 머물렀다. 그가 스승인 티치아노와 헤어지게 된 이유나 상세한 경위에 대해서는 지금까지도 정확히 알려진 바가 없다.

엘 그레코가 마흔다섯 살이 되던 1586년에 톨레도 주교가 톨레도 성당을 장식할 작품을 의뢰했다. 이 때 탄생한 작품이 가장 널리 알려진 엘 그레코의 〈오르가즈 백작의 장례식(The Burial of the Count of Orgaz)〉이다. 이는 그의 인생의 획기적인 전환점이 되었고, 톨레도 전체가 고결하고 숭고하며 장엄한 분위기에 매혹되었다. 이로써 엘 그레코 특유의 화풍이 인정받게 되자 그는 이와 비슷한 분위기를 지닌 작품을 연이어 내놓았다. 그중에서 가장 눈여겨 볼 작품이 바로 〈라오콘(Laocoon)〉이다. 그림을 보는 이들 저마다가 지닌 감성과 옛 이야기에 대한 기억이 이 작품에서 우러나는 비통함과 어우러져 상상력을 자극한다는 평을 받는 작품이다.

라오콘은 트로이의 마지막 신관이었다. 그 무렵 트로이는 그리스 군대에 맞서 성문을 걸어 잠근 채 혼신의 힘을 다해 저항하고 있었다. 전쟁이 길어지자 그리스 군대는 유명한 '트로이의 목마'를 만들어 아테네 여신에게 바치고 퇴각하는 것처럼 위장했다. 적군의 모습이 오간 데 없이 사라지자 트로이인들은 거대한 목마를 전리품이라 여기고 성 안에 들이기로 결심한다. 그런데 라오콘만이 이 수상쩍은 목마를 성 안에 들이는 것에 끝까지 반대했다. 게다가 그는 적군이 그리스로 돌아가는 길에 풍랑이

▲ 엘 그레코

작자소개

엘 그레코
(El Greco, 1541~1614)
'에스파냐 회화의 영혼'이라 불리며 존경을 받았으며, 본명은 도메니코스 테오토코풀로스(Domenicos Theotocopoulos)다. 엘 그레코란 그의 공식적인 별명으로 '그리스 사람'이라는 뜻이다.
톨레도에서 사랑하는 아내 헤로니마 데 라스 쿠에바스를 만나 결혼했으며, 그녀와의 사이에 낳은 외아들 호르헤 마누엘(Jorge Manuel)은 아버지로부터 재능을 이어받아 훗날 저명한 건축가가 되었다.
엘 그레코의 대표작으로는 〈데 오르가즈 백작의 장례식(Burial of the Count de Orgaz (Toledo)〉, 〈성 모리스의 순교(The Martyrdom of St. Maurice)〉, 〈그리스도의 세례(The Baptism of Christ)〉, 〈수태고지(The Annunciation)〉등을 꼽을 수 있다.

◀ 톨레도의 풍경
(View of Toledo)

▶ 성 가족
(The Holy Family)

일게 해달라며 포세이돈 신전에 소를 잡아 올리며 기원했다. 하지만 그리스를 응원하던 포세이돈은 이를 괘씸하게 여겨 거대한 바다뱀을 보내 라오콘과 그의 두 아들을 모두 물어 죽이도록 했다. 라오콘이 신의 노여움을 사 죽게 되자 트로이인들은 주저 없이 목마를 성 안으로 들여왔다. 하지만 이는 그리스의 계략이었다. 목마 안에 숨어 성 안으로 잠입하는 데 성공한 그리스 군대는 트로이 정복에 성공했다.

그 옛날 톨레도 성당을 장식하고 있던 〈라오콘〉은 현재 미국 워싱턴에 위치한 국립 미술관에 소장되어 있다. 자유분방하고 대담한 엘 그레코의 기질은 그의 작품 세계에도 반영되어 어딘가 불안정한 느낌을 주는 독특한 역동성을 드러내고 있다. 또한 그는 색채와 변형에 관해서는 절대 대강대강 넘어가는 법이 없었다.

그림 속 지평선은 꽤 높은 쪽에 있다. 바위산 위에는 백발의 노인과 두 청년이 거대한 뱀과 뒤엉켜 처절한 몸부림을 치고 있다. 이들의 얼굴에는 고통과 슬픔, 절박함이 떠올라 있다. 그들의 신체 역시 공포에 질린 탓인지 비정상적으로 비틀려 있다. 창백한 은백색의 피부, 거무스름한 바위, 적황색 토양 등 화면 전체에 펼쳐진 그의 대담한 색채 감각은 주인공들이 느끼고 있는 감정을 그대로 전달해준다. 그 뒤로 멀리 건물들이 보이는데 이는 톨레도의 풍경으로 추정된다. 시가지 위로 펼쳐진 청회색 하늘에 꿈틀거리는 검은 뭉게구름은 작품 속에 흐르는 불안한 정서를 증폭시키는 역할을 한다. 그리고 그 아래에서 라오콘과 두 아들이 포세이돈이 보낸 거대한 뱀과 사투를 벌이고 있다.

  엘 그레코는 원래 그리스의 크레타(Creta) 섬 출신으로, 크레타에서 성장한 기간과 베네치아에서 도제 생활을 한 기간, 로마를 방문한 짧은 체류 기간을 제외하면 무려 37년이나 되는 기간을 톨레도에서 보냈다. 톨레도는 엘 그레코에게 일의 성공과 사랑을 모두 안겨준 제2의 고향이었다. 그는 톨레도에서 얻은 아내와 외아들을 깊이 사랑하고 아꼈으며 자신의 작품에 종종 가족의 모습을 그려 넣었다. 로마에 체류하는 동안 미켈란젤로를 무시하는 파격적인 발언으로 물의를 일으켰던 적도 있지만, 톨레도에 정착한 후 대규모 공방을 운영할 정도로 큰 사랑을 받았다. 그 밖에도 한때 에스파냐 왕실의 궁정 화가로 고용되었지만 안타깝게도 그의 화풍이 펠리페 2세의 취향에 맞지 않았다고 한다.

  1614년 4월 7일, 엘 그레코는 향년 73세로 세상을 떠났다. 마지막까지 자신의 뿌리가 그리스에 있다는 점을 잊지 않으면서도, 스페인의 미술 발전에 막대한 영향을 끼쳤지만 생전에는 마니에리스모*로 분류되어 제대로 평가받지 못했다. 그러나 그의 화풍은 오늘날 현대적 감성과 공통되는 부분이 적지 않아 각광받기 시작했다. 따라서 그의 삶과 작품을 재조명하기 위한 작업이 한창 진행 중이다.

---

* 매너리즘 화가

▲ 헬레네의 납치
(The Rape of Helena)

명화자료
창작시기 : 1631년
크기 : 253 × 265cm
기법 : 캔버스에 유채
소장 : 프랑스 파리 루브르 박물관

헬레네의 납치

〈헬레네의 납치〉는 17세기 이탈리아 아카데미 파에서 가장 독보적인 예술가로 이름을 남긴 구이도 레니의 대표적인 작품이다. 정밀한 묘사와 눈에 띄는 무대 효과가 어우러진 이 작품을 보고 있노라면 마치 고전 서사시 작품에서 줄거리를 따서 구성한 바로크 시대 오페라의 한 장면을 감상하는 것 같은 착각이 든다.

이 작품의 중심 소재는 낭만적이고 아름다운 그리스 신화에서 따왔다.

　당시 최고의 미모를 자랑했던 아름다운 여인 헬레네는 올림푸스 신들의 제왕인 제우스 신의 딸이다. 헬레네의 어머니에 대해서는 스파르타의 왕비로 인간 여인인 레다(Leda) 혹은 율법의 여신인 네메시스(Nemesis)로 알려져 있다. 우선 그림 속 인물들 위로 멀리 펼쳐진 푸른 하늘과 망망대해는 이 작품 속 전체 분위기를 맑고 환하게 보이도록 하는 효과를 준다. 헬레네와 그 주변 인물들의 복식은 부드럽고 풍성한 인상을 주고 있으며 색상 또한 맑고 선명해서 강한 색채 대비를 이룬다. 투명한 백옥처럼 빛나는 목덜미와 장밋빛으로 물든 입술, 가지런한 눈썹과 이마에서 그 당시 모든 남자들의 넋을 잃게 했다던 헬레네의 전설적인 미모를 엿볼 수 있다. 화면의 오른쪽 구석을 보면 중심인물들로부터 고개를 돌려 그림 밖 감상자들과 시선을 맞추는 큐피드가 있다. 등에는 귀여운 하얀 날개가 돋아있고 왼손에는 활을 들고 있어 자신의 정체를 알려준다. 큐피드는 은밀하게 오른손의 검지를 세워 헬레네와 파리스를 가리키고 있어 감상자들에게 모종의 암시를 주는 것 같다. 이 모든 요소들이 어우러져 작품의 전체적인 구도를 마치 희극의 한 장면처럼 보이게 만드는 효과를 자아낸다. 여기서 신고전주의 회화의 특징이 뚜렷하게 드러난다.

　레니는 이 작품을 그리면서 어떻게 표현해야 시적 정취가 더욱 두드러질까 고민했다. 그는 우선 맑고 깨끗한 색채를 주로 사용했다. 또한 부드럽고 자연스러운 곡선 표현을 능숙하게 구사함으로써 온유하고 세련된 조형을 창조했다. 또한 인물들이 입고 있는 옷에서는 화

▲ 구이도 레니

작자소개
구이도 레니
(Guido Reni, 1575~1642)
17세기 바로크 시대의 이탈리아 화가로, 유명한 예술가 집안인 카라치 가문의 일원인 로도비코 카라치(Lodovico Carracci)가 설립한 볼로냐의 미술 아카데미 출신이다. 구이도 레니는 로도비코 카라치 사후 그의 계보를 잇는 볼로냐 절충파의 가장 대표적인 화가로 손꼽힌다. 그는 성서이야기나 신화에 바탕을 둔 주제를 주로 선택해 작품을 그렸다. 엄격한 고전주의를 고수하는 한편 다채롭고 폭넓은 색채 영역을 자유롭게 넘나들었고 부드러운 정서를 담아내는 능력이 탁월했다.
대표작으로는 〈오로라(Aurora)〉, 〈아틀란타와 히포메네스(Atlanta and Hipomenes)〉, 〈데이아네이라의 겁탈(Abduction of Deianira)〉, 〈베아트리체 첸치의 초상(Beatrice Cenci)〉, 〈헬레네의 납치〉, 〈클레오파트라(Cleopatra)〉 등을 꼽을 수 있다.

◀ 클레오파트라의 모습

려하고 귀족적인 품격이 잘 나타나 고상한 아름다움을 느낄 수 있다. 이와 같은 표현방식과 미학은 르네상스의 천재 화가인 라파엘로의 작품에서도 쉽게 찾아볼 수 있다. 때문에 구이도 레니는 전성기 때 '제2의 라파엘로' 라고 불리기도 했다.

레니의 화려하고 장식적인 화풍은 17세기 유럽의 상류 사회에서 크게 환영 받았다. 큰 인기를 누리며 명성을 떨쳤던 구이도 레니는 볼로냐의 미술 아카데미를 설립한 로도비코 카라치가 1609년에 세상을 떠난 후 그 뒤를 이어 아카데미 원장 자리에 올랐다. 더 나아가 볼로냐 절충파를 대표하는 중요한 화가로 인정받게 되었다. 이후 그는 수많은 제자들을 배출해냈으며, 유럽 전체를 매혹시키는 유화 작품들을 셀 수 없을 정도로 그려내는 방대한 규모의 사업을 경영하게 되었다. 17세기 중반 그가 세상을 떠난 후, 약 200년 동안 그의 이름은 유럽 미술사에서 라파엘로나 영국의 조슈아 레이놀즈(Joshua Reynolds)와 함께 크게 존경받았다. 그러나 19세기 중반 무렵, 영국의 저명한 미술평론가 존 러스킨(John Ruskin)이 레니의 작품을 맹렬히 비난하고 나서면서 그의 명성은 점점 빛을 잃어갔다. 그러나 다시 100여 년이 흐른 1954년, 레니의 고향 볼로냐(Bologna)에서 열린 구이도 레니의 작품전이 큰 호응을 얻으며 성황리에 막을 내리자 역사 속에서 퇴색되어가던 레니의 이름이 다시 생명력을 얻었다. 이 전시회의 성공에 힘입어 레니의 이름은 17세기 이탈리아를 풍미한 위대한 화가의 반열에 다시 올라서게 되었다.

◀ 집시소녀
(Gypsy Girl)

명화자료
창작시기 : 1629년
크기 : 58 × 52cm
기법 : 캔버스에 유채
소장 : 프랑스 파리 루브르 박물관

집시소녀

역사상 이름을 떨친 화가들은 셀 수 없이 많았다. 그리고 이들의 이름 앞에는 화려한 수식어가 붙게 마련인데, 이번 장에서 다룰 화가는 그중에서 '웃음의 화가'라는 독특한 수식어가 따라다니는 프란스 할스다. 그의 초기 작품에서는 당시 네덜란드 화단에서 볼 수 없었던 유쾌하고 흥겨운 자유분방함이 흘러넘친다.

그가 평생 그린 작품의 대부분은 초상화였다. 그 초상화 속 인물들 대부분이 미소를 짓고 있다는 공통점이 있다. 하지만 즐겁고 기분이 좋아서 행복한 미소만 짓는게 아니라 때로는 지친 듯 쓸쓸함과 체념이 깃든 미소를 짓기도 한다. 이렇듯 대상의 얼굴에 스치듯 순

▲ 프란스 할스

작자소개

프란스 할스
(Frans Hals, 1582년경~1666년)
출생지와 출생년도에 대해 정확히 알려진 바는 없다. 그러나 1582~1583년 무렵, 플랑드르 지역의 안트베르펜에서 태어난 것으로 추정된다. 그는 열네 살 때 하를렘으로 옮겨가서 매너리즘 회화 경향의 화풍을 지닌 카렐 반 만데르(Carel van Mander)의 제자로 들어가면서 화가의 길에 입문했다. 그러나 이후 할스의 작품을 보면 알 수 있듯이 만데르의 화풍으로부터 이렇다 할 영향을 받지 않았다. 할스는 네덜란드 초상화의 창시자인 동시에 완성자이며 뛰어난 풍속화가로서 특히 집단 초상화에 뛰어난 재능을 보였다. 그의 작품 속에 나타나는 사람들은 대부분 도시의 중산층들이다. 그의 화풍은 이후 하를렘의 사실주의 화가에 큰 영향을 미쳤다. 그의 대표작으로 〈웃고 있는 기사(Laughing Cavalier)〉, 〈하를렘에서 열린 성 조지 시 수비대 장교들의 연회(Banquet of the Officers of the St. George Civic Guard)〉, 〈집시소녀〉 등을 꼽을 수 있다.

▲ 류트를 연주하는 광대
(Jester with a Lute)

간적으로 떠오른 솔직한 감정을 놓치지 않고 그 삶과 영혼까지 초상화에 담아낸 것을 보면 그가 얼마나 날카로운 관찰력을 지녔는지 잘 알 수 있다. 할스의 섬세한 표현력과 호방한 필치는 당시 하를렘의 통치계층에서 서민들에 이르기까지 다양한 계층으로부터 사랑받았다. 또한 네덜란드의 초상화 분야는 그의 등장으로 눈부신 발전을 이룰 수 있었다. 할스가 남긴 걸작 초상화 중에서도 이 〈집시소녀〉는 특히 유명하다.

할스 외에도 집시를 소재로 그림을 그렸던 화가는 많다. 문명사회에 속해 평범한 삶을 사는 사람들에게 집시란 낭만과 격정, 신비 그리고 자유를 상징하는 존재로 그림을 보는 사람의 무궁무진한 호기심과 상상력을 자극할 뿐만 아니라 화가 본인이 영감을 얻을 수 있는 좋은 소재이기 때문이다.

집시의 조상은 인도 서북부의 코카서스인이 유럽으로 건너가 각국을 떠돌아다닌 유랑 민족이라고 알려져 있다. 그들은 일정한 거주지 없이 발길이 닿는 대로 떠돌아다닌다. 그들은 손재주가 좋고 춤과 노래, 악기 등 예술적 재능이 뛰어나며, 인위적 관습과 법에 구애받지 않아 개방적이지만 종잡을 수 없는 면도 강하다. 특히 정열적이고 자유분방한 집시 여성들은 문학 작품에도 자주 등장하는 단골 소재였다.

〈집시소녀〉는 할스가 화폭에 담았던 서민의 삶 중에서도 가장 생동적인 작품이다. 그림 속 소녀는 편안한 옷을 대충 걸치고 있으며 검은 색 머리카락은 풀어헤쳐 풍성하게 어깨 위로 늘어뜨렸다. 쌍꺼풀이 짙어 더욱 둥글게 보이는 눈 꼬리가 약간 접혀 있고 입 꼬리도 살짝 말려 올라가 웃는 얼굴을 만들어낸다. 짙은 색 눈동자에는 그녀의 천진하고 선한 품성이 드러난다. 이 소녀의 외모가 썩 아름다운 것은 아니지만, 붉은 입술과 발그레한 볼은 그녀가 지닌 빛나는 젊음과 활력이 넘치는 건강미, 그리고 생생한 자연미를 더욱 돋보이게 한다. 가슴이 훤히 드러날 정도로 옷깃이 벌어진 흰 윗옷은 구김이 잔뜩 가고 더러워져 있어 유랑민의 궁핍하고 빈곤한 생활이 여지없이 나타나지만, 그래도 그녀는 시선을 끄는 매력이 있다. 이 그림에는 가난으로도 가려지지 않는 그녀의 자유분방한 영혼이 깃들어 있기 때문이다.

할스는 여느 때와 마찬가지로 이 작품에서도 날카로운 관찰력으로 그녀가 미소 짓는 순간을 잘 포착했다. 그리고 대담하고 자유분방한 필치와 강렬한 명암, 풍성한 색채를 사용해 생동감으로 가득

찬 화면을 완성했다. 이 작품을 감상한 이들은 그녀에게서 길들여지지 않은 야생 동물과 같은 본능을 느꼈고, 이는 문학과 희곡, 영화 등 창작의 영역에 몸 담은 모든 예술가들이 꿈꿔왔던 가장 이상적인 집시 소녀의 모습이라고 극찬했다.

 이 그림의 가장 큰 특징은 순간성이다. 고개를 돌리며 웃는 순간을 담은 것 같은 이 소녀의 모습은, 사진을 쉽게 접할 수 있는 현대인에게는 신기할 게 없겠지만 그 당시로서는 좀처럼 볼 수 없는 참신한 자세였다. 배경에서 불필요한 요소를 과감히 생략해 인물을 강조한 후 화면의 오른쪽에서 왼쪽으로 갈수록 어두워지게 처리한 발상 역시 순간 포착의 효과를 극대화 시킨다. 게다가 놀라운 점은 할스가 이 그림을 그릴 때 밑그림도 그리지 않고 바로 채색하기 시작했다는 것이다. 정해진 틀에 얽매이지 않고 거침없이, 그리고 원하는 색

▲ 윌리엄 코이맨스의 초상
(Portrait of Willem Coymans)

채를 사용해 자유롭게 붓을 놀리는 그의 기법이야말로 집시 소녀의 내면과 외면을 그대로 담아내는 가장 적절한 방식이었을지도 모른다. 그 외에도 이 작품에는 그의 감성을 고스란히 드러낸 감성적 색채 영역을 충분히 즐길 수 있다는 장점도 있다. 대자연의 기운을 지닌 소녀의 자유로운 영혼이 따스하고 소박한 색채에 둘러싸여 있는 모습에서 할스 특유의 감성적 조화로움이 드러난다. 이 작품이 초상화이면서도 풍속화와 같은 분위기를 강하게 띠고 있는 것은 이 때문이다.

 로코코 미술의 여명기를 연 대표적 화가 중 한 명인 반 다이크(Van Dyck)가 프란스 할스의 작품인 〈집시소녀〉를 감상한 후 "이 세상에 이처럼 생명력 넘치는 그림도 있었던가!"라고 말하며 감탄했다는 일화가 있다. 그만큼 이 〈집시소녀〉에 프란스 할스의 예술적 특성이 집약되어 있다는 의미가 아닐까.

▶ 니콜라스 튈프 교수의 해부학 강의
(The Anatomy Lesson of Dr. Nicolaes Tulp)

명화자료
창작시기 : 1632년
크기 : 169.5 × 216.5cm
기법 : 목판에 유채
소장 : 네덜란드 헤이그(Hague) 마우리츠호이스(Mauritshuis) 왕립 미술관

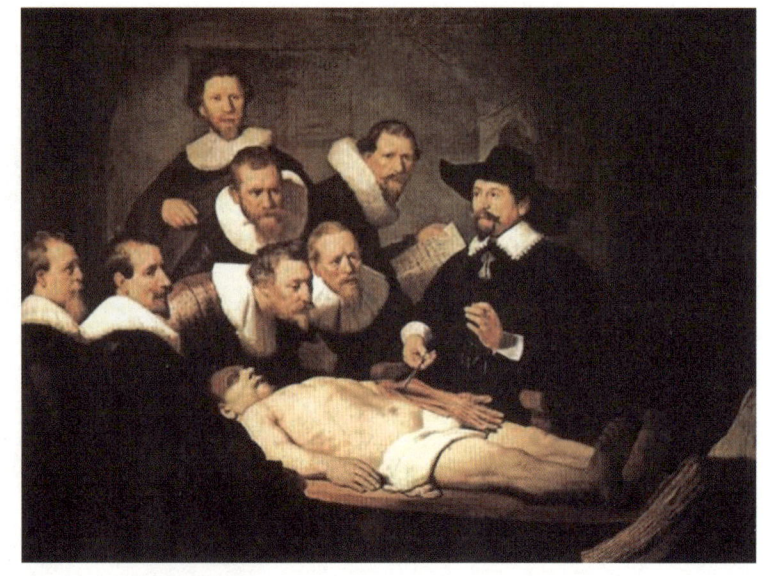

▲ 렘브란트

니콜라스 튈프 교수의 해부학 강의

  시체 해부라고 하면 눈을 찌를 듯 날카롭게 비추는 창백한 빛 아래에 마스크를 쓴 무표정한 사람들이 수술용 장갑을 낀 손으로 수술용 도구를 들고 장기간 포르말린에 담가 둔 시체에 칼을 들이대는 괴기스러운 장면이 자연스럽게 연상된다.
  누구나 어렸을 때 시체 해부와 관련된 공포 괴담을 듣고 무서워한 경험이 있을 것이다. 이처럼 해부학실은 죽음과 가장 밀접한 장소이면서 일반인들은 쉽게 범접할 수 없는 장소이기 때문에 호기심을 자극하면서도 어딘지 모르게 으스스한 느낌을 주는 곳이다. 마치 이런 장소에는 원한이 있거나 미련이 남은 유령이 떠돌고 있을 것만 같다. 그러나 이 작품 속에서는 당신이 해부학실에 대해 갖고 있는 막연한 공포 분위기를 느낄 수 없다.
  렘브란트는 1632년에 완성된 〈니콜라스 튈프 교수의 해부학 강의〉를 통해 자신의 명성을 확고하게 다지는 데 성공했다. 이후 렘브란트는 그림 의뢰가 밀려들어 눈 코 뜰 새 없이 바쁜 나날을 보내기 시작했다.
  네덜란드는 기나긴 전쟁 끝에 1648년 드디어 에스파냐로부터 정식으로 독립한 후 급속한 경제 성장을 이루었다. 활성화 된 경제는

이내 사상의 개방, 문화와 예술의 부흥과 같은 내적 성장을 이끌었으며 향토적 색채가 강한 대중예술의 발전에도 커다란 영향을 미쳤다. 그 동안 예술 창작의 소재는 종교와 신화 중심에서 벗어나지 못했으나, 이 무렵부터 현실적 생활의 영역까지 확장되었다. 이는 미술 발전사에서 아주 중요한 성과다.

회화 분야에서 눈에 띄게 위상이 올라간 것은 초상화였다. 네덜란드는 유럽 전체에서 초상화가 가장 발달한 나라로 꼽힌다. 특히 이 무렵 유행의 바람을 탄 네덜란드의 집단 초상화는 타의 추종을 불허하는 수준을 자랑한다.

그중에서도 대표작으로 손꼽히는 암스테르담의 외과의사가 렘브란트에게 의뢰한 집단 초상화다.

▲ 시냇가에서 목욕하는 여인
(Bathing woman, modelled)

그 당시 유행한 집단 초상화를 보면 오늘날의 단체 사진과 매우 흡사하다는 점을 쉽게 눈치 챌 수 있다. 특히 인물들이 앞을 보고 가로로 길게 늘어서는 것은 단체 사진과 마찬가지로 집단 초상화에서 가장 기본적인 구도다. 때로 인원이 많을 때는 앞줄과 뒷줄로 나누어 화면을 구성하는 형식까지도 똑같다. 그러나 남과 다른 특별함을 추구했던 렘브란트는 이 작품에서 당시의 전형적인 형식을 따르지 않고 색다른 변화를 시도했다. 작품 속 인물들을 평행 구도에서 해방시키고 한 무리로 묶어 학구열에 불타오르는 학자들의 분위기를 사실적으로 표현했다.

17세기까지만 하더라도 집단 초상화에서 얼굴만으로 실제 인물들을 구분하는 경지에는 아직 이르지는 못했으므로 복장이나 장식의 특징에 따라 인물을 구분했다. 그러나 렘브란트는 실제 모델들의 얼굴을 누가 누구인지 알아볼 수 있도록 화폭에 담아내어 큰 인기를 얻었다. 이는 탄탄한 실력이 갖춰진 화가가 시간과 공을 들여야 하는 무척 섬세한 작업이었으므로, 〈니콜라스 튈프 교수의 해부학 강의〉가 완성된 후 암스테르담에 커다란 반향을 일으킬 수 있었다.

암스테르담에 정착한 후 가장 처음 주문받은 이 집단 초상화의 성공으로 당시 스물여섯 살에 불과했던 젊은 화가 렘브란트의 주가는 천정부지로 치솟았다. 렘브란트는 오늘날까지 최고의 걸작으로 손꼽히는 이 작품을 통해 당시의 경직되고 관습에 사로잡힌 초상화 형식의 단단한 틀을 깨뜨렸다.

이 작품에는 시체를 제외하고 총 여덟 명이 등장한다. 그림의 가

작자소개

렘브란트 하르먼스 판 레인
(Rembrandt Harmenszoon van Rijn, 1606~1669)
네덜란드 역사상 지금까지도 가장 위대한 화가이며, 전 유럽을 통틀어 손꼽히는 미술의 거장들과 함께 자웅을 겨루는 위대한 화가다. 그의 예술은 현대 사진 예술의 탄생에도 밀접한 연관이 있으며, 오늘날에도 사람들은 그가 인류에 선사한 빛의 예술에 끊임없이 찬사를 보내고 있다. 렘브란트의 대표작으로는 〈유대인 신부(The Jewish Bride)〉, 〈3개의 십자가(The Three Cross)〉, 〈엠마오의 그리스도(Christ at Emmaus)〉, 〈니콜라스 튈프 교수의 해부학 강의〉, 〈프란스 바닝 코크 대장이 이끄는 민병대(The Militia Company of Captain Frans Banning Cocq)〉, 〈병자들을 치료하는 그리스도(The Hundred Guilder Print)〉, 〈돌아온 탕자(The Return of the Prodigal Son)〉 등을 꼽을 수 있다.

장 오른쪽에 챙이 넓은 검은 색 모자를 쓴 남자가 바로 이 작품에서 가장 중요한 인물인 니콜라스 튈프 교수다. 강의를 듣고 있는 이들이 서로 밀착된 반면 그의 주변 공간은 비교적 여유가 있을 뿐더러, 그의 존재감은 다른 이들에 비해 선명하게 부각된 점에서 화가가 주인공에게 어울리는 대접을 하려고 마음을 쓴 흔적이 나타난다.

튈프 교수는 수술대 위에 뉘어놓은 시체의 팔 부분의 피부를 해부하면서 강의 중이다. 그는 지금 아마도 근육과 뼈, 힘줄 등 인체를 구성하고 움직이는 체계를 설명 중이거나 해부의 원리 및 수술 방식에 대해 찬찬히 설명하는 중일 것이다. 화면 왼쪽에는 튈프 교수의 말을 한마디도 빠뜨리지 않고 경청하기 위해 목을 길게 빼고 집중하는 일곱 명이 있다. 인체를 탐구하기 위해 모인 그들의 얼굴에는 사뭇 진지한 표정이 떠올라 있다. 학구열에 불타는 현장 분위기를 생생하게 드러낸 이 작품을 보면, 그 당시 네덜란드를 이끌어 갈 주역으로 부상한 신흥 자산 계급층이 회화 예술에 대해 어떤 요구를 했는지를 한 눈에 알 수 있으며 과학의 발전을 갈망하는 시대적 요구를 쉽게 읽어낼 수 있다.

그 밖에도 이 그림을 통해 당시 사람들에게도 세상에 자신의 이름을 드러내고자 하는 욕망이 가슴 깊이 숨어 있었다는 점을 발견할 수 있다. 실제로 그 시대에는 자신을 그린 초상화 일부에 이름도 써넣어 달라고 요구하는 일이 많았다. 이는 매우 간단한 일처럼 보이지만 작품의 분위기를 방해하지 않도록 써넣어야 하는 것이 관건이다. 이를 어떻게 처리하는지에 따라 화가의 재치와 창의력, 순발력이 드러난다. 이 초상화를 의뢰한 인물 역시 렘브란트에게 모델들의 이름을 넣어 달라는 요구를 해왔다. 때문에 렘브란트는 고심 끝에 묘안을 생각해냈다. 강의를 듣는 일곱 명 중에 튈프 교수와 가장 가까이 서 있는 한 남자가 바로 해답의 열쇠다. 그가 손에 들고 있는 종이는 마치 강의 내용을 열심히 필기해놓은 노트처럼 보인다. 그러나 자세히 들여다보면 이 종이에 적혀 있는 것은 강의 내용이 아니라 그림 속에 그려진 인물들의 이름이다. 감탄이 절로 나올 정도로 완벽한 솜씨다. 여기서 렘브란트는 그 남자가 노트를 들고 있는 모습을 더욱 자연스러워 보이도록 그림에 한 가지 장치를 추가했다. 그림의 오른쪽 하단 시체의 발치 부근에 있는 두꺼운 책이다. 그 책은 교수와 청강생들이 보기 쉽도록 펼쳐서 세워져 있는데 아마도 교수와 청강생들이 보기 쉽도록 해놓은 듯하다. 그림을 감상하는 이들은 그것을 강의 자료로 여길 것이고 무의식중에 그 남자의 행동을 필기하는 것으로 받아들일 것이다.

인물들과 시체를 비추는 빛은 왼쪽 윗부분으로부터 시작되어 오른쪽 아래를 향해 대각선으로 진행된다. 렘브란트는 '빛의 화가'라는 별명으로 불린 거장답게 빛과 어둠을 다루는 데 아주 능숙했다. 시체를 중심으로 거리가 멀어질수록 점점 어두워지도록 처리해서 집중도와 원근감을 분명히 표현한 것은 렘브란트이기에 가능한 일이다.

◀ 플로라
(Flora)
사스키아(Saskia)를 모델로 그린 작품

평소 렘브란트는 빛으로 강조할 부분은 선명하게 드러내고, 그 외에 불필요한 부분은 어둡게 해 대담하게 생략했다. 특히 45도 방향으로 처리한 광선은 렘브란트 특유의 명암 기법을 결정짓는 가장 중요한 요소다. 이와 같은 명암법을 '렘브란트 조명(Rembrandt lighting)'이라고 부르며, 〈니콜라스 튈프 교수의 해부학 강의〉는 미술 이론에서 이를 설명할 때 시각 자료로 가장 자주 사용되는 작품이다. 렘브란트 조명은 이후 회화 미술뿐만 아니라 문명의 발전에 따라 속속 등장한 사진 예술, 무대 예술 및 영상 예술 등 각 분야에서 사랑받으며 폭넓게 응용되었다.

렘브란트 이후로도 빛과 어둠을 능수능란하게 활용하며 강렬한 명암 대비로 중심 소재를 선명히 부각시키는 화가는 무수히 많았지만, 렘브란트의 붓끝에서 탄생한 '빛'만큼 인물을 따스하게 감싸주며 낭만인인 효과를 낸 장치는 수백 년이 지난 지금도 찾아보기 어렵다.

▲ 야경
(The Night Watch)
(원제 : 프란스 바닝 코크 대장이 이끄는 민병대)

명화자료
창작시기 : 1642년
크기 : 363 × 437cm
기법 : 캔버스에 유채
소장 : 네덜란드 암스테르담 레이크스 미술관(Rijks Museum)

야경

　〈야경夜警〉이라는 별명으로 더 잘 알려진 이 작품을 완성할 무렵 렘브란트는 예술 인생에서 가장 중요한 전환점을 맞고 있었다. 민병民兵이 순찰을 나가기 전의 모습을 그린 이 작품은 제목과는 달리 실제 시간적 배경은 낮이다. 프란스 바닝 코크 대장과 부관 그리고 순찰을 나가기 전에 무기를 손질하는 병사들의 모습이 화면을 가득 채우고 있다. 그림 속에서는 정통 군대와 같은 엄격한 계급 사회의 분위기 대신 유쾌하고 자유로운 분위기와 인물들 간의 친밀감 등이 물씬 풍긴다. 비슷한 시기에 완성된 다른 화가들의 집단 초상화 속 인물들은 프란스 할스가 자주 선보였던 전형적인 구도를 형성하는 경우가 대부분이다. 그러나 렘브란트가 그려낸 이 작품 속 인물들은 그들의 일상적인 모습을 순간 포착해 몰래 찍은 사진처럼 자연스러운 모습을 취하고 있다.

이 중에서 가장 눈에 띄는 인물은 프란스 바닝 코크 대장과 부관인 빌렘 반 로이텐뷔르흐다. 챙이 넓은 검은 색 모자를 쓰고 검은 옷에 붉은 어깨띠를 두르고 왼손을 앞으로 내민 채 정중앙에 서있는 남자가 대장이고 그 옆에 흰색의 풍성한 깃털 장식 모자를 쓰고 금색 자수로 장식된 아이보리색 옷을 입은 남자가 바로 부관이다. 민병대원의 단계적인 배치가 만들어내는 정돈된 느낌과, 빛과 어둠을 충분히 활용한 렘브란트의 화풍이 조화를 이루어 그들이 서 있는 장소에 깊은 공간감을 줌으로써 마치 연극무대처럼 보인다.

1642년 암스테르담 민병대 대장과 그 휘하의 병사들이 렘브란트에게 집단 초상화를 의뢰했다. 렘브란트에게 보수로 건넬 금액 대부분은 대장이 부담했으나 그 부하들도 자비를 모아 보수에 보탰다고 한다. 병사들이 1인당 100길더(guilder)를 부담했다고 하는데 이는 그들의 3개월 치 급료에 해당하는 큰 금액이었다. 그러나 작품이 완성된 후 이 그림을 본 민병대원들은 불만을 감추지 않았다. 자신의 얼굴을 어둡게 그려서 다른 대원들보다 눈에 띄지 않는다거나 얼굴의 일부가 가려지는 등 기타 여러 가지 이유로 자신의 모습이 마음에 들지 않았기 때문이다. 그들이 원하는 그림은 화가의 열정이 담긴 예술 작품이 아니라 단지 자신의 얼굴이 훤하게 잘 나온 기념 초상화였던 것이다. 그러나 렘브란트는 절대 자신이 추구하는 예술에 대한 고집을 버리지 않았다. 그들이 강하게 불만을 터뜨린 데에는 당시 렘브란트가 암스테르담 내에서도 보수가 비싼 화가 중 한 명이라는 점도 큰 영향을 미쳤을 것이다. 그들은 비싼 값에 초상화를 의뢰했더니 얼굴도 제대로 나오지 않았다며 렘브란트에게 자신들이 원하는 그림을 다시 그려줄 것을 강력히 요구했다. 그러나 자존심 강한 렘브란트는 그

네덜란드 화파

17세기 에스파냐로부터 독립한 후 성립된 네덜란드 공화국을 실질적으로 이끌어간 것은 신흥 자산 계급이다. 네덜란드 미술은 이들의 취향이 반영되어 발전해나갔다. 네덜란드 회화의 주된 특징은 밝고 따뜻하고 소박하며, 주변에서 흔히 볼 수 있는 일상적 풍경에서도 찾아볼 수 있는 작품 소재들을 사실적으로 묘사했다는 점이다. 대표적인 화가로는 프란스 할스, 렘브란트, 베르메르 등을 꼽을 수 있다.

▼ 다나에
(Danae)

▶ 황금헬멧을 쓴 사나이
(The Man with the Golden Helmet)

제안을 거절했고 이 사건은 암스테르담 전역으로 퍼져 나갔다. 많은 사람들이 흥미를 갖고 이 분쟁에 주목했으나 결국 장본인들 간에 합의를 보지 못한 채 암스테르담 내 유력자들이 중재에 나서기에 이르렀다.

말 많고 탈 많았던 이 작품은 1715년 시청을 장식할 작품으로 선정되면서 크기를 맞추기 위해 그림의 사방이 조금씩 잘리는 안타까운 일을 당하기도 했다. 그 결과 그림 왼쪽 부분에 그려져 있던 두 인물이 영영 사라지고 말았다.

이 작품의 원래 제목은 〈프란스 바닝 코크 대장이 이끄는 민병대〉다. 그러나 별명인 〈야경〉으로 더 잘 알려져 있는데 앞서 밝혔듯이 이는 잘못된 상식이다. 작품의 배경이 어두웠던 데다가 민병이 순찰을 나가기 직전의 모습이 나타나 있기 때문에 그림을 보는 사람들은 자연스럽게 야간 경비를 서기 위해 준비 중인 모습이라고 믿었다. 그러나 이는 작품 표면을 보존하기 위해 덧발랐던 광택제 때문인 것으로 밝혀졌다.

렘브란트가 화가로서 자존심을 버리지 않았던 덕분에 위대한 걸작이 세상의 빛을 볼 수 있었으나 화가 본인의 생활에는 불행을 초래했다. 렘브란트가 초상화를 그릴 때 의뢰인의 요구를 무시하고 제멋대로 그린다는 소문이 돌자 귀족들로부터 초상화 주문이 급격히 줄어들었기 때문이다. 경제적인 어려움에도 불구하고 렘브란트는 점점 대중적 취향으로부터 멀어져 더욱 더 자신만의 예술성을 추구하고자 했다.

〈야경〉 이후 그의 화풍은 점점 더 어둡고 무겁게 변해갔다. 그 원인으로 이 작품이 완성된 해에 사랑하는 아내가 어린 아들 티투스를 남겨 두고 세상을 떠났기 때문이라는 견해가 일반적이다. 렘브란트는 갑작스럽게 불어 닥친 불행의 무게를 견디지 못한 채 작업실에 틀어박혀 예술 창작에 모든 힘을 쏟아 부었다.

시간이 흐를수록 그의 생활은 더 어려워졌다. 1642년에서 1648년에 이르기까지 그의 삶은 경사가 급한 내리막길과도 같았다. 돈이 될 만한 의뢰는 거의 없었고 막대한 빚과 이자가 그의 목을 죄어왔다. 그러나 생활의 어려워지는 상황과는 반대로 그의 내면세계와 예술적 경지는 나날이 깊이를 더해가고 있었다.

그의 생활이 변한 주된 원인은 수입이 급격히 줄어들었기 때문이다. 그러나 그보다 더 큰 문제는 여전히 변할 줄 모르는 그의 생활 습관과 낡은 사고방식이었다. 아내가 세상을 떠난 후 깊은 슬픔에 잠겨 있던 그는 화실에 틀어박혀 그림만 그리는 생활을 이어갔다. 그는 가사에 서툴렀으므로 어린 아들과 집안일을 돌봐줄 가정부를 고용했다. 그러나 얼마 지나지 않아 젊은 가정부와 부부처럼 지내게 되어 그녀와 렘브란트의 사이에 딸까지 태어났다. 이 일이 알려지자 암스테르담 사람들은 가정부와 결혼식도 올리지 않고 부부처럼 생활한 렘브란트를 맹렬히 비난했다.

렘브란트는 1669년에 세상을 떠났다. 그가 죽기 전 20년 동안 재정 상황은 심각하게 악화되었다. 특히 1656년 렘브란트는 파산 신고를 하기에 이르렀고 그를 둘러싼 추문들 때문에 사회적인 명성 역시 추락했다. 그럼에도 불구하고 렘브란트는 죽는 날까지 예술가로서 작품 활동에 열정을 바쳤다. 그가 말년에 남긴 수많은 작품들은 오늘날 네덜란드가 자랑하는 최고의 걸작으로 칭송받고 있다.

▶ 사냥터의 찰스 1세
(Charles I : King of England at the Hunt)

명화자료
창작시기 : 1635년
크기 : 272 × 212cm
기법 : 캔버스에 유채
소장 : 프랑스 파리 루브르 박물관

▲ 반 다이크

사냥터의 찰스 1세

17세기까지 약 100여 년간 초상화 분야는 유럽에서 눈부신 발전을 이루었다. 특히 초상화가들의 작화기교는 절정에 올랐다. 그들은 탄탄한 실력을 바탕으로 대상의 피부와 머리카락을 사실적으로 표현했으며 더 나아가 인물의 눈빛과 표정, 성격까지 전부 화폭에 담아 내고자 했다. 이 무렵에는 교황과 궁정, 귀족에서 부유한 상인에 이르기까지 돈과 권력이 있는 상류층에서는 자신의 모습을 초상화로 남기는 일이 크게 유행했다. 초상화를 통해 실력을 인정받은 화가라면 누구나 왕실과 귀족으로부터 일거리를 받을 수 있었다. 덕분에 유럽 미술사상 17세기는 초상화의 전성기로 꼽힌다. 초상화의 거장 안토니 반 다이크는 뛰어난 실력을 인정받아 작위까지 받은 인물로, 수 많은 초상화가들 중 가장 대표적인 초상화가다.

1618년 반 다이크는 안트베르펜 화가 조합에 가입한 후 루벤스(Peter Paul Rubens)의 문하로 들어갔다. 그는 루벤스의 밑에서 2년가량 화풍과 작화 기법을 익힌 후 1621년 영국으로 건너갔다. 그리고 단기간 내에 그곳에서 유명해졌다. 1622년 그는 다시 영국을 뒤로 한 채 이탈리아로 떠났다. 이탈리아에 머무는 시간 중 거의 대부분은 제노바에서 보내며, 베로네세 등 베네치아 화파 거장들의 작품을 중점적으로 연구했다. 반 다이크는 루벤스의 밑에서 기반

▲ 백작부인과 그 딸의 초상

을 다졌으나 이탈리아 체류 중 티치아노의 부드럽고 따뜻한 색채 감각과 명암법으로부터 커다란 영향을 받았다. 또 한편으로는 베네치아 화파 특유의 우아하며 정적인 아름다움을 받아들여 자신의 예술 세계를 구체적으로 구축해 나갔다. 그 후 프랑스를 거쳐 다시 고향으로 돌아간 1627년 무렵 그의 화풍은 이탈리아를 방문하기 전과 무척 다르게 변해 있었다. 불과 몇 년 만에 그는 자신의 작품 세계에서 스승 루벤스의 흔적을 지우고 독자적인 풍격을 갖추는 데 성공한 것이다. 원래 그에게는 루벤스의 격정적이고 자유분방한 화풍 대신, 정적이며 차분한 분위기가 더 잘 맞았기 때문일 것이다. 이 무렵에 완성된 그의 작품을 보면 그가 사물을 날카롭게 관찰하고 있으며 불필요한 장식이 없게 사실적으로 표현한 것을 알 수 있다. 또한 분위기를 부드럽게 완화하는 반 다이크 특유의 화풍이 채색방식을 통해 잘 나타나고 있다.

1627년에는 저명한 판화가들의 도움을 받아 10년 동안 자신이 그렸던 유명 인물들의 초상화를 다시 판화로 옮기기 시작했다. 1632년 그는 영국 왕 찰스 1세의 부름을 받고 다시 영국으로 건너갔다. 예술을 아끼고 미술품 수집이 취미였던 찰스 1세는 반 다이크의 재능을 무척 아끼는 중요한 후원자였다. 찰스 1세는 반 다이크에게 높은 연금을 주어 풍족한 생활을 보장하는 동시에 작위를 내려주어 명예

작자소개

안토니 반 다이크
(Anthony van Dyck, 1599~1641)
오늘날의 벨기에 안트베르펜 지역에서 태어나 영국 런던에서 세상을 떠났다.
17세기 플랑드르 화파를 대표하는 중요한 화가 중 한 명으로 자신만의 독특한 기법과 우아하고 아름다운 화풍을 자랑한다. 그는 자화상을 포함해 수많은 초상화 작품을 남긴 것으로 유명하지만 초반에는 성서나 기타 다양한 주제로 많은 작품을 남겼다. 대표작으로는 〈사냥터의 찰스 1세〉, 〈성모승천(the Assumption of the Virgin)〉, 〈삼손과 데릴라(Samson and Delilah)〉, 〈로멜리니 일가의 초상(The portrait of Lomellini family)〉, 〈리날도와 아르미다(Rinaldo and Armida)〉 등이 있다.

▶ 엘레나 그리말디의 초상
(Portrait of Marchesa Elena Grimaldi)

까지 손에 쥐어주었다. 그는 죽는 날까지 영국에 머물며 찰스 1세의 궁정화가로 일했다. 볼일 때문에 잠시 안트베르펜에 돌아갔을 때를 제외하면 영국에 약 8년간 머물렀다. 그 동안 그가 완성한 초상화 작품만 무려 400여 점에 달한다. 그의 눈으로 본 찰스 1세와 왕실을 비롯한 궁정 귀족들의 모습에서 당시 영국의 상류 사회풍습과 문화를 살펴보는 것도 흥미로운 일이 될 것이다. 그중에서도 유명한 작품이 바로 〈사냥터의 찰스 1세〉다.

그림 속 찰스 1세는 사냥 중에 휴식을 취하고 있다. 저명한 미술사학자인 에른스트 H. 곰브리치(Ernst H. J. Gombrich)는 자신의 저서인 《서양미술사(The Story of Art)》에서 반 다이크가 그린 무수한 찰스 1세의 초상화에 대해 '가장 이상적인 군주의 모습으로 보이도록 의도한 작품'이라고 분석했다. 반 다이크가 찰스 1세의 초상화에 그의 인간적 내면세계와 본질을 있는 그대로 표현하지 않고 왕의 권위와 상류층의 우아함, 교양을 고루 지닌 이상적인 왕으로 보이도록 연출했다는 것이다. 자신의 모습을 초상화로 남기고자 했던 권력자들은 누구나 초상화 속 모습이 실제보다 더 낫기를 바랐을 것이다. 이처럼 대상을 미화하는 반 다이크의 연출 능력이야말로 그가 당대 최고의 초상화가로 인기를 얻을 수 있었던 중요한 비결 중 하나가 아니었을까.

찰스 1세는 고개를 돌려 정면을 바라보고 있고 그 뒤로 시종들이 왕의 말을 돌보고 있다. 왕의 옷차림은 매우 간소한 편이지만, 허리에 차고 있는 검과 넓은 검은색 모자 등 다양한 소품들을 이용해 제왕의 신분을 나타내고 있다.

그러나 반 다이크의 초상화 작품들을 살펴보면 그가 인물을 연출할 때 절대로 화려한 복장이나 장신구에 전적으로 기대는 화가가 아니라는 사실을 금방 눈치 챌 수 있다. 눈 여겨 보아야 할 것은 인물의 자세와 표정 그리고 몇 가지 중요한 상징물이다.

안타깝게도 찰스 1세는 초상화 속에 나타난 모습과는 달리 왕으로서 훌륭한 재목은 아니었다. 한 치 앞을 내다보지 못하고 국고를 탕진했으며 그로 인해 국가 재정이 파탄에 이르자 이를 무리한 불법 과세로 메우려 하는 등 악순환이 계속되었다. 그의 치세는 영국 역사에 악정惡政으로 기록되었고 그의 전횡과 독단을 참지 못한 영국인들은 반기를 들고 일어났다. 결국 1649년 찰스 1세는 '국적國敵'으로서 처형되고 말았다. 이 사건이 바로 영국 역사에서 유명한 청교도 혁명이다.

한편 밀려드는 초상화 의뢰를 혼자서는 전부 감당할 수 없었던 반 다이크는 규모가 큰 작업장을 구했다. 일거리가 너무 많이 밀려 있을 때는 인물의 얼굴 및 아주 중요한 부분만 자신이 그리고 배경 및 의상 등 비교적 덜 중요한 부분은 제자들에게 그리도록 했다고 한다. 이처럼 그에게 들어오는 의뢰가 많아 수입이 높았으므로 그의 경제 사정은 무척 안정적이었다.

저명한 초상화가로서 그의 삶이 탄탄대로를 달리던 1639년에는 찰스 1세의 주선으로 영국의 귀부인을 아내로 맞이했다. 이때가 그의 삶에서 가장 행복했던 시기로 추정된다. 그러나 안타깝게도 그로부터 얼마 지나지 않아 갑자기 찾아든 병마를 이기지 못하고 1641년 그는 겨우 마흔두 살의 젊은 나이에 죽고 말았다.

▲ 초상화 작품
(Portrait of Marchesa Balbi)

▶ 참회하는 막달라 마리아
(The Repenting Magdalene 또는 Magdalene in a Flicking Light)

명화자료

창작시기 : 1635년
크기 : 64 × 48cm
기법 : 캔버스에 유채
소장 : 미국 워싱턴 D.C. 국립 미술관

▲ 라 투르

참회하는 막달라 마리아

〈참회하는 막달라 마리아〉는 성서를 주제로 한, 라 투르의 작품 중에서도 손꼽히는 걸작이다. 이 여인의 모습은 가장 순수하고 신실한 신앙을 지닌 인물에게서만 볼 수 있는 숭고미가 드러나며, 작품 전반에는 금욕적이고 고요하며 명상적인 분위기가 흐른다. 그러나 이 작품을 종교적인 시각으로만 보려고 하기보다는 청아하며 기품 있는 그림 속 여인의 모습에서 당시 프랑스의 상류 사회의 취향과 그들이 어떤 아름다움을 추구했는지를 엿보는 것도 명화를 감상할 때 빼놓을 수 없는 즐거움이 될 것이다.

젊은 여인은 적막함이 감도는 암흑 속에 홀로 앉아 있다. 그녀는 미미하지만 따스한 오렌지색 불빛이 흔들리는 등불 하나에 의지한 채 탁자 앞에 앉아 있다. 그녀는 깊은 생각에 잠겨 한 팔로 턱을 괴고 앉아 심지가 타들어가는 모습을 조용히 내려다보고 있다. 그녀는 과연 어떤 생각에 잠겨 있는 걸까.

이 여인이 바로 막달라 마리아다. 성서 이야기를 주제로 하는 종교화에서 그녀는 성모 마리아 다음으로 가장 자주 등장하는 여성이다. 막달라 마리아가 그리스도의 제자가 되기 전에는 매춘부였다는 이야기도 있으나 정확한 근거는 없다. 성경에서는 그리스도가 일곱 귀신에 시달리느라 몸과 마음에 깊은 병을 얻어 방랑하던 막달라 마리아를 구원했으며 그 후로 그녀는 그리스도를 믿고 따르는 제자가 되었다고 짧게 말하고 있을 뿐이다. 일말의 의심 없이 온 마음을 다해 그리스도를 따랐던 막달라 마리아는 그리스도가 십자가에 못 박혀 처형되어 속세의 삶을 다하는 순간은 물론 그로부터 3일 후 그리스도가 다시 부활하는 신성한 순간까지 가장 결정적인 순간들을 성모 마리아와 함께 자리를 지켰다.

이 작품 속 막달라 마리아는 단아하고 청초한 인상을 풍긴다. 결좋고 윤기 나는 짙은 밤색 생머리는 탐스럽게 허리까지 늘어뜨렸다. 성서 이야기를 주제로 하는 회화 작품들은 대부분 막달라 마리아의 모습에서 길고 탐스러운 머리카락을 강조해 왔다. 다른 여인들은 모두 두건을 써서 머리카락을 감춘 모습을 하고 있더라도 막달라 마리아만은 길고 풍성한 머리카락이 돋보이도록 그려진다. 이는 그리스도의 발을 귀한 향유로 씻겨준 뒤 수건 대신 자신의 머리카락으로 정성껏 닦아주었다고 하는 이야기와 관련이 있다. 아무런 장식도 없는 소박하고 단순한 옷차림을 통해 순수하고 고결한 그녀의 신앙과 아름다운 정신세계를 나타낸다. 인위적 장식을 배제한 모습은 그녀의 타고난 아름다움을 더욱 부각시키며, 그녀의 몸매가 만들어내는 부드러운 곡선미를 그대로 살려주어 일석삼조의 효과를 나타낸다. 다만, 기독교와 성서에 대한 상식이 부족한 사람이 도상학적 지식에 대한 기본적인 이해없이 작품을 접한다면 이 작품의 저변에 깔린 내면적인 아름다움을 제대로 감상하기 어렵다는 점이 조금 아쉽다.

17세기 카라바조를 시작으로 벨라스케스, 렘브란트와 같은 거장

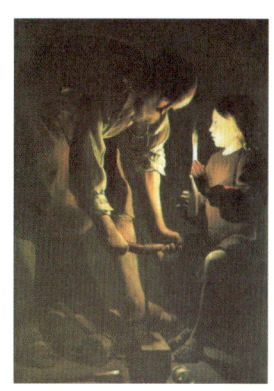

▲ 목수 성 요셉
(St. Joseph)

작자소개

조르주 드 라 투르
(Georges de La Tour, 1593~1652)
17세기 프랑스의 대표적인 카라바조주의 화가다. 로렌 공국이 프랑스 영토로 편입되기 전 르네빌에서 빵집 아들로 태어났으나 혼돈의 시대에서 기회를 잘 잡았던 덕분에 큰 부자가 되었다.
세속적 주제로 그린 풍속화에서 성서이야기를 주제로 하는 엄숙한 종교화까지 다양한 그림을 남겼다. 라 투르의 대표작으로는 〈욥을 비웃는 그의 아내(Job Mocked by his Wife)〉, 〈성 요셉의 꿈(The Dream of St. Joseph)〉, 〈목공소의 예수(Christ in the Carpenters Shop)〉, 〈참회하는 막달라 마리아〉, 〈점쟁이〉 등을 꼽을 수 있다.

들을 포함해 유럽의 수많은 화가들이 회화에서 빛을 어떻게 이용해야 할 것인가에 관해 집중적으로 연구했다. 그 영향으로 당시 작품들에서는 빛과 어둠을 이용한 강렬한 명암대비로 극적인 분위기를 표현해 내는 경향이 많이 나타난다. 그 중 얀 베르메르가 햇빛을 이용한 자연스러운 명암대비를 선호한 것에 반해 라 투르의 작품에는 초나 작은 램프 등 인공적인 조명을 이용해 밝은 부분에서 어두운 부분으로 넘어가는 단계를 부드럽게 표현한 독특한 방식의 명암대비가 주를 이룬다. 〈참회하는 막달라 마리아〉는 라 투르 특유의 명암대비기법을 살펴보기에 가장 알맞은 작품이다. 작은 등불을 이용해 명암을 주는 라 투르의 방식은 종교적 경건함과 고요함이 조화를 이루어 명상하는 듯한 분위기를 자아낸다. 그런데 작품을 자세히 살펴 보면 한 가지 이상한 점이 눈에 띈다. 막달라 마리아의 손, 정확히 말하자면 그녀가 오른손을 얹어둔 둥근 물체이다. 그녀가 대수롭지 않은 듯 무심하게 손을 얹고 있으므로 설마 하지만 눈 씻고 다시 봐도 의심할 바 없는 인간의 두개골이다. 그런데 이 무렵 다른 화가들의 작품들을 살펴봐도 인간의 두개골이 자주 등장한다. 두개골의 등장은 17세기 회화에서 나타나기 시작한 중요한 특징이다. 두개골을 이용한 이 상징적 표현 방식을 바니타스(Vanitas)라고 하는데, 당시 화가들은 바니타스의 상징을 통해 '죽음을 상기하라(Memento mori)'라는 메시지를 전달하고자 했다. '인생의 덧없음 또는 허무

▶ 다이아몬드 에이스를 가진 사기도박꾼
(The Cheat with the Ace of Diamonds)

함', 즉 '인생무상'을 상징하는 두개골을 그려 넣어 속세의 가치에 얽매이지 말 것과 죽음을 담담하게 받아들일 것을 권하는 철학적 자세를 드러낸 것이다. 참고로 바니타스란 시인 살로모(Salomo)의 격언인 '헛되도다. 헛되도다. 모든 것이 헛되도다(Vanitas, vanitas. Etomnia vanitas.)'에서 유래된 표현이다.

'참회하는 막달라 마리아'는 라 투르가 무척 좋아한 주제였다고 한다. 그는 이 주제로 적어도 네 작품 이상의 종교화를 그렸다고 하는데, 인물의 자세나 구도와 등장하는 소품 등 기본적인 틀과 분위기는 대부분의 작품에서 비슷하게 나타나고 있다.

17세기 바로크 시대 프랑스 화가 중에서 카라바조 주의를 잇는 가장 대표적인 화가 라 투르는 빛의 변화와 특성을 표현하는 능력과 색채 감각에서 탁월한 재능을 보였으나 그가 세상을 떠난 뒤에는 사람들의 기억에서 그대로 사라져 갔다. 때문에 그의 것으로 인정된 작품 수는 많지 않다. 게다가 그의 생애에 대한 믿을만한 기록들도 별로 남아 있지 않고 근거가 불확실한 소문 같은 이야기만 떠돌고 있다. 사후 수백 년 동안 거의 잊혀져 있던 그의 존재는 현대 회화의 발전과 밀접한 연관을 지닌 그의 화풍이 후배들로부터 재평가되면서 수면 위로 떠올랐다. 덕분에 프랑스가 자랑하는 위대한 예술가 중 바로크 시대를 대표하는 화가의 반열에 올랐다.

▶ 시녀들
(The Maids of Honour)

명화자료
창작시기 : 1656년
크기 : 318 × 276cm
기법 : 캔버스에 유채
소장 : 스페인 마드리드 프라도 미술관(Museo del Prado)

시녀들

▲ 벨라스케스

　벨라스케스의 1656년 작 〈시녀들〉은 예술적 가치가 매우 높은 회화 작품인 동시에 17세기 에스파냐의 궁정 문화와 일상생활 등을 엿볼 수 있는 소중한 문화 자료다.
　1656년 어느 날 벨라스케스는 에스파냐의 젊은 국왕 부부를 위해 궁전 내 넓은 화실에서 그림을 그리고 있었다. 조용히 작업이 진행되던 중 갑자기 어린 왕녀가 화실로 뛰어들었다. 그리고 시녀들이 왕녀의 뒤를 따라 허둥지둥 화실로 들어왔다. 시녀들은 흐트러진 공주의 드레스를 정리하랴 왕과 왕비에게 방해가 되지 않도록 나가자고 타이르랴 진땀을 뺐을 것이다. 벨라스케스는 이 작은 소동의 한 순간을 마치 사진을 찍어 놓은 것처럼 생생하게 화폭에 옮겼다. 사랑스러운 딸의 모습을 지켜보며 웃음 짓고 있을 국왕 부부의 모습은 직접적으로 그려져 있지는 않고, 대신 이 작품 속 배경에 있는 커다란 벽걸이 거울에 비친 형태로 나타나 있다. 앞에서도 거울을 이용해 새로운 공간을 창조하고 구도에 변화를 준 화가와 작품에 대해 이미 한 번 다룬 바 있다. 바로 플랑드르 화가 얀 반에이크의 작품인 〈아르놀피니 부부의 결혼〉이다. 그 작품이 17세기 에스파냐의 왕실 소유의 미술 수집품 중 하나였다는 사실로 보아, 펠리페 4세 때 왕실 소유의 미술품을 관리하던 벨라스케스가 반에이크의 작품을 접한 후 아이디어를 얻었을 가능성이 높다.

〈시녀들〉은 벨라스케스가 세상을 떠나기 몇 년 전 예술적 기교와 영감이 절정에 올랐던 무렵 완성된 작품이다. 높이만 무려 3미터에 달하며 그림 속에 나타난 인물이나 사물들의 크기가 실물과 비슷한 수준이다. 화면에서 화실을 비추는 빛은 오른쪽 위에서 사선으로 비쳐 들어오는 자연광이다. 태양의 직사광선과 그림자 그리고 역광을 세심하게 묘사한 덕분에, 자연광이 비치는 실제 공간에서 느낄 수 있는 맑고 부드러운 공기까지 화폭에 그대로 재현한 걸작이다.

▲ 세비야의 물장수
(The Waterseller of Seville)

그 밖에도 흰색, 검은색, 회색과 분홍색을 써서 선명하면서도 부드러운 인상을 주는 벨라스케스 특유의 다채로운 색채 운용 방식과 사실적인 질감 표현 등 그의 뛰어난 예술적 재능이 십분 발휘되었다. 그러나 이 작품의 가장 대단한 점은 종래의 궁정 초상화에서는 볼 수 없는 참신한 구도에 있다. 이전까지 궁정 초상화란 왕실의 위엄과 기품, 고귀함을 최대한 많이 표현하는 것을 가장 중요하게 여겼다. 그러나 벨라스케스는 이 작품에서 혁신적인 인물 배치를 시도해 기존의 전형적인 초상화 구도를 완전히 타파하고, 왕가의 일상적 모습과 가족적인 분위기를 담아내는 것에 초점을 맞추었다. 심지어 가장 중요한 왕과 왕비는 그림 속 거울에 비친 간접적 형태로 등장했을 뿐 정식으로 등장하지도 않았다.

이 그림에는 펠리페 4세와 마리아나 왕비, 마르가리타 왕녀가 등장한다. 왕실 가족이 등장했기 때문에 그림이 완성된 당시 제목은 '가족(La Familia)'이었다. 화면의 중앙에 보이는 어린 소녀가 왕과 왕비의 첫 아이인 마르가리타 왕녀로, 시녀들에게 둘러싸여 있다. 왕녀는 비록 나이가 어리지만 얼굴에는 이미 왕족 특유의 당당한 표정이 나타나 있다. 그 왼쪽에 무릎을 꿇고 있는 시녀는 황금 쟁반을 들고 있으며 그 위에는 왕녀를 위해 준비한 음료가 놓여 있다. 그리고 오른쪽에 있는 시녀는 양손으로 치맛자락을 잡아 펼친 자세로 몸

작자소개

디에고 로드리게스 데 실바 벨라스케스

(Diego Rodríguez de Silva Velázquez, 1599~1660)

펠리페 4세 시대에 궁정 화가 겸 왕실 소유의 미술품을 관리하는 일을 맡았다. 이는 당시 에스파냐 궁정의 문화 예술 전반을 담당하는 막중한 직책이었다. 궁정 화가라는 특성상 왕실과 귀족들의 호화로운 생활을 보는 것에 익숙했으나, 서민들의 생활을 담은 그림도 그렸다. 그러나 그의 작품에는 가난한 서민들의 사실적인 생활상이 나타날 뿐 화가가 느끼는 사적인 감정은 담겨 있지 않다. 이는 그가 평소 "나는 일개 화가일 뿐, 정치가나 사회 혁명가가 아니다. 나는 생활하면서 보고 느낀 것을 그대로 그림으로 그려낼 뿐 어떠한 정치적 의도도 없다."고 말했다는 기록을 통해서도 알 수 있다.

그의 대표작으로는 〈세비야의 물장수〉, 〈달걀을 부치는 노파〉, 〈시녀들〉, 〈실 잣는 여인들〉, 〈마리아 테레사 공주의 초상(Maria Teresa of Spain)〉, 〈거울을 보는 비너스〉, 〈마르가리타 왕녀의 초상(Portrait of the Infanta Margarita)〉 등을 꼽을 수 있다.

▲ 거울을 보는 비너스
(Venus at her Mirror 또는 The Rokeby Venus)

을 굽혀 예를 취하고 있다. 오른쪽으로 조금 더 시선을 옮기면 왕녀와 키가 비슷한 난쟁이 여인이 둘 있다. 왕녀의 전속 시녀인 그녀들의 이름은 스페인의 왕실 기록에도 남아 있다. 덕분에 그림 속 그녀들은 누가 누구인지 모두 각각의 신원을 확인할 수 있다. 왕녀의 왼쪽에 있는 시녀가 도나 마리아 아구스티나 사르미엔토 데 소토마요르(dona Maria Agustina Sarmiento de Sotomayor), 오른쪽 시녀가 도나 이사벨 데 벨라스코 (dona Isabel de Velasco), 개를 깨우려 하는 난쟁이가 니콜라스 페르투사토(Nicolas Pertusato), 그 옆의 다른 한 명이 마리아 바르볼라 (Mari barbola)다.

시녀 소토마요르의 바로 뒤편에 붓과 팔레트를 들고 서 있는 남자가 바로 화가인 벨라스케스 본인이다. 자세히 보면 그의 가슴 부분에는 성 야고보 기사단의 기사를 나타내는 붉은 십자가 문장이 빛나고 있다. 그러나 벨라스케스가 실제로 이 문장을 받은 것은 작품이 완성되고 2년이 지난 후였다. 그는 거대한 패널 앞에 서서 그림을 그리는 중인데, 일각에서는 이 그림 속에서 그가 그리고 있는 작품은 왕과 왕비의 모습이 바로 거울에 비친 모습 그대로라고 주장하고 있다. 그러나 패널의 크기로 보아 그림 속의 벨라스케스가 그리고 있는 작품은 아마도 바로 이 작품, 〈시녀들〉이었을 것이다. 그 밖에 재미있는 것은 이 작품의 구도로 볼 때 그 당시 실제로 왕과 왕비가 서 있는 자리가 바로 그림을 감상하는 사람들이 서 있는 곳과 거의 일치한다는 점이다. 덕분에 그림 앞에 서면, 펠리페 4세와 마리아나 왕비가 본 장면을 오늘날 우리도 볼 수 있다. 〈시녀들〉을 감상할 때엔 이 점이 무척이나 참신하고 흥미롭다. 왕녀를 포함한 화면 속 몇몇 인물들의 시선이 왕과 왕비의 존재를 의식한 듯 그림 밖을 응시하고 있어서 이 작품이 더더욱 사진 같다는 느낌을 준다.

이 작품은 17세기 이후 오늘날까지 서양 미술사에 커다란 영향을 끼친 아주 중요한 작품으로 주목받아 왔다. 이 작품에 대해 17세기 바로크 시대의 화가 루카 지오다노(Luca Giordano)는 '회화의 신학 (theology of painting)'이라고 표현했으며, 19세기 영국의 유명한 초상화 화가인 토마스 로렌스(Thomas Lawrence) 경은 이 작품을 '예술의 철학(the philosophy of art)'이라고 극찬했다. 이후 수많은 후배 화가들이 벨라스케스의 화풍을 연구했으며, 그의 화풍은 19세기 인상파 화풍을 형성하고 발전시키는 데 커다란 영향을 끼쳤다.

▲ 실 잣는 여인들
(The Spinners)

명화자료
창작시기 : 1657년
크기 : 220 × 293cm
기법 : 캔버스에 유채
소장 : 스페인 마드리드 프라도 미술관

실 잣는 여인들

 벨라스케스는 〈시녀들〉을 완성한 이듬해 〈실 잣는 여인들〉이라는 또 하나의 걸작을 완성했다. 〈실 잣는 여인들〉은 유럽 미술사에서 산업 현장의 노동 장면을 회화에 등장시킨 최초의 작품으로 기록되었다.

 이 그림에는 방직 작업장에서 부지런히 실을 자아내는 여직공 다섯 명의 모습이 담겨있다. 이 그림의 배경은 산타 이사벨라 왕립 태피스트리 제작소(The Tapestry Workshop of Santa Isabel)의 내부 정경이다. 그러나 미술사가들은 이 그림의 진짜 주인공은 열심히 일하고 있는 여직공들이 아니라 그녀들이 일하는 곳에 걸려 있는 그림이라고 말한다. 그래서 이 작품은 그림 속 그림의 제목을 따서 〈아라크네의 우화(The Fable of Arachne)〉라는 별명으로도 잘 알려져 있다.

 여직공들의 뒤에 장식된 그림은 그리스 로마 신화 중에서도 아주

129

초상화란?

초상화란 인물의 형상을 그린 그림이다. 인체의 표현 부분에 따라 두상, 반신상, 전신상으로 나뉘며, 대상 인물 수에 따라 단신상과 군상으로 나뉜다. 초상화에 그리는 대상 인물이 화가 자신일 경우에는 자화상이라고 부른다.

초상화란 실재하는 특정 인물을 화폭에 담는 것이므로 대상의 얼굴과 체형 같은 외모뿐만 아니라 성격과 습관, 정서, 가치관 같은 내면세계를 깊이 있게 잘 파악할수록 더욱 더 닮은 인물을 그릴 수 있다. 그 밖에도 초상화는 예술적 가치를 지니는 동시에 제작 당시의 풍속과 역사를 파악할 수 있는 사료로서 중요한 가치를 지닌다.

잘 알려진 아라크네와 아테나 여신의 이야기를 담고 있다. 리디아의 어느 마을에 아라크네라는 젊은 처녀가 살고 있었다. 비록 나이는 어렸지만 천을 짜는 솜씨가 누구보다도 뛰어났기 때문에 그녀의 이름은 근방에서 아주 유명했다. 그러나 겸손함이 부족했던 그녀는 자신의 솜씨가 아테나 여신보다도 뛰어나다고 자만했고 아테나 여신의 분노를 사게 되었다. 하지만 아라크네는 여신의 분노에도 아랑곳하지 않았다. 결국 여신 대 인간의 시합이 벌어졌다. 아라크네가 만든 태피스트리는 도저히 흠잡을 곳이 없었으나 그녀가 자신의 작품에 신들의 비행을 조롱하고 권위에 도전하는 그림을 수놓는 바람에 아테나 여신의 분노에 기름을 부은 격이 되고 말았다. 아테나 여신은 아라크네의 태피스트리를 찢어버린 후 감히 신의 권위에 도전한 그녀의 불경함을 벌주기 위해 그녀를 거미로 만들어 대대손손 실을 자아내도록 하는 벌을 내렸다. 벨라스케스는 이 작품에서 당시의 생활상을 사실적으로 묘사한 동시에, 고대 신화를 교묘하게 끼워 넣는 세련됨을 보여주었다.

방직 공장의 벽을 수놓은 그림 속 내용은 아라크네 이야기의 절정 부분을 묘사했다. 갑옷을 입은 아테나 여신이 아라크네가 만든 태피스트리를 찢기 위해 칼을 높이 쳐들고 있다. 절체절명의 순간을 맞이한 아라크네와 그녀의 작품. 그런데 아라크네가 태피스트리에 수놓은 그림을 자세히 들여다보니 제우스가 흰 소로 변해 에우로파를 납치하는 유명한 이야기이다. 그리고 이 태피스트리의 무늬는 바로 티치아노의 작품 중에서도 아주 유명한 작품인 〈에우로파의 강탈(The Rape of Europa)〉이다. 여기서 벨라스케스의 천재적인 공간 구성 능력이 돋보인다. 이 작품에는 공간 속 공간이 존재하고, 이야기 속 이야기가 존재하며, 그림 속 그림이 존재한다. 기존에는 거울에 비친 상을 이용해서 맞은편의 공간을 캔버스 안에 끌어들였던 정도에 그쳤던 공간 구성 기법이 이 무렵에는 이미 크게 성장해 있었음을 알 수 있는 부분이다.

다시 방직 작업장 안으로 시선을 돌려 내부 정경과 여직공들의 모습을 상세히 살펴보면 당시 벨라스케스가 에스파냐 예술계에 참신한 심미 의식을 불어넣을 준비가 되어 있음을 알 수 있

▼ 교황 인노켄티우스 10세의 초상

다. 특히 이 작품 속 인물들은 서로 대칭적으로 배치되어 안정적 구도를 형성하고 있으며, 맑고 선명한 색채는 부드럽고 온화한 필치를 통한 독특한 분위기가 느껴진다. 또한 자연스럽게 표현된 명암과 대기의 거리감을 온전히 구현해 낸 원근법, 선명한 윤곽선, 입체적인 양감 표현 등 〈실 잣는 여인들〉은 〈시녀들〉과 함께 화가로서 절정기를 맞아 만개한 벨라스케스의 천재적 창의력과 뛰어난 기법이 가장 돋보이는 작품이다. 이 두 작품은 벨라스케스가 만년에 남

▲ 달걀을 부치는 노파
(Old Woman Frying Eggs)

긴 작품 중에서 가장 잘 알려진 대표작으로 꼽힌다. 아울러 이 작품들은 훗날 인상주의(impressionism)* 화파와 사실주의(realism)** 화파의 등장에 큰 영향을 미쳤다.

하지만 벨라스케스가 유럽 미술 사상 초상화 분야에서 최고의 거장으로 평가받는 가장 중요한 특징은 객관적인 시각과 담담한 자세로 인간의 본질을 꿰뚫어보는 그의 관찰력이다. 벨라스케스의 초상화 작품 중 잘 알려진 〈교황 인노켄티우스 10세의 초상(Portrait of Innocent X)〉의 경우 완성 직후 작품을 본 교황 본인이 너무나도 자신다운 모습으로 표현된 것을 보고 무척 감탄했다는 일화도 있다.

벨라스케스가 생전에 초상화의 대가로 널리 알려졌던 것에 비해 그 이름과 작품은 이상할 정도로 빠르게 잊혀졌다. 그러나 19세기 마네 등 인상파 화가들의 출현과 더불어 그들의 원류原流로 인정받으면서 재조명되었다.

---

* 19세기 후반에서 20세기 초반에 걸쳐 프랑스를 중심으로 유행했던 유럽 예술 사조 중 하나
** 사물을 있는 그대로 파악하려는 객관적 표현 자세. 19세기 후반 유럽 미술과 문학 분야에서 유행했다.

▶ 우유 따르는 여인
(The Milkmaid)

명화자료

창작시기 : 1659년
크기 : 45.5 × 41cm
기법 : 캔버스에 유채
소장 : 네덜란드 암스테르담 국립 미술관

우유 따르는 여인

▲ 베르메르

   오늘날 요하네스 얀 베르메르는 17세기 네덜란드 화단을 대표하는 가장 유명한 화가로 손꼽힌다. 17세기 말 그가 세상을 떠나자마자 그의 이름이 사람들의 뇌리에서 빠르게 잊히는가 싶었으나, 그의 천재성까지 완전히 잊힌 것은 아니었다. 200여 년이라는 시간의 먼지 아래 가려져 있었던 그의 이름을 다시 세상에 알린 것은 19세기 프랑스의 인상파 화가들과 저명한 미술 평론가들이었다. 그러나 얀 베르메르의 생애는 거의 알려진 바가 없으며, 오늘날 그의 것으로 인정된 작품도 겨우 서른일곱 점에 불과해 그가 어떤 삶을 살다 갔는가에 대해 추측하기란 거의 불가능하다. 그 예로 저명한 미술 사가이자 소설가인 파스칼 보나푸(Pascal Bonafoux)는 이 화가의 전기를 쓴다면 "베르메르는 그림을 그렸다."라는 말 밖에 쓸 말이 없다며 혀를 내둘렀다고 한다.

오늘날 우리에게는 북유럽의 모나리자라고 알려진 작품 〈진주 귀걸이를 한 소녀(Girl With a Pearl Earring)〉로 더 유명한 화가 베르메르가 남긴 또 하나의 대표작이 바로 〈우유 따르는 여인〉이다. 〈우유 따르는 여인〉 속 세계에는 소박하고 고요하며 평화로운 일상생활의 정취가 가득 차 있다. 그림 속 여인은 낡고 초라한 주방 모퉁이의 창가에 서서 두 손으로 낡은 주전자를 기울여 우유를 흘리지 않도록 조심히 따르는 중이다. 주전자 입구에서 가늘게 흘러내리는 뽀얀 우유 줄기가 햇살을 받아 투명하게 빛난다. 낡고 궁색한 주방 공간이 창문의 유리를 통해 산산이 부서져 들어온 빛의 입자로 가득 차, 이곳의 모든 사물을 따스하게 비추고 있다.

▲ 델프트 풍경
(View of Delft)

보기만 해도 거친 식감이 그대로 전해지는 빵과 성기게 짠 바구니가 햇빛에 반짝이는 표현은 베르메르의 '빛의 표현' 기술과 색채 감각의 특징이 집약된 부분이다. 베르메르는 능숙한 빛의 표현기법과 실내를 배경으로 고요한 정취를 정밀하게 표현하는 화풍으로 유명하다. 그는 이 작품에서 붓끝으로 자그마한 흰 점을 찍어 반사광의 입자를 표현하는 독특한 기교를 구사했다. 베르메르가 빛을 표현할 때 즐겨 사용한 이 기법은 훗날 19세기 인상주의의 출현과 함께 유행하게 된 푸앵틸레(Pointill) 기법, 즉 점묘법과 같은 맥락으로 이해할 수 있다. 우선 기본이 되는 갈색으로 빵의 형태를 그린 후 세심한 필치로 어두운 부분과 밝은 부분을 차례로 표현한다. 그리고 마지막으로 푸앵틸레 기법을 이용해 반사광의 가장 밝게 빛나는 부분인 빛의 결정을 표현했다. 빵이 담겨 있는 바구니를 그리는 방법과 순서 역시 마찬가지이다. 그 밖에 베르메르의 작품에서 가장 눈에 띄는 색채 특징은 푸른색과 황색, 백색 계열의 색깔을 조화롭게 사용해 네덜란드의 정서를 잘 표현한다는 점이다.

베르메르는 이 작품을 그릴 때 카메라 오브스쿠라(Camera

작자소개

요하네스 얀 베르메르
(Johannes Jan Vermeer, 1632~1675)
오늘날 17세기 네덜란드의 가장 위대한 화가로 평가받고 있다. 현존하는 그의 작품은 대부분 서민들의 일상생활을 그려내어 얀 베르메르는 풍속화가로 분류된다. 그의 작품들은 소탈하고 정감 있는 서민들의 삶과 고요하고 평화로운 실내 풍경이 자아내는 부드러운 정취와 소박한 운치가 전해지는 예술품이다. 베르메르의 작품은 현대인에게 크게 사랑받는 동시에 당시 네덜란드 서민들의 생활상이 상세히 담겨 있어 사료로서의 가치도 높다. 한편 그는 생계를 위해 미술상을 겸했다고 한다. 대표작으로는 〈편지를 쓰는 여인과 하녀(Lady Writing a Letter with Her Maid)〉, 〈델프트의 주택가 풍경(Street in Delft)〉, 〈레이스를 뜨는 소녀(The Lacemaker)〉, 〈진주 귀걸이를 한 소녀〉, 〈회화의 우의(The Art of Painting)〉 등을 꼽을 수 있다.

▲ 기타를 연주하는 여인
(The Guitar Player)

Obscura)를 사용해 큰 효과를 보았다. 그림 속 여인의 이마와 손등, 팔 부위에 나타나는 강렬한 반사광과 그녀의 등 부분 및 식탁 아래 부분의 짙은 그림자 미미한 역광까지, 그는 빛과 어둠이 이어지는 단계적인 변화를 정밀하게 묘사해 자연스럽고 사실적인 원근감과 입체감을 표현했다. 라틴어로 '빛을 가린 방'을 뜻하는 카메라 오브스쿠라는 사진 기술의 전신이 되는 광학 장치의 일종이다. 먼저 어두운 상자에 물체의 상이 맺히도록 조절한 후 종이에 투영시켜 베끼는 식으로 사용되었다. 17세기 무렵 사실적 묘사를 추구하는 화풍이 주류를 이루기 시작하면서 카메라 오브스쿠라를 회화의 보조수단으로 사용하는 화가들이 점차 늘어갔다. 베르메르도 그 중 한 명이었다. 평면 공간에 명암과 원근을 더욱 사실적으로 표현함으로써 사물 표현에 입체감을 더할 수 있게 되었다. 18~19세기에 이르면 화가들에게 카메라 오브스쿠라는 아주 중요한 도구로 자리 잡는다.

얀 베르메르가 활동하던 시절은 마침 웅장하고 사치스러울 정도로 화려한 아름다움을 추구하는 바로크와 로코코 양식이 주를 이루었다. 그와 동시대 활동한 인물 중에는 루벤스나 렘브란트 등 명성을 자랑하는 쟁쟁한 화가가 많았다. 그러나 사실적인 묘사에 소박하고 잔잔한 정취가 흐르는 베르메르의 화풍은 주류로 인정받지 못했다. 단지 그의 화풍을 정말 사랑하는 소수의 마니아 계층은 그의 생전에 이미 형성되었던 것으로 보인다. 그의 이름은 널리 알려지지 않았을 뿐더러 생전에도 경제적으로 풍족한 생활을 보내지는 못했다고 한다. 그러나 사람들의 취향이 변해 질박하고 소탈한 작품을 선호하는 시대가 열리면서 그동안 잊혀졌던 화가들과 그들의 가치가 하나 둘 재발견 되고 있다. 얀 베르메르는 19세기 인상파의 선구적 화풍을 구사한 화가로 주목을 받게 되었으며 고흐와 밀러 등이 그의 화풍으로부터 영향을 받았다. 앞에서 다루었던 17세기 프랑스의 화가 라 투르도 얀 베르메르와 마찬가지로 극적으로 재발견되어 현대에 높은 명성을 얻은 경우에 속한다.

▼ 연애편지
(The Love Letter)

▲ 키테라 섬의 순례
(The Pilgrimage to Cythera)

키테라 섬의 순례

와토는 18세기 프랑스 화단에 혜성처럼 등장해 로코코 양식의 발전에 선구적 역할을 한 화가다. 그의 초기 작품에는 주로 서민들의 소박한 삶이 사실적으로 그려져 플랑드르 회화로부터 받은 영향이 나타나 있다. 그러나 후기작으로 갈수록 점차 와토 특유의 화풍이 확립되면서 아름다운 정원이나 자연을 배경으로 유유자적 노니는 젊은 유한 귀족들의 연애사가 주로 그려진다. 그의 후기 화풍은 동시대 화가들에게 로코코 회화 양식을 확산시키는 데 지대한 공헌을 했다.

안타깝게도 그는 36세의 젊은 나이에 세상을 떠났으나 짧은 생애에 비해 무척 많은 작품을 남겼다. 그가 남긴 수많은 작품들은 전부 오늘날에도 많은 이들로부터 사랑받는 명작들이다. 그 중에서도 가장 대표적인 작품은 바로 1717년에 완성한 〈키테라 섬의 순례〉다.

와토는 무려 5년이나 걸려 이 작품을 완성했다. 무명화가였던 그

명화자료
창작시기 : 1717년
크기 : 129 × 194cm
기법 : 캔버스에 유채
소장 : 독일 베를린 샬로텐부르크

▲ 와토

▶ 화장
(The Toilette)

작자소개

장 앙투안 와토
(Jean-Antoine Watteau, 1684~1721)
18세기 초 프랑스 로코코 회화를 개척한 저명한 화가다. 프랑스 북부의 발랑시엔(Valenciennes) 출신으로 1702년 파리로 이주해 화가의 조수로 일하면서 회화계로 입문했다. 1708년을 전후로 그가 존경하는 화가 루벤스의 작품을 수차례 모사하는 등 독창적 화풍과 기법을 갈고 닦았다. 그는 뛰어난 관찰력과 환상적인 색채 사용을 통해 귀족 문화를 화폭에 담았다. 로코코 회화 특유의 탐닉적이고 관능적인 향락의 세계에서 풍겨 나오는 무료함과 허무한 느낌이 그의 붓을 통해 생생히 재현되었다.
대표작으로는 〈파리스의 심판(The Judgement of Paris)〉, 〈프랑스의 희극(The French Comedy)〉, 〈베네치안 연회(Venetian Pleasure)〉, 〈제르생의 상점 간판(Gersaint's Shopsign)〉, 〈이탈리아의 희극배우들(Italian Comedians)〉, 〈질(Gilles)〉 등을 꼽을 수 있다.

는 〈키테라 섬의 순례〉가 성공을 거두자 세간에 폭발적인 반향을 불러일으키며 명성을 얻었다. 그리고 왕립 회화 아카데미의 일원이 되었으며, '페트 갈랑트(Fête galante)의 화가'라는 별명을 함께 얻었다. 페트 갈랑트는 프랑스어로 '우아한 향연'을 의미하는데, 풍요로움과 느긋함, 몽환적 판타지가 집약된 향락적인 로코코 미술의 성격을 한마디로 정리한 핵심 표현이다. 젊고 부유한 젊은 귀족 자제들의 자유분방한 연애를 담고 있는 〈키테라 섬의 순례〉는 '귀족 풍속화' 장르의 출발점이자 가장 대표적인 작품으로 손꼽힌다. 페트 갈랑트의 화가라는 명성에 걸맞게 사치스럽고 호화로운 분위기가 화면 전체에 감돌고 있다. 와토는 플로랑 카르통 당쿠르(Florent Carton Dancourt)의 희곡인 《세 사촌자매(Les Trois Cousines)》에서 이 작품의 영감을 얻었다고 한다.

그리스 로마 신화 속에 존재하는 키테라 섬은 바다 거품에서 태어난 사랑과 미의 여신 비너스가 찾아든 곳으로 비너스의 신전이 있다고 알려져 있다. 17세기 예술계에서 키테라 섬은 곧 부르주아 계층이 꿈꾸는 평화와 사랑이 충만하며 자유로운 신세계의 상징이었다.

그림 속 귀족 남녀 한 무리는 짝을 지어 꿈과 사랑으로 가득한 자유의 섬 키테라를 찾아 떠나려고 한다. 언덕 아래 해변에는 젊은 남녀들을 태우고 키테라로 향할 황금 곤돌라가 보이며 그 뒤로 멀리 펼쳐진 망망대해는 새로운 세계를 향해 떠나는 젊은 남녀들의 열정을 자극한다. 팔짱을 끼거나 허리를 끌어안은 연인들이 줄지어 곤돌라를 향하며 쉬지 않고 사랑의 밀어를 속삭이거나 여행에 대한 기대감으로 가득 차 즐겁게 웃으면서 대화를 나눈다.

그러나 행렬의 끝 부분에 있는 한 연인은 키테라를 향해 여행을 떠날 마음의 준비가 아직 안 됐다. 무성하게 우거진 수풀 사이로 보이는 비너스 여신의 조각상 아래에 앉아 있는 연인 중 여자 쪽이 아직 마음을 정하지 못한 듯 얼굴 표정에는 망설임이 가득하다. 남자는 적극적으로 자신의 애인을 설득하고 있고, 다른 한쪽에서는 바닥에 앉아 있는 어린 소년이 그 여인의 드레스 자락을 잡아당기며 함께 설득하고 있다. 이 소년의 정체는 큐피드다. 소년의 정체를 암시해 주는 것은 그가 깔고 앉아 있는 가방에 담겨 있는 화살들이다. 큐피드의 뒤편으로는 탐스럽게 핀 장미 넝쿨이 감고 올라간 비너스 여신의 조각상이 있다. 장미는 비너스 여신을 상징하는 꽃이다. 한편 그들의 등 뒤로 보이는 연인들은 드디어 떠나기로 마음을 굳힌 모양이다. 허리를 껴안고 해변으로 향하거나 연인의 손을 잡아서 일으켜 주는 등 서로에 대한 애정이 물씬 풍긴다.

이 작품 속 풍경을 낭만적이고 환상적이며 몽환적으로 완성하는 데는 화면의 구성과 각 요소들의 배치와 자세도 중요하지만, 색채에 대한 이해와 채색 방식이

▼ 성 가족
(The Holy Family)

무엇보다도 중요하다. 청년 귀족들이 전원에서 갖는 유희 시간이라는 주제를 살리기 위해서 전체적인 분위기와 작품 내 모든 요소가 결국 주제로 귀납되도록 하는 연출이 더 중요하기 때문에 수많은 인물을 등장시켰으며 인물을 자세히 묘사하기보다 구도 및 자세를 통한 심리 표현에 중점을 두었다.

이 작품이 성공을 거두면서 와토는 프랑스 화단을 이끌어가는 왕립 회화 아카데미의 일원으로 인정받았고 크게 주목받기 시작했다. 화가로서 성공적인 미래가 보장된 삶이 시작되는가 싶었으나 그로부터 불과 4년 후인 1721년에 폐결핵 증세가 심해져 세상을 떠나고 말았다. 어려서부터 허약체질이었던 탓에 병을 이기지 못한 것이다.

그가 세상을 떠난 뒤 18세기 중반부터 프랑스 혁명의 사상적 기반이 마련되기 시작하면서 지식인들 사이에서는 사치스러운 귀족 문화에 대한 비판과 함께 반성을 요구하는 목소리가 높아지기 시작했다. 페트 갈랑트의 대표적 작품으로 손꼽히는 〈키테라 섬의 순례〉는 그러한 사회적 분위기 속에서 퇴폐적이며 경박하고 귀족들의 향락 의식을 부추기는 작품이라는 비난을 면치 못했다. 18세기 말 프랑스 혁명이 발발한 이후에는 성난 민심으로부터 파괴될 위기에 처했다가 간신히 넘긴 적도 여러 차례 있었다고 한다.

한동안 냉대 받고 외면당했던 와토의 작품이 다시 대중의 관심을 받게 된 것은 19세기 중반 무렵부터였다. 낭만주의 회화의 거장 들라크루아나 신인상주의 회화의 거장 쇠라는 와토의 재능에 대해 극찬했으며, 그 외에도 장 시벨리우스(Jean Sibelius), 모리스 라벨(Joseph-Maurice Ravel), 아실 클로드 드뷔시(Achille-Claude Debussy) 등 수많은 유명 음악가들이 그의 작품에서 영감을 얻었다.

◀ 목욕 후에 쉬는 다이애나 여신
(Diana Resting after her Bath)

명화자료
창작시기 : 1742년
크기 : 57×75cm
기법 : 캔버스에 유채
소장 : 프랑스 파리 루브르 박물관

목욕 후에 쉬는 다이애나 여신

　디드로(Denis Diderot)는 18세기 프랑스의 대표적 계몽 사상가이자 문학가이며 권위 있는 미술 평론가이다. 그는 부셰의 작품들이 비현실적이고 퇴폐적이며 난잡함과 음란함으로 가득한 외설에 지나지 않는다며 '이성과 도덕의 적'으로 규정했다. 더 나아가 그는 "부셰의 그림은 철학과 사상이 없고 단지 방탕한 귀족 자제들의 저급한 취향에 아부하는 한낱 유흥거리일 뿐이다."라는 폭언에 가까운 비난을 퍼부었다. 부셰는 루이 15세의 수석 화가로 지내면서 당시 프랑스 상류 사회의 취향을 속속들이 알게 되었다. 그들은 도덕을 강조하고 교훈적이며 금욕적인 성서를 주제로 그린 그림보다도 그리스 로마 신화 속 연애담을 그린 그림을 더 좋아했다. 그래서 그는 이런 비난에도 아랑곳하지 않고 주요 고객층의 취향에 맞춘 작품을 선보이는 데 심혈을 기울였다.

　부셰는 여신의 목욕이나 비너스의 화장과 같은 주제를 자주 선택했다. 그는 풍요롭고 화사한 분위기를 풍기는 색채를 다채롭게 구사할 줄 아는 화가였다. 게다가 과장된 구성법 및 관념적인 에로티시즘을 자극하는 상징적 요소들을 첨가해서 이 주제를 더욱 관능적으로 표현해 고객의 요구에 부응할 줄도 알았다. 이번에 살펴볼 〈목욕

작자소개
프랑수아 부셰
(Francois Boucher, 1703~1770)
프랑스 파리에서 레이스 디자이너의 아들로 태어나 18세기 중반 이후 로코코 회화를 이끌던 화가이다. 이탈리아에서 회화를 배웠으며 1729년에는 유학 생활을 마치고 프랑스로 돌아왔다. 1734년 프랑스 왕립 회화 아카데미의 일원으로 인정받은 것을 시작으로 점차 명성을 떨치기 시작했다. 부셰의 화풍은 밝고 경쾌한 로코코 양식을 기본으로 하여 우아함과 세련미를 가미한 것이었다. 이는 당시의 상류층 취향과 맞아떨어져 프랑스 왕실을 중심으로 유행했다. 부셰의 예술은 1740년대와 1750년대에 최고의 전성기를 구가했다. 1765년에는 왕립 아카데미의 회장직을 맡고 루이 15세의 수석 화가로 임명되었다. 하지만 예술가로서의 명성은 오래 가지 못했다. 그의 사회적 지위는 점점 높아졌으나 창조적인 재능과 열정은 점차 사그라졌기 때문이다.
대표작으로는 〈사냥 후의 다이애나 여신(Diana after the Hunt)〉, 〈목가(Pastorale)〉, 〈리날도와 아르미다(Rinaldo and Armida)〉, 〈퐁파두르 후작 부인의 초상〉, 〈비너스 여신의 화장〉, 〈아기 예수와 세례자 요한(Christ and John the Baptist as Children)〉, 〈중국 조어도(The Chinese Fishing)〉, 〈헤라클레스와 옴팔레(Hercules and Omphale)〉, 〈에우로파의 강탈(The Rape of Europa)〉 등이 있다.

▲ 일몰
(The Setting of the Sun)

▲ 부셰

후에 쉬는 다이애나 여신〉은 그의 예술성이 절정에 올랐을 때 완성된 작품들 중 하나로 가장 대표적인 작품이다.

부셰의 작품 속에 나타난 여신들은 하나같이 아름다운 처녀의 모습을 하고 있다. 적당히 살이 올라 포동포동하고 부드러운 윤기가 흐르는 피부의 질감과 장밋빛으로 물든 피부색, 소녀의 청순함과 성숙한 여인의 관능적 매력이 어우러져 싱싱한 젊음을 뽐내는 몸매를 묘사하는 실력은 타의 추종을 불허할 정도이다. 부셰는 특히 비너스 여신과 함께 달의 여신 다이애나를 주제로 한 작품을 많이 남겼다. 금방 목욕을 마친 다이애나 여신의 나체는 금방이라도 은은한 향기가 풍겨올 듯 뽀얗게 빛난다. 그리스 로마 신화의 다이애나(그리스 신화의 아르테미스)는 달의 여신이자 사냥의 여신이며 그 밖에도 처녀와 출산의 수호신으로서 순결과 다산을 상징한다. 신화 속 다이애나 여신은 무척 아름답지만 성격이 차갑고 냉정하며 압도적인 카리스마가 있는 인물로 간혹 잔혹한 일면이 나타나기도 한다. 이는 그리스 로마 신화가 문학 작품화되는 도중에 달과 사냥의 속성이 그녀의 기질로 자리 잡은 것과 연관이 있는 것으로 볼 수 있다. 그러나 이 그림 속 다이애나에게는 온실 속 화초처럼 자라 애교와 교태가 몸에 밴 아름다운 귀족 여인의 모습만이 보일 뿐, 신화 속 여신의 풍모를 찾아보기 어렵다. 목욕을 즐기는 나른한 모습이 굉장히 아름답기는 하지만 고귀한 신성성은 전혀 느껴지지 않는다. 단지 화면의 오른쪽 아래 부분에 보이는 사냥으로 잡은 동물들과 활, 그리고 화면 왼쪽 아래 여신의 발치에 보이는 화살들, 그녀의 이마 위로 늘어뜨린 초승달 모양의 금장식만이 그녀가 누구인지를 나타낸다. 그녀는 아마 사냥을 마치고 돌아오는 길에 피로를 풀기 위해 목욕을 즐기고 있는 듯하다. 다이애나 여신의 발치에 엎드린 자세로 앉아 있는 여인은 님프 칼리스토이다.

이 그림도 부셰의 다른 작품들 처럼 논란에 휩싸였다. 신화 속 이야기에 근거해 작품 속 다이애나 여신이 사실은 칼리스토를 꼬여내기 위해 주피터(제우스) 신이 변장한 가짜라는 주장이 힘을 얻기 시작했다. 그 영향으로 작품 속 두 여인 사이에 은밀한 동성애 코드가 깔려 있다는 등 선정성을 문제 삼는 이도 있었다. 보기에 따라 다양하게 해석할 수도 있는데, 실제로 1759년 부셰는 〈다이애나로 변장하여 칼리스토를 유혹하는 주피터〉를 완성함으로써 〈목욕 후에 쉬는 다이애나 여신〉 속 여신의 정체가 주피터일 것이라는 주장에 힘을 실어주었다. 18세기 말 이와 같은 주장을 펼친 이들은 부셰를 가리켜 예술을 핑계로 비이성적 욕망에 환상과 낭만을 덧입혀 미화시킨 그림을 그려 타락한 귀족들의 비뚤어진 욕망을 자극한 원흉이라고 강하게 비난했다. 이 무렵 부셰에게는 '엉덩이 화가'라는 치욕적인 수식어가 따라다녔다. 그의 작품에 대한 비판에 가장 앞장 선 것은 프랑스의 계몽 사상가 집단인 백과전서파의 학자들이었다. 드니 디드로 역시 백과전서파 학자 중 한 명이다.

▲ 비너스의 탄생
(The Birth of Venus)

그러나 프랑스 역사상 유명한 호색가였던 루이 15세는 에로티시즘의 극치를 보여주는 부셰의 작품들을 무척 좋아했다고 한다. 그는 자신의 사냥궁을 장식하기 위해 〈목욕 후에 쉬는 다이애나 여신〉을 구입했다. 루이 15세뿐만 아니라 당시의 수많은 귀족들은 부셰의 그림에 열광했고 부셰는 상류 사회에서 큰 환영을 받았다. 부셰가 상류층을 상대로 성공할 수 있었던 배경에는 퐁파두르 후작 부인의 도움이 있었다. 루이 15세의 애첩이었던 그녀는 프랑스 문화와 예술, 사교계를 아우르는 거물이었다. 그녀의 후원으로 부셰는 화가로서 전성기를 구가했으나, 그녀가 세상을 떠나자 급격히 몰락의 길을 걷게 되었다. 그러나 오늘날 부셰의 작품은 당시 프랑스의 귀족 사회의 풍속을 상세히 묘사한 역사적 사료로서 가치를 인정받고 있으며, 부셰는 성적 환상을 자극하는 관능미를 가장 극적으로 시각화한 로코코 회화의 대표적인 화가로 손꼽힌다.

▶ 퐁파두르 후작 부인의 초상
(Portrait of Marquise de Pompadour)

명화자료
창작시기 : 1756년
크기 : 201×157cm
기법 : 캔버스에 유채
소장 : 독일 뮌헨 알테 피나코텍

퐁파두르 후작 부인의 초상

　로코코 양식은 18세기 프랑스에서 왕실을 중심으로 뻗어나가 상류 사회에서 크게 유행했다. 프랑스의 왕실과 귀족 사회는 역동적이며 웅장하고 호방한 바로크 양식의 뒤를 이어 등장한 밝고 명랑하며 경쾌한 로코코 양식에 열광했다. 로코코의 어원은 프랑스어에서 조개무늬 장식, 자갈 등을 의미하는 '로카이유(rocaille)'이다. 이는 원래 루이 15세의 재위 기간 중에 건축에서 생활 소품에 이르기까지 조개 무늬로 장식하는 것이 일부 사람들에게 인기를 얻으면서 비롯된 유행의 일종이었다. 그러므로 로코코 양식은 한 시대를 주도한 미술 사조로 인정받지는 못한다. 로코코 미술의 대표적인 예술가로는 〈키테라 섬의 순례〉를 통해 귀족적 취향의 목가 풍의 회화를 선보였던 장 안투안 와토를 들 수 있다. 와토가 로코코 회화 양식의 창시자였다면 부셰는 이를 완성한 화가인 셈이다.

　부셰는 어린 시절 레이스 디자이너인 아버지 니콜라스 부셰(Nicolas Boucher)의 영향으로 예술적 감각을 익혔다. 그 후 열일곱 살 때 판화가 프랑수아 르무안(François Le Moyne)의 제자로 들어가면서 미술계에 입문했다. 그러나 불과 3개월 만에 다시 조각가 장 프랑수아 카(Jean-Francois cars)의 제자로 들어가 약 3년 동안 미술적 재능을 키웠다. 카는 부셰의 남다른 미학과 천부적인 재능을 알아보고 높이 평가했다고 한다.

열아홉 살이 되던 1722년에는 프랑스 왕립 미술원에 제출한 〈리날도와 아르미다(Rinaldo and Armida)〉가 대상을 받으며 재능을 인정받았다. 덕분에 로마예술종합학교(Grand Prix de Rome)로 유학갈 수 있는 자격을 얻어냈다. 부셰는 이탈리아에서 유학하는 동안 당시 이탈리아의 저명한 장식화가인 티에폴로(Giovanni Battista Tiepolo)와 코레지오(Corregio, 본명은 안토니오 알레그리(Antonio Allegri)) 화풍을 중점적으로 연구했다. 이 무렵에 그리스 로마 신화에 대해 깊이 공부했다.

▲ 보베 근교의 풍경
(Landscape Near Beauvais)

4년 후 그는 프랑스로 귀국해 화려하고 장식적이며 풍요로운 분위기가 풍기는 우아한 그림을 선보였다. 목가적인 부셰의 그림에 나타난 미화된 세상에 프랑스의 상류 사회는 깊이 매료되었다. 왕실과 귀족들은 앞 다투어 그에게 그림을 의뢰했다. 화가로서 큰 성공을 거둔 그의 앞길은 탄탄대로였다. 그 성공 배경에는 막강한 힘을 가진 인물의 적극적인 후원이 있었다. 당시 파리의 예술을 장려하고 학문에도 큰 관심을 보이며 정치에도 깊이 관여한 숨은 권력자 퐁파두르 후작 부인이 바로 그 주인공이다.

퐁파두르 후작 부인은 루이 15세의 총애를 받는 애첩으로 잘 알려져 있으나 남녀 관계를 넘어서서 총명한 정치적 조언자이자 신뢰할 수 있는 친구이기도 했다. 현명한 그녀는 왕 앞에서 적극적으로 정치에 간섭하기를 삼가고 권력욕과 야심을 적절히 감출 줄 알았다. 게다가 외모를 가꾸고 왕을 즐겁게 해주었을 뿐 아니라 끊임없이 공부해서 왕의 정치적 고민을 들어주거나 실질적인 도움을 주었다. 그 덕분에 애첩으로서의 역할이 다른 여인에게 옮겨간 이후에도 그녀는 계속 베르사유 궁에 머무르며 왕에게 중요한 인물로 남아 있을 수 있었다. 그녀는 아름답고 재치가 있으며 춤과 노래 등 예술적 재능이 넘치는데다가 학식도 깊었다. 게다가 권력까지 거머쥐었던 그녀는 18세기 프랑스의 예술 발전과 학문 및 철학, 사상의 발전에 크게 공헌했다.

퐁파두르 후작 부인은 루이 15세의 애첩이 되어 입궁하기 전부터 부셰와는 아는 사이였다. 그녀는 입궁 직후 부셰를 베르사유 궁으로 불러들였다. 그 인연을 계기로 부셰는 프랑스 상류 사회로 진입하는 데 성공했으며 마침내 루이 15세의 수석 화가로 임명되기에 이른다.

로코코 회화

로코코 회화는 루이 15세의 재위 기간 중 프랑스의 상류 사회에서 크게 유행한 회화 양식이다. 이는 당시 귀족들의 취향에 따라 사치스럽고 향락적이며 가볍고 유희적인 성격을 띠고 발전했다. 하지만 유행 기간은 매우 짧았다. 로코코 회화 작품에 나타나는 공통적 특징은 작품 전반에 흐르는 밝고 명랑하며 경쾌한 분위기와 하나같이 현실의 궂은 면을 완전히 배제한 채 꿈결처럼 평화롭고 아름다운 유토피아적 세계를 제시한다는 점이다.

▲ 비너스 여신의 화장
(The Toilet of Venus)

사실 부셰가 그린 퐁파두르 후작 부인의 초상화는 그녀의 실물과 차이가 있다. 실제를 미화해서 표현하는 데 뛰어난 재능을 보였던 부셰는 퐁파두르 후작 부인이 어떻게 비춰지고 싶은지를 파악했다. 그 결과 아름답고 학식이 뛰어나며 예술을 사랑하는 퐁파두르 후작 부인의 모습이 드러난 초상화가 완성되었다. 부셰가 그린 그녀의 초상화가 공개되자 그림 속에 비친 아름다운 그녀의 모습을 부러워한 궁정의 수많은 귀족 여인들 사이에는 앞 다투어 퐁파두르 후작 부인을 모방하려는 열기가 뜨거웠다. 이후로 퐁파두르 후작 부인은 사교계의 유행을 선도하는 상징적 존재로 각인되었다.

부셰는 퐁파두르 후작 부인의 초상화를 여러 점 그렸다. 그가 평생 그린 초상화 작품 중 퐁파두르 부인의 초상화 수가 가장 많았다고 한다. 풍성한 리본과 장미꽃으로 치장한 화려한 드레스 차림으로 비스듬히 기대 누운 그녀는 한손에 책을 펴들고 있다. 그녀의 시선이 빛이 들어오는 방향을 향해 있는 것으로 보아 창밖의 풍경을 바라보고 있는 듯도 하다. 눈이 어지러울 정도로 화려한 모습과 황금색 배경이 어우러져 베르사유 궁을 쥐락펴락하던 그녀의 기세가 생생하게 전달된다. 그녀의 성격과 분위기는 많이 반영되었으나 그림 속 그녀의 모습에서는 살아있는 인간에게서 볼 수 있는 자연미보다는 정교하게 만들어진 고급 도자기 인형 같다는 인상을 줄 정도로 인공미가 느껴진다. 자신의 초상화를 아름답게 그려주었다고 만족했던 퐁파두르 후작 부인조차도 그림 속 여인은 사실 자신과 닮지 않았다고 고백할 정도로 그는 대상을 이상적인 모습으로 미화하는 능력이 뛰어났다.

그는 퐁파두르 부인뿐만 아니라 자신의 작품에 등장하는 모든 인물, 더 나아가 자연 풍경까지도 미화해서 표현했다. 그의 화풍을 부정하고 비판했던 이들은 "부셰의 그림에는 진리 빼놓고는 모든 것이 다 있다."라고 조롱했다. 로코코 회화가 환상적이고 아름다웠지만 생명력이 길게 이어지지 못했던 원인 역시 이처럼 현실 세계를 외면하려는 성격 때문이었다.

그러나 현대에 들어서 객관적으로 평가할 때 부셰는 섬세한 표현과 대상의 내면에 대한 예리한 관찰력, 최고 수준의 심미안을 지닌 뛰어난 예술가였으며, 도덕성을 공격받으면서도 자신의 미학을 고집할 정도로 강단있는 큰 인물이었다. 탐미적 미술의 진수를 보여주는 부셰의 작품들은 안타깝게도 프랑스 혁명 중에 다수 파괴되어 현재는 일부만 남아 있다.

◀ 식전의 기도
(The Prayer before Meal)

명화자료

창작시기 : 1740년
크기 : 49 × 38cm
기법 : 캔버스에 유채
소장 : 프랑스 파리 루브르 박물관

작자소개

장 바티스트 시메옹 샤르댕
(Jean-Baptiste Simeon Chardin, 1699~1779)
18세기 프랑스의 화가로 파리에서 태어났다. 당시 다른 유명한 화가들이 미술의 중심인 이탈리아로 유학을 떠나는 것을 선호했던 것에 반해 그는 한때 루브르궁에서 생활했던 것 외에는 평생 자신이 태어난 거리를 벗어나지 않았다.
그 당시 사람들은 정물화의 예술성에 대해 회의적인 태도를 보였으나, 그는 정물화로서 실력을 인정받아 결국 프랑스 화단의 정상에 올랐다. 그의 풍속화 역시 프랑스 서민들의 생활상을 담담하면서도 따뜻하게 그려내어 작품성을 인정받았다. 게다가 오늘날에는 당시의 풍속을 알려 주는 사료로서도 중요한 가치를 지닌 작품으로 인정받고 있다. 그의 풍속화는 실내를 배경으로 하는 작품이 많고 여인이나 아이들이 자주 등장한다.
그가 남긴 작품들 중에서 〈시장에서의 귀로〉, 〈라켓과 셔틀콕을 들고 있는 소녀(Girl with Racket and Shuttlecock)〉, 〈카드의 성(House of Cards)〉, 〈젊은 여교사(The Young Schoolmistress)〉, 〈빨래하는 여인(The Laundry Woman)〉, 〈요리하는 여인(Girl Peeling Vegetables)〉, 〈팽이를 돌리는 아이〉, 〈식전의 기도〉, 〈비눗방울을 부는 소년(The Soap Bubble)〉 등이 가장 대표적이다.

식전의 기도

18세기 프랑스에서는 궁정과 귀족들을 중심으로 사치스럽고 향락적인 귀족 취향의 로코코 회화가 한창 유행했다. 그러나 그 와중에도 샤르댕은 묵묵히 따스하고 부드러운 필치로 서민들의 일상적 삶을 소박하고 서정적으로 담아내는 자신만의 화풍을 고수했다.

샤르댕은 주변에서 매일 보는 서민 가정의 일상적인 삶에서 예술적 소재를 주로 취했다. 또한 그는 끊임없이 정물화를 그리면서 일상생활의 평범함 속에 숨어 있는 생명력을 표현해내는 뛰어난 재능을 갈고닦았다. 그래서인지 그의 정물화에서는 소소한 일상과 사소한 사물에 대한 화가의 잔잔한 애정이 묻어난다.

백과전서파의 학자 드니디드로는 부셰를 포함한 당시 화가들이 그렸던 로코코 회화를 신랄하게 비판했다. 그러나 당시 비주류에 속했던 샤르댕의 화풍에 대해서는 무척 호의적이었다. 그는 샤르댕의

▲ 시장에서의 귀로
(The Return from Market)

작품들에 대해 보는 것만으로도 본질적 아름다움이 느껴진다며 극찬했다. 디드로는 민중의 삶과 밀착된 샤르댕의 화풍에 큰 매력을 느꼈던 모양이다.

샤르댕 특유의 화풍을 한눈에 볼 수 있는 작품 중 가장 유명한 것이 바로 〈식전의 기도〉이다. 이 작품은 가로와 세로가 각각 50cm도 되지 않는 작은 그림으로 원래 샤르댕의 정물화나 풍속화 중에는 대형 작품을 찾아보기가 어렵다. 그러나 그의 작은 그림들에서는 특별한 내용도 없이 화려한 장식만 잔뜩 채운 커다란 그림들과는 비교할 수 없는 존재감을 느낄 수 있다.

한 예로, 아무런 장식이 없는 나무 선반 위에 놓인 주방용품을 들 수 있다. 다시 말해, 샤르댕의 작품은 그 당시 프랑스 미술계의 주류였던 로코코 양식의 그림들에서는 찾아볼 수 없을 정도로 지극히 현실적 공간을 사실적으로 재현해냈다. 그와 같은 시대에 로코코 회화의 정점에서 활동하던 부셰의 실내 그림이 화려한 귀족들의 생활공간을 과시하는 작품이라면, 샤르댕의 실내 그림은 소박하고 검소한 서민의 공간을 기록하는 작품이었다. 샤르댕은 서민들의 삶과 현실의 풍경을 그대로 그려낼 뿐, 그림을 더 아름답게 보이기 위해 인위적으로 연출하지 않는 화가였기 때문이다.

흰 식탁보를 씌운 식탁과 의자들이 있는 소박하고 수수한 실내 풍경을 보고 있노라면 사치스럽고 방탕한 귀족들과 동시대를 살아가던 민중들의 삶이 어떠했는지가 머릿속에 떠오른다.

▲ 샤르댕

샤르댕의 작품 속에 흐르는 현실적인 느낌은 인물의 배치와 자세를 결정하는 화가의 탁월한 감각에 힘입어 더욱 진솔한 분위기를 풍긴다. 그림의 중앙에는 식탁을 사이에 두고 있는 젊은 엄마와 어린 두 딸이 있다. 엄마는 식사를 준비하는 한편 두 딸에게 식사 전에 감사하는 마음을 담아 기도를 하도록 가르치는 중이다.

이러한 광경은 당시 유럽에서 신분의 상하를 막론한 거의 모든 가정에서 끼니 때마다 볼 수 있는 평범한 모습이었다. 그러나 샤르댕은 연령대가 다른 세 사람을 자세도 각각 다르게 그려 넣어 아주 독특한 화면을 구성했다. 덕분에 아주 평범한 한 가족의 일상적 풍경이 특별한 작품으로 다시 태어났다.

색채 사용 측면에서도 샤르댕의 개성이 뚜렷하게 드러난다. 그는 따뜻하고 부드러운 세피아 색조를 기본으로 깊은 푸른색과 붉은색, 아이보리색을 조화롭게 사용해서 소박한 정서와 온화한 분위기를 살렸다. 그의 그림들은 행복이 깃든 고요한 일상과 민중의 진솔한 삶의 자세가 묻어나는 분위기가 가장 큰 특징이다. 샤르댕의 성격과 인생 경험, 가치관 등 내면세계와 특유의 색채 감각이 작품에 잘 어우러져 이러한 분위기가 형성되었다.

▲ 팽이를 돌리는 아이
(The Child with a Teetotum, Portrait of Auguste Gabriel Godefroy)

샤르댕은 파리에서 어느 가구 직공의 둘째아들로 태어났다. 일개 직공의 아들이었던 그는 정식으로 아카데미 회화 교육을 받지 못하고 사설 학원에서 그림을 그리는 데 필요한 기술들을 익혔다. 그는 어린 시절부터 하층민의 삶과 밀접한 생활환경 속에서 성장한 까닭에 그들의 감정을 깊이 이해하고 있었다. 그는 세탁하는 여인이나 요리하는 여인, 물건을 파는 어린 소녀 및 가난한 집 아이들의 모습 등 서민의 일상에 아름다움을 찾아내 화폭에 담았다.

당시 귀족들의 부도덕하고 방탕한 삶에 비하면 노동을 통해 생계를 꾸리며 검소하게 살아가는 서민들의 건전한 삶은 고상하고 숭고하다는 점을 보여주고 있는 샤르댕의 작품은 로코코 회화의 극단적인 향락주의에 질린 이들로부터 큰 반응을 얻었다. 로코코 양식 발전의 중심에 있었던 루이 15세조차 〈식전의 기도〉를 본 후 샤르댕의 화풍을 크게 마음에 들어 했다. 그 인연을 시작으로 샤르댕은 명성을 날리게 되었으며 연금을 받는 안락한 생활이 보장되었다. 또 루이 15세가 루브르궁에서 샤르댕이 잠시 머물도록 방까지 준비해주었다는 것은 그가 화가로서 성공했음을 의미한다. 그러나 루브르궁을 방문한 짧은 일정은 샤르댕이 일생에서 파리를 벗어난 단 한 번뿐인 여행 경험이었다. 그 외에 그는 자신이 태어나고 자란 동네에서 멀리 벗어나지 않았다. 살롱전에 출품한 작품들이 크게 호평을 받아 유명해진 후에도 귀족들의 취향에 맞는 그림을 그리거나 다른 사람들의 평가에 흔들리는 일 없이 자신의 주변에서 발견한 소재들을 묵묵히 화폭에 담아내는 데에만 열중했다.

▶ 그네
  (The Swing)

명화자료
창작시기 : 1767년
크기 : 81 × 64cm
기법 : 캔버스에 유채
소장 : 영국 런던 월리스 컬렉션
  (Wallace Collection)

▲ 프라고나르

그네

18세기 프랑스의 상류 사회에서는 주로 사랑 놀음을 담아낸 로코코 회화 작품이 큰 인기를 끌었다. 이러한 작품들에는 당시 귀족들이 지향한 생활상이 상세히 표현되어 있다. 후기 로코코 회화의 유명한 화가인 프라고나르가 남긴 대표작 〈그네〉는 그중에서도 섬세하고 미려한 필치로 환상적인 로코코 회화의 성격과 당시 귀족들의 삶의 양식을 효과적으로 전달하는 작품이다.

1760년 대 중반 프라고나르는 우연한 기회에 은행가인 상 줄리앙 백작에게 의뢰받아 이 작품을 제작했다. 이 작품의 배경으로 멀리 대저택이 어렴풋이 보이며 인물들 주위의 울창한 수풀과 꽃나무 사이사이에 조각상이 장식되어 있는 걸로 보아 어느 귀족의 저택 정원인 듯하다. 이 그림에서 가장 환한 곳은 열심히 발을 구르며 그네를 타는 귀족 여인이 그려진 한가운데이다. 바람에 날리는 그녀의 밝은 살굿빛 드레스 자락은 마치 만개한 장미처럼 화사하고 풍성하게 하늘을 수놓고 있다. 그녀의 드레스와 모자는 그 당시 귀족 여인들 사이에서 유행했던 화려한 로코코 풍 디자인이다. 그녀의 뒤편 어두운 나무 그늘 아래로 그네를 밀어주는 나이 든 남자가 있다. 이 작품 속에서 온몸에 빛이 집중된 그녀에 비해 어두운 곳에서 그네와 연결된 줄을 쥐고 있는 그의 모습은 흐릿하게 그려져서 존재감이 무척이나 미미하다. 그녀의 앞쪽에는 한 청년이 꽃 덤불 속에서 뒤로 반쯤 쓰러진 자세로 그녀를 올려다보고 있다. 자세히 보면 그의 시선은 노골적으로 바람에 휘날리는 여인의 치마 속을 향해 있고, 얼굴에는 놀라움과 기쁨이 뒤섞인 표정과 함께 홍조가 떠올라 있다. 이 여인은 청년을 의식한 듯 일부러 발을 높이 쳐들어 한쪽 구두를 공중에 날리고 있다.

이들이 누구이며 어떤 관계인가 하는 것에는 몇 가지 추측이 있다. 먼저 나무 그늘 뒤의 남성에 대해서는 그가 하인이거나, 혹은 이 귀부인의 남편이거나 그 당시의 주교라는 등 다양한 추측이 있으며, 청년에 대해서는 여인의 연인이거나 외도 상대, 혹은 그림을 의뢰한 상 줄리앙 백작 본인이라는 추측이 주를 이룬다. 공중에 높이 날아오른 그녀의 맞은편에는 큐피드 조각상이 있다. 그것은 손가락을 입술에 대어 두 젊은 남녀에게 비밀스럽게 경고를 하는듯한 자세를 취하고 있는데 이는 이들의 관계를 추측하는 데 중요한 힌트가 된다. 사실 이 작품 속 인물들의 관계에서 그들의 정체가 무엇인가는 그다지 중요하지 않다. 이 작품이 꽃이 가득한 정원을 배경으로 피어오르는 청춘남녀의 비밀스런 연애 장면을 담고 있다는 것만은 분명하기 때문이다. 밝고 경쾌하며 화려한 프라고나르의 색채 감각과 이 작품에 생동감을 주는 그네의 줄과 여인의 부드러운 팔, 여인에서

▲ 목욕하는 여인들
(The Bathers)

작자소개

장 오노레 프라고나르
(Jean Honore Fragonard, 1732~1806)
18세기 프랑스 화가이자 판화 제작자 18세기 후기 로코코 시대의 대표적인 화가로 프랑수아 부셰의 학생이었으며, 샤르댕의 작품을 깊이 연구해 그의 화풍을 흡수했다. 이탈리아 유학 경험이 있으며, 프랑스에 돌아온 서른한 살 때부터 왕성한 활동을 시작했다. 다채롭고 호방하면서도 세심하고 엄격한 붓놀림이 특징이다.
그의 대표작으로는 〈그네〉, 〈목욕하는 여인들〉, 〈드니 디드로의 초상(Denis Diderot)〉, 〈독서하는 소녀〉, 〈은밀한 입맞춤(The Stolen Kiss)〉 등이 있다.

▲ 독서하는 소녀
(A Young Girl Reading)

청년의 왼팔까지 이어지는 비스듬한 대각선 구도 등이 어우러져 로코코 회화의 정석을 보여준다. 그러나 〈그네〉가 로코코 회화의 절정을 보여준다고 말할 수 있는 이유는 무엇보다도 이 그림에서 보여주는 상황 자체가 상상력을 자극하여 보는 사람에게 로코코 특유의 농염한 관능미를 한껏 느끼게 해 주기 때문이다.

당시 프랑스의 귀족층 중에는 이처럼 과도한 사치와 향락, 사랑 놀음에 목매는 이들이 많았다. 그들은 방탕함과 부도덕함을 낭만이라고 믿는 부류였다. 이미 결혼한 귀족들 중에는 외모가 뛰어난 상대라면 남녀노소를 가리지 않고 애인으로 두는 일도 공공연한 비밀이었다. 그들의 애인 중에서도 가장 유명했던 인물로는 루이 15세의 애첩인 뒤바리(Dubarry) 백작 부인이 있다. 그녀는 루이 15세가 신뢰하고 의지했던 퐁파두르 후작부인이 세상을 떠난 후 그의 애정을 한 몸에 받았다. 프라고나르가 남긴 작품 중에는 뒤바리 백작 부인의 초상화가 있다. 그는 왕의 애첩을 화폭에 담아내기 위해 당시 유행하는 초상화 기법을 따르는 대신 대범한 색채와 날아갈 듯 경쾌한 필치를 사용했다. 그는 화려하게 치장한 이 아름다운 여인을 화폭에 담아내어 초상화의 새로운 영역을 개척했다. 루이 15세에서 루이 16세에 이르기까지 그는 귀족들의 취향과 욕구를 충실히 반영한 작품들을 다수 남겼다.

그러나 1789년 프랑스 대혁명이 발생하면서 부르봉 왕가가 무너지고 귀족 계급이 무너지자 그는 당장 생계의 곤란을 겪게 되었다.

▼ 탈주
(The Bolt)

게다가 오랜 세월 가난에 지친 민중의 분노는 귀족들의 사치를 조장한 로코코 미술로 향했다. 1793년 그는 결국 혁명의 소용돌이를 피해 고향의 친구 집으로 피신했다. 그 후 조용히 숨죽여 살던 프라고나르는 1806년 쓸쓸히 세상을 떠났고, 그의 이름은 사람들의 머릿속에서 빠르게 잊혀졌다. 그러나 혁명의 광기가 가라앉고 로코코 미술에 대해 객관적인 평가가 이루어지는 때가 오자 그는 다시 후기 로코코 회화의 대표적 화가로 떠올랐다.

◀ 호라티우스 형제의 맹세
(The Oath of the Horatii)

명화자료
창작시기 : 1784년
크기 : 330 × 425cm
기법 : 캔버스에 유채
소장 : 프랑스 파리 루브르 박물관

호라티우스 형제의 맹세

신고전주의의 창시자 다비드가 고전의 영웅을 소재로 그린 〈호라티우스 형제의 맹세〉는 그의 대표작인 동시에 신고전주의 화파의 상징적 작품으로 손꼽힌다. 다비드는 루이 16세를 위해 그린 이 그림을 통해 이름을 알리기 시작했다. 프랑스는 이 작품을 계기로 다비드의 작품에서 풍기는 새로운 매력에 급속도로 빠져 들었으며 그럼으로써 신고전주의는 전 유럽으로 확산되었다. 신고전주의가 확산되면서 프랑스는 유럽 미술의 중심에 우뚝 서게 되었고, 로코코 미술은 막을 내렸다.

이 작품은 로마와 알바 왕국 간의 전쟁과 관련된 이야기를 담고 있다. 오랜 기간 패권을 다투며 소모적인 전쟁을 벌여온 로마와 알바는 결국 전쟁을 그만두고 대신 각각 대표를 세 명씩 선출해서 결투를 한 후 그 결과에 승복하기로 합의했다. 로마 쪽 대표가 바로 이 작품의 주인공인 호라티우스가의 삼형제이다. 한편 알바 쪽 대표로는 쿠리아티우스가의 삼형제가 선택되었다. 여기서부터 비극이 시작된다. 각각 조국의 운명을 짊어진 이 두 가문은 결혼과 약혼으로 이어진 사돈지간이기 때문이다. 호라티우스 가문 삼형제 중 첫째와

▲ 자크 루이 다비드

▶ 패리스와 헬레나의 사랑
(The Loves of Paris and Helen)

작자소개

자크 루이 다비드
(Jacques-Louis David,
1748~1825)

프랑스 신고전주의 회화의 창시자로 로코코 미술의 대가인 프랑수아 부셰의 먼 친척이기도 하다. 재능이 뛰어나 혁명 전 왕실로부터 크게 인정받는 화가였으나 동시에 프랑스 대혁명을 적극 지지해 한때 자코뱅(Jacobins)당에 몸담고 혁명가로서 정치 활동에 참여하기도 했다. 나폴레옹이 집권한 이후에는 다시 궁전의 수석 화가로 이름을 날리면서 수많은 예술 정책 제정에 관여하는 등 미술계에 커다란 영향을 끼쳤다. 실제로 미술사상 다비드만큼이나 막강한 권력을 휘둘렀던 화가는 달리 찾아보기 어려울 정도다.
그의 대표작으로는 〈호라티우스 형제의 맹세〉, 〈소크라테스의 죽음(The Death of Socrates)〉, 〈마라의 죽음〉, 〈알프스 생베르나르 산맥을 넘어가는 나폴레옹(Napoleon Bonaparte crossing the Alps by the Great Saint Bernard Pass)〉, 〈나폴레옹 1세의 황제 서품과 조세핀 황후의 대관식(Consecration of the Emperor Napoleon I and Coronation of the Empress Josephine)〉, 〈비너스 여신과 삼미신에게 무장해제 되는 군신 마르스〉 등이 있다.

쿠리아티우스 가문의 딸은 이미 결혼한 사이였고, 호라티우스 가문 삼형제의 누이동생과 쿠리아티우스 가문 삼형제의 막내는 약혼한 상태였다. 어느 쪽이 승리를 거두건 양쪽 가문에 남는 것은 가까운 사람을 잃는 고통과 상처뿐이었다. 그러나 그들은 각각 국가의 운명을 짊어지고 있는 입장이었다. 여섯 명 중 천신만에 끝에 살아서 돌아온 것은 호라티우스 가문의 아들 한 명 뿐이었다. 그러나 집에 돌아온 그를 기다리고 있는 것은 약혼자를 잃은 여동생 카밀라의 원망 어린 시선이었다. 카밀라는 자신의 약혼자를 죽인 오빠를 살인죄로 고소했고, 이에 분노한 그는 여동생을 죽여 버리고 말았다. 당시 친족 살인죄는 엄중히 다루어졌다. 그러나 남매의 아버지가 나서서 아들이 나라에 공헌한 바를 감안해서 죄를 너그러이 용서해 달라는 탄원을 넣었다. 결국 전쟁의 승리를 이끌어낸 공로를 인정받아 죄를 용서받았다.

1784년에 궁정에서 다비드에게 루이 16세를 위해 호라티우스 가문의 이야기를 주제로 작품을 의뢰했다. 다비드는 이 의뢰를 받아들이는 조건으로 로마로 건너가 그림을 완성할 수 있게 해달라고 요구했다. 그는 로마에서 이 작품에 역사적 근거를 충실히 반영하기 위해 고대 로마의 복식과 무기, 갑옷 등을 연구하는 한편 전문 모델을 고용해서 사실적으로 인체를 묘사하는 데 노력을 기울였다. 11개월 정도 이렇게 노력한 끝에 마침내 〈호라티우스 형제의 맹세〉가 탄생했다.

이 작품은 호라티우스 가문의 형제들이 로마를 대표해 전쟁에 나가기 직전 조국에 대한 충정을 맹세하는 장엄한 장면을 보여준다. 화면의 중심에 붉은 망토

▲ 테르모필라이 전투에서의 레오니다스 왕
(Leonidas at Thermopylae)

를 걸친 옷차림에 묵직해 보이는 칼 세 자루를 높이 치켜든 노인이 바로 삼형제의 아버지이다. 그와 마주보고 선 건장한 청년들은 물론 호라티우스 가의 세 아들들이다. 노인의 뒤로는 여인들이 서로 몸을 기대고 앉아 있는데 하나같이 수심과 슬픔에 가득 차 있다. 그녀들 중 한 명이 약혼자를 잃게 될 카밀라이며, 다른 한 여인이 이 집의 며느리이자 쿠리아티우스 가문의 딸인 사비나이다. 전사들에게 투지를 고취시키는 늙은 아버지와 마주서서 맹세를 위해 힘차게 팔을 뻗은 세 형제의 결의에 찬 모습에서는 숭고함이 느껴진다.

이 작품 속 인물 배치와 빛의 방향, 공간 구성은 마치 연극무대처럼 구성되어 보는 이의 시선을 더욱 효과적으로 집중시키는 역할을 한다. 도리아 식 아치로 화면이 삼등분되었고, 각각의 아치마다 삼형제와 부친, 여인들이 배치되어 있다. 그 밖에도 다비드는 인물의 자세를 섬세하게 표현함으로써 엄숙한 맹세의 순간과 이야기의 비극적 결말을 암시하는 데 커다란 효과를 주었다. 건장한 신체, 넓게 벌리고 서있는 다리와 앞으로 곧게 뻗은 팔, 형제를 힘주어 끌어안고 있는 강건한 팔 등 삼형제의 자세는 과장되어 있지만, 무사들 특유의 절도 있는 동작이 연상된다. 반면 뒷부분의 여인들은 감당할 수 없는 슬픔에 몸을 제대로 가누지 못해 중심이 무너진 자세를 취

▶ 브루투스 앞으로 자식들의 유해를 옮겨오는 호위병들
(The Lictors Bring to Brutus the Bodies of His Sons)

하고 있다.

　작품이 완성된 후 그림을 본 로마인들은 다비드에게 열광했다. '로마인들이 프랑스 화가의 걸작을 구경하기 위해 매일 구름처럼 몰려든다' 라는 소문은 교황의 귀에까지 들어갔다. 결국 교황도 다비드의 작품을 몸소 보러 갔다. 작품을 공개하자마자 다비드는 하루 아침에 명사가 되었고 로마는 그를 붙잡아 두려 했다. 그러나 다비드는 이를 거절하며 조국으로 돌아가기로 했다.

　1785년 드디어 프랑스로 돌아왔으나, 프랑스 정부는 오히려 그의 작품을 공개하지 못하도록 했다. 그러나 다비드는 지인들의 도움으로 이 작품을 1789년에 열린 살롱 전에 출품하기에 이르렀다. 다비드는 이 작품을 통해 조국을 위해서라면 개인적 희생을 감내하자는 메시지를 전하고 있다. 이 무렵 프랑스는 이미 대혁명의 물살에 휩쓸려 돌이킬 수 없는 상황이었다. 애국심에 호소하는 이 작품은 이제 막 혁명 사상에 눈 뜬 파리 시민들의 감성을 강하게 자극했다. 그들은 이 작품을 보며 '승리가 아니면 죽음을' 이라는 혁명 구호를 외치며 부패한 구제도를 뿌리 뽑고 인민을 위한 공화국을 지키기 위해 희생할 각오를 다졌다.

◀ 마라의 죽음
(The Death of Marat)

명화자료
창작시기 : 1793년
크기 : 165 × 128cm
기법 : 캔버스에 유채
소장 : 벨기에 브뤼셀 왕립 예술 박물관(The Royal Museums of Fine Arts of Belgium)

마라의 죽음

대혁명의 기운이 프랑스 전역을 뒤덮기 시작하자 신고전주의의 거장 다비드는 길거리로 뛰쳐나가 혁명가로서 활발한 사회 활동을 벌였다. 그는 프랑스 국민으로서 자신이 가장 잘할 수 있는 방식으로 조국의 미래를 결정할 정치적 대업에 적극 참여해야 한다고 강조했다. 프랑스 대혁명 기간 중 벌어진 실제 사건을 바탕으로 제작된 〈마라의 죽음〉에는 그의 사고방식이 그대로 드러나 있다.

작품의 주인공 장 폴 마라(Jean Paul Marat)는 프랑스 혁명 시대의 저명한 언론가이자 급진적 혁명 지도자로서 적극적으로 활동한 인물이다. 그는 영국에서 의학을 공부하고 프랑스로 귀국해서는 유명한 의사이며 연구자였다. 1789년 프랑스에서 전 유럽의 이목을 집중시킨 대혁명이 일어나자 그는 곧바로 민중의 편에 서서 혁명 운동을 이끄는 정치 지도자가 되었다. 1792년 8월에는 파리 시민과 노동자들의 봉기를 계기로 수립된 혁명적 자치정부인 파리 코뮌(Commune de Paris)의 핵심 구성원으로서 시민 봉기를 주도하고 혁명 정신을 고취시키는 데 힘썼다. 이러한 활동들이 인정받아 얼마 후에는 국민공회의 대표로 당선되었고 그 와중에 그가 속해 있던 산악당山岳黨은

▲ 비너스 여신과 삼미신에게 무장 해제되는 군신 마르스
(Mars Disarmed by Venus and the Three Graces)

로베스피에르(Robespierre) 등이 이끄는 자코뱅 당에 흡수되어 활동 영역을 더욱 넓혔다. 그의 정치 신념의 중심은 항상 프랑스의 민중에 있었다. 그 덕에 민중으로부터 두터운 신뢰를 받은 마라는 자코뱅 당의 수뇌부 인물로서 로베스피에르, 당통(Georges Jacques Danton)과 함께 프랑스 혁명을 대표하는 3대 거두로 꼽혔다. 그러나 뜻이 맞지 않는 세력은 혁명의 적으로 철저히 규탄하고, 정치적 결벽증이 심해 엄격한 공포 정치의 필요성을 역설함으로써 적도 많았다. 1793년 7월 13일 반 혁명파를 지지하던 여성이 탄원서를 들고 찾아가는 척 위장해서 마라의 집에 잠입한 후 욕조에 있던 그의 가슴에 칼을 꽂았다. 혁명을 지지하던 프랑스 인민들은 마라의 죽음으로 큰 충격을 받았으나, 혁명에의 투지는 더욱 크게 불타올랐다.

혁명 세력은 다비드에게 이 사건을 그림으로 남겨달라고 부탁했다. 열렬한 혁명 지지자였던 다비드는 기꺼이 이 요청을 받아들였다. 그는 자신의 그림 속에 마라가 생전에 주장한 혁명 정신의 본질이 잘 나타나기를 바랐다.

그림 속 마라의 시신은 욕조에 누워 있고 그의 가슴 상처에서는 선혈이 흘러내린다. 실제로 마라의 시신은 욕조에 누워 있는 모습으로 발견되었다. 피부병을 앓고 있던 그는 치료의 일환으로 하루에 한 번씩 욕조에 몸을 담그는 습관이 있었다. 그러나 항상 일에 쫓겼던지라 그는 욕조에 있는 시간에도 서류를 검토하거나 편지를 쓰는 등 일거리를 손에서 놓지 않았다. 그림 속 마라의 시신 역시 한 손에 편지를 들고 있다. 그가 여느 때처럼 욕조에서 공무를 보던 중에 살해되었다는 의미를 담고 있다. 마라의 도움을 간절히 바란다는 내용의 편지 제일 윗부분에는 '1793년 7월 13일, 샤를로트 코르데(Marie Anne Charlotte de Corday)로부터 민중의 이웃에게' 라는 서명이 나타나 있다. 이는 마라가 암살된 날짜와 마라를 암살한 여인의 이름이다. 다비드는 문제의 가짜 탄원서를 상세히 그려 넣음으로써 이

신고전주의

신고전주의는 18세기 로마에서 시작되어 유럽 각 지역으로 빠르게 번져나가 건축과 회화, 조각 등에 광범위하게 영향을 끼치며 유행한 미술 양식으로, 고대 그리스와 로마의 예술에 예술적 근원을 두고 있다. 특히 프랑스에서는 매너리즘에 빠진 바로크와 로코코 양식에 대한 반발로 신고전주의 양식이 더욱 크게 유행했다.

그림에 기록화적인 성격을 더했다.

깃털 장식 펜과 잉크병이 놓인 나무 상자에는 지폐와 함께 또 다른 편지가 있다. 그 편지에는 '이 돈을 다섯 아이의 어머니에게 전해주세요. 그녀의 남편은 조국을 위해 기꺼이 목숨을 바쳤습니다.'라고 쓰여 있다. 바닥으로 힘없이 늘어진 마라의 오른손에도 깃털 장식 펜이 쥐어져 있는 걸로 보아 마라는 사망 당시 이 편지를 작성 중이었던 듯 하다. 이는 그의 인간적인 측면을 보여주려는 장치다. 그 밖에도 이 나무 상자의 정면으로는 다비드가 마라에게 존경을 담아서 남긴 서명이 보인다. 〈마라의 죽음〉에 나타나는 구도는 비교적 단순하다. 빛은 그림의 왼쪽 윗부분으로부터 시작되어 마라의 머리 부분을 가장 환하게 비춘다. 대각선으로 진행되는 광선을 이용한 명암 처리로 공간감과 입체감을 잘 살렸으며, 배경을 단순화해서 마라의 시체와 편지 등 사건의 기록이나 중요한 의미를 담고 있는 사물로 시선을 집중시켰다. 절제된 표현은 시대의 풍운아가 맞이한 비극적 죽음을 강조하는 동시에 지도자를 잃은 민중의 비통한 감성을 자극한다. 그 밖에도 축 늘어진 마라의 시신에서는 미켈란젤로의 역작인 〈피에타〉에서 예수의 시신이 보여주는 자세나 구도와 비슷한 느낌을 주려고 했다는 견해가 일반적이다. 이는 존경하는 민중의 지도자를 혁명의 순교자로 재탄생시키기 위해 혁명의 화가 다비드가 고뇌한 끝에 결정한 자세로 최고의 효과를 낳았다.

이 작품은 마라가 암살된 1793년에 완성되었다. 이 작품이 공개되자 대중 사이에서는 혁명적 의지가 한껏 고취되었다. 그러나 나폴레옹이 집권하고 자코뱅 당이 몰락하자 다비드는 이 그림을 다른 곳에 보내 감추었다. 우여곡절 끝에 이 작품은 1893년부터 벨기에의 브뤼셀에 위치한 벨기에 왕립 미술 박물관에서 소장하게 되었다.

▲ 레카미에 부인의 초상
(Portrait of Madame Recamier)

▼ 사비니 여인들의 중재
(The Intervention of the Sabine Women)

▲ 옷을 벗은 마하
(The Naked Maja)

명화자료
창작시기 : 1799~1800년
크기 : 97 × 190cm
기법 : 캔버스에 유채
소장 : 스페인 마드리드 프라도 미술관

옷을 벗은 마하

　미술사가들 중 근대 유럽 회화의 시대를 연 화가로 고야를 꼽는 데에 이의를 제기할 사람은 없다. 고야는 종교의 권위에 정면으로 도전해서 교회를 곤혹스럽게 하는 작품을 가장 많이 그린 예술가였다. 마하 연작으로 잘 알려진 〈옷을 벗은 마하〉와 〈옷을 입은 마하〉는 고야의 작품들 중에서도 가장 유명한 작품이다.

　두 그림 중 먼저 그려진 작품은 〈옷을 벗은 마하〉다. 그런데 이 그림에 나타난 여인의 자세가 아주 낯이 익다. 앞에서 이미 다루었던 조르조네의 대표작인 〈잠자는 비너스〉에서 본 비너스의 자세와 아주 흡사하다. 단, 조르조네의 작품 속 여인은 여신이었으므로 대자연을 배경삼아 나체로 자유롭게 낮잠을 즐겼지만, 이 작품의 모델인 마하는 평범한 인간이므로 침실 안에서야 비로소 나체가 될 수 있다는 점에 차이가 있다. 마하는 정면을 바라보며 자연스럽고 편안하게 두 팔로 머리를 받치고 누워있어 개방적인 인상을 준다. 그녀의 몸은 전체적으로 활처럼 부드럽게 휜 곡선을 그리고 있다. 들어갈 곳은 옴폭 들어가고 나올 곳은 제대로 나온 그녀의 육체는 여인의 관능미를 한껏 뽐내고 있다. 전체적인 배경은 어두운 색으로 단순하게 처리되어 있으며 인물 외에는 녹색 소파형 침대와 흰색 쿠션이 전부

▲ 고야

◀ 옷을 입은 마하
(The Clothed Maja)

이다. 이러한 배경은 매끄럽게 빛나는 그녀의 상아빛 피부가 더욱 아름답게 빛나 보이도록 돕는다. 이로써 명암의 경계는 극단적으로 나뉘어 그림을 감상하는 시선은 빛의 영역으로 집중된다. 그녀는 부끄러운 기색 없이 당당하게 그림 밖을 똑바로 응시하고 있으며, 입가에는 모호한 미소를 띠고 있어 보는 이들에게 요염함이 감도는 강렬한 아름다움을 선사한다.

한편 〈옷을 입은 마하〉는 〈옷을 벗은 마하〉가 완성되고 3년 후에 완성되었다. 이 작품의 주인공인 마하는 아름답고 고급스러운 순백색의 드레스를 걸쳐 몸매가 그대로 드러났으며 허리에는 장밋빛 비단 허리띠를 졸라맸다. 그 위로는 짙은 금빛의 볼레로와 같은 짧은 상의를 입고 있으며 금실로 수놓은 화려한 구두를 신고 있다. 〈옷을 입은 마하〉는 모델이 옷을 입고 있다는 점 외에는 그 전에 완성된 〈옷을 벗은 마하〉와 거의 차이가 나지 않는다. 그림 속 여인은 같은 자세를 취하고 있으며, 그 밖에도 비슷한 배경에 비슷한 소품, 비슷한 구성으로 이루어져 있다. 이 두 작품 속 여인이 과연 누구인지, 고야와는 어떤 관계인지에 대한 추측은 오늘날에도 의견이 분분하다. 그 점에 대해서는 그 당시에도 온갖 추측이 난무했지만 고야는 죽을 때까지 여인의 정체에 대해 함구했다. 우선 여인이 누워 있는 소파형 침대는 당시 귀족들의 집에서나 볼 수 있는 비싼 가구였으며, 이 여인이 입고 있는 옷 역시 상류층 여인이 아니면 입을 수 없는 수준의 것이다. 그러나 그녀의 자세는 도저히 귀족 가문에서 엄격히 교육받고 자란 정숙한 숙녀가 취할 수 있는 것이 아니었다.

그러나 많은 사람들이 그림 속 마야의 모델은 고야가 열렬히 사랑

작자소개

프란시스코 호세 데 고야 이 루시엔테스(Francisco Jose de Goya y Lucientes, 1746~1828)
스페인이 낳은 다재다능한 예술가로, 회화와 판화에 특별한 재능을 보였다. 열세 살 때 같은 지역의 화가 호세 루산의 도제로 들어가 회화를 배우면서 화가의 길을 걷기 시작했다. 1786년에는 카를로스 3세의 수석 궁정화가로 임명되었다. 그 밖에도 기록화가라는 수식어답게 고야의 회화 작품에는 그가 살던 시대의 모습이 상세히 기록되어 있어 오늘날 스페인의 귀중한 사료로서 인정받고 있다.

그의 대표적인 작품으로는 마하 연작으로 잘 알려진 〈옷을 입은 마하〉, 〈옷을 벗은 마하〉 두 작품과 〈알바 공작부인의 초상(The Duchess of Alba)〉, 전쟁의 참상을 고발하기 위한 〈1808년 5월 2일 : 마멜루크족의 진격(The Second of May, 1808: The Charge of the Mamelukes)〉, 〈1808년 5월 3일 : 마드리드 프린시페 피오 언덕에서의 총살(The Third of May, 1808: The Execution of the Defenders of Madrid)〉 등이 있으며 그 밖에도 말년에 제작한 검은 그림 연작 중 가장 유명한 〈아들을 잡아먹는 사투르투스(Saturn Devouring One of his Children)〉를 꼽을 수 있다.

했던 알바 공작부인이었을 것으로 추정하고 있다. 고야의 사생활에 대해서는 알려진 바가 적으므로 두 사람이 연인 관계였는지 단언할 수 없다. 그러나 고야가 그린 알바 공작부인의 초상화 두 점에서 그들이 특별한 관계였을지도 모른다는 흔적들이 발견되었다. 마야의 모델이 실제로 알바 공작부인인지 여부는 확실하지 않지만 고야가 생각하는 가장 이상적인 아름다움을 그림에서 구체화한 것임에는 분명하다.

이 마야 연작을 최초로 소유했던 인물은 카를로스 4세 시대의 재상인 마누엘 데 고도이(Manuel de Godoy)였다. 그는 고야의 재능을 아주 사랑해서 열렬히 후원했다고 한다. 마야 연작은 그의 비밀소장품이었다. 그러나 그의 저택을 방문해 이 파격적인 작품을 본 사람들 사이에서 입소문이 돌면서 작품의 존재가 세간에 알려졌다. 그러나 당시 스페인 사회의 경직된 분위기에서 이처럼 관능적인 작품은 부도덕하다는 비난을 받았다. 심지어 그림 속 여인은 가장 은밀한 부위까지 보여주고 있었으므로 문제는 걷잡을 수 없이 커져만 갔다. 결국 이 작품의 심의를 위한 종교 재판까지 열리는 대소동이 벌어졌고, 당국은 이 작품을 일반에 공개하는 것을 금지한 후 고야에게 유죄 판결을 내렸다.

▼ 카를로스 4세와 그 일가
(Charles IV of Spain and His Family)

오랜 기간 에스파냐 왕실 및 귀족들과 친분을 유지하며 수많은 귀족들의 초상화를 남긴 고야는 프랑스의 침공으로 발발한 반도 전쟁(Peninsular War) 중 목격한 전쟁의 참상을 그림으로 기록해 두었다. 인간의 잔혹함과 끝없는 광기를 두 눈으로 목격한 경험은 그의 작품세계에 그대로 반영되었다. 이 영향으로 고야의 화풍은 프랑스를 중심으로 전 유럽에 뻗어나간 신고전주의와는 전혀 다른 독자적 양상을 띠고 발전했다.

◀ 1808년 5월 3일 : 마드리드 프린시페 피오 언덕에서의 총살

명화자료
창작시기 : 1814년
크기 : 266 × 345cm
기법 : 캔버스에 유채
소장 : 스페인 마드리드 프라도 미술관

1808년 5월 3일

스페인 정부는 2008년 5월 2일 스페인 독립 200년을 기념하는 행사의 일환으로 마드리드 궁 앞 광장에서 고야의 명작인 〈1808년 5월 2일 : 마멜루크족의 진격〉과 〈1808년 5월 3일 : 마드리드 프린시페 피오 언덕에서의 총살〉을 전시했다.

1807년 프랑스 국왕 나폴레옹 1세의 군대는 에스파냐 북부와 중부에 위치한 주요 요새를 점령했다. 그는 자신의 동생인 조제프 보나파르트에게 에스파냐 통치권을 쥐어주었다. 그 전까지 프랑스의 대혁명을 지지하고 나폴레옹의 영웅적 면모에 호감을 갖고 있던 고야는 프랑스 군이 자신의 조국에 쳐들어와 저지른 만행을 직접 목격하면서 프랑스에 대한 분노와 배신감을 느끼게 되었다. 1808년 5월 2일 마드리드의 민중들이 프랑스의 폭정에 반대하고 에스파냐의 독립을 외치며 일제히 들고 일어섰다. 그러나 프랑스군의 무자비한 진압으로 궐기는 실패했으며, 진압 과정에서 무수한 시민들이 크게 다치거나 심지어는 목숨을 잃었다. 그리고 그 이튿날인 5월 3일 저녁 프랑스군은 이번 궐기의 주모자 및 관련된 이들을 체포해 즉각 총살형에 처했다.

다음 날 고야는 자신의 제자들과 함께 독립투사들의 피로 물든 마

▲ 거인
(The Colossus)

드리드의 거리를 찾아와 시체더미 속에서 지인의 모습을 찾으며 다시 한 번 비통함과 분노를 맛봐야 했다. 그로부터 약 6년 후인 1814년 2월 24일 프랑스군이 철수하자 고야는 복권된 에스파냐의 왕 페르디난도 7세에게 폭력으로 유럽을 휩쓴 폭군 프랑스에 대항한 에스파냐 민중의 영웅적인 모습을 담은 역사적인 순간을 직접 그림으로 남기고 싶다고 제안했다.

고야는 〈1808년 5월 2일 : 마멜루크족의 진격〉과 〈1808년 5월 3일 : 마드리드 프린시페 피오 언덕에서의 총살〉 두 작품을 통해 전쟁이라는 특정 상황에서 나타나는 인간 내면의 폭력성과 잔혹함, 광기를 본대로 담아냈다. 이 두 작품을 그린 캔버스는 크기가 동일하며 이름에서 나타나는 통일감에서도 알 수 있듯이 두 작품은 한 쌍으로 볼 수 있다. 실제로도 종종 함께 묶어서 설명된다.

1808년 5월 2일 마드리드의 길거리에서 프랑스군에 항거하는 민중 봉기가 불길처럼 거세게 일어났다. 에스파냐 인들은 프랑스군이 자국을 침공했을 당시만 하더라도 그들이 폭정을 일삼는 에스파냐 왕정을 무너뜨릴 것이라 생각했다. 그 후 자신들에게도 프랑스 혁명 정신을 전해주어 자유를 선사해 줄 것이라고 믿었으나 그것은 순진한 착각이었다. 프랑스군의 만행을 보고 환상에서 깨어난 에스파냐 인들은 이날 프랑스에 적극 항거하기 위해 일제히 일어섰다. 그러나 프랑스가 고용한 이집트인 용병들은 이들을 피도 눈물도 없이 강경하게 진압했고 민중 봉기는 실패로 돌아갔다.

〈1808년 5월 3일 : 마드리드 프린시페 피오 언덕에서의 총살〉은 봉기 다음 날의 실제 사건을 기록한 작품이다. 5월 3일 늦은 저녁 마드리드 궁으로부터 멀지 않은 프린시페 피오 언덕에서 프랑스 군인들은 5월 2일 민중 봉기를 이끈 주모자들의 처형을 집행했다. 처형을 집행하는 군인들이 일렬로 서서 발포 자세를 취하고 있으며 그 맞은편에는 이미 총을 맞아 붉은 피를 흘리며 쓰러진 사람들과 이제 곧 죽음을 맞이하게 될 사람들이 있다. 병사들의 총구는 흰 셔츠에 짙은 황색바지 차림으로 두 팔을 번쩍 들고 있는 한 남자에게 집중되었다. 그 남자의 주위에는 공포에 질려 두 손으로 얼굴을 감싼 인물의 모습이나 다리에 힘이 빠진 듯 무릎을 꿇고 상체를 숙이며 신

프레스코화

프레스코(fresco)는 유럽의 오래된 벽화 기법의 하나로 회벽에 안료를 발라 그리는 방식이 기본이다. 이탈리아어로 프레스코란 '신선하다'는 의미를 담고 있는데, 이는 그 기법과 큰 관련이 있다. 원래 프레스코 기법이란 벽에 바른 회반죽이 마르기 전에 안료를 발라 그림을 그리는 '부온 프레스코(buon fresco)' 기법을 의미하며 이는 아주 숙련된 기술을 요구한다. 그렇다면 프레스코화 특유의 농후한 색채를 띠게 하는 비밀은 무엇일까? 바로 축축한 벽으로 안료가 스며드는 이 기법의 기본 원리이다. 단, 회반죽이 마르기 전까지 일정 시간 내에 반드시 완성해야 하는 데다가, 한 번 잘못 칠하면 수정이 쉽지 않으므로 한 번에 성공해야 하는 부담이 크다. 그러나 프레스코 특유의 농후한 색채감은 유럽 회화에서는 14세기에서 16세기에 이르기까지 프레스코의 전성기에 속하며, 유화 물감의 발명 이후 조금씩 쇠퇴했다.

에게 마지막 기도를 올리는 남자의 모습 등 죽음의 공포를 면전에 둔 민중들의 모습이 적나라하게 묘사되어 있다. 그들의 얼굴에 떠오른 표정에서 우리는 그들이 죽음 따위 두려워하지 않는 고전적 영웅의 모습보다는 죽음을 두려워하는 평범한 농부의 모습을 보게 된다. 이는 아마도 고야가 죽음의 공포에도 불구하고 봉기했던 민초의 용기야말로 진정으로 위대했다고 느꼈기 때문일지도 모른다. 혹은 고야가 기록화가로서 객관적인 자세를 유지하기 위해 노력했기 때문일 수도 있다.

프랑스 군인들의 모습 뒤로 포로들의 모습을 밝게 비추는 커다란 정육면체의 등불이 보인다. 학살의 현장을 환하게 비추는 이 등불은 '이성의 빛'을 상징한다. 처형당하는 이들이 비록 눈앞에 닥친 죽음을 피할 수는 없으나 억압과 폭정으로부터 조국의 독립과 인권을 되찾겠다는 그들의 의지는 꺼지지 않는 불꽃과도 같다는 암시다. 이 밝은 불빛 앞에서 얼굴이 훤히 드러난 사형수들과는 달리 프랑스 군인들은 뒷모습만 보이고 있다. 고야는 이러한 구도를 이용해 작품 속 군인들의 모습을 이성을 지닌 존엄한 인간이 아닌 전쟁과 폭력의 도구로 전락한 존재라고 꼬집는 동시에 나아가 모든 전쟁의 폭력성과 무의미함을 고발한다. 그리고 저 멀리 등불의 빛이 닿지 않는 어두운 도시 풍경이 보인다. 밤이 뒤덮은 마드리드의 모습, 이는 암흑의 시대를 맞이한 에스파냐의 암담한 상황을 암시한다.

인상주의 기법이 돋보이는 이 작품은 훗날 마네에게 커다란 영향을 끼쳐 유럽 미술사에서 인상파의 등장을 앞당기는 중요한 역할을 해냈다.

나폴레옹의 군대가 에스파냐를 침공한 사건을 계기로 고야의 작품 세계에도 커다란 변화의 바람이 불었다. 그는 특히 프랑스군이 철수한 후 다시 들어선 에스파냐 왕실이 그 전과 다를 바 없는 태도를 보이며 과거의 영광을 되찾으려는 데에만 급급한 모습에 크게 실망한 나머지 궁정으로 발길을 하지 않았고, '퀸타 델 소르도(Quinta del Sordo, 귀머거리의 집)'라고 이름붙인 자신의 별장에 틀어박혔다. 이는 고야가 1792년 병의 후유증으로 청각을 잃게 되었으므로 붙은 이름이다. 그는 일흔이 넘은 나이로 사람들과의 왕래도 끊다시피 한 채 그림을 그리는 일에만 몰두했다. 그 후 1824년 고야는 정부의 허가를 받아 프랑스 망명길에 올랐다. 그리고 그로부터 4년 후 고야는 82세의 나이로 이국땅에서 고요히 눈을 감았다.

▲ 물 긷는 소녀
(Water Carrier)

▼ 고야의 초상화 작품
(Ferdinand Guillemardet)

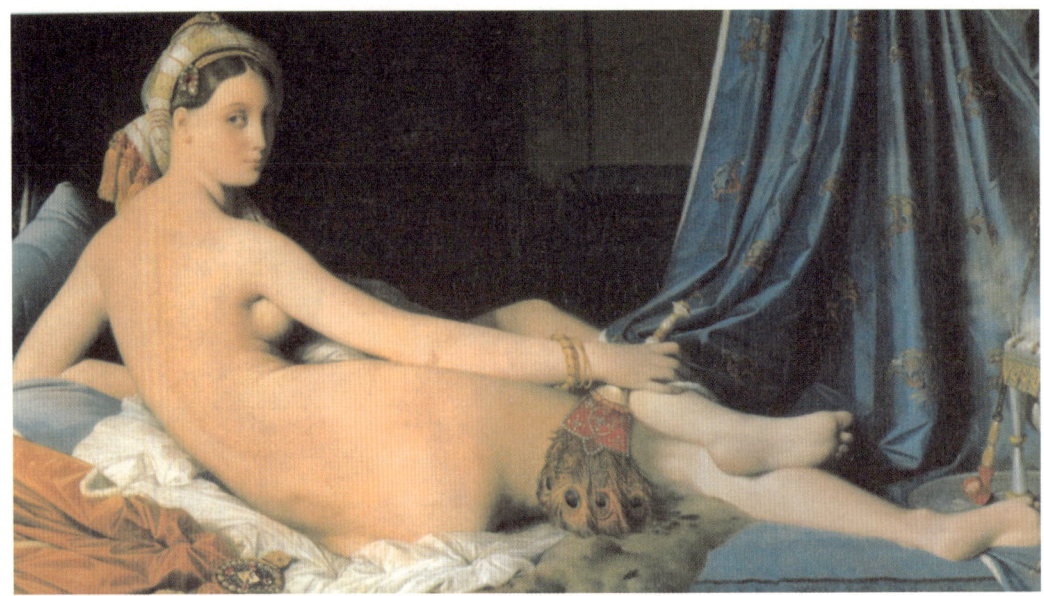

▲ 그랑드 오달리스크
(The Grand Odalisque)

명화자료
창작시기 : 1814년
크기 : 91 × 162cm
기법 : 캔버스에 유채
소장 : 프랑스 파리 루브르 박물관

그랑드 오달리스크

 앵그르는 작품을 통해 고상한 정취와 숭고한 정신세계를 구현하기 위해 부단히 노력했던 화가다. 그의 붓끝을 통해 탄생하는 여인들은 도자기처럼 매끄럽게 빛나는 피부와 매력이 넘치는 우아한 자태로 보는 이들의 시선을 순식간에 잡아끈다. 앵그르의 작품 속 여인들 중에서도 가장 유명한 작품은 〈그랑드 오달리스크〉로 여기에는 유연하고 아름다운 뒤태를 자랑하는 여인이 등장한다. 이 작품은 공개 당시에 많은 평론가들에게 문제작이라고 비난 받았다. 오달리스크는 오스만 제국의 술탄의 시중을 들며 성적인 욕구를 담당했던 하렘(Harem)*의 여인들을 지칭한다.

 앵그르가 〈그랑드 오달리스크〉를 그릴 당시 프랑스를 포함한 유럽 여러 나라의 상류층에서는 오리엔탈 문화를 무척 신비롭게 여기며 높은 관심을 보였다. 그 중에서도 오리엔탈 문화의 중심국가인 오스만 제국에 대한 관심은 더 말할 나위 없이 높았다. 프랑스 인들은 특히 그 나라의 궁궐 문화, 특히 궁궐 깊숙이 위치한 금남의 영역

▲ 앵그르

* 이슬람 문화권에서 가까운 친척 이외에 다른 남자들의 출입이 금지된 장소

인 하렘에 대해 신비로움을 느끼며 강한 호기심을 갖고 있었다. 이 무렵부터 '하렘=관능적이고 퇴폐적인 성의 낙원'이라는 편견이 상식처럼 자리 잡았고, 그와 동시에 동양에 대한 신비주의가 급격히 형성되었다. 이러한 세태를 반영하듯 이 무렵에는 동양의 신비를 소재로 하는 작품을 그리는 화가들이 속속 등장했다. 앵그르 역시 이 무렵 후원자들의 취향에 맞춰 오스만 제국 궁정의 하렘을 엿보는 것 같은 그림들을 그렸다. 앵그르는 수차례에 걸쳐 오스만 제국의 오달리스크를 소재로 한 그림을 자주 그렸는데, 그림 속 그녀들은 하나같이 차분하고 정적인 분위기를 풍기면서도 묘하게 나긋나긋한 자세를 취하고 있어 서양의 여인들과는 색다른 매력을 선사한다. 그중 가장 대표적인 작품으로는 〈그랑드 오달리스크〉를 꼽을 수 있으며, 그 외에도 〈발팽송의 목욕하는 여인〉, 〈터키 목욕탕〉 등이 유명하다.

▲ 오달리스크와 노예
(Odalisque with a Slave)

1813년 프랑스의 황제 나폴레옹 보나파르트의 누이이자 나폴리의 여왕이었던 카롤린 뮈라(Caroline Murat)가 앵그르에게 오스만 제국의 궁전을 배경으로 하는 오리엔탈 풍의 그림을 한 폭 그려줄 것을 의뢰했다. 그 이듬해 앵그르는 로마에 머물면서 이 작품을 완성했으나 프랑스 내부의 정치적 혼란탓에 의뢰인에게 전달할 방법이 없었다. 그림 속 여인은 황금색 태슬(Tassel)** 장식으로 화려하게 꾸민 이슬람식 터번을 머리에 두르고 있으며 값비싼 장신구도 걸고 있다. 그녀는 쿠션에 기대어 S자 형태로 부드럽게 휜 뒷모습을 보이며 침상 위에 누워 있는데, 한 손에는 공작새 꼬리 깃털로 만든 부채를 가볍게 쥐고 고개만 살짝 돌려 무심한 표정으로 화면 밖을 응시하고 있다. 쿠션이나 커튼 등 배경에는 터키를 연상케 하는 코발트 블루(Cobalt blue) 색채를 많이 사용했다.

앵그르는 1819년에 열린 살롱전에 이 그림을 출품했으나 평론가와 심사위원들은 그에게 인체 비례에 대한 가장 기본적인 상식조차

** 술 장식

작자소개

장 오귀스트 도미니크 앵그르
(Jean Auguste Dominique Ingres, 1780~1867)
19세기 프랑스의 신고전주의를 대표하는 화가다. 1780년 여름 프랑스 몽토방(Montauban)에서 태어나 열여섯 살이 되던 1797년에는 파리로 나와 고전주의의 거장 자크 루이 다비드(Jacques Louis David)의 문하로 들어가 회화를 배웠다. 1806년에는 이탈리아로 건너가서 1824년 파리로 돌아올 때까지 고전주의 회화와 르네상스의 거장 라파엘로의 화풍을 연구하며 작품 활동을 병행했다. 파리로 돌아온 이후에는 고전주의의 정통을 잇는 화가로서 이름을 떨쳤고, 그로부터 10년이 지난 1834년에는 로마에 있는 프랑스 아카데미 담당자로 파견되었다. 처음에 이탈리아로 갔다가 귀환한 1824년 이후, 그가 공개한 작품들은 프랑스 미술계에서 크게 환영받았고 그는 눈 깜짝할 사이에 가장 대표적인 고전주의 화가로 이름을 날렸다. 그를 중심으로 고전파 세력들은 같은 시대에 들라크루아가 이끄는 신흥 낭만주의 운동과 경쟁하며 발전을 이루었다. 앵그르가 남긴 작품 중 〈샘〉, 〈그랑드 오달리스크〉, 〈발팽송의 목욕하는 여인〉, 〈터키 목욕탕〉 등이 대표작으로 손꼽힌다.

▲ 터키 목욕탕
(The Turkish Bath)

도 모르는 화가라는 강도 높은 비난을 퍼부었다. 사실적 묘사를 중시해서 화가가 해부학적 지식까지 갖추어야 했던 당시의 예술 환경을 생각해보면 이해할 수 없는 반응은 아니다. 실제로 이 그림 속 여인의 얼굴과 목의 연결은 매끄럽지 못하며 양 어깨의 기울기가 부자연스럽고, 허리에서 엉덩이까지 지나치게 길며, 유방의 위치와 꼬아 올린 다리의 위치에서 나타나는 어색함 등 앵그르는 이 그림에서 비현실적인 인체라는 비난을 피할 수 없는 듯 보인다. 그러나 이것이 그의 실력과 지식이 모자라서 그랬으리라고는 할 수 없다.

당시 살롱전의 심사위원 및 평론가들 대다수는 아직 아카데미 미술의 한계를 벗어나지 못한 채 색다른 실험적 화풍을 배척하는 경직된 사고에 사로잡혀 있었다. 그들은 해부학적으로 설명할 수 없는 앵그르의 작품 속 여인에 대해 신체적 결함이 있다며 조롱거리로 삼았다. 그중에는 앵그르가 그린 오달리스크의 척추를 해부학적으로 분석해보면, 그녀의 척추 뼈는 일반인에 비해 적어도 세 마디는 더 많다는 등의 학문적 지식에 근거한 비판도 있었다. 그 밖에도 이 작품은 여러 가지 측면에서 아카데미 미술이 고수해온 고전주의 전통을 타파하는 파격적인 시도가 엿보인다. 앵그르의 역사화 작품 대부분이 아카데미 미술의 정통성을 잇는 화풍을 보인 것과는 사뭇 다르다. 당시 유럽인들은 오스만 제국의 정서가 가장 잘 나타나는 코발트 블루 색상을 많이 사용한 점과, 자신들과는 다른 황색 피부색이 주는 이질감을 쉽게 받아들이지 못했다.

앵그르가 이 작품에서 인체를 길게 표현한 방식은 아마도 르네상스 시대의 매너리즘 회화로부터 영향을 받은 듯하다. 그가 이 작품에서 추구한 것은 여체를 사실적으로 묘사하는 것이 아니라 관념화된 미의식을 투영하는 것이었다. 그는 과장과 변형을 통해 당시로써는 생소한 도전을 감행했다. 이러한 사실을 통해 앵그르의 미적 기준은 당시 각광받던 고전주의 회화와는 달리 르네상스 시대에 더 가깝다는 점을 알 수 있다. 이는 앵그르가 여인의 목과 허리를 가늘고 길게 그려서 부드럽고 섬세한 곡선의 아름다움을 이해하는 화가였기 때문에 가능한 시도였다. 이러한 면에서 앵그르는 고전주의의 새로운 시대를 여는 신고전주의의 선구적 화가로 손꼽힌다.

오스만 제국

아나톨리아를 중심으로 아시아 아프리카 유럽의 3개 대륙에 걸친 광대한 영토를 다스렸던 다민족, 다종교 국가이다. 오스만 제국은 13세기 말 오스만 1세가 건국한 이래로 번영을 이루었으나 15~16세기에는 중앙 유럽과 북 아프리카 일대를 영토로 편입하면서 서부 유럽과 이슬람 국가들을 위협하며 지중해의 최강자로서 최대 전성기를 맞이했다. 그러나 18세기 유럽 국가들의 약진으로 세력이 약해지면서 광대한 영토 또한 축소되기 시작했다. 결국 20세기 초반 술탄-칼리프 제도가 폐지되었고 동시에 600년 역사의 막을 내렸다.

◀ 샘
(The Source)

명화자료
창작시기 : 1856년
크기 : 163 × 80cm
기법 : 캔버스에 유채
소장 : 프랑스 파리 루브르 박물관

샘

　유럽 미술사를 살펴보면 아름다운 여체를 묘사한 걸작은 그 동안 서유럽 지역에서 주로 탄생했다는 사실을 알 수 있다. 그중에서도 앵그르의 작품 〈샘〉에 그려진 여체는 서양 미술사상 한 획을 긋는 누드화로 손꼽히며 최고의 아름다움을 자랑한다.

　이 작품은 1820년 무렵 앵그르가 이탈리아 피렌체 지역에서 유학 생활을 보내던 중에 그리기 시작한 작품이다. 그러나 정작 완성된 때는 그가 76세를 맞이한 1856년이다. 엄밀히 말하자면 1820년에 그린

▲ 발팽송의 목욕하는 여인
(The Valpincon Bather)

작품을 45년 이상의 긴 시간이 흐른 뒤에야 개작한 것이다.

당초 앵그르가 생각했던 이 작품의 원제는 〈비너스〉였다는 설도 있다. 그러나 개작을 거치면서 생각을 바꾸고 〈샘〉이라는 이름을 붙이게 되었다. 콩데(Conde) 미술관이 소장 중인 앵그르의 〈비너스의 탄생(Venus Anadyomene)〉을 보면 부가적인 배경 외에 기본적 구성이 그보다 늦게 그려진 〈샘〉과 아주 흡사하다는 것을 한눈에 알 수 있다. 앵그르의 〈샘〉은 우아하고 고결하며 순수한 동시에 관능적이기까지 한 여인의 모습을 담아내어, 가장 이상적인 여성미가 집약된 작품으로 인정받았다. 이와 같은 특성 덕분에 신고전주의 회화를 대표하는 작품을 넘어서, 신고전주의를 상징하는 작품으로 인정받으며 오늘날까지 큰사랑을 받고 있다.

이 여인의 몸은 S자형 곡선을 최대한 강조한 콘트라포스토(Contrapposto) 자세를 취하고 있다. 어깨 위로 치켜든 팔로 물병 입구가 왼팔로 향하도록 거꾸로 들고 있어 물줄기가 그녀의 손을 타고 바닥으로 흘러내리고 있다. 부드럽고 여성스러운 느낌이 물씬 풍기는 자세에 비해, 그녀의 얼굴은 조금 쌀쌀맞다 싶을 정도로 표정이 없다. 그러나 맑은 유리알처럼 크고 둥근 눈망울을 보면 그녀의 무표정은 오히려 세속의 때를 타지 않은 그녀의 순수함의 증거같다. 몸매의 유연한 곡선을 따라, 시선을 점차 아래로 내리면 부드럽고 도자기처럼 윤기가 흐르는 그녀의 흰 피부에 감탄이 흘러나온다. 마치 천상에서 막 내려온 것만 같은 아름다움이다. 그리고 그녀의 오른쪽 발 부근에는 노란색 황수선이 피어있다. 그리고 왼쪽에도 노란 꽃이 보이는데 이 꽃은 국화다. 화가가 그녀의 주위로 꽃을 피운 식물을 그려 넣은 것은 여인의 몸을 타고 흘러내린 물줄기가 식물에 생명력을 전해주었다고 해석할 수도 있다.

신고전주의 핵심 인물인 앵그르는 고전주의 회화의 대가 장 루이 다비드의 제자이다. 하지만 그의 작품에는 다비드의 동적이고 강건한 인상을 주는 남성적 화풍과 분위기와 혁명가 특유의 민주적 기질이 강한 성향으로부터 영향을 받은 흔적이 나타나지 않는다. 그러나 이 두 사제지간의 회화 작품이 지향하는 이른 바 신고전주의는 아카데미 파가 고집하는 고전주의와 다른 발전 방향을 프랑스 화단에 제시한다는 점에서 공통점을 찾아볼 수 있다. 특히 앵그르는 자연을 어떻게 표현할 것인가에 대해 끊임없이 연구한 화가였다. 그는 자신의 미술의 뿌리와 자연의 모방에 대한 해답을 찾기 위해 이탈리아로 향했다. 앵그르는 자연을 미술의 영역에서 가장 아름답게 표현한 예술가로 르네상스의 3대 천재 화가 중 한명인 라파엘로를 꼽았다. 〈그랑드 오달리스크〉 등을 포함한 1824년 이전 작품들은 번번이 프랑스 미술계의 혹평을 받았던 앵그르를 한 번에 인기화가로 탄생시킨 작품 〈루이 13세의 서약(The Vow of Louis XIII)〉을 보면 라파엘로의 대표작인 〈시스틴의 성모〉와 대단히 흡사하다는 사실을 한눈에 알 수 있다. 그는 이탈리아에서 장기간 체류하면서 라파엘로의 작품들을 연구했고, 그 경험을 통해 그리스 로마 미술에 크게 매료되었다. 앵그르의 작품들을 시간 순서에 따라 감상하면 먼저, 로마 미술 특성이 강하게 나타나고, 그 후에는 그리스 미술의 영향이 나타난다는 점을 금방알 수 있다. 이와

▲ 주피터와 테티스
(Jupiter and Thetis)

같은 관점에서 〈샘〉은 예술에서 자연을 어떻게 표현할 것인지에 대해 앵그르가 어떤 해답을 찾았는지 나타낸 작품이다. 색채와 명암, 필치와 구도가 전부 완벽하게 조화를 이루고 있으며, 앵그르 특유의 해부학적 변형 방식이 드러난 그녀의 신체는 신비롭기 그지없다. 앵그르는 여인을 순결하고 단아하며 시적인 서정미 속에 마치 의도하지 않은 듯한 관능미가 숨어있는 신비로운 존재로 표현했다. 이처럼 그는 작품을 통해 보편적 미의 기준을 제시하는 데 큰 성공을 거두었다.

이 작품의 개작 과정이 끝나고 세상에 공개되자 미술 애호가들은 이 그림을 사기 위해 앞 다투어 몰려들었다. 결국 1857년 어느 귀족 가문의 수집가에게 팔렸으나 그가 죽고 나자 유족들은 1878년 이 작품을 국가에 기증했다. 오늘날에는 루브르 박물관에 소장되어 있다.

1824년 앵그르는 〈루이 13세의 서약〉을 공개한 뒤, 명망 있는 화가로 인정받아 안정된 노후를 보장받았다. 또한 60대 이후에도 상원의원이 되거나 벨기에의 왕립 아카데미 회원 자격을 얻는 등 사회적으로 왕성한 활동을 펼쳤다. 1867년 앵그르는 87세의 고령으로 세상을 떠날 때까지 앞 선 시대의 거장들의 화풍을 연구하며 예술적 탐구를 절대 게을리 하지 않았다고 한다.

▲ 메두사호의 뗏목

명화자료

창작시기 : 1819년
크기 : 491 × 716cm
기법 : 캔버스에 유채
소장 : 프랑스 파리 루브르 박물관

▲ 제리코

메두사호의 뗏목

　1816년 프랑스의 루이 18세는 영국의 식민지인 세네갈을 빼앗기 위해 군사를 보내면서 세네갈에 정착할 이주민을 함께 파견했다. 그러나 항해 도중 기함 메두사호가 난파되었다. 약 400여 명 중, 함장을 포함해서 신분이나 계급이 높은 250명은 구명보트를 타고 떠나 목숨을 건졌다. 나머지 사람들을 사지에 버려둔 채 도망친 것이다. 그러나 두 손 놓고 죽을 수 밖에 없었던 남겨진 사람들은 뗏목을 급조해 구조대가 오기를 기다리며 표류하는 신세가 되었다. 지옥 같은 재난의 시간은 13일이나 계속되었다. 그리고 마침내 기적적으로 아르귀스(Argus)호에 구조되었으나 이때 뗏목의 생존자는 겨우 열다섯 명에 불과했다. 그 중 다섯 명은 구조되자마자 목숨을 잃었다.

　그들이 구조된 뒤 생존자들의 증언은 프랑스를 발칵 뒤집어놓았다. 150명이나 되는 인원을 버리고 도망간 이들의 행태와, 그 수많은 인원이 겨우 열다섯 명으로 줄어들기까지의 과정이 하나 둘 씩 밝혀지자 사람들은 경악을 금치 못했다. 처음에 프랑스 정부는 이 사건을 쉬쉬하며 무마하려 했으나 이 참사가 알려져 여론이 들끓자 자세히 조사하기 시작했다. 그 결과 150 명 중 90% 이상이 모조리 목숨을 잃은 대 참극의 원인과 책임은 메두사호의 미숙하

◀ 돌격하는 샤쇠르
(An Officer of the Chasseurs Commanding a Charge)

고 책임감이 부족한 함장인 쇼마레(Julien-Desire Schmaltz) 대령에게 있었고, 더 근본적은 책임은 제대로 능력이 검증되지 않은 인물을 함장으로 임명한 프랑스 정부에 있었다는 사실이 밝혀졌다. 그 후 이 사건의 책임자로서 쇼마레는 군사재판에 넘겨졌다. 그러나 판결은 직무 해제와 3년 금고형이었다. 이처럼 믿을 수 없을 만큼 가벼운 판결에 민중은 분노를 터뜨렸다. 결국 이 사건은 프랑스 국내외로 일파만파 퍼져서 주변 국가까지 주목하는 대형사건으로 발전했다.

당시 스물여섯 살의 피 끓는 청년이었던 제리코도 이 사실을 접하고 크게 분노한 인물 중 하나였다. 그는 조난되었던 메두사호의 생존자를 몸소 만나는 열의를 보였고 또 유족들을 만나 당시의 정황 등 구체적인 정보를 수집했다. 한편, 죽음을 앞둔 인간의 모습과 감정을 더욱 생생하게 표현하기 위해 병원에서 죽어 가는 환자를 관찰하거나 시신의 부패 과정을 상세히 살피는 등 치밀하게 작품을 준비했다. 그 밖에도 생존자들의 설명을 바탕으로 당시의 뗏목 모형을 제작해 바다에 띄워 직접 타보거나 바닷가 근처에서 몇 날 며칠을 지내며 날씨와 파도의 변화를 관찰했으며, 작품의 모델로 세우기 위해 황달 증세가 있는 사람을 찾아다니기도 했다. 이렇게 작업을 시

작자소개

테오도르 제리코
(Theodore Gericault, 1791~1824)
19세기 초 프랑스의 낭만파 회화를 창시한 선구적 인물이다. 스물여섯 살 때에 발표한 〈메두사호의 뗏목〉은 실제 사건을 바탕으로 그린 작품으로 프랑스 내외에서 큰 반향을 일으키는 소재였으므로 크게 주목받았다. 그 외에도 이 작품은 낭만파라는 새로운 장르를 끌어낸 화풍을 선보이며 미술사에서도 중요한 한 획을 그었다. 1824년 그는 안타깝게도 낙마 사고로 서른세 살의 젊은 나이에 세상을 떠났다. 그러나 그가 남긴 작품은 유화 191점, 소묘 180점, 리토그라프(lithograph, 석판화) 100여 점에 조각 작품까지 수백 점에 이르러, 30대 초반에 사망했다고는 믿기 어려울 정도로 많다. 제리코가 평소에도 부지런히 그림을 그리는 인물이었음을 알 수 있다.
대표작으로는 〈기수 없는 말의 경주 (Race of The Riderless Horses)〉, 〈부상당한 퀴라시에 (Wounded Cuirassier)〉, 〈도박에 중독된 여인(A Madwoman and Compulsive Gambler)〉 등이 있다.

▲ 미친 여자
(The Mad Woman)

작하기 전부터 꼼꼼하게 준비했으므로 작품을 완성하는 데에는 18개월 정도가 걸렸다.

〈메두사호의 뗏목〉은 낭만주의 회화의 시작을 알리는 대표적인 작품으로 손꼽힌다. 구조선이 나타난 순간을 그린 이 작품은 꼼꼼한 사전조사와 화가의 풍부한 상상력을 바탕으로 구도, 광선, 색채에서 인물의 동작과 표정 등에 이르기까지 세세한 표현이 돋보인다. 이 작품은 특히 크고 작은 두 개의 피라미드 구도가 나타나는 점이 특징이다. 돛의 꼭대기 부분을 꼭짓점으로 해서 큰 피라미드가 그려지며, 아르귀스호를 발견하자 벌떡 일어서서 죽을 힘을 다해 붉은 천을 흔드는 인물의 손을 꼭짓점으로 해서 작은 피라미드가 그려진다. 아르귀스호의 위치는 그 오른쪽에서 백색 천을 흔드는 인물의 겨드랑이 부근으로 작은 피라미드의 변 위에 걸쳐 있다. 작품 내 중요 요소는 전부 피라미드 구도 내에 몰려있는 셈이다. 멀리 구조선이 보이긴 하지만 하늘에는 먹구름이 끼어 있고 파도는 높이 일어, 이 뗏목은 여전히 언제 뒤집힐지 모르는 풍전등화의 위기에 처해있다. 뗏목 위 사람들의 운명 또한 한치 앞을 내다볼 수 없는 상황이다. 화가는 그들이 처한 상황을 통해서 언제 돌변할지 모르는 대자연 속에서 인간은 무력할 뿐이며, 목숨을 위협하는 공포에서 벗어날 수 없을 때 인간의 이성은 사라지고 무자비한 폭력만이 남는다는 사실을 표현하고 있다.

제리코가 〈메두사호의 뗏목〉을 공개한 것은 사건이 발생한 지 3년이 지나서였다. 이 그림을 본 민중은 그 사건에 대해 의혹을 가지고 불만을 격렬히 나타냈다. 부르봉 왕가와 프랑스 정부는 이 곤혹스러운 사건이 자꾸 들추어지는 것을 무척 불쾌하게 여겼다. 또한 여기에 발맞추어 프랑스 회화의 아카데미파 역시 제리코의 예술가적 자질을 비난하며 작품을 비하하고 나섰다. 부르봉 왕가를 신봉하는 이들은 왕가의 치욕을 들추는 〈메두사호의 뗏목〉을 없애버리고 싶어 했으나, 이 작품을 파괴의 위기에서 구해준 인물은 부르봉 왕가의 중심인물인 루이 18세였다. 게다가 그는 이 작품이 안전하게 지켜질 수 있도록 루브르 궁전 내 미술관에 보관하도록 지시했다.

▲ 건초마차
(The Hay-Wain)

건초마차

명화자료
창작시기 : 1821년
크기 : 130 × 185cm
기법 : 캔버스에 유채
소장 : 영국 런던 내셔널 갤러리

　존 컨스터블은 플랑드르 풍경화가들의 사실주의 전통을 이어받아 사실적 표현을 추구한 화가였다. 동시에 대자연의 생명력에 대한 경외심과 자연을 향한 그리움을 그림 속에 은은하게 녹여 넣을 줄 알았던 풍경화가였다. 그는 자신이 나고 자란 고향을 굉장히 사랑하는 화가였으며, 이는 그의 작품에서도 잘 드러나고 있다.

　존 컨스터블은 1799년 영국 왕립 미술 아카데미에 견습생으로 들어가 회화를 배우면서 정식화가가 되기로 결심했다. 이때 그가 중점적으로 연구한 것은 네덜란드의 풍경화가인 야코프 반 로이스달(Jacob van Ruysdael)의 회화 기법이었다. 존 컨스터블은 사람들의 시선을 잡아끄는 화려한 기교를 피해 투박하고 가식 없이 질박하게 그리운 풍경을 담아 그림을 그렸다. 그러나 그의 화풍은 당시 영국 미술계를 이끄는 주류층으로부터 인정받지 못했다.

　그러던 중, 무명화가였던 그의 이름이 널리 알려지는 기회가 찾아왔다. 그의 대표 작품으로 유명한 〈건초마차〉가 완성되면서 그의 앞

▲ 존 컨스터블

▲ 백마의 일부
(The White Horse)

작자소개

존 컨스터블
(John Constable, 1776~1837)
19세기 영국의 가장 뛰어난 풍경 화가이다. 컨스터블은 서포크(Suffolk)주의 스투어(Stour) 강 유역에 있는 한 마을에서 부유한 제분업자인 골딩 컨스터블(Golding Constable)의 아들로 태어났다. 그가 영국 왕립 미술아카데미에 견습생으로 들어간 1799년부터 아카데미 정회원의 자격을 인정받는 데에는 무려 30년이나 되는 긴 세월이 소요됐다. 그의 작품을 감상하자면 어디선가 전원 교향곡이 잔잔하게 들려올 것만 같다. 컨스터블의 작품은 어느 누구도 거부감을 가질 수 없을 만큼, 따스한 햇살과도 같은 친숙한 특유의 분위기가 있다. 글로 치면, 고요하고 평화로운 전원 에세이 같다. 그는 있는 그대로의 풍경이 가장 아름답다는 사실을 누구보다도 잘 알고 있었다. 당시 수많은 프랑스 사람들에게 잔잔한 감동을 선사했던 존 컨스터블의 예술적 능력은 대자연을 인위적으로 꾸미려들지 않는 그의 겸손함에서 비롯된 것은 아닐까.

날에도 한줄기 빛이 찾아들었다. 1821년 존 컨스터블은 이 작품을 영국 왕립 아카데미 전시회에 제출했으나 영국의 평론가들은 별다른 반응을 보이지 않았다. 그러나 당시 영국에서 요양 중이던 프랑스의 낭만주의 화가 테오도르 제리코는 이 작품을 보고 크게 감명받았으며, 영국에서 활동하던 스위스 출신의 화가 앙리 퓨젤리(Henry Fuseli)는 이 작품을 구입하고 싶어 몸이 달았다고 한다. 퓨젤리는 존 컨스터블에게 편지를 보내 그림의 가격을 묻고 자신에게 돈이 생길 때까지 아무에게도 그림을 팔지 말아 달라는 부탁을 하기도 했다. 그러나 얼마 지나지 않아 존 컨스터블은 이 작품을 프랑스의 미술상인 존 애로스미스(John Arrowsmith)에게 250파운드에 팔았다. 그가 살롱(Salon)* 전에 출품하기 위해 이 작품을 구입하고 싶어 하는 것을 알게 된 퓨젤리가 컨스터블을 설득해서 애로스미스에게 팔 것을 적극 권장한 덕분이었다. 프랑스 살롱전에서 작품성을 인정받으면 존 컨스터블의 앞날이 훤히 열릴 것이라는 것을 알았기 때문이다. 그 후 바다 건너 프랑스로 간 이 작품이 1824년 프랑스의 살롱전에 전시되자 퓨젤리의 예상대로 프랑스 화단은 영국과 달리 열렬한 반응을 보여주었다. 이를 계기로 존 컨스터블은 프랑스 내에서 화제의 인물로 주목받게 되었다. 특히 프랑스 낭만주의 회화의 거장인 들라크루아가 존 컨스터블의 작품을 본 뒤 감명받아 극찬을 아끼지 않았으며 자신의 작품 일부를 수정했다는 일화는 아주 유명하다. 이때 들라크루아가 수정했다고 알려진 작품이 바로 그의 대표작인 〈키오스 섬의 학살(The Massacre at Chios)〉이다.

1824년 살롱전에 출품된 존 컨스터블의 작품은 〈건초마차〉, 〈함스티드 히스〉 등 총 세 점이었다. 사실 그 당시까지만 하더라도 풍경화는 유럽 미술계에서 제대로 대접받는 분야가 아니었다. 그러나 〈건초마차〉는 그 해의 금상을 수상하는 영광을 누리며 프랑스 미술계를 뒤흔들었다. 이 작품을 시작으로 풍경화는 회화의 주류 분야 중 하나로 인정받았다고 해도 과언이 아닐 정도로 〈건초마차〉가 미술사에 미친 영향력은 굉장했다.

---

* 대문자로 시작될 때에는 살아 있는 화가나 조각가들의 연례 전람회를 의미함

 함스티드 히스
(Hamstead heath)

늦은 여름날의 오후, 영국 농촌의 고즈넉한 풍경을 담고 있는 이 작품에는 중앙에 건초를 실은 수레를 끌고 얕은 개울을 건너는 말과 사람의 모습이 보인다. 자세히 보면 이 수레는 무척 낡았으며 모양새도 거칠고 허름하기 그지없다. 전경에는 지나가던 얼룩개가 마차를 물끄러미 바라보고 있으며, 개울 주변에는 사랑스러운 들꽃이 점을 찍은 듯이 여기저기에 피어 있어 평범하지만 고요하고 평화로운 시골의 정취를 더한다. 화면 왼쪽에 보이는 큰 나무들의 잎은 한창 때의 짙은 녹색보다 조금 힘이 빠진 듯한 노란 기가 돌기 시작하는 데서 한여름이 막 지난 듯한 계절임을 느낄 수 있다. 입체적으로 그려진 뭉게구름 사이로 맑고 푸른 하늘이 보이는데, 이 역시 한여름 때보다 시원하고 높아서 가을 하늘의 느낌을 준다.

오늘날까지 영국의 화가들 중 존 컨스터블만큼 영국 농촌의 낭만적 일상 풍경을 사실적으로 담아낸 화가는 찾아보기 어렵다. 게다가 영국 화단에서는 존 컨스터블 화풍의 계보를 잇는 화가를 찾아보기도 쉽지 않다. 그의 화풍에 영향을 받은 화가들은 오히려 프랑스에서 많이 배출되었다. 프랑스 내 존 컨스터블의 인기는 19세기 중엽 밀레(Jean Francois Millet)를 포함한 바르비종파 출현에 결정적인 영향을 미쳤다.

로이스달

존 컨스터블에게 가장 큰 영향을 미친 화가로 알려진 야코프 반 로이스달(Jacob van Ruysdael, 1628~1682)은 17세기 네덜란드의 풍경화가 중 가장 유명한 화가의 반열에 올라있다. 그는 어린 시절부터 탄탄한 예술 교육을 받을 수 있었다. 그 이유는 네덜란드 풍경화 분야에서 우수한 인재를 많이 배출해 내기로 유명한 로이스달 가문이었기 때문이다. 타고난 예술적 감각에 양질의 교육이 더해진 덕분에 그는 네덜란드의 고전주의 풍경화파의 선구자로 성장했다. 그의 풍경화 특징은 고요하고 침울하며 덧없는 아름다움을 담고 있는 것이다. 또한 자신의 개인적 감정과 주관적 감성을 그대로 화폭에 담아냈다. 이와 같은 로이스달의 화풍은 19세기 유럽에서 근대 낭만주의의 출현을 이끌어내는 데 중요한 역할을 맡았다.

▶ 보리밭
 (The Cornfield)

명화자료
창작시기 : 1826년
크기 : 143 × 122cm
기법 : 캔버스에 유채
소장 : 영국 런던 내셔널 갤러리

보리밭

존 컨스터블은 자신이 나고 자란 고향에 대해 느끼는 각별한 애정을 작품 속에 분명하게 나타내는 화가다. 일반적으로 예술가들은 어린 시절을 보냈던 고향의 풍경에서 영감을 얻는 경우가 많은 편인데, 컨스터블의 작품에서는 그런 면이 더욱 도드라진다. 게다가 그는 어린 시절의 고향에 대한 추억 뿐만 아니라 현재 자신이 처한 환경 속에서도 아름다움을 발견할 줄 알았다. 물론 이는, 그가 남긴 풍경화 작품들을 보는 것만으로도 충분히 짐작할 수 있는 부분이다.

잎과 가지가 울창하게 우거진 오래된 나무들과 그 사이 사이로 드러나는 허름한 농막과 방앗간들, 햇빛을 받아 물고기 비늘처럼 반짝

▲ 솔즈베리의 풍경
(View of Salisbury)

이는 물결, 풍요로운 금빛 수확물이 일렁이는 들판 등 그의 작품 속에서 인간은 주인공이 아닌 농촌 풍경의 일부로서 맡은 일에 묵묵히 열중하고 있다. 존 컨스터블의 작품은 당시 영국 미술의 주류와는 동떨어진 화풍을 보였으므로 한동안 제대로 평가를 받을 기회조차 없었다. 그러나 그는 거의 매해 빠짐없이 왕립 아카데미에서 주최하는 전시회에 작품을 제출할 정도로 끈기가 있었고, 성실했다. 결국 그의 이러한 노력 덕분에, 그 동안 소외되었던 풍경화 장르가 19세기 유럽에서 주류로 인정받았고 그는 결정적인 역할을 한 화가로서 미술사에 이름을 남기게 되었다.

　1824년 〈건초마차〉가 프랑스 살롱전에서 금상을 수상한 이후 존 컨스터블의 내면에는 사실적인 사물의 질감 표현과 낭만주의적 분위기 중 어느 쪽을 추구할 것인지 갈등이 생기기 시작한다. 화가의 주관적 해석과 감정을 배제하고 눈에 보이는 현실만을 담아낸다면 사물은 더욱 더 실제에 가깝게 표현할 수 있다. 그러나 이처럼 사실적 표현에만 치중할 경우 그림에 감도는 낭만적 정서는 점차 흐릿해진다. 이처럼 존 컨스터블은 나아갈 방향에 대해 끊임없이 고민하면

▶ 주교의 정원에서 본 솔즈베리 대성당
(Salisbury Cathedral from the Bishop's Grounds)

서도 우수한 작품을 여러 점 완성했다. 보리농사를 짓는 시골농부의 평범한 일상적 모습을 담은 〈보리밭〉도 이 무렵, 완성된 수작이다.

〈보리밭〉은 화가가 개인적으로 가장 아끼는 작품이었던 것으로 추정된다. 존 컨스터블이 실제로 그렇게 말했는지는 알 수 없으나 이 작품은 완성된 후 그가 죽을 때까지 10년 동안 다른 사람에게 팔지 않다가, 그가 죽던 해에 팔렸기 때문에 설득력은 무척 강하다.

그의 작품이 대부분 그렇지만 이 작품에서는 호젓한 농촌의 일상적 정취가 특히 진하게 묻어난다. 큰 나무가 줄지어 서있는 오솔길 사이로 양떼가 지나가고 양치는 개 한 마리가 그 뒤를 따라가면서 충실히 제 소임을 다하고 있다. 붉은 조끼를 입은 소년은 목이 말랐는지 모자를 벗고 길가에 엎드려 샘물을 마신다. 그 뒤쪽 비탈길에는 크고 작은 당나귀 두 마리가 아주 맛있게 풀을 뜯어먹고 있다. 오솔길 끝에는 이미 황금색으로 변해 바람에 물결치며 수확을 기다리는 보리밭이 넓게 펼쳐져 있고, 길에서 밭으로 이어지는 길목에는 두 사람이 보리 이삭들을 살펴보고 있다. 그들은 보리가 잘 익은 것을 기뻐하며 언제 수확할지 이야기를 나누고 있을지도 모른다. 그들의 머리 위로는 구름이 뭉게뭉게 피어오른 하늘이 넓게 펼쳐져 저 멀리 지평선과 맞닿아 있어 탁 트인 시원함을 느끼게 해준다.

존 컨스터블의 작품은 고착화 된 전통적 구도와 색채 활용 방식의 구태의연함을 과감히 탈피해 근대 유럽 화단에 참신한 작화 기법과 새로운 철학 세계를 제시했다. 팔레트 나이프를 이용해 눅눅하게 적신 캔버스 위에 물감을 뿌려 점점이 반짝이는 빛의 입자를 독특하게 표현하는 등 무척 파격적이고 실험적인 방식도 선보였다. 이러한 방식으로 표현된 작고 하얀 점들은 빛의 반사를 표현하기 위해 그가 고안한 방법이라고 해서 '컨스터블의 눈(Constable's snow)'이라 불렸다. 또한 존 컨스터블 이전에는 어떤 화가도 이처럼 다변적이고 생생한 녹색 빛을 이용해서 풍경을 재현하려 하지 않았다. 그저 일종의 공식처럼 근경은 무조건 갈색을 써야 한다는 고정관념에 사로잡혀 있었던 것이다. 존 컨스터블의 등장 이후 유럽 회화 작품 속 풍경들은 통일된 갈색에서 해방되어 원래의 다채로운 색채를 되찾을 수 있었다. 그 밖에도 그는 빛을 이용한 하늘과 대기의 원근 및 질량 표현에 뛰어난 능력을 보였다.

그는 조국보다 국외에서 더욱 명망이 높았고 1829년, 53세를 맞이한 해에 영국 왕립 미술 아카데미의 정회원 자격을 인정받았다. 그러나 이런 좋은 일이 생기기 직전에, 그의 사랑하는 아내가 오랫동안 앓던 폐결핵을 이겨내지 못하고 안타깝게도 41세 나이로 세상을 떠나고 말았다. 그는 자신의 실력을 인정받는 모습을 보지 못한 채 세상을 떠난 아내에게 미안해했고, 성공의 즐거움을 함께 즐길 반려자가 곁에 없다는 현실 때문에 우울해 했다고 한다. 아내의 죽음 이후 그는 전혀 다른 사람이라도 된 것 마냥 모든 열정이 한순간에 사라졌다. 화폭에 담기 위한 새로운 풍경을 찾아나서는 일도 그만두고 집 안에 틀어박혀 점점 더 우울증에 시달렸다. 그러나 예술 활동을 완전히 그만둔 것은 아니었다. 그는 1837년에 심장병으로 죽을 때까지 예전에 그렸던 그림들을 판화로 제작하는 작업을 하거나 기억 속의 풍경을 그리는 등 꾸준히 그림을 그렸다. 이 무렵에 완성된 여러 작품에는 그의 불안하고 우울한 정서가 알게 모르게 반영되어 있다.

▶ 키오스 섬의 학살

명화자료
창작시기 : 1824년
크기 : 417 × 354cm
기법 : 캔버스에 유채
소장 : 프랑스 파리 루브르 박물관

키오스 섬의 학살

　제리코가 세상을 떠난 후, 낭만주의 회화를 선봉에서 이끌었던 들라크루아는 작품 속에 화가의 개성과 철학, 사상이 담겨있어야 한다고 믿는 화가였다. 이와 같은 맥락으로 그는 예술적 창작 과정에서 반드시 지켜야 할 절대불변의 원칙을 제시했다. 그것은 자연, 시대, 다양한 예술들이 지닌 각각의 성질을 충분히 이해해야 한다는 것이었다. 들라크루아가 스물여섯 살 때 그린 〈키오스 섬의 학살〉도 그 무렵 발생했던 실제 사건을 근거로 창작된 작품이다.
　19세기 초, 오스만 제국의 지배를 받고 있던 그리스가 독립하고자 하면서 격렬한 전쟁이 벌어졌다. 전쟁 중인 1822년에는 오스만 제국

▲ 들라크루아

이 그리스를 겁주기 위해 키오스 섬의 주민들에 대해 잔혹한 대량 학살을 저지른 사건이 발생했다. 이 소식을 듣고 그리스를 동정하며 오스만 제국에 크게 분노한 들라크루아는 그들의 폭력과 횡포를 고발하고 역사에 남기겠다는 사명감에 불타 붓을 들었다.

〈키오스 섬의 학살〉은 오스만 군사들에 의해 마을이 불타고 섬 주민들이 속절없이 약탈당하고 살해되는 장면을 상세히 묘사했다. 앞다리를 번쩍 들고 일어선 말에서 오스만의 병사가 한 손에는 채찍을 쥔 채, 겁에 질린 주민들을 위협하고 있다. 그는 지금 키오스 섬의 젊고 아름다운 여인을 납치하는 중이다. 그 부근에는 땅에 쓰러져 있거나 주저앉아 있는 섬 주민들의 모습이 그려져 있는데, 그들은 모두 무장하지 않은 상태였고 얼굴에는 이 악몽 같은 상황에서 느끼는 고통과 체념, 공포 등 온갖 감정이 뒤엉켜서 나타나고 있다. 화면 오른쪽 아래에 하늘을 똑바로 바라보는 한 노파의 모습이 특히 인상적이다. 들라크루아는 자신이 이 사건에 대해 느끼는 감정을 그녀를 통해 표현하려 했다고 한다. 어린 아기는 이 참상을 이해하지 못한 채, 이미 숨이 끊어진 엄마의 가슴을 더듬으며 젖을 찾고 있다. 이렇게 참혹한 상황 앞에서 절망하고 고통스러워하는 이들 뒤로 들판이 보인다. 그 위로 여전히 계속되고 있는 살육의 현장이 펼쳐져 이들의 잔학 행위를 더욱 생생하게 고발한다. 그리고 그들의 머리 위로 피처럼 붉은 노을이 퍼져 있는 하늘이 있고 검붉게 물든 바다가 그 하늘을 비추며 섬을 둘러싸고 있는 배경은 잔학 무도한 이 사건에 비극성을 더한다.

1824년 들라크루아는 이 작품을 파리 살롱전에 출품했다. 그러나 살롱전을 주최하는 정부 측에서는 이 작품을 그다지 달갑게 여기지 않았다고 한다. 한편 들라크루아는 이 살롱전이 열리기 전에 미리 영국화가 존 컨스터블의 작품 〈건초마차〉를 감상할 기회가 있었다.

▲ 단테의 배
(The Barque of Dante)

작자소개

페르디낭 빅토르 외젠 들라크루아
(Ferdinand Victor Eugene Delacroix, 1798~1863)
19세기 프랑스의 낭만주의를 대표하는 중요한 화가이다. 신고전주의의 화가이자 자크 루이 다비드를 추종하는 피에르 나르시스 게렝(Pierre Narcisse Guerin) 아래에서 그림을 배우며 다비드의 화풍을 익혔다. 들라크루아의 작품들은 훗날 인상파의 등장 및 반 고흐의 회화 풍격에 지대한 영향을 미쳤다. 그의 대표작 중 가장 유명한 〈민중을 이끄는 자유의 여신〉은 프랑스 정부가 공식 발행한 화폐 중 100프랑 권 지폐와 1980년에 발행한 우표에 사용되면서 세월이 지나도 식을 줄 모르는 인기를 과시했다.

그의 작품에는 르네상스 이후 베네치아, 플랑드르를 포함한 유럽 각 지역의 예술 유파의 화풍을 연구, 발전시키는 데 일조했으며 특히 렘브란트, 루벤스, 르브룅에서 존 컨스터블에 이르기까지 각 분야의 거장들로부터 다양한 풍격을 받아들여 조화롭게 소화했다. 그의 예술적 성취는 그 후에 나타날 인상주의 화가들에 의해 계승, 발전하게 되었다.

▲ 알제리의 여인들
(The Women of Algiers)

잎이 무성하게 우거진 오래된 나무와 길가, 개울가에 핀 들꽃들은 모두 저마다의 녹색 빛을 자랑하며 조화를 이루고 있었고, 모든 사물에 공평하게 내리쪼이는 자연광까지도 그의 작품 속에서는 섬세하게 표현되어 있었다. 마치 대자연의 풍경을 뚝 떼어내어 화폭에 그대로 담은 듯 따스한 풍경화 앞에서 그는 크게 감동했다. 그는 즉시 〈키오스 섬의 학살〉을 다시 가지고 화실로 돌아갔다. 그리고 해와 구름 등 배경의 일부를 수정해 분위기를 한층 비장하게 표현하는데 성공했다.

들라크루아가 이 작품을 그린 이유는 잔인한 폭력에 대한 분노와 폭력 앞에서 힘없이 당하는 민중들에 대한 동정심을 느꼈기 때문이다. 결국 화가의 감정이 고스란히 담긴 강렬한 색채와 격정적인 필치로 완성되었다. 이 작품이 공개되자 프랑스 미술계는 발칵 뒤집혔다. 이 그림을 두고 "이는 〈키오스 섬의 학살〉이 아니라 회화의 학살과도 같은 그림"이라며 신랄한 비난을 쏟아 붓는 이들도 있었다. 강렬한 색채와 호방한 필치, 선명한 명암 대비와 인물들의 자세, 근경과 원경이 뚜렷이 분리된 이층 구조 등 다양한 요소들이 어우러져 강렬한 인상을 풍긴다. 이는 들라크루아의 내면에 폭풍처럼 일었던 감정과 닮아 있었다. 고전주의 세력이 이 작품에 불편한 심기를 감추지 않았던 것과 반대로 낭만주의 성향을 띤 예술가들은 들라크루아의 등장에 크게 환호했다.

그는 자신을 둘러싼 소란에 아랑곳하지 않고 1826년에는 다시 상징적 기법을 능숙하게 활용한 〈그리스 신화의 유적(Greece Expiring on the Ruins of Missolonghi)〉을 발표하면서 그리스인들에 대한 안타까운 마음을 표현했다.

▲ 민중을 이끄는 자유의 여신
(Liberty Leading the People)

민중을 이끄는 자유의 여신

명화자료
창작시기 : 1830년
크기 : 260 × 325cm
기법 : 캔버스에 유채
소장 : 프랑스 파리 루브르 박물관

  1970년 대 말 프랑스 정부는 100프랑 지폐의 새 도안으로 들라크루아의 초상화와 그의 대표작인 〈민중을 이끄는 자유의 여신〉을 채택했다. 이 화폐는 1979년에 최초로 발행된 후 오랜 기간 프랑스인의 사랑을 받으며 사용되었으나 1999년 유럽 연합의 출범과 동시에 유로화가 통용되면서 발행이 중단되었다. 〈민중을 이끄는 자유의 여신〉은 들라크루아가 남긴 작품 중 가장 대표적인 작품이자 프랑스 낭만주의 회화의 최고 걸작으로 손꼽히고 있다.

  이 작품의 부제는 〈1830년 7월 28일〉로 들라크루아가 남긴 회화 작품 중 유일하게 그가 실제로 목격한 프랑스의 역사적 사건을 주제로 한 작품이다. 배경이 되는 사건은 1830년에 발생한 7월 혁명이다. 화가 본인이 이 혁명에 적극 참여하지는 않았으나 가장 격렬한 전투가 벌어졌던 곳이 그의 작업실과 매우 가까웠다. 덕분에 노동자와 학생으로 구성된 파리 시민들이 군대를 상대로 승리를 거두는 역

▶ 콘스탄티노플에 입성한 십자군
(Entry of the Crusaders in Constantinople)

7월 혁명

'7월 혁명(Revolution de Juillet)'은 1830년 7월 프랑스에서 발발한 민주주의 혁명이다. 이 혁명을 계기로 프랑스의 정치는 자유주의적인 입헌왕정과 안정적인 부르주아 지배 체제를 굳히는 데 성공했다. 1824년 프랑스 대혁명으로 폐위된 루이 16세의 동생인 샤를 10세가 입헌 왕정이라는 체제 하에서 왕위에 올랐다. 그러나 그는 입헌주의를 무시하고 예전의 절대왕정 체제로 돌아가려 했다. 그 와중에 독선적이고 강압적인 자세로 여론과 국민을 탄압했으며 7월 혁명을 야기한 결정적 원인인 '7월 칙령'을 반포하기에 이르렀다. 이 법령은 언론의 자유와 선거권을 제한하는 등 인권을 침해하는 내용으로 구성되어 있었다. 이에 반대한 파리 시민들이 들고 일어나 군대와 충돌했다. 파리 시민들은 파리 시가지와 루브르 궁, 튈르리 궁을 점거하고 왕정 체제를 부정하며 공화국의 탄생을 선포해 갈등이 극에 달했다. 그러나 부르주아 세력들이 중재를 자처하며 오를레앙가의 루이필리프를 입헌 군주로 추대하도록 타협안을 낸 뒤 사태는 진정되었다. 루이필리프 1세의 등극으로 부르봉 왕가는 문을 닫음과 동시에 부르주아 계층이 정치를 주도하는 입헌 왕정인 '7월 왕정'이 탄생했다.

사적 순간을 직접 목격할 수 있었다. 그는 조국의 역사에 길이 빛날 순간을 직접 목격한 경험을 작품으로 남기기로 결심했다. 그러나 작품이 살아 숨 쉬도록 하기 위해서는 혁명 정신을 불어넣어야 하는데 좋은 방법이 떠오르지 않았다. 그러던 중 우연히 들추어 본 책에서 읽게 된 시 한 구절이 순식간에 그에게 영감을 불어넣어 주었다. 이 작품의 중요한 상징적 존재인 자유의 여신은 이렇게 극적으로 탄생할 수 있었다. 그에게 한줄기 빛이 되어준 시는 당시의 유명한 시인이자 희곡 작가인 쥘 바르비에(Jules Barbier)가 지은 것으로 알려져 있다.

〈민중을 이끄는 자유의 여신〉에 나타난 여신과 파리 시민들은 포화를 뚫고 적을 향해, 혹은 자유를 향해 힘차게 진격 중이다. 3일 동안 계속된 격렬한 시가전을 지켜본 들라크루아는 7월 혁명의 긴장된 분위기를 작품 속에 생생히 표현하고 싶었다. 그래서 그는 이 장면을 연습용 스케치북에 수백 장이나 그렸다. 선두에서 민중을 이끄는 자유의 여신으로부터 신성함과 숭고한 혁명 정신 및 강인한 의지를 느낄 수 있다. 그녀는 붉은 프리지아 모자를 쓰고 있는데 이는 자유와 해방을 의미한다. 그리고 왼손에는 무기를 들었으며 오른손에는 삼색기를 높이 치켜들고 있다. 삼색기는 자유, 평등, 박애라는 프랑스 대혁명의 가치를 상징하는데, 그녀가 양손에 무기와 삼색기를 든 모습은 무력으로 대항해서라도 프랑스 혁명 정신을 지키려는 민중의 의지를 나타낸다. 그녀의 왼편에는 장총을 든 신사가, 오른편에는 양 손에 권총을 쥔 소년이 있다. 검은 옷을 입은 신사는 지식인을 상징한다고도 하고 화가 본인이라고도 하는데 확실하지는 않다. 긴장한 기색이 역력하지만 두 눈을 똑똑히 뜨고 혁명에 참가한 신사와 신이 난 듯 흥분에 겨운 얼굴을 한 소년의 모습이 대조적이다.

이 작품에 자유의 여신이 그려져 있지 않았다면, 병사들과 싸우는 시민들의 모습을 담은 기록화에 불과했을 것이다. 그러나 선두에서 시민들을 이끄는 그녀의 모습이 더해지면서 민중이 맞서 싸우고 있는 상대는 병사들이 아니라 전제 군주제도와 절대 왕정으로 상징되는 모든 반혁명적 세력임을 분명히 했다.

이 작품의 분위기에 극적 긴장감을 더하는 자유의 여신과 그 뒤의 인물들이 취한 동적인 자세, 상승적 인상의 역동적 구도와 대담하고 감각적인 색채 사용 방식 및 강렬한 광선 등 모든 요소들이 조화를 이루면서 보는 이에게 벅찬 감동을 선사한다. 특히 1831년 5월 1일 이 작품이 공개되자 수많은 프랑스인들이 열렬히 환호했으며 그 여파는 프랑스 혁명의 열기와 함께 주변국으로 퍼져나갔다.

전시 기간이 지난 직후 프랑스 정부는 이 작품을 구입해서 룩셈부르크 궁 내 전시실에 수개월간 전시하기도 했다. 그러나 이후 정치권 내부의 문제로 인해 다시 들라크루아의 품으로 돌아오게 되었다. 17년 후 프랑스에서는 다시 2월 혁명이 발발했다. 이때 프랑스 민중은 〈민중을 이끄는 자유의 여신〉을 다시 룩셈부르크 궁 전시실에 공개 전시할 것을 요구했다. 그리고 같은 해 6월에는 파리의 노동자들을 비롯한 민중 봉기가 잇따라 일어났다. 그러자 프랑스 정부는 〈민중을 이끄는 자유의 여신〉이 민중을 선동하는 그림이라고 판단해 다시 이 작품을 전시대에서 거두었다. 그리고 얼마 후 1874년에는 이 작품을 루브르 궁으로 보내는 것으로 사태는 일단락되었다. 이 작품에서는 화가의 사상과 철학, 예술적 감성, 시대성 등 다양한 요소가 잘 어우러져 프랑스 혁명 정신이 상징적으로 표현되어 있다. 그리고 오늘날까지도 시대를 초월해 크게 사랑받으며 프랑스 예술사를 대표하는 최고의 회화작품으로 인정받고 있다.

▶ 비와 증기와 속도-그레이트 웨스턴 철도
(Rain, Steam and Speed The Great Western Railway)

명화자료
창작시기 : 1844년
크기 : 91 × 122cm
기법 : 캔버스에 유채
소장 : 영국 런던 내셔널 갤러리

비와 증기와 속도 – 그레이트 웨스턴 철도

▲ 터너

    19세기 유럽 풍경화 분야에서 가장 눈부신 활동을 보인 두 화가가 영국에 나타났다. 거의 같은 시기에 태어나 서로 다른 행보를 보이며 착실히 실력을 쌓아 재능을 꽃 피운 두 화가 중 한 명이 앞에서 다룬 존 컨스터블이고 다른 한 명이 바로 윌리엄 터너이다. 삶의 터전으로부터 멀리 벗어나는 일이 별로 없었던 존 컨스터블과 달리 터너는 유럽 각지로 자주 스케치 여행을 떠났다.

    그는 여행을 통해 대기나 바람, 비, 속도감 등 실제로 눈에 보이는 것 이상의 것들을 그림에 표현할 수 있다는 사실을 깨달았다. 그가 만년에 남긴 작품 〈비와 증기와 속도-그레이트 웨스턴 철도〉에는 그가 느꼈던 이 모든 것들이 아주 잘 나타나있다.

    1843년 어느 날 그는 최신식 증기 기관차인 '파이어플라이 클래스(Firefly Class)'를 타고 가다가 문득 창 밖에 펼쳐진 풍경에서 이 작품의 영감을 얻었다고 한다. 기관차 밖은 안개가 자욱했고 부슬비까지 바람에 흩날리고 있었다. 그는 하얀 연기를 내뿜으며 빠르게 달리는 증기 기관차를 타고 가며 몽환적인 창밖의 풍경을 바라보았다. 그러고는 옆자리에 앉은 다른 승객에게 동의를 구한 후 마치 어린 아이처럼 창문을 열어 머리를 창밖으로 내밀고는 한동안 풍경을 관찰했다. 그가 이 기차에서 내리기 전에 이미 머릿속에는 작품의 구성이 완성 단계에 이르렀다.

1844년 〈비와 증기와 속도-그레이트 웨스턴 철도〉가 왕립 아카데미 전시회에 출품되었다. 이 작품을 본 평론가들은 회화 작품 속에 시속 50마일(80km/h)이나 되는 기차의 속도감이 고스란히 나타나있다며 놀라워했다. 시속 50마일이면 당시의 교통수단이 낼 수 있는 최고 속도에 해당한다. 이 작품 속 기차는 런던-브리스틀 노선 중 템스 강(River Thames) 양쪽을 잇는 메이든헤드(Maidenhead) 철교를 건너는 중이다. 메이든헤드 철교는 유명한 기술자이자 건축가인 브루넬(Marc lsambard Brunel)이 설계했다. 안개비와 기차가 뿜어내는 증기, 기차가 달리는 빠른 속도 감각이 어울려 뿌옇고 희미한 풍경을 연출했다. 이와 같은 연출 방식은 감상하는 사람들에게 마치 꿈속에서 본 풍경을 기억할 때 머리 속에 떠오르는 아련한 풍경을 그림으로 보여주는 듯 독특한 효과를 냈다. 특히 높은 곳에서 풍경을 내려다보는 것 같은 시선과 화면의 구도, 관찰하는 시점에서 기차까지의 거리감을 표현한 방식은 마치 오늘날 영화 속 한 장면을 보는 것과 같은 인상을 주는데, 이는 그 당시에는 볼 수 없었던 새로운 기법이었다.

대기만성한 화가였던 존 컨스터블에 비해 윌리엄 터너는 비교적 어린 나이 때부터 미술계에 이름을 알리기 시작했다. 그는 불과 15세의 나이에 개인 전시회를 열었다. 그리고 스물네 살에 아카데미 준회원 자격을 인정받는 등 그의 삶은 여러 가지 면에서 컨스터블과

작자소개

조지프 말로드 윌리엄 터너
(Joseph Mallord William Turner, 1775~1851)
저명한 영국의 풍경화가로 아카데미파의 대표적 인물이다. 영국 예술에서 자랑하는 또 한 명의 재능있는 풍경화가 존 컨스터블과는 비슷한 시기에 활동했다. 초반기와 중반기 작품들에서 특히 고전주의적 성향이 강하게 나타나 일찍부터 명성을 날렸으나 1820년 무렵부터는 탈 고전주의적 작품들을 많이 그리면서 참신하고 개성 있는 자신만의 독자적인 화풍을 형성해 나갔다. 약 60년에 이르는 기나긴 예술 인생에서 그가 화폭에 담았던 주제들은 무척 다양했다. 그는 특히 빛과 대기의 존재감을 표현하는 데 독보적인 재능을 선보여 오늘날까지도 서양 미술사에서 커다란 위치를 차지하고 있다.

◀ 수송선의 난파
(Wreck of a Transport Ship)

차이가 있었다. 초기작품들에서는 비교적 전통적 회화 기법의 영향이 강하게 나타나지만 후기로 갈수록 수채화의 기법을 유화 작품에 응용하는 등 독특하고 재미있는 시도를 다채롭게 펼치는데, 특히 유화 물감으로도 수채화처럼 맑고 투명한 색감을 표현할 수 있다는 점을 보여준 점이 인상적이다. 그는 특히 광선의 운용과 대기의 존재감을 표현하는 방식을 깊이 연구했다. 비오는 날 폭풍우가 몰아치는 바다의 사실적 풍경을 보고 싶어서 직접 배를 빌려 악천후에도 아랑곳하지 않고 바다에 나갔다는 일화도 잘 알려져 있다. 이처럼 그는 언제 어디서건 예술적 호기심이 발동하면 그냥 지나치지 못하는 성격이었다. 또한 그는 자신이 본 현실의 풍경에 시적 서정성을 가미해 캔버스 위에 새롭게 탄생시키는 능력이 매우 뛰어난 화가였다. 이와 같은 그의 재능은 〈비와 증기와 속도-그레이트 웨스턴 철도〉나 〈눈보라 : 항구를 나서는 증기선(Snow Storm: Steam-Boat off a Harbour's Mouth)〉을 포함한 여러 작품에서 잘 나타나고 있다. 당시 영국의 평론가였던 존 러스킨(John Ruskin)은 윌리엄 터너의 작품들을 감상한 후 "그는 시시각각 변하는 대자연의 섬세함과 장엄함, 충만감과 공간감, 신비로움을 이해하고 있어 보는 이의 마음을 움직이고 감동을 선사하는 작품을 그릴 수 있는 화가이다."라는 극찬했다. 사물의 세부 묘사를 거의 대부분 생략하다시피 하는 그의 기법은 훗날 인상파의 발전에 새로운 가능성을 열어주었다.

또한 그는 무수히 많은 작품을 남긴 화가로도 유명하다. 그가 남긴 작품수는 어림잡아 2만 점이 넘을 정도로 어마어마하다. 그는 이처럼 부지런히 본업에 충실히 임하는 한편 회화 예술의 발전을 위해 왕립 아카데미에 발전기금이나 장학금을 선뜻 내놓거나 은퇴한 화가들을 돕기 위한 자선기금을 만드는 등 사회 활동에도 왕성하게 참여했다. 그는 자신이 세상을 떠난 후 작품들이 이곳저곳으로 뿔뿔이 흩어지는 것을 원치 않았다. 그래서 자신의 작품들을 국가에 기증하는 대신 독립적인 전시관을 열어주기를 희망했으나 안타깝게도 그의 소망은 이루어지지 않았다. 현재 터너의 작품 중 대다수는 런던의 테이트 미술관(Tate Gallery)에서 소장 중이며, 주요 작품들은 런던의 내셔널 갤러리에서 소장하고 있다.

◀ 목 감는 여인들
(The Bathers)

명화자료
창작시기 : 1853년
크기 : 227 × 193cm
기법 : 캔버스에 유채
소장 : 프 랑 스 몽 펠 리 에 (Montpellier) 파브르 미술관(Musee Fabre)

▲ 쿠르베

목 감는 여인들

프랑스의 황제 나폴레옹 3세가 처음 살롱전을 참관했을 때 〈목 감는 여인들〉을 보고 불쾌해 했다는 이야기는 유명하다. 그는 심지어 손에 들고 있던 승마용 채찍으로 이 작품을 후려쳤다고도 한다. 재미있게도 황제의 행동 때문에 이 작품에 대한 소문이 퍼지면서 오히려 작품이 유명세를 타게 되었다.

〈목 감는 여인들〉은 저명한 프랑스의 사실주의 화가 쿠르베가 1853년에 완성한 유화 작품이다. 그는 1819년 프랑스의 오르낭에서 태어나 스무 살까지 살다가 법대에 진학하기 위해 파리로 나왔다.

▶ 석공들
(The Stonebreakers)

작자소개

장 데지레 귀스타브 쿠르베
(Jean Desire Gustave Courbet, 1819~1877)
19세기 프랑스의 사실주의 화가이다. 그는 프랑스 동부의 프랑슈콩테(Franche-Comte)주 오르낭(Ornans)에서 어느 부유한 농가의 아들로 태어났다. 그의 일생은 예술 활동과 사회 혁명으로 정리된다. 1870년 제3공화국이 선포된 후 혁명 정부인 파리 코뮌이 수립되었다. 혁명을 지지하던 쿠르베는 이 무렵 미술 동맹의 수장으로 선출되어, 살롱 전을 주관하는 등 중요한 임무를 맡게 되었다. 근대 프랑스 미술계에서는 '쿠르베가 없었다면 마네가 나올 수 없었고, 마네가 없었다면 인상주의 미술 또한 역사에 등장할 수 없었다.'라는 생각이 정설로 굳어져 있다. 쿠르베는 태양광을 표현하는 기교가 뛰어났고 예술가로서의 미적 감각을 모두 갖추고 있었다. 그는 현실을 이상적으로 바꿔서 화폭에 옮기는 기존 회화 양식을 거부하고 줄곧 사실주의를 고집했다. 이와 같은 그의 가치관은 결국 이후 유럽 회화가 뿌리에서부터 다시 태어나는 데에 깊은 영향을 미쳤다.
쿠르베의 대표작으로는 〈검은 개를 데리고 있는 자화상(Self-Portrait with Black Dog)〉, 〈상처 입은 남자(The Wounded Man)〉, 〈오르낭에서의 저녁 만찬 후(After Dinner at Ornans)〉, 〈석공들〉, 〈마을 처녀들〉, 〈체로 곡식을 거르는 사람들〉, 〈멱 감는 여인들〉 등이 있다.

그러나 그는 파리 시내의 미술관들을 둘러보면서 그림을 배우고 싶다는 강한 열망에 사로잡혔다. 결국 그림을 공부하기로 결심한 그는 누구의 문하로 들어가는 대신 저명한 화가의 작품들을 연구하며 독학의 길을 걷기 시작했다. 한편 그는 사상적으로는 민주주의를 지지하는 진보적인 정치관을 지닌 인물이었다. 그의 작품에 종종 가난한 민중들의 일상적 삶이 나타난 것은 아마도 그의 민주주의적 성향이 큰 영향을 끼쳤을 것이다. 건강한 피부와 단단하고 강인해 보이는 뒷모습을 자랑하는 〈멱 감는 여인들〉의 주인공인 두 모델 역시 농가의 여인들이다.

〈멱 감는 여인들〉은 쿠르베가 그린 누드화 중 그가 추구하는 바가 가장 잘 드러난 작품이다. 특히 작품 속 그의 화법은 오늘날까지 프랑스의 자랑거리라고 해도 과언이 아닐 정도로 미술사에서 깊은 의의가 있다. 이 작품은 공개 당시 나폴레옹 3세 뿐만 아니라 다른 화가들에게서도 외면 받았다. 들라크루아 역시 이 작품에 대해 눈살을 찌푸렸지만, 쿠르베의 힘찬 필치와 사실적 양감 표현에는 탄복했다.

이 두 여인이 찾아간 곳은 푸른 하늘이 나무들 틈 사이로 언뜻 언뜻 비칠 정도로 녹음이 우거진 산속 깊은 곳이다. 배경은 전부 짙은 녹색으로 칠해진 어두운 나무 그늘이다. 그 아래에서 옷을 전부 벗은 여인의 피부는 밝게 빛나고 있어 배경과 선명한 대조를 이룬다. 이 작품 속 여인은 이제까지 보아왔던 다른 누드화 속 여인들과 다르다는 것을 알 수 있다. 그 동안 화가들이 그렸던 누드화 속 여주인공의 신체 곡선은 물 흐르듯 유연하고 매끈하게 뻗어 있었으며 군살이나 근육이 울퉁불퉁한 모습은 철저히 배제되었다. 하지만 〈몍 감는 여인들〉에 등장하는 두 여인의 몸매는 풍만하고 건강미가 넘친다. 쿠르베는 이 그림을 통해 많은 의미를 전달하려고 애쓰지는 않았다. 다만 그녀들의 몸을 통해 살아 숨 쉬는 생명력과 건강함에서 우러나는 싱싱한 아름다움을 표현하고 나아가 노동의 숭고함을 강조했다.

▲ 체로 곡식을 거르는 사람들
(The Grain Sifters)

이 작품은 이상화된 아름다움과 우아미, 고도의 완성도만을 추구하던 당시의 분위기 속에서 무척 획기적인 시도로 받아들여지기는 했으나 평론가나 화가들은 아름답지 못한 그의 작품에 대해 아주 냉담했다. 심지어 이 작품에 대해 미개한 야만인들이나 그릴 법한 그림이라며 혹독한 비난을 보내는 문장가도 있었다. 이처럼 쿠르베를 거부하는 분위기 속에서 그의 지인들조차도 〈몍 감는 여인들〉을 옹호할 엄두를 내지 못했다. 예술 작품에 대해 아름답지 않으면 의미도, 가치도 없다고 믿는 이들이 대부분이었던 시대에 그의 작품이 보여준 적나라한 현실감은 그들에게 모멸감을 느끼게 했다. 앵그르의 작품을 감상하다가 쿠르베의 작품을 감상한다면 〈몍 감는 여인들〉 속 두 여인이 어떤 아름다움을 지녔는지 알기 쉽지 않을 것이다.

쿠르베는 어린 시절 대규모 포도 농장을 갖고 있는 부유한 아버지 밑에서 남부러울 것 없이 자랐다. 그는 늘 하층민의 삶에 연민을 느끼며 관심을 갖고 살피는 심성이 고운 아이였다고 한다. 그의 작품 속에 신분이 높고 부유한 인물이나 역사 속 위대한 영웅이 주인공으로 나타나는 경우를 찾아보기 힘든 까닭도 바로 여기에 있다. 그는 항상 자신의 작품을 통해 노동자나 농민 등 사회적 약자의 소박하고 투박한 일상생활을 왜곡하거나 변형하는 일 없이 진솔하게 묘사했다.

1869년 독일에서 열린 만국박람회에 출품된 이 작품은 프랑스에서와는 달리 크게 호평 받았다. 그리고 황제가 승마용 채찍으로 후려쳤다는 굴욕적 과거를 지닌 〈몍 감는 여인들〉에 대해 독일에서는 명예 훈장을 수여하고자 했다. 그러나 쿠르베는 명예 훈장이나 상을 받고 싶어서 그림을 그리는 것이 아니었기 때문에 감사하지만 정중히 거절한다는 의사를 밝혔다고 한다.

▲ 화가의 아틀리에
(The Studio of the Painter)

명화자료
창작시기 : 1855년
크기 : 361 × 598cm
기법 : 캔버스에 유채
소장 : 프랑스 파리 오르세 미술관
(Musée d'Orsay)

화가의 아틀리에

    19세기 중반에 이르면 자유로운 사상과 진보적 성향을 띤 화가들이 왕성하게 활동하기 시작한다. 쿠르베는 이와 같은 시대적 환경 속에서 성장했다. 특히 그는 어려서부터 현실적 삶과 일상을 관찰하는 시각이 발달한 데다가 애정을 갖고 주변을 돌아보는 성격이었다. 그 영향 때문인지 그의 작품 속에 등장하는 인물들은 대부분 프랑스 국민의 대다수를 차지하는 노동자와 농부 등 서민층이었다. 그러나 그가 화가로 활동하기 시작할 무렵만 하더라도 고대 신화나 중세 시대의 우화 또는 머나먼 동방 국가들의 신비로운 이야기를 소재로 한 낭만주의 미술이 주로 유행하고 있었다.

    1855년 쿠르베는 〈화가의 아틀리에〉를 드디어 완성했다. 이는 살롱의 심사위원들과 미술 평론가들로부터 인정받기 위해 그린 야심작으로 가로 598cm, 세로 361cm에 이르는 거대한 작품이었다. 그는 약 6주 동안 유화 물감과 씨름하면서 이 커다란 캔버스를 채웠다. 이 작품의 원래 제목은 〈화가의 아틀리에 : 7년간의 예술 생애의 추이를 결정한 현실적 우화〉였다. 그러나 이 제목이 너무 길어 부르기

불편하다고 해서 훗날 〈화가의 아틀리에〉로 축소되었다. 쿠르베는 이 작품 속에 여러 인물들을 그려 넣어 1848년 이후 7년 동안의 예술 활동을 되돌아보는 한편 다양한 각도에서 함축적 의미를 부여했다.

〈화가의 아틀리에〉에 등장하는 인물은 총 서른세 명이다. 마치 연극 무대처럼 구성된 화면에 서른 세 명이 좌우로 길게 늘어서 있으며 정중앙에서 그림을 그리고 있는 화가가 바로 쿠르베 본인이다. 쿠르베는 누드모델을 등지고 앉아서 열심히 붓을 놀리고 있으며, 그의 왼쪽에는 어린 소년이 그림 그리는 화가를 신기한 듯 구경하고 있다. 이 소년을 두고 어린 시절의 쿠르베라고 말하는 사람들도 있으나 그 보다는 '때 묻지 않아 순진하고 순수한 눈'을 의미한다는 것이 일반적인 견해다. 이 작품 속 모든 인물들 중 작업 중인 쿠르베의 모습을 지켜보고 있는 것은 누드모델과 소년 두 사람뿐이다.

쿠르베는 정신적 지주였던 소설가 샹플뢰리에게 보내는 편지에서 화면에서 왼쪽에 그린 사람들은 '죽음을 먹고 사는 사람들'이고, 오른쪽에 그린 사람들은 '생명을 먹고 사는 사람들'이라고 표현했다. 그리고 '생명을 먹고 사는 사람들'이란 쿠르베 본인의 감성에 공감하고, 대의를 지지하며, 행동을 지원하는 모든 사람들을 의미한다는 설명을 덧붙였다. '생명을 먹고 사는 사람들' 중에는 사회주의자이자 무정부주의자이며 저널리스트인 프루동(Pierre Joseph Proudhon), 시인 보들레르(Charles Baudelaire), 깊이 교류했던 소설가 샹플뢰리, 미술 애호가이자 수집가인 브뤼야스(Bruyas) 부부 등 쿠르베의 삶과 연관이 깊은 사람들이 포함되어 있다. 반면 왼쪽에 나타난 '죽음을 먹고 사는 사람들'은 사회의 착취-피착취 관계를 이루고 있는 이들을 의미하며, 신부와 유대 민족의 랍비들, 실업자, 창부, 걸인, 광대, 사냥꾼 등 다양한 인간 군상들이 표현되었다. 그

▲ 마을 처녀들
(Young Women from the Village)

사실주의 화파

사실주의 화파는 19세기 유럽의 주요 화파 중 하나로 1848년의 프랑스 혁명과 동시에 등장했다. 사실주의 화파를 창시하고 발전시킨 인물이 바로 귀스타브 쿠르베였으며 그 외에도 사실주의의 발전에 중요한 영향을 끼친 인물로는 소설가 샹플뢰리(Champfleury)를 들 수 있다. 사실주의 화가들은 자신들이 살아가는 시대를 지배하는 사상과 문화를 그림에 담고자 했다. 따라서 이상화 된 현실 및 상상의 세계, 신화 이야기를 주로 그리던 낭만주의 화파와는 정반대의 가치관을 지닌 것으로 볼 수 있다. 쿠르베는 생전에 "나는 날개가 달린 천사를 본 적이 없으므로 날개 달린 천사를 그리지 않겠다."라는 유명한 말을 남겼다. 이는 사실주의 화파의 가치관을 가장 간단명료하게 정리한 문장으로 볼 수 있다.

▲ 만남(The Meeting) 또는 일명 안녕하세요, 쿠르베 씨 (Bonjour Monsieur Courbet)

들의 모습은 빈부격차가 눈에 띄게 드러나도록 묘사되어 사회주의적인 상징성을 더하고 있다. 이 작품에서는 쿠르베의 남다른 성향과 철학, 문학, 음악 등 다양한 분야를 폭넓게 아우르는 지식, 사상적 배경이 나타나는 동시에 자신의 일생에 영향을 준 모든 요소들을 정리해서 한 화폭에 담으려 한 참신한 시도가 돋보인다.

〈화가의 아틀리에〉의 구성과 광선 처리 방식은 연극 무대 구성 및 조명 연출과 비슷한 느낌을 준다. 중심부는 밝고 선명한 빛이 집중되는 반면, 배경과 측면에 있는 주변의 인물들에게는 비교적 어두운 빛을 비추도록 했다. 이는 화가 자신과 주변 세계를 구분하기 위해서다. 재미있는 점은 이 작품 속에 그려진 동지들 및 지지자들의 모습들은 그가 그 동안 그렸던 초상화들을 토대로 완성했다는 사실이다. 그 밖에도 이 그림 속 누드모델의 나신은 쿠르베가 그렸던 여인의 누드화를 전부 통틀어 가장 성공적인, 혹은 대중적으로 가장 사랑받는 아름다운 몸매로 손꼽힌다는 사실도 재미있다.

앞에서 말했듯이 〈화가의 아틀리에〉는 그해에 열릴 만국박람회에 출품하기 위해 제작한 작품이었다. 그러나 만국박람회의 심사위원 측에서 작품 크기가 너무 크다는 이유로 받아들이기를 거부하는 바람에 입선조차 하지 못하는 불운을 겪었다. 그러나 쿠르베는 마치 이 정도 반응은 이미 예상했었다는 듯 곧바로 다음 행동을 취했다. 자비를 들여 전시회장과 가까운 곳에 별도로 장소를 마련해 '사실주의'라는 주제로 작품 마흔네 점을 걸어두고 단독 전시회를 개최한 것이다. 그는 이 기간에 자신의 작품 세계야말로 '살아있는 예술'이라고 정의하거나 사실주의 선언을 담은 책자를 판매하는 등 살롱의 권위에 대해 정면으로 도전하는 행위를 서슴지 않았다. 이를 계기로 그는 사실주의 운동을 이끄는 중요한 인물이 되었다.

◀ 이삭 줍는 여인들
(The Gleaners)

명화자료
창작시기 : 1857년
크기 : 83 × 111cm
기법 : 캔버스에 유채
소장 : 프랑스 파리 오르세 미술관

이삭 줍는 여인들

　프랑스 사실주의 화파의 거장 밀레의 삶은 평생 농민의 삶과 깊은 인연으로 맺어져 있었다. 밀레 본인도 생전에 "나는 농부의 아들로 태어났고, 삶의 마지막 순간에도 농부로서 죽을 것이다."라는 말을 자주했다고 한다. 그의 작품들에는 농촌 및 농민에 대한 화가의 애정 어린 마음이 고스란히 나타나있다. 〈이삭 줍는 여인들〉은 그중에서도 가장 유명한 작품으로 손꼽힌다.

　밀레는 1814년 노르망디 지역 그레빌아그(Greville-Hague)의 그뤼시(Gruchy)라는 작은 농촌에서 농부의 아들로 태어나 대자연에 둘러싸여 성장했다. 이와 같은 환경 속에서 그는 농민들의 삶을 세세한 부분까지 관찰할 수 있었고 이 경험들은 훗날 '농부들의 화가'로 불렸던 밀레의 예술 세계를 형성하는 데 결정적인 영향을 미쳤다.

　〈이삭 줍는 여인들〉의 여인들은 수확을 끝낸 보리밭에 떨어져 있는 보리 이삭들을 하나하나 줍고 있는 중이다. 낡고 지저분한 옷차림에 허리를 굽혀 보리 이삭을 줍는 그녀들 뒤쪽으로는 여기저기 높이 쌓아올린 짚 덤불이 작은 동산들을 이루고 있다. 한 해 동안 지은 농사의 결과물이 산더미처럼 쌓여있지만, 이 풍요로운 풍경과 이삭을 줍는 여인들은 전혀 관계없는 것 같은 느낌을 받는다. 실제로 이 광활한 보리밭의 주인은 이 여인들이 아니다. 화면의 오른쪽 멀리,

▲ 밀레

195

작자소개

장 프랑수아 밀레
(Jean-Francois Millet, 1814~1875)
19세기 프랑스 화가들 중 농민의 삶을 현실적으로 담아내는 동시에 노동의 고귀함을 가장 잘 표현해냈던 인물로 손꼽힌다. 그는 평소 자연 풍광을 매우 즐겨 관찰했다고 한다. 매 순간 변하며 색다른 아름다움을 보여주는 대자연을 사랑했으며, 모든 인간은 자연이 베푸는 은혜에 기대어 살아가고 있다는 사실에 감사할 줄 아는 예술가였다. 때문에 '예술적 숭고함은 고귀한 인물을 그려야만 표현할 수 있다'는 아카데미 파의 입장에 크게 반대했다.

밀레는 프랑스 노르망디 지방의 그레빌에서 중산층 농가의 아들로 태어났다. 스물세 살이 되던 해에 장학금을 받아 파리로 상경해서 폴 들라로슈(Paul Delaroche)의 제자로 들어가 그림을 배웠다. 그러나 얼마 후 장학금 지급이 종료되었다. 그 당시 밀레는 가난한 무명화가에 불과했으므로 생계를 위해 세속적인 누드화를 그리는 일도 마다하지 않았다. 1849년에는 파리 교외의 퐁텐블로 숲에 위치한 바르비종(Barbizon)으로 이사 가서 그림을 그리며 농사도 짓는 전원생활을 시작했다. 이 무렵 그는 C.코로, T.루소, C.트루아용 등의 화가들과 친분을 맺으며 창작열을 불태웠다.

밀레의 대표작으로는 〈이삭 줍는 여인들〉, 〈만종〉, 〈양치기 소녀와 양떼〉, 〈씨 뿌리는 사람〉 등이 있다.

마차 위에 건초를 쌓아올려 단단히 묶고 있는 사람들과 그 옆에서 말을 타고 앉아 감독하고 있는 사람이 보이는데 아마도 그가 이 넓은 보리밭의 주인일 것이다.

그녀들 중 붉은 머릿수건을 쓴 가운데 여인은 왼손으로 보리 이삭들을 하나하나 꼼꼼히 주워서 이를 오른손으로 부지런히 앞치마 주머니에 담고 있다. 그녀의 주머니가 불룩한 것으로 보아 추수 후의 보리밭에서 그녀가 거둔 수확이 나쁘지 않은 모양이다. 파란색 머릿수건을 쓴 여인은 왼손으로는 계속 부지런히 이삭을 주워 올리고 있지만 보리 이삭을 쥔 오른손으로 허리를 지그시 누르고 있는 모습을 보니 허리를 숙인 채 계속하는 이 노동이 무척 피로한 것 같다. 황색 머릿수건을 두른 여인은 허리를 펴고 상체를 세우면서 광활한 보리밭을 한 번 둘러보고 있다. 이 여인들은 온 가족들의 생계를 위해 보리밭의 주인이 추수하면서 흘린 보리 이삭을 주우러 나온 것이니 만큼 얼마 되지 않은 양 중에서도 가져갈 수 있는 것은 최대한 가져가려고 셀 수 없이 여러 번 허리를 굽혔다 일으키는 수고로움을 마다하지 않는다.

당시 프랑스의 농촌에서는 가난한 농가의 여인들과 어린 아이들이 추수가 끝난 남의 밭에 가서 이삭을 주워오는 일이 자주 있었다. 이는 고대 유대인들의 법률로부터 영향을 받아 프랑스 농경 사회의 풍습으로 굳어진 것이다. 고대 유대교 교리 중에는 "네가 농장에서 수확할 때에는 남이 그 떨어진 이삭을 줍는 것을 막지 말라. 이삭을 주우려 하는 이들은 가난한 여인과 아이들이니, 그리하면 너의 주님은 네 밭에서 더욱 풍성하게 수확할 수 있도록 해주실 것이다."라는 내용이 있다.

그녀들의 얼굴은 비스듬한 자세와 머릿수건 탓에 잘 보이지 않지만, 기존의 회화 작품들에 주로 나타났던 여인들과 달리 이상적인 여성미를 찾아볼 수 없다는 것은 분명하다. 밀레는 묵묵히 노동에 열중하고 있는 농가 여인들의 모습을 사실적으로 표현했다. 또한 윤곽선을 또렷하게 드러내고 온건하고 침착한 색채를 유연하게 사용하는 등 인물들의 형상을 탄탄하고 힘 있게 표현해 농민들 특유의 순박하고 투박한 기질을 살려내었다.

1848년 2월 혁명 이후부터 프랑스에서는 파리의 살롱에 출품된 작품들에 대해 사전 심의를 거치지 않고 전시할 수 있도록 규정이 완화 되었다. 밀레도 자신의 작품 중 몇 점을 골라 출품하기로 결정했다. 1857년 〈이삭 줍는 여인들〉이 파리 살롱전에서 공개되자 부르주아 측 여론이 크게 술렁였다. 몇몇 평론가들은 밀레가 정치적 의도를 담아 이 그림을 그리고 공식 전시회에 출품했다며 비난했다. 그들은 이 작품이 민중들을 선동할지도 모른다는 공포감 때문에 신경질적인 반응을 보였다. 그러나 밀레는 자신의 작품을 두고 펼치는 이들의 주장에 대해 말도 안 된다는 반응을 보였다. 자신은 그저 농민들이 일하는 모습과 농촌 풍경을 그렸을 뿐이라며 일축했으나 논란은 쉽게 가라앉지 않았다.

▲ 양치기 소녀와 양떼
(Shepherdess with her Flock)

밀레가 〈이삭 줍는 여인들〉을 그린 해에는 고질적인 가난 탓에 가족들이 모두 춥고 배고픈 생활을 보내야 했다. 그러므로 그는 작품이 팔리기를 기대하고 있었다. 그러나 예술 작품에 돈을 쓰는 사람들이 대부분 부르주아 층이다 보니 하층민을 선동하는 작품이라는 논란의 중심에 있는 〈이삭 줍는 여인들〉을 구입하겠다고 선뜻 나서는 이는 없었다. 이 작품뿐만 아니라 그의 다른 작품들도 마찬가지였다. 부르주아의 눈 밖에 난 밀레의 작품들을 구입하려는 사람이 쉽사리 나타나지 않았기 때문이다. 하지만 밀레가 세상을 떠나고 얼마 지나지 않아 그 작품들의 가치는 껑충 뛰어올랐다. 밀레는 생전에 돈이 없어 물감을 사지 못할 때도 있을 만큼 가난에 시달렸고 그의 유족들은 지금까지도 가난한 생활을 이어가고 있다. 반면에 제3자가 밀레의 작품 판매 수익을 모두 차지해서 이 사실이 문제로 지적되었다. 이와 같은 부조리는 이후 유럽에서 '미술품 재판매의 수익에 대한 원작자의 권리(Droit de suite)'를 인정하는 법률을 마련하는 근거가 되었다.

▲ 만종
(The Angelus)

만종

명화자료
창작시기 : 1859년
크기 : 55 × 66cm
기법 : 캔버스에 유채
소장 : 프랑스 파리 오르세 미술관

　〈만종〉은 〈이삭 줍는 여인들〉과 함께 밀레가 남긴 최고의 걸작으로 인정받는 유명한 작품이다. 넓게 펼쳐진 밭을 배경으로 서있는 그림 속의 부부는 하루의 일과를 마치고 집에 돌아가기 전 함께 삼종기도˙를 드리는 중이다.

　이 작품에는 종교적 경건함과 엄숙함이 짙게 깔려 있어 성스러운 느낌을 준다. 저녁노을이 붉게 번지는 하늘 아래에서 남편은 모자를 벗어들고 아내는 공손하게 두 손을 가슴 언저리에 모아 기도를 올린

﹡ 가톨릭 문화권에서 아침, 점심, 저녁 정해진 시간에 종이 울리면 기도하던 습관

다. 이 모습은 바람 한 줄기 없는 풍경처럼 깊고 고요해서 보는 이에게 거룩하고도 성스러운 종교적 감동을 전해준다. 교황 그레고리우스 1세(540~604)는 "그림은 글을 모르는 사람에게 글과 같은 것이다."라는 명언을 남겼다. 〈만종〉과 같은 걸작을 접하고 나면, 그 말 뜻을 쉽게 이해할 수 있다. 복잡한 언어나 글로 이루어진 다른 형식의 예술로는 대중적인 공감대를 형성하기 어렵지만 시각적인 회화 예술은 쉽고 빠르게 이해시킬 수 있기 때문이다.

태양은 이미 지평선 가까이 내려와 온 세상을 장밋빛으로 물들인다. 땅거미가 질 무렵까지 밭에서 일하던 젊은 부부는 뒤늦게 집으로 돌아갈 준비를 하기 시작했다. 이때 멀리 마을 교회에서 삼종기도 시간을 알리는 종소리가 들려오자 그들은 모자를 벗어들거나 손에 들고 있던 감자 바구니를 내려놓는 등 하던 일을 멈추고 진지하게 예수 그리스도와 성모 마리아에게 감사와 공경하는 마음을 담아 기도를 드린다. 석양을 등지고 선 남편의 어깨가 붉게 빛나고 있으며 아내의 머릿수건과 앞치마, 기도하느라 모은 두 손도 석양빛에 물들었다. 빛을 등지고 있으므로 남편의 앞모습이나 아내의 옆모습은 어두워서 잘 보이지 않고 신체의 실루엣만 선명할 뿐이다. 게다가 황혼의 빛을 받고 빛나는 대지는 마치 고요하게 두 부부의 경건한 기도 시간을 지켜봐 주고 있는 듯한 모성성이 느껴진다. 이와 같은 표현 방식은 이 작품 속 비장하고 애상적인 분위기를 더욱 효과적으로 강조한다. 〈만종〉이 완성된 뒤 밀레는 이 그림에서 자신이 기억하는 종소리를 그대로 표현하고 싶었다고 말했다. 밀레는 어린 시절 밭에서 일하던 기억을 토대로 이 그림을 그렸다. 그 당시에 종소리가 울리면 그의 할머니는 가족들에게 하던 일을 모두 멈추게 했다. 그러고는 곧 그들은 다함께 기도를 드렸다. 그는 이 기억을 더듬어 그때 느꼈던 감정을 이 그림에 생생하게 표현했다.

밀레의 할머니는 아주 독실한 가톨릭 신자였다. 밀레가 어린 시절 할머니로부터 받았던 종교적 영향은 그의 일생에 중요하게 작용했다. 밀레가 파리에서 생활하면서 방황하던 무렵 할머니로부터 편지를 받았다. 그 편지에는 설사 붓을 꺾어야 하는 상황이 오더라도 신념에 어긋나는 그림을 그려서 화가로서의 자긍심을 잃는 일은 절대 하지 말라는 당부와 성경을 읽을 것을 권고하는 부탁이 적혀있었다. 애정 어린 할머니의 편지는 무명화가로서 생활고에 시달리느라 점차 자아를 잃고 방황할 뻔했던 밀레를 구해주었다.

〈만종〉이라는 이 걸작의 운명은 그를 창조한 화가 밀레의 운명과

바르비종파

바르비종파(cole de Barbizon)는 19세기 프랑스에서 발달한 풍경화 파의 한줄기이다. 파리 근교의 퐁텐블로(Fontainebleau) 숲 부근에 있는 작은 마을인 바르비종에 모여든 화가들로부터 시작되었으므로, 지명을 따서 바르비종파라고 불리거나 혹은 퐁텐블로파라고 불리기도 한다. 1840~50년대에는 혁명을 통해 왕위에 오른 루이필리프 1세를 중심으로 7월 왕정의 통치와 아카데미 파 화가들에 대해 불만을 느낀 예술가들이 바르비종으로 속속 모여들었다.
바르비종파 화가들은 자연에 대한 화가 자신의 느낌을 그림 속에 표현하는 것을 중시했으며, 사실적인 풍경 묘사를 통해 아카데미 파 특유의 이상화 된 역사 풍경화의 형식적 표현을 반대했다.

마찬가지로 파란만장했다. 이 작품이 완성된 무렵 밀레의 형편은 최악의 상황에 놓여있었다. 그에게는 물감을 살 돈은 고사하고 당장 먹을 식량조차 없었다. 그러던 중 그에게 아이가 하나 더 생기기까지 해서 상황은 더욱 힘들어졌다. 이를 보다 못한 그의 친구 하나가 돈을 빌려주기도 했으나 큰 도움은 못되었다. 하지만 〈만종〉이 점점 완성되어 갈수록 밀레는 이 작품이 자신의 일생에서 엄청난 걸작이 될 것이라는 점을 예감했다. 이 작품이라면 2,000프랑까지도 받을 수 있을 것이라는 기대감도 있었다. 당시 2,000프랑은 회화 작품 가격으로는 어마어마한 액수였다. 그러나 그의 기대와는 달리 이 작품

▶ 씨 뿌리는 사람
(The Sower)

을 구입하겠다고 나서는 인물은 없었다. 살롱에 전시된 후에야 겨우 사겠다는 사람이 나섰고 어느 벨기에 사람의 소유가 되었다. 결국 밀레가 이 작품으로 얻은 수익은 78파운드에 불과했다. 그러나 불과 십 수 년이 흐른 후 이 작품은 다시 고국의 품으로 돌아왔다. 하지만 외국으로 팔릴 때에는 겨우 78파운드에 불과했던 몸값이 돌아올 때에는 무려 150배에 이르는 1만 2천 파운드짜리가 되어 있었다. 그러나 이 작품은 오랫동안 프랑스에 머무를 수 없었다. 어렵사리 고국에 돌아온 이 작품은 곧바로 경매대에 올랐다. 이 작품을 욕심낸 수많은 미술품 수집가들이 경쟁적으로 손을 들어 원하는 가격을 외쳤다. 〈만종〉의 가격은 눈 깜짝할 사이에 45만 프랑까지 치솟았다. 모든 경쟁자들이 나가떨어지고 남은 것은 프랑스 정부와 한 미국인이었다. 프랑스 정부는 자존심을 걸고 자국의 작품을 지키고자 했으며, 미국인은 무슨 일이 있어도 이 작품을 소장하고 싶어 안달이 나 있었다. 결국 56만 프랑까지 계속된 가격 경쟁 끝에 먼저 포기한 것은 미국인이었다. 이 소식을 들은 프랑스 인들은 크게 환호하며 만세를 불렀다. 그러나 정치적으로 오랜 혼란기를 보낸 프랑스 정부는 56만 프랑이나 되는 거금을 낼 능력이 없었다. 프랑스인들이 모금활동까지 벌여가며 이 작품을 지키려고 했으나 결국 그림은 미국인의 손에 넘어가고 말았다. 미국으로 넘어간 〈만종〉은 약 반 년 동안 전시되면서 미국 사회에 커다란 반향을 불러일으켰다. 그러나 그 후 당시 프랑스의 유명한 백화점 재벌이었던 알프레드 쇼샤르(Alfred Chauchard)가 3만 2천 파운드라는 거금을 들여 〈만종〉을 프랑스로 되찾아 오는 데 성공한다. 당시 환율로 3만 2천 파운드는 80만 7천 프랑에 해당하는 어마어마한 금액이었다. 쇼샤르는 상처 입은 프랑스의 자존심을 회복시켜주는 데에 그치지 않고 이 그림을 루브르 박물관에 무상으로 기증했다. 그 후로 오늘날까지 〈만종〉은 고국을 떠나는 일 없이 프랑스의 예술을 대표하는 소중한 문화유산으로서 큰 사랑을 받고 있다.

▶ 님프와 사티로스
(Nymphs and Satyr)

명화자료
창작시기 : 1873년
크기 : 260 × 180cm
기법 : 캔버스에 유채
소장 : 미국 매사추세츠주 윌리엄
스타운 클락 미술 기념관
(Clark Art Institute)

▲ 부그로

님프와 사티로스

〈님프와 사티로스〉는 신고전주의 화파가 추구하는 형식미를 볼 수 있는 대표적인 작품이다. 부그로는 아름다운 님프들과 그 사이에 둘러싸인 반인반수 사티로스의 역동적인 자세를 그려 넣어 신화 속 이야기를 캔버스 위에 시각적으로 표현했다. 사티로스는 종종 양을 치는 목신牧神 판과 동일한 존재로 여겨진다.

녹음이 우거진 숲 속을 배경으로 뽀얗게 빛나는 님프들의 나체는 완벽한 아름다움 그 자체다. 특히 감상자들을 등지고 있는 님프의 어깨에서 엉덩이까지 완만한 곡선을 그리는 뒷모습은 그림 속에서 가장 밝게 빛나는 부분이다. 이 아름다운 작품은 내용상 '자연으로의 회귀'를 지향하는 낭만주의에 속한다. 님프들은 마치 경쾌한 음악 소리에 맞춰 춤추는 듯하고 그 주변을 감싼 시적인 정서가 감동을 준다.

그 동안 유럽 회화에서 화가는 인체를 통해 자신만의 예술적 언어와 심미적 기준을 보여주는 데 열중했다. 화가는 인체의 형태와 동작 등 다양한 방법으로 자신이 속해있는 사회의 관념 및 심미적 이상을 보여주어야 하는 것이다. 부그로는 이 작품에서 고전주의적 인물 조형을 통해 환희와 격정, 즐거움 등 낭만주의적인 정서와 대 자연에 대한 경외감을 표현해 냈다.

화가 윌리앙 아돌프 부그로는 19세기 초 프랑스의 아카데미 파를 대표하는 주요 인물로 그가 한창 활동하던 당시에도 명성이 아주 높았다. 그는 평생 아카데미 화파의 성향을 지키는 선봉장으로서 유미주의(탐미주의)적 가치관을 견지했다. 그는 평소에도 '사람이란 누구나 아름다움과 진실을 추구하는 존재이므로, 예술 작품 역시 이를 지향해야 한다.'고 말했다고 한다. 이와 같은 취지에서 그는 부지런히 아카데미 화파의 전통을 계승해야 한다고 굳게 믿고 있었다. 그러나 그의 강경한 보수적 자세는 안타깝게도 예술적 창의력이 성장하는 데에 있어 최대의 걸림돌이 되고 말았다.

이와 같은 아쉬움은 둘째 치고, 그의

▲ 조개껍데기
(The Shell)

작자소개

윌리앙 아돌프 부그로
(William Adolphe Bouguereau, 1825~1905)
19세기 상반기 프랑스에서 신고전주의 회화를 고수한 아카데미파의 대표적인 화가다. 여타 신고전주의 화가들과 마찬가지로 그가 남긴 작품 중에는 신화 속 이야기나 우의적 소재를 택한 그림이 대부분이다. 그는 생전에 미술계의 주류에 속한 아카데미 화파를 대표하는 주요 화가로서 명성을 떨쳤다. 그는 그림 속 인물의 조형을 처리하는 데에서 어떻게 하면 더 우아하고 세련되게 표현할 수 있을지를 깊이 고민했지만 자신만의 참신하고 독창적인 기법을 개발하는 노력은 소홀했다. 실제로 그는 기법이나 소재 면에서 아카데미 화파의 정통을 지키고자 했으며 우후죽순처럼 생겨나는 새로운 회화 유파를 배척하는 등 보수적 성향이 강한 인물이었다.
대표작으로는 〈조개껍데기〉, 〈바쿠스의 청년시대(The Youth of Bacchus)〉, 〈비너스의 탄생(The Birth of Venus)〉, 〈봄 날(Spring)〉 등이 있다.

◀ 모성애
(Alma Parens)

▲ 돌아온 봄
(The Return of Spring)

작품들을 감상해보면 일단 아름답다는 생각부터 든다. 부그로의 작품 속에는 우아하고 미려하며 기타 아름다움을 의미하는 모든 수식어들을 붙여도 모자라지 않을 정도로 뛰어난 미의 향연이 벌어지고 있다. 그는 작품 세계를 최대한 아름답게 표현하기 위해서 현실을 과감히 왜곡, 변형시켰다. 그 결과 그의 작품 속에 나타나는 모든 인물은 극도로 비현실적인 아름다움을 풍기게 되었다.

부그로는 다작多作 하는 작가였다고 알려져 있다. 실제로 그가 화가로서 작품 활동을 한 기간이 약 50여 년에 불과한데 반해, 작품 수는 무려 700여 점 가까이 된다고 한다. 이는 주로 그리는 고대 신화나 종교화에서 초상화에 이르기까지 그가 그렸던 작품 전부를 합한 숫자이다. 그의 초기작들은 대부분 엄숙하고 경건한 느낌을 주는 종교화나 역사화가 많지만 중반기부터는 맑고 환한 색채를 주로 사용한 세속적인 작품들이 더 많아진다. 또한 그의 작품 속 주인공들은 대부분 여인들인데, 님프나 시골처녀 할 것 없이 모두가 고요하고 정숙한 분위기를 풍기며 이상화된 아름다움을 자랑한다. 그의 새 작품들이 공개될 때마다 사람들은 환호하며 그 아름다움과 작화 기교에 찬탄했다.

그 밖에도 부그로는 50여 년 동안 거의 매번 살롱전에 작품을 출품했었다. 이는 아카데미 화파를 이끄는 수장으로서 마땅히 해야 할 일을 한 것이다. 하지만 안타깝게도 그는 자신과 다른 미학을 가진 화가들을 용납하지 못하는 성정을 지녔었다. 때문에 당시 싹을 틔우고 있던 수많은 실험적 예술 기법이나 도전 정신이 강한 화가를 강력히 배척해서 살롱전에 발도 못 붙이게 했던 일도 허다했다. 이와 같은 부그로의 태도는 훗날 현대미술가 및 미술평론가들로부터 빈축을 사거나 맹렬한 비난을 받게 되었다.

◀ 인상 해돋이
(Impression, Sunrise)

명화자료
창작시기 : 1872년
크기 : 48×64cm
기법 : 캔버스에 유채
소장 : 프랑스 파리 마르모탕 모네 박물관(musee Marmottan Monet)

인상 해돋이

'인상파의 아버지'로 잘 알려진 모네는 끊임없이 대자연을 관찰하며 그 속에서 살아가는 각양각색의 인생도 살펴보고 자신의 눈에 비친 것을 주관적으로 표현하는 화가였다. 그는 사람들이 기대어 살아가고 있는 광대한 자연이 지닌 생명력을 화폭에 담아내기 위해 평생을 노력했다. 인상파가 출현하기 전까지만 해도 빈틈없이 정확한 필치로 그린 깔끔하고 정제된 정밀 묘사야말로 진정한 예술품이라고 믿는 견해가 일반적이었다. 이는 신고전주의 화풍을 고수하던 아카데미 화파가 당시 프랑스 화단의 중심에서 막강한 권력을 휘두를 수 있었던 배경과도 관련이 깊다. 그러나 인상파의 등장으로 위와 같은 사람들의 편견은 산산조각이 났다.

1874년 모네의 주도하에 그와 그의 친구들 30여 명이 모여 파리에서 '화가 조각가 판화가 무명예술가 협회전'을 개최했다. 그중에는 피사로, 드가, 세잔, 르누아르, 시슬레 등과 같은 화가들이 참여했다. 이때 모네가 출품한 작품 중에는 〈인상 해돋이〉도 있었는데, 이 실험적인 화가 집단의 명칭은 바로 이 작품의 제목에서 비롯되었다. 이 모임이 인상파라고 불리기 시작한 것은, 어느 기자가 이 전시회

▲ 모네

▲ 루앙대성당
(Rouen Cathedral)

에 대한 기사를 작성하면서 부터였다. 그는 이 전시회의 그림들에 대해 "아름다움은 찾아볼 수 없고 단지 인상만 남을 뿐"이라고 조롱하면서 이 행사를 가리켜 '인상파 전람회'라고 불렀다.

　모네는 오래 전부터 자신의 인상주의적 화풍을 고수했다. 그가 평생 남긴 작품들은 다른 인상파 화가들의 작품과 견주었을 때 인상주의적 특성이 더욱 일관되게 나타난다. 특히 모네는 대상을 처음 본 순간 느낀 인상을 그림으로 표현하는 데 주력했다. 모네를 중심으로 도전 정신으로 무장한 젊은 화가들이 뭉친 인상파는 점차 프랑스 화단에서 명성을 쌓아갔다. 그들은 같은 대상이라도 빛의 변화에 따라 느낌도 크게 달라진다는 사실을 깨달았다. 빛에 따라 그림 속 대상에 입혀야 할 색채 또한 달라져야 한다고 생각한 것이다. 참신하고 개성적인 그들의 화풍은 점차 대중에게 깊은 인상을 주었고, 19세기 말엽 인상주의 미술은 유럽 회화의 중요한 줄기를 형성하기에 이르렀다. 뿐만 아니라 미술에서 시작된 인상주의는 이후 음악이나 문학과 같은 다른 예술 분야에까지 퍼져나갔다.

　모네는 사물을 관찰하는 능력과 이를 기반으로 하는 창의력이 무척 뛰어난 인물이었다. 그는 이 능력들을 이용해 빛과 색채의 관계 및 기타 자연현상들을 관찰해서 인상주의 미술의 전형이 될 기법들을 개발하기도 했다. 특히 빛과 색의 명도 차이를 표현할 때 팔레트에서 물감을 섞어서 중간색을 만들어 사용하는 기존의 방식 대신 최대한 순수색만 사용해서 명암을 표현하는 새로운 채색 방식을 고안해냈다. 이는 인상파 특유의 기법으로 잘 알려진 '색조의 분할'이나 '원색의 병치倂置'로 설명할 수 있다.

　〈인상 해돋이〉는 안개가 깔린 항구에서 해가 떠오르는 순간을 담은 작품이다. 그림 속 장소는 르아브르 항구로 물과 하늘, 배와 사람이 있는 항구의 풍경 중 회색에 가까운 보라색 새벽 공기가 아침을 여는 붉은 오렌지 빛 햇살에 밀려 조용히 사라지고 있는 감동적인 순간을 포착했다. 빛과 색채를 다채롭게 이용해 이른 아침 시간 안개가 낀 대기의 흐름과 공간감, 시간성까지 모두 담아 낸 그의 표현법에는 감탄이 절로 나온다. 근경에는 사람이 노를 젓고 있는 작은 보트 세 척이 보인다. 가장 가까운 보트는 선명하게 보이지만 멀리 있는 보트는 안개에 가려 형태의 윤곽선이 모호하다. 그리고 멀리 건축물과 기중기, 대형 선박들이 정박해 있는 항구의 풍경이 간신히 알아볼 수 있을 정도로 형태만 흐릿하게 보인다. 하지만 이 부드럽고 모호한 형태처리는 오히려 작품 속 세계가 살아 움직이는 것 같은 인상을 주었다. 모네는 창가에 앉아 이 풍경을 감상하다가 〈인상 해돋이〉의 영감을 얻었다고 한다.

모네의 다른 작품 중에도 〈인상 해돋이〉와 마찬가지로 대자연을 관찰하는 중에 뇌리를 스친 인상을 담아낸 것이 많이 있다. 그러나

▲ 풀밭 위의 점심
(The Picnic)

대담하면서도 부드러운 필치와 색채 사용, 과감한 생략으로 이루어진 그의 화풍은 세밀한 짜임새와 정밀한 묘사를 근간으로 하는 정통 아카데미 파의 화풍 및 가치관에 철저히 위배되었으므로 당시 화단의 주류 인사들로부터 철저히 외면 받았다.

인상파 화가들은 파리에서 열었던 전시회를 시작으로 19세기 회화 예술의 새로운 시대를 열기 위한 어렵고 힘든 싸움을 시작했다. 이후 이들이 주최한 인상파 전시회는 1886년까지 8회에 걸쳐 이어졌고, 모네는 그중 5회나 출품하며 활발하게 참여했다. 인상주의 미술을 주도했던 클로드 모네의 이름은 인상파의 역사와 운명을 함께하게 되었다. 인상파의 출현은 현대 미술의 시작을 알리는 신호탄이 되었고, 〈인상 해돋이〉는 미술사에서 인상파의 등장을 알리는 상징적 작품으로서 중요한 의의를 인정받고 있다.

그러던 어느 날 1985년 10월 27일 모네의 〈인상 해돋이〉를 포함한 작품 아홉 점이 도난당하는 사건이 발생했다. 그러나 도난당한 작품들은 다행히 5년 후인 1990년 12월 6일 코르시카 섬의 어느 별장에서 발견되어 원래 소장되어 있던 파리의 마르모탕 박물관으로 무사히 돌아갔다. 〈인상 해돋이〉의 도난 사건이 재발하는 것을 막기 위해 프랑스는 48×64 크기의 그림을 해외로 반출시키는 것을 금지하는 법안을 내놓아서 화제가 되기도 했다.

작자소개
클로드 모네
(Claude Monet, 1840~1926)
프랑스 인상주의 화파의 핵심 인물로, 프랑스에 불어 닥친 인상주의 운동을 주도하고 인상주의 미술의 주요 이론과 가장 특징적인 기법들을 확립시키는 데 지대한 공헌을 했다. 날카로운 관찰력과 풍부한 상상력, 정확하면서도 대담한 색채 표현력 등 예술가로서의 소양이 뛰어났으며 빛과 색채의 관계에 대해 누구보다도 깊이 이해하고 있었다. 또한 찰나적인 감성을 포착해서 화폭에 옮기는 능력이 뛰어나 격정적이고 생명력 넘치는 작품들을 남겼다. 그가 남긴 작품 중 대표작으로는 〈인상 해돋이〉, 〈녹색 옷을 입은 여인, 카미유 (The Woman in the Green Dress, Camille Doncieux)〉, 〈아르장퇴유의 철 교 (The Railroad Bridge at Argenteuil)〉, 〈아르장퇴유, 양귀비들판(Poppies at Argenteuil)〉 등이 있으며 그 밖에도 연작으로 유명한 〈수련〉, 〈루앙대성당〉 등이 있다.

▶ 수련
(Water Lilies)

명화자료
창작시기 : 1907년
크기 : 100 × 73cm
기법 : 캔버스에 유채
소장 : 프랑스 파리 마르모탕 모네 박물관(musee Marmottan Monet)

수련

▲ 모네의 자화상

　모네가 죽는 날까지 약 30여 년에 걸쳐 가장 공을 들였던 작품이 바로 이 〈수련〉 연작이다. 1883년 마흔세 살이 되던 해 그는 파리와 루앙의 중간쯤에 위치한 작은 마을 지베르니로 이사했다. 그 전까지 거처를 자주 옮겼던 모네는 지베르니에 정착한 후 죽을 때까지 43년 동안 다른 곳으로 이사 가지 않았다. 인생의 절반을 이곳에서 보낸 셈이다. 그는 이곳에서 자신이 손수 정원을 조성하고 가꾸며 그림을 그리는 평화로운 삶을 보냈다. 연못위로 하늘과 나무가 비치는 그의 아름다운 정원은 당시 유럽에서 각광받았던 일본의 다색 판화인 우키요에浮世繪에서 본 일본식 정원으로부터 영향을 받았다. 특히 가장자리에 형형색색의 꽃들이 피어 있는 연못 위로 일본풍의 반월형 목제 다리가 눈에 띈다. 수면 위에는 고운 빛깔을 뽐내는 수련들이 무리지어 꽃을 피워 올렸고, 그 위로는 버드나무 가지가 늘어져 아름다운 풍경을 연출한다. 이곳이 바로 모네가 인생의 마지막 30여 년 동안 모든 열정을 다 바쳐 〈수련〉 연작을 탄생시킨 '모네의 정원'이다. 모네의 정원은 오늘날까지도 잘 보존되어 모네를 사랑하는 프랑스 내외의 수많은 관광객들이 방문하는 중요한 관광명소가 되었다.

1900년에서 1909년까지 모네가 만년의 힘과 열정을 쏟아 그린 〈수련〉 연작이 세간에 공개되었다. 이 작품에 대한 반응은 전에 없이 뜨거웠다. 1907년 여름에 그린 밤의 〈수련〉은 모네가 빛을 어떻게 인식하고 처리하는가를 가장 잘 보여주는 작품이다. 그림 속에는 하늘도, 땅도, 나무도 보이지 않는다. 보이는 것은 그저 연못물과 그 위에 떠있는 수련들뿐이다. 이 그림에는 직접적으로 그려져 있지 않지만 작품을 보는 사람들은 이 그림의 시간적 배경이 늦은 저녁이라는 것을 금방 눈치 챌 수 있다. 호수 주변에는 어둠이 깔리기 시작했으나 서쪽 하늘 끝에 걸린 태양은 타는 듯한 노을빛으로 하늘을 물들이며 하루의 마지막을 고한다. 저녁 시간이므로 연꽃들은 모두 봉오리를 다물고 있다. 그리고 화면의 위에서 아래를 관통하는 붉은 오렌지 빛이 꽃과 잎 사이로 어지럽게 지난다. 이 빛의 정체는 바로 어두운 빛을 띤 수면 위에 비친 저녁노을이다. 모네가 〈수련〉 연작을 '반사된 풍경화'라고 표현했던 것은 이런 이유 때문이다.

〈인상 해돋이〉에서 〈수련〉에 이르기까지 모네의 작품들을 시간적 순서대로 살펴보면 그의 화풍이 예전에 비해 주관적으로 변화해 간 것을 알 수 있다. 젊은 시절에 그린 그림들에서 볼 수 있었던 초기 인상파 특유의 생명력 넘치는 강렬함은 시간이 흐를수록 희미해졌으나 대신 안정적이고 온화한 서정성이 한층 강조되었다. 특히 그가

인상파

인상주의는 유럽 회화사에서 현대 미술의 시작을 알리는 중요한 역할을 한 예술 사조의 줄기다. 인상주의 운동은 훗날 음악과 문학 등 다른 예술 분야에까지 영향을 미치게 되는데 이를 이끈 주인공은 도전 정신이 강한 프랑스의 젊은 화가들이었다. 인상파가 처음 등장한 당시 미술계의 외면과 냉대를 받아 위축되었으나 1870~80년대에 이르러 최고의 전성기를 맞이하면서 그 영향은 전 유럽으로 확산되었다. 인상파의 등장은 오늘날 프랑스가 유럽 예술의 중심으로 우뚝 서는데 결정적인 기여를 한 셈이다. 19세기 말에서 20세기 초에 이르기까지 프랑스에서는 인상파의 거장인 마네, 모네, 고흐 등을 포함한 수많은 천재 화가들이 탄생해서 문화와 예술의 꽃을 피웠다.

◀ 아르장퇴유의 요트경기
(Regatta at Argenteuil)

▶ 에트르타의 마네포르타
(The Manneporte near Etretat)

만년에 그린 이 〈수련〉 연작에서는 조형과 이상을 겸비한 내재적 아름다움이 우러나는데, 이는 이 작품 속에 음악이나 시적인 감성을 더한다.

1914년부터 모네는 대형 캔버스에 〈수련〉 연작을 그리기 시작했다. 초기에는 가로 세로가 1미터도 채 안되던 작품도 있었으나 이때부터 2~3미터에 이르는 대형 작품을 제작했다. 제1차 세계 대전이 발발한 바로 다음 날인 1918년 11월 12일, 모네는 당시의 총리에게 보낸 편지에 자신이 그린 〈수련〉 연작 중 대형 작품을 국가에 기증하고 싶다는 의사를 밝혔다. 1926년 12월 4일, 86세의 모네는 12년이라는 긴 시간에 걸쳐 작업한 이 작품을 드디어 완성했다. 그리고 그 이튿날인 12월 5일 그는 잠자듯 고요하게 세상을 떠났다. 1927년 5월 17일 파리의 튈르리(Tuileries) 궁전에서는 그를 기념해 이 작품을 전시했다. 시의가 풍부하고 고요한 평화가 깃든 이 작품을 감상하며 감동을 받은 이들은 늙은 예술가의 죽음에 애도를 표하는 동시에 위대한 예술가를 잃은 사실을 안타까워했다.

모네가 주목을 받으며 화가로서 명성을 얻고 조금씩 부를 누리기 시작한 것은 1890년대 이후 작품이 제법 꾸준하게 팔리면서였다. 그의 화가 인생으로 보면 중반기로 볼 수 있는데, 그 전까지 그는 그림이 팔리지 않아 무척 열악한 환경 속에서 고생하며 지냈었다. 최근에도 모네의 작품 가치는 계속 상승하고 있다. 그의 작품은 유명 박물관에서 소장하고 있거나 개인 수집가가 수집하고 있는데, 가장 최근에는 2008년 6월 24일 영국 런던에서 열린 경매에서 1919년 작 〈수련〉이 4,100만 파운드라는 비싼 가격에 팔렸다. 이 가격은 그 동안 거래되었던 모네의 작품 중 최고가에 매매된 작품으로 기록되었다.

▲ 3등 열차
(The third class wagon)

3등 열차

명화자료

창작시기 : 1863~1865년
크기 : 66×91cm
기법 : 캔버스에 유채
소장 : 미국 뉴욕 메트로폴리탄 미술관(Metropolitan Museum)

  도미에는 19세기 프랑스를 대표하는 풍자 만화가로 잘 알려져 있으나 회화, 판화 및 조각 등에도 조예가 깊었다. 그는 리소그래프(lithograph)* 작품을 많이 남겼는데, 그 밖에도 적은 개수이지만 수채화와 유화도 있으며, 연작도 시도했다. 그는 만화를 통해 사회를 심층 분석하고 날카롭게 비판하는 예술가였다. 그의 풍자만화는 날카로운 관찰력과 신랄한 비판을 바탕으로 뛰어난 재치와 유머 감각, 은유적 표현이 어우러졌다. 이는 당시의 프랑스 민중으로부터 큰 사랑을 받음과 동시에 높은 수준을 인정받았다. 한편, 도미에의 유화 작품들에는 노동자 및 사회에서 소외된 하층민들이 주인공으로 주로 나타나는데, 그 삶의 애환에 대한 작가의 안타까움과 따스한 애

* 석판화

▲ 도미에

작자소개

오노레 도미에
(Honore Daumier, 1808~1879)
프랑스의 화가이자 판화가이며 조각가이기도 한 다재다능한 예술가다. 그러나 그는 무엇보다도 19세기 프랑스 사회를 날카롭게 관찰했던 풍자 만화와 사실주의 미술 운동을 주도한 대표적 인물로서 사람들의 존경과 사랑을 한 몸에 받고 있다.
그는 프랑스 사회의 부조리를 폭로하는 한편, 하층민들의 삶을 주시하며 그들이야말로 사회를 유지시키는 가장 중요한 기반과 같은 존재임을 강조했다. 도미에는 20대 초반부터 정치를 비판하는 만화를 잡지에 기고했으며, 그로인해 스물네 살 때에는 투옥되기도 했다. 마흔 살 이후로는 서민의 일상생활을 주제로 한 유화나 수채화 작품을 그리기 시작했다. 그의 유화 작품은 기존의 미술계가 추구했던 전형적인 기법들 대신에 색채와 형체를 중시하는 참신한 시도를 보여준다. 이후 나폴레옹 3세는 도미에에게 명예훈장을 수여하기로 결정했으나 그는 훈장 수여를 정중히 거절했다.

정이 드러난다. 그러나 도미에가 '풍자 예술의 대가'로 존경받고 있는 것은, 그의 작품들에는 사회적 약자에 대한 단순한 동정심을 뛰어넘어 사회 현실을 규탄하고 문제를 제기하는 책임감 강한 지식인의 자세가 드러나 있기 때문이다.

〈3등 열차〉는 도미에가 서민의 삶을 소재로 그린 대표적인 풍속화 작품이다. 그는 이 작품에 등장한 인물들의 삶을 단적으로 보여주기 위해 노력을 기울였다. 그가 이 그림을 그린 1860년대는 기차가 대중교통으로 상용화된 초창기였다. 당시 사람들의 모습과 기차 발전의 과정을 알아보기에 좋은 〈3등 열차〉는 도미에가 한동안 애착을 갖고 집중했던 소재로, 같은 제목의 유화 작품들이 현재에도 남아 있다. 그림에서도 볼 수 있듯이 기차라는 이 혁신적인 교통수단의 등장은 당시 사람들의 삶에 변화의 바람을 몰고 왔다. 이 작품에서 등장인물들의 굳은 표정과 자세, 옷차림 등을 통해 도미에 특유의 섬세한 심리표현을 살펴볼 수 있다.

〈3등 열차〉에 탄 사람들은 사회의 가난한 하층민들이다. 앞줄 중간에 앉아 있는 노파가 이 작품의 중심이다. 그녀는 다리에 바구니를 올려놓고 마주잡은 두 손은 바구니의 손잡이 위에 올려둔 채 멍하니 앞을 응시하고 있다. 그녀의 왼쪽에는 어린 소년이 깊은 잠에 곯아떨어져 노파의 어깨에 기대어 누워 있다. 소년은 정신없이 깊은 잠에 빠져들면서도 짐을 잃어버릴까봐 걱정 되었는지 한쪽 팔을 옆자리에 놓아둔 상자 위에 걸쳐두었다. 노파의 오른쪽에는 아

▶ 대화하는 세 변호사
(Three Lawyers Conversing)

기를 안고 있는 젊은 여인이 앉아 있다. 그녀는 품 안에 잠든 어린 아기에게만 정신이 쏠려있을 뿐 주변 상황에는 전혀 관심이 없는 것 같은 얼굴이다. 이 세 사람 뒤로 빽빽이 들어앉은 다른 승객들의 모습들도 많이 보인다. 그러나 앞의 세 사람처럼 그들 역시 자신의 생각만으로 가득한 듯 옆자리에 앉은 사람과 대화하는 사람은 찾아볼 수 없다.

인물표현과 색채를 보면 투박하고 거친 선과 강한 명암대비를 이용해 어둡게 가라앉은 우울한 분위기를 효과적으로 표현하고 있다. 도미에는 자신의 의지를 더욱 분명하게 전달하기 위해 필치와 색채 사용에 특히 신경썼다.

도미에는 〈3등 열차〉 연작을 통해 근대로 진입하는 사회 속에서 제대로 적응하지 못하거나 소통의 벽을 넘지 못해 소외된 이들의 외롭고 고독한 심리를 표현했다. 그는 매일매일 노동에 지치고 가난에 찌들어 고된 삶의 무게에 짓눌린 서민들의 삶의 단편을 적나라하게 표현했다. 또한 자신의 예술적 재능을 부유한 후원자를 위해 당시 유행했던 역사화를 그리는 데에 사용하는 것을 거부하고, 대신 자신이 속한 당대 사회의 부조리를 파헤쳐 즉각적으로 표현하고 비판하는 데에 바쳤다.

▲ 세탁부
(The Washerwomen)

도미에는 원래 아카데미 화파의 신고전주의 화풍을 배웠으나, 점차 회화의 '완성도'에 대해 깊이 고민하게 되었다. 그는 화가에게 가장 중요한 능력이 그림 속 사물을 실물처럼 표현하는 정밀한 표현기법이 아니라, 그 내면에 숨어 있는 내력과 감수성을 이끌어낼 수 있는 창조적 상상력이라고 믿었다. 그가 〈3등 열차〉 연작을 그리기 전에 루소나 밀레와 같은 인상파 화가들과 친밀하게 교류했던 점은 이와 같은 가치관의 변화와도 관계가 있다.

1878년 도미에는 평소 친하게 지냈던 미술상을 통해 개인전시회를 열 수 있었다. 사실 이 무렵 그는 심각한 눈 질환 때문에 이미 실명한 상태였으나 예술에 대한 그의 의지는 전혀 꺾이지 않았다. 그러나 안타깝게도 세상이 그 예술적 재능의 진면목을 알아본 것은 도미에의 사후 21년이 지난 1900년부터였다. 개인전을 열고 2년이 지난 후 풍자 예술의 거장, 도미에는 세상을 떠났다.

▶ 풀 밭 위의 점심
(The Luncheon on the Grass)

명화자료
창작시기 : 1863년
크기 : 208 × 264.5cm
기법 : 캔버스에 유채
소장 : 프랑스 파리 오르세 미술관

풀밭 위의 점심

▲ 마네

〈풀밭 위의 점심〉은 19세기 프랑스의 저명한 인상파 거장 에두아르 마네의 명작으로, 유럽 미술사에서 현대파의 기원을 거슬러 올라갈 때 종종 거론된다. 이 그림은 1963년 마네가 살롱전에 출품했다가 낙선된 이후 '낙선 전시회(Salon des Refuss)'에 다시 내걸면서 세간에 커다란 화제를 몰고 왔다.

그 무렵 프랑스 파리에는 정부가 주도하는 살롱전시회가 정기적으로 거행되고 있었다. 그 당시에는 부드럽고 우아한 자태와 뽀얗고 매끄러운 피부가 손에 잡힐 듯 섬세하게 묘사된 아름다운 여신이나 님프의 누드화가 가장 인기가 많았으며 살롱전 입상작들 또한 이와 같은 대중들의 기대를 충족시켜주는 작품들이 대부분이었다. 화가들은 살롱전을 통해 공식적으로 이름을 알리고 그림을 팔 수 있었으므로 살롱전에는 매번 참가자가 몰려들었다. 방대한 양의 출품작 중에서 입선 작품을 골라내는 심사는 아주 엄격하게 치러졌다. 그러나 심사위원들은 대부분 정통 아카데미 미술만을 인정했으며 새로운 시도를 인정하지 않는 성향이 강했으므로, 마네의 이 파격적인 작품이 그들의 눈에 들리 만무했다. 마네 역시 아카데미즘에 물든 그들

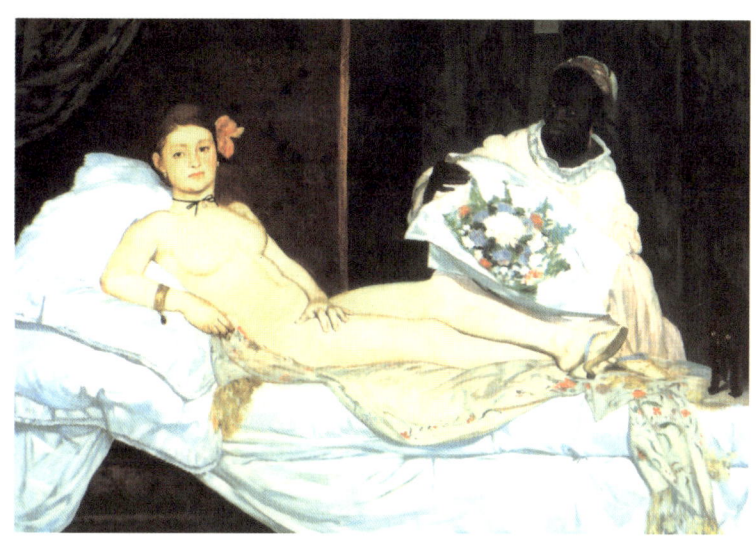

◀ 올랭피아
(Olympia)

이 추구하는 화풍을 '죽어 있는 위선'의 세계로 여겼다. 마네가 주변인들에게 "아틀리에에 가는 것이 꼭 무덤으로 걸어 들어가는 기분이라네."라고 종종 말했다는 일화에서, 그가 그러한 사회 분위기를 얼마나 마뜩잖게 생각했는지 잘 알 수 있다. 특히, 살롱전에 출품한 〈풀밭 위의 점심〉이 물의를 빚자 마네는 또한 "그들이 내게 누드화를 그리라고 해서 누드화를 그렸고, 그래서 탄생한 것이 바로 이 작품이 아닌가."라고 불만을 토로한 적도 있다고 한다.

 이 작품 중앙에는 나무와 무성한 수풀이 우거진 숲을 배경으로 세 사람이 앉아 있다. 두 남성과 함께 나체로 앉아 있는 젊은 여인의 존재는 강한 인상을 준다. 그림 속 그녀는 곧은 시선으로 캔버스 밖 세상을 응시하고 있다. 이 그림을 감상하는 사람들이 순간 그녀와 시선이 마주쳤다고 착각할 정도로 그녀의 시선은 감상자를 똑바르게 향하고 있다. 그녀의 옆으로 남성 두 명이 몸을 비스듬히 기울인 채 담소를 나누고 있다. 두 남자는 당시 유럽에서 유행한 신사복을 입고 있으며, 나체의 여성을 포함한 세 사람은 신체의 일부가 겹쳐지거나 교차되는 등 자연스럽고 편안한 자세로 풀 밭 위에 앉아 있다. 그림 왼쪽 아래 부분에 내용물을 쏟아낸 채 뒹굴고 있는 바구니가 보이고, 세 사람 모두 여기에는 개의치 않는 표정인 걸로 봐서는 이들 중 정작 점심 식사에 흥미가 있는 사람은 아무도 없는 것 같다. 이 세 사람 뒤 호수 안에는 상체를 구부리고 있는 여성이 보인다. 자

작자소개

에두아르 마네
(Edouard Manet, 1832~1883)
프랑스 파리의 한 부유한 가정에서 태어났다. 마네의 부친은 프랑스의 법관이었으며 모친은 스웨덴의 왕세자인 샤를 베르나도트(Charles Bernadotte)의 대녀였다. 그의 부친은 아들이 자신의 뒤를 이어 법조계에서 일하기를 원했으나 그의 외삼촌이 어렸을 때부터 미술에 남다른 재능을 보인 에두아르를 예술가의 길로 인도했다.
마네가 회화에서 이룬 성취는 특히 인물화에서 눈에 띄게 나타난다. 인체 표현을 통해 나타난 마네의 빛과 색채에 대한 이해 그리고 이를 운용하는 방식에서는 '인상파의 아버지'라는 별명답게 근현대 미술로의 진입을 유도하는 참신함이 돋보인다. 또한 견고한 조형을 중시하는 전통 방식에 반대하는 대신, 색채를 능숙하게 활용해서 인상파 특유의 환한 빛이 가득 내리쬐는 선명한 대기를 표현했다. 게다가 그는 통찰력이 뛰어나 인물의 내면세계와 성정을 담아내는 초상화를 그리는 것으로도 유명했다.

세히 보면 그녀는 한 손으로 치마가 젖지 않도록 말아 쥐고 있는 것 같은데 그 옷차림은 마치 속옷처럼 보일 정도로 가볍다. 그리고 다른 한 손으로는 무언가를 찾고 있는 듯 물속을 더듬고 있다. 자신의 일에 열중하는 그녀와 그림 중앙의 남녀들은 서로 관심이 없다. 하지만 미술의 구도 측면에서 보면 그녀는 이 작품에서 중요한 역할을 하고 있다. 그녀는 고전미술의 삼각형 구도에서 꼭짓점에 해당하는 중요한 위치를 담당하는 것이다. 삼각 구도의 아래 부분에 해당하는 두 남자와 나체 여성의 서로 얽힌 자세에서는 비밀스럽고 농밀한 선정적 분위기가 물씬 풍긴다. 이 작품 속에서 인물들 간의 구도 외에도 또 다른 삼각 구도가 있다. 머리에 모자를 쓴 채 오른손을 치켜들고 열심히 이야기 중인 남자의 양손과 나체 여성의 왼쪽 발에서 모종의 일체감이 느껴졌다면 제대로 찾아낸 것이다. 마네는 삼각형의 꼭짓점을 나타내는 남자의 양손과 여자의 왼쪽 발을 같은 색으로 표현하여 이 구도를 더욱 쉽게 발견할 수 있도록 돕고 있다. 이러한 구도를 두고 남녀 관계의 문란함을 상징한다고 주장하는 이들도 있었다. 이 작품의 주제와 내용은 고상함을 중요시하는 정통 아카데미 미술의 가치관에 정면으로 도전하는 인상을 풍긴다. 그렇다고 해도 마네의 작품이 고전주의 회화의 형식과 내용 모든 것을 부정하는 것은 아니었다. 오히려 마네는 이 파격적인 작품에서 부분적으로 고전주의 회화 작품의 특징을 모사해서 고전주의를 교묘하게 비꼬는 것처럼 보인다. 이 점을 눈치 챈 관람객들은 다시 한 번 그림을 자세히 들여다본 후 쓴웃음을 짓기도 했다.

작품 중앙에 앉아 무심한 표정으로 관람객을 직시

▶ 에밀 졸라의 초상
(Portrait of Emile Zola)

하는 젊은 여인의 모델은 빅토린 뮈랑(Victorine Meurent)이라는 이름의 실존인물이었다. 그녀에 대해 직업 모델이라는 설과 매춘부라는 설이 분분하지만, 분명한 것은 마네와 그녀의 관계는 화가와 모델 이상이었다는 점이다. 그들이 처음 만난 1862년부터 13년 동안 그녀는 마네의 수많은 작품 속에 계속 등장했다. 그녀가 〈풀밭 위의 점심〉의 모델이 되었을 때의 나이는 불과 열여덟. 이 일이 인연이 되어 그녀는 마네의 지인이 그림을 그릴 때에도 모델이 되어주기도 하는 등 예술가들과 친분을 쌓았다. 한때 항간에는 그녀가 오랜 세월 과음한 탓에 39세의 나이로 요절했다는 소문이 떠돌기도 했지만 실제로 그녀는 83세까지 정정하게 천수를 누렸으며, 한때 여류 화가로서 활동하기도 했다. 그러나 그녀의 작품 중 오늘날 확인할 수 있는 것은 한 점도 없다.

한껏 과장된 듯 자유분방하면서도 기묘한 여운이 남는 이 작품은 공개되자마자 파리 화단에 커다란 파문을 일으켰다. 마네의 이 작품은 당시 예술계에서 통용되는 상식과 규칙, 관례에 타협하지 않고 오히려 그 권위에 정면 도전을 외치며 내던진 도전장으로 받아들여졌기 때문이다. 당초 이 작품은 살롱전에서 낙선했고 그 뒤 낙선 전시회를 통해 대중에 공개된 후 수많은 이들로부터 비웃음과 조롱의 대상이 되었으나, 동시에 수많은 예술가들의 주목도 함께 받게 되는 계기를 만들어 주었다. 마네에 주목한 예술가들은 그의 화풍을 모방하여 작품을 그리기 시작했고, 그로부터 약 150여 년이 흐른 오늘날 이 작품은 당당히 세계에서 가장 사랑받는 예술 작품 중 하나로 명성을 떨치고 있다.

〈풀밭 위의 점심〉을 시작으로 1865년 살롱전에서 입상한 〈올랭피아〉에 이르기까지 마네에 대한 당시의 여론은 극과 극을 달리고 있었다. 비평가들과 언론이 마네와 그의 작품에 대해 맹렬한 비난을 쏟아 부었다면, 에밀 졸라(Emile Zola)를 필두로 하는 진보 성향의 작가들과 청년 화가들은 마네의 화풍에 환호하며 갈채를 보냈다. 마네의 이름은 이러한 논쟁을 일으킨 화제의 주인공으로서 나날이 유명해졌다. 이후 프랑스 화단에는 마네의 화풍에서 영향을 받아 새로운 기법과 참신한 예술 풍격을 연구하는 젊은 화가들이 대거 등장하기에 이른다. 그들이 바로 프랑스 화단에서 인상주의를 확립하는 인상파 화가들이다.

▶ 피리를 부는 소년
(Young Flautist)

명화자료
창작시기 : 1866년
크기 : 161×97cm
기법 : 캔버스에 유채
소장 : 프랑스 파리 오르세 미술관

피리를 부는 소년

▲ 마네

　이 작품 속 소년의 실제 모델은 마네의 지인이 데려온 황제 친위대 곡예단에서 피리를 부는 소년이다. 짧은 피리를 들고 있는 소년의 손 모양새는 가벼우면서도 야무져서 피리를 다루는 일이 아주 익숙한 것 같은 인상을 준다.
　이 작품은 피리를 불고 있는 이 소년의 모습과 그 발치에 짧게 그려진 그림자 외에 이렇다 할 배경이 그려져 있지 않다.
　배경은 얼룩이 진 것 같은 회색으로 단순하게 처리해서 제복을 차려 입은 주인공을 강조했다. 이 덕분에 소년은 마치 밀도 높은 공기에 둘러싸였거나 혹은 고립되어 있는 것 같은 묘한 인상을 준다. 소년은 그저 볼이 발그레하게 물든 얼굴을 정면으로 향한 채 진지한 표정으로 피리를 불고 있다. 한 가지 재미있는 것은 그림에서 소년의 손과 발 외에는 그림자를 거의 찾아볼 수 없을 정도로 묘사가 단순하다는 점이다. 이처럼 평면적으로 묘사하는 것은 오히려 인물에 실재감을 주는 효과가 있다. 게다가 배경을 단순하게 처리함으로써 이를 더욱 강조한다. 마네는 자신의 재능에 대해 자부심을 갖고 이 작품을 그렸다. 소년의 제복은 대부분이 검은색과 붉은색, 흰색으로 이루어져 있으며, 그 외에는 장식적인 부분에 한해 금색으로 처리 되었다. 이처럼 단순한 색채 사용법은 일본의 판화 우키요에浮世繪,* 특히 그 중에서도 명인 기타가와 우타마로喜多川歌麻呂의 작품에서 영향을 받은 것이다. 당시 유럽미술계는 일본의 우키요에가 주는 신선한 충격에 휩싸여 있었다. 마네를 포함해 고흐, 모네 등 인상파 화가들이 우키요에에 영향을 받았다는 사실은 서양 미술사에서도 잘 알려진 사실이다. 마네는 평면적 표현과 원색으로 대상의 실재감을 강조하는 기법을 1865년 마드리드의 프라도미술관을 방문했을 때 벨라스케스의 작품을 모사하면서 배웠다고 편지에서 고백했다.

▲ 비어홀의 여종업원
(The Waitress)

사실적으로 표현한 이 소년의 모습만 얼핏 보면 이 작품은 마치 사실주의를 충실히 따른 것처럼 보인다. 그러나 그림의 소재를 중심으로 생각해보면, 마네는 본질적으로 보수적 사고를 거부하고 인상주의 미술을 추구하는 화가였다는 사실을 깨달을 수 있다. 1859년부터 마네는 살롱전 출품을 위해 자신의 작품을 지속적으로 심사 위원회에 제출하기 시작했으나 심사 위원들은 마네의 작품을 거절했다. 〈피리를 부는 소년〉 역시 1866년에 출품했던 작품이다.

당시 심사 위원들과 미술 평론가들은 이 작품에 대해 너무 단순하고 투박하며 그림 속 모델도 신분이 보잘 것 없는 일개 병사라는 점을 지적하며 권위 있는 살롱전의 품위에 어울리지 않는다고 입을 모았다. 또한 인물 표현과 채색실력에 대해 각각의 색상이 넓은 영역을 단순하게 칠했다며 마치 포커카드에서나 볼 수 있을 법한 수준이라고 깎아 내렸다. 그들은 더 나아가 마네를 전통과 권위에 도전하

에밀 졸라

에밀 프랑수아 졸라(Emile Francois Zola, 1840~1902)는 프랑스의 대표적인 자연주의 작가이자 비평가이다. 1840년 4월 12일 파리에서 태어나 1902년 9월 28일 파리의 자택에서 가스 중독으로 세상을 떠났다. 일곱 살 때 이탈리아계 토목기사인 그의 부친이 세상을 떠난 후 그리스인인 홀어머니 슬하에서 곤궁하게 자랐다. 교육열이 높은 모친 덕에 중학교에 진학할 수 있었으나 가난 및 사회 현실에 눈뜬 것을 계기로 문학가가 되겠다고 결심하면서 학업을 중단했다. 소설 및 비평으로 명성을 날리게 된 후에도 적극적으로 사회 활동에 참여했으며 대표작으로는 소설 《목로주점(L'Assommoir)》, 《나나(Nana)》 등이 있으며, 그 밖에 유명한 드레퓌스 사건 당시 드레퓌스의 무죄를 주장하기 위해 발표한 《나는 고발한다.(J'accuse)》가 있다.

---

* 주로 목판을 이용해 제작하는 일본의 전통적 다색 판화

▶ 폴리 베르제르의 술집
(A Bar at the Folies-Bergere)

▼ 발코니
(The Balcony)

는 무모한 인물로 치부했다.

비록 혹독한 비평을 받고 살롱전에서 거부되었지만 그는 결코 자신의 화풍을 포기하거나 그들에게 허리를 굽히지 않았다. 하지만 무척 의기소침해있던 이 무렵, 저명한 자연주의 작가이자 비평가인 에밀 졸라가 갑자기 공개적으로 그의 작품을 호평하고 나섰다. 에밀 졸라는 기성세력을 비판하는 한편 아직 인정받지 못하고 있는 인상파 화가들이야말로 미술계에 새로운 활력을 불어넣고 새 시대를 열 인재들이라고 믿었다. 에밀 졸라가 〈피리를 부는 소년〉을 보고 크게 감탄하며 "이렇게나 간단명료하게 표현함으로써 강렬한 인상을 주는 표현방식은 본 적이 없다."고 했다는 일화도 잘 알려져 있다. 이러한 표현방식은 종래에 없었기 때문에 사람들이 낯설게 느낀 것일 뿐 머지않아 프랑스 화단에 큰 변화를 줄 것이라는 그의 예상은 적중했다. 비록 이 작품이 당시에는 거의 반역에 가까울 정도로 새로웠다고 하더라도, 현대인의 눈으로는 당시 이 작품이 지녔던 파격과 혁신을 느끼기 어렵다. 그저 제복을 입은 어린 사내아이가 피리를 불고 있는 단순한 그림에 불과하다. 이는 화가의 생애와 시대를 이해한다면 예술 작품을 더욱 즐겁게 즐길 수 있다는 사실을 단적으로 보여주는 좋은 예다. 많이 알면, 그 만큼 더 즐길 수 있는 법이다.

◀ 오이디푸스와 스핑크스
(Oedipus and the Sphinx)

명화자료
창작시기 : 1864년
크기 : 206.4 × 104.7cm
기법 : 캔버스에 유채
소장 : 미국 뉴욕 메트로폴리탄 미술관

오이디푸스와 스핑크스

〈오이디푸스와 스핑크스〉는 19세기 말 프랑스의 상징주의 화가인 모스타브 모로의 초기 대표작이다. 그는 주로 신화나 성서에서 소재를 취했는데, 풍부한 상상력과 뛰어난 실력으로 환상적 작품을 선보였다. 1860년 대 중반 무렵 〈오이디푸스와 스핑크스〉를 포함한 몇몇 역사화 작품들을 살롱전에 출품한 후 크게 호평을 받으며 두각을 나타냈다. 심지어 모로의 등장을 두고 '역사화의 구원자'가 나타났다고 감격한 비평가도 있었다고 한다.

19세기 유럽 사회에는 '사유' 관념이 강하게 자리잡기 시작하는데 이는 청춘 남녀의 연애에도 영향을 미쳐서 상대를 구속하고 싶은 심리도 강해졌다. 모로는 이에 착안해서 〈오이디푸스와 스핑크스〉를 그릴 때 남녀의 묘한 심리를 반영했다.

이 작품 속 주인공은 그리스 신화의 유명한 영웅 오이디푸스로, 그는 테베의 왕 라이오스와 왕비 이오카스테의 아들이다. 그러나 그

▲ 모로

▲ 유령
(The Apparition)

작자소개
귀스타브 모로
(Gustave Moreau, 1826~1898)
프랑스의 상징주의 화가이다. 주로 신화나 성서의 내용을 소재로 그린 그의 작품들은 환상적이고 신비로운 분위기가 흐른다. 이와 같은 특징이 매우 강했기 때문에 그와 동시대에 활동했던 상징주의 예술가들은 모로에 대해 상징주의 예술의 선봉장으로 여기며 존중했다. 1891년 모로는 프랑스 국립 아카데미의 교수로 임명되었다. 이때 그가 가르친 학생들 중에는 훗날 야수파(fauvisme)를 대표하는 화가로 성장하게 된 앙리 마티스(Henri Matisse), 알베르 마르케(Albert Marquet), 조르주 루오(Georges Rouault), 앙리 망갱(Henri Manguin) 등이 있었다.
파리의 로슈푸코 거리 14번지에서 아름다운 외관을 뽐내는 귀스타브 모로 박물관은 예전에 모로가 실제로 살던 집과 작업실을 개조해서 만든 것으로, 1903년부터 개관한 이래 100년 이상 모로의 작품을 감상하려는 이들의 발걸음이 이어지고 있다.

가 태어나기 전 라이오스 왕은 "네 그가 아비를 죽이고 어미를 범할 것이다."라는 신탁神託을 받고, 아들을 죽이기로 결심했다. 오이디푸스는 태어나자마자 버려졌으나 이웃나라의 목동이 그를 거두어 다행히 목숨을 구했다. 성인이 된 후 그는 자신의 뿌리를 알기위해 신전에 찾아갔으나 그가 받은 신탁의 내용은 위와 같았다. 이에 충격을 받은 그는 자신의 존재가 비극의 원흉이라 믿고 홀로 여행길에 오른다. 여행 중 그는 테베에서 스핑크스라는 괴물을 만나게 되었다. 이 괴물은 길 가는 사람에게 수수께끼를 내고 맞히지 못하면 잡아먹었다. 이 괴물 때문에 테베의 여왕은 골머리를 앓았다. 그녀는 참다못해 괴물을 죽이는 자를 남편으로 맞아들이고 왕위도 넘긴다고 공언했다. 결국 오이디푸스가 수수께끼를 풀고 스핑크스를 죽이는 데 성공했다. 여왕은 약속대로 그와 결혼하고 왕위를 넘겨주었다. 그러나 두 사람은 설마 서로가 모자지간일 것이라고는 꿈에도 생각하지 못했다. 게다가 오이디푸스가 테베로 오는 길에 사소한 시비 때문에 한 노인이 목숨을 잃었던 일이 있는데, 그 노인이 바로 오이디푸스의 친아버지인 라이오스였다. 그는 언젠가 아들이 자신을 죽이러 찾아올지도 모른다는 불안감에 시달리다가 궁을 나가 신분을 감추고 생활하던 중 우연히 오이디푸스와 만나 목숨을 잃었던 것이다. 결국 이 비극의 전말이 드러나자 여왕은 자살하고 오이디푸스는 자신의 운명을 저주하며 두 눈을 멀게 만든 후 다시 방랑을 떠났다.

이 작품 속 장면은 스핑크스가 오이디푸스에게 수수께끼를 내는 긴장감 넘치는 순간을 담고 있다. 이 때 스핑크스가 오이디푸스에게 던진 질문은 '아침에는 네 발로, 점심에는 두 발로, 저녁에는 세 발로 걷는 동물은?' 이었다. 오이디푸스는 '인간' 이라고 대답해 내기에서 이겼다. 그림 속 스핑크스는 내기에서 지자 그의 품에 안겨들며 용서를 구하는 중이다.

모로는 맑은 느낌을 주는 색채를 사용하고, 인체의 조형을 정확하게 표현하는 데 중점을 두었다. 중요부위를 가린 오이디푸스는 청년의 몸답게 탄탄하고 빛나는 육체미를 뽐내고 있다. 그는 왼손에 스핑크스를 죽일 창을 들고 가슴에 매달린 스핑크스와 두 눈을 똑바로 마주보고 있다. 모로가 그린 스핑크스는 가슴까지는 인간의 모습이지만 등에는 독수리 날개가 달려있고 사자의 몸과 다리를 지닌 반인반수이다. 이 스핑크스는 죽음에 대한 공포 앞에서 아름다운 얼굴과 희고 부드러운 목과 가슴을 이용해 필사적으로 목숨을 구하려 한다. 교태어린 눈빛과 그의 옷깃을 꽉 붙잡은 앞발이 절박해 보인다. 스핑크스를 죽이려는 강한 의지를 담은 오이디푸스의 눈에는 한줄기 망설임의 빛이 스친다. 그 망설임의 정체는 욕망이다. 그러나 화면의 아래쪽으로는 손과 발 등 인체의 일부가 보이는데, 이는 섬뜩하게도 그 동안 스핑크스에게 목숨을 빼앗겼던 인간들의 시체다. 모로가 화면 가장자리에 시체의 일부를 그려 넣은 까닭은 무엇일까? 그 이유는 바로, 오이디푸스와 이 그림을 감상하는 이들에게 아름다운 여인의 외모 뒤에 숨어 있는 스핑크스라는 반인반수의 흉포한 본성을 상기하도록 돕기 위해서다. 이처럼 다양한 상징을 담고 있는 모로의 작품은 아카데미파 화가들의 취향에 잘 맞아떨어졌다. 인상파의 대표적 화가인 드가(Hilaire Germain Edgar De Gas)는 모로를 두고 '신비의 기회주의자'라고 평했다.

▲ 오르페우스
(Orpheus)

실제로 오이디푸스와 스핑크스의 눈빛이 갖는 의미는 크게 죽음과 욕망이다. 서로 목숨을 걸고 대치하는 상황에서 적을 바라보는 눈빛이라고 보기에는 둘 다 오묘한 빛을 띠고 있다. 이 작품을 감상한 이들은 화가가 생각하는 남녀 관계의 본질이 스핑크스와 오이디푸스의 모습에 반영되어 있다고 생각했다. 모로는 생전에 "나는 내 눈에 보이지 않는 것을 믿지 않는다. 그러나 내 눈에 보이는 것 역시 믿지 않는다. 나의 지혜와 이성, 지식은 주관적이므로 반드시 옳다고 확신할 수 없기 때문이다. 때문에 나는 오로지 나의 감각만을 믿는다."라고 말했다. 여기서 모로는 평소 그림을 그릴 때 감각에 의지해 붓을 놀렸다. 이 영향으로 그의 작품 세계는 기이하고 신비로운 고대 신화와 성서의 내용에 한정되어 있고 현실 세계의 일상에서 만나볼 수 있는 소재는 없다.

탄탄한 구성과 정밀한 묘사, 힘 있는 색채 표현을 보여주는 모로의 화풍에서는 당시 프랑스 화단에서 인기를 얻고 있던 인상파와 후기 인상파에 대한 반발심이 명확하게 드러나고 있다. 반대로 인상주의를 선호하던 이의 눈에는 모로의 작품이 퇴폐적이며 지나치게 탐미적으로 보였을 것이다. 그래서인지 모로의 작품은 미술계보다 오히려 상징주의 문학가들, 특히 시인들로부터 더욱 큰 사랑을 받았다.

▲ 볼가 강의 뱃사람들
(The Volga Boatman)

명화자료
창작시기 : 1870~1873년
크기 : 131.5 × 281cm
기법 : 캔버스에 유채
소장 : 러시아 상트 페테스르부르크 국립 러시아 미술관(The State Russian Museum)

볼가 강의 뱃사람들

〈볼가 강의 뱃사람들〉은 러시아 사실주의 회화의 거장 일리야 에피모비치 레핀의 이름을 널리 알린 작품이다. 동시에 19세기 후반 러시아에서 발전한 현실을 비판적인 시선으로 재조명한 사실주의 화풍을 대표하는 중요한 작품이기도 하다. 이 작품을 시작으로 레핀은 러시아적인 그림들을 잇따라 발표하며 톨스토이, 도스토예프스키와 같은 러시아의 대문호들과 동시대를 풍미했다.

1869년에 레핀은 아카데미의 친구들과 함께 네바 강 유람선을 타러 놀러간 적이 있었다. 강변 주위의 아름다운 풍경들을 만끽하던 중 그는 우연히 몸에 줄을 걸고 배를 끄는 인부들의 모습을 보게 되었다. 그들은 앙상하게 마른 몸에 머리카락은 어지럽게 풀어헤친 채 누더기나 다름없이 남루한 옷을 걸친 지저분한 모습이었다. 가슴에 밧줄을 걸고 온 힘을 다해 배를 끌고 가는 그들의 모습은 레핀의 삶과 예술철학에 커다란 전환점이자 중요한 기반이 되었다. 그는 이 날 본 광경을 스케치로 옮겼는데, 이 스케치를 본 표도르 바실리예프는 볼가 강에 가서 실제로 인부들이 일하는 모습을 관찰하도록 권유했다. 그로부터 3년 동안 그는 셀 수 없을 정도로 계속 관찰하고 스케치하면서 러시아를 감동시킨 명작 〈볼가 강의 뱃사람들〉을 완성했다.

〈볼가 강의 뱃사람들〉 속 하늘과 모래사장, 인부들의 옷, 바다처럼 넓은 강, 배 등 화면 전체가 담담한 색채로 채워져 있으며 명암 표현은 갈색을 이용했다. 전체 구도는 수평적이지만, 원근감이 분명히 느껴지며 그림 속 인부들의 모습은 마치 화면 밖으로 걸어 나올 듯 사실적인 현장감이 전해져온다.

작열하는 태양아래 펼쳐진 모래사장 위에서 배를 끄는 인부들은 총 열한 명이다. 이들은 세 조로 나뉘어져 있으며 앞에서부터 4명, 4명, 3명으로 이루어졌다. 놀라운 것은 그들이 한 무리로 뭉뚱그려진 것이 아니라 한 명 한 명이 모두 독립적인 초상을 지닌 존재로 표현되었다는 점이다. 맨 앞줄에서 이 무리를 이끄는 인부의 모델은 원래 가톨릭 신부였다가 제명당한 카닌이다. 레핀은 스케치 여행 중에 카닌을 만났는데 가로로 깊게 주름이 팬 그의 이마와 고뇌로 가득한 그의 인상이 마치 고대의 철학자처럼 보였기 때문에 무척 마음에 들어 했다고 한다. 그는 심신을 무겁게 짓누르는 고된 노동을 이미 모든 것을 체념하고 받아들인 듯, 힘을 쥐어짜내느라 일그러진 얼굴과 무기력한 눈동자로 앞을 바라보고 있다. 그의 대각선 뒤쪽으로 보이는 키가 큰 남자는 냉소적인 표정으로 담뱃대를 물고 있다. 다른 이들의 정신이 온전히 이 노동에 집중된 반면 그는 홀로 사색에라도 빠져 있는 것인지 힘주어 밧줄을 끌지 않는 것 같아 보인다. 키 큰 남자의 왼쪽에 있는 작달막한 남자는 예전에 선원이었던 일코다. 그의 시선은 그림 밖 세상의 감상자들을 마치 노려보는 듯 강렬하며 그 얼굴에는 고집스러운 뱃사람의 기질이 나타나 있다.

이 작품에는 이들 외에도 집시 소년 라리카, 성상 화가였던 콘스탄틴 등 그가 만났던 인상적인 인물들이 나타나있다. 중간 조에서 분홍색 상의를 입고 몸을 뒤로 젖히고 두 손으로 줄을 밀어내는 자세를 취한 소년의 모델이 집시 소년 라리카다. 그는 마치 나이 어린 자신에게는 과도한 노동에서 벗어나고 싶은 것처럼 보인다.

러시아의 대문호 표도르 도스토엡스키(Fyodor Mikhailovich Dostoevskii)는 이 작품 이전의 예술 작품들에서는 "노동자들의 모습을 통해 자산 계급이 민중에게 빚을 지고 있다"라는 의식을 강조하고 계급투쟁을 호소하는 경우가 많았다고 지적했다. 그러나 이 작품 속 노동자들의 모습에서는 어떠한 정치적 의도도 느껴지지 않는다. 때문에 도스토엡스키는 노동자들을 러시아의 민중 그 자체로서

▲ 레핀

작자소개

일리야 에피모비치 레핀
(Ilya Yefimovich Repin, 1844~1930)

19세기 후반 러시아 현실을 비판하는 성향을 띤 사실주의 회화를 대표하는 화가이다. 같은 시기에 활동한 바실리 이바노비치 수리코프(Vasilii Ivanovich Surikov)와 함께 러시아 최고의 화가로 손꼽힌다. 1844년 오늘날의 우크라이나에 위치한 추코예프에서 농노의 아들로 태어나 폴란드에서 세상을 떠났다.

그는 작품에서 인물의 내면 심리를 파헤치면서, 외형적인 모습 위에 삶을 투영하는 것에 중점을 두었다. 빈틈없는 정밀한 묘사와 세심한 마무리로 인물에게 생생한 현실감을 부여하고 러시아 사회의 일면을 사실적으로 조명하는 그의 화풍은 러시아 풍속화 분야에 새로운 시대를 열었다.

▶ 아무도 기다리지 않는다
(Unexpended Return)

서사적으로 표현한 걸작이라고 말하며 "위대한 화가가 남긴 위대한 업적"이라고 말했다. 또한 톨스토이는 레핀에 대해 러시아에서 민중의 생활을 사실적으로 그려내는 데 가장 뛰어난 화가라고 칭찬했다. 그 밖에도 평론가인 블라디미르 스타소프는 이 작품에서 받은 감동을 숨김없이 드러내며 "우리 세대에 가장 유명한 그림이 될, 러시아 학파의 최초 그림"이라고 극찬했다.

▶ 발레수업
(The Dance Class)

명화자료
창작시기 : 1873~1876년
크기 : 85 × 75cm
기법 : 캔버스에 유채
소장 : 프랑스 파리 오르세 미술관

발레수업

〈발레수업〉은 프랑스 인상주의의 거장 에드가 드가의 대표작으로, 사실주의를 기반으로 발전한 인상파 회화를 보여주는 좋은 예이다. 드가는 평생 발레나 경마를 소재로 한 작품을 많이 그렸다. 이 소재들은 대상의 움직임을 순간 포착한 것 같은 드가의 개성적인 화풍을 살리기에 무척 좋은 소재였다. 움직이는 대상에 깊은 흥미를 느끼고 있었던 그는 다행히 부유한 집안 환경 덕분에 오페라좌의 정기 관람권을 구입해 종종 무용수들을 관찰하러 갈 수 있었으며, 무대 뒤나 연습실을 마음대로 드나들 수 있는 통행권도 얻을 수 있었다고 한다. 발레리나들의 연습 장면을 그린 〈발레수업〉은 드가가 남긴 수많은 발레리나 그림 중에서도 아주 유명한 작품이다.

▲ 드가

▲ 벨렐리 가족
(Portrait of the Bellelli Family)

〈발레수업〉에서 발레리나들의 옷차림은 대부분 비슷하지만 허리를 묶은 리본은 붉은색, 녹색, 노랑색, 파란색 등 제각각 다양한 색을 띠며 화면에 화사함과 다채로움을 더한다. 학생들의 구도는 화면 왼쪽의 제일 앞부분에 서서 뒷모습을 보이는 발레리나에서 시작되어 화면 오른쪽 가운데에서 하늘색 허리띠를 매고 무용연습 중인 소녀를 끝으로 반원 형태를 이루고 있다. 그리고 이 두 소녀를 직선으로 이어보면 그 중심에는 선생으로 보이는 한 남자가 지팡이를 짚은 모습으로 서있다. 바로 이 남자가 작품의 전체적 구도를 안정적으로 마무리하는 역할을 하고 있는데 그는 당시 전 유럽에서 명성이 높았던 쥘 페로(Jules Joseph Perrot)다. 쥘 페로는 1830년 프랑스 발레리노로 데뷔한 이래로 무용가 겸 안무가로서 재능을 인정받아 유럽 순회공연도 했던 인기 예술가였다. 이 작품은 파리 오페라좌에서 발레를 가르치는 쥘 페로의 수업을 참관한 후 그린 그림이다. 소녀들은 자기 차례가 아니면 한쪽에서 쉬거나 다른 학생의 연습을 바라보며 벽 쪽으로 물러서 있는데 그 중에는 등이나 목을 긁고 있거나 목에 묶은 리본을 만지작거리는 등 나이 어린 소녀답게 산만한 모습을 보여준다. 이는 우아한 자세를 만드느라 애쓰며 연습 중인 다른 소녀의 모습과 대조를 이루며 감상자에게 유쾌한 재미를 선사한다.

한편 X선 촬영(X-ray)을 통해 이 작품을 살펴본 연구자들은 이 작품이 그가 처음 의도했던 것과는 다른 형태로 완성되었음을 알려주는 흔적들을 발견했다. 현재 작품에서 화면을 등지고 있는 소녀의 모습은 원래 정면을 향하게 하려 했으며, 화면 중앙의 스승은 처음에 젊은이의 모습으로 구상되었다고 한다. 그러나 드가는 그 스케치가 마음에 들지 않아 몇 번이나 고민한 끝에 현재와 같이 수정했다. 또한 처음 그렸던 작품은 현재 완성된 것에 비해 폭이 좁았으나 훗날 화면 오른쪽을 덧대어 확장시켰다.

드가의 여러 작품에서는 발레리나들이 유독 자주 등장한다. 그가 발레리나에게 매혹된 이유는 이 소녀들의 아름다운 외모 때문이 아니라, 엄격하게 훈련된 인체의 정제된 자세가 만드는 아름다운 선 때문이었다. 즉, 발레리나야말로 드가의 미학을 가장 잘 표현할 수 있는 소재였기 때문이다. 드가는 그녀들을 대상으로 인체를 구성하

작자소개

일레르 제르맹 에드가 드가
(Hilaire Germain Edgar De Gas, 1834~1917)

프랑스 인상파를 창시한 화가들 중 한 명이었으며 특히 인물을 중심으로 많은 작품을 남겼다. 파리의 부유한 은행가의 아들로 태어나 어린 시절에는 비교적 유복한 생활을 보냈다. 원래 법을 공부했으나 중간에 포기하고 국립 미술학교에 진학하면서 화가의 길을 걸었다.
그가 그린 회화 작품 중에는 고전주의와 사실주의, 낭만주의로부터 영향을 받은 것으로 보이는 경우가 비교적 많이 있는데, 후기로 갈수록 인상주의 성향이 강해지며 화풍이 변화해 갔다. 그의 초기 작품인 〈스파르타 젊은이들의 훈련(Young Spartans Exercising)〉, 〈바빌론을 세우는 세미라미스 여왕(Semiramis Founding Babylon)〉 등은 주로 전형적인 고전주의 회화 기법을 사용하여 역사화를 선보였다. 하지만 에드가 드가는 시간이 지날수록 파리의 민중에게 눈을 돌리며 사실적 표현을 중시했으며 이 무렵부터 그의 작품에서 색채 사용의 비중이 커지는 것을 쉽게 알 수 있다.

는 선과 움직이는 근육의 형태가 만들어내는 섬세한 명암의 변화를 관찰했다. 발레리나만큼이나 그가 즐겨 그렸던 소재는 경마였다. 드가는 선이 지닌 간결한 우아함에 매료되어 섬세하게 이어지는 선을 이용해 깔끔하게 그린 소묘를 자주 그렸는데, 이처럼 자신이 원하는 이상적 아름다움을 표현하기에는 소묘가 가장 적합한 방식이라고 생각했던 것 같다. 그는 평소 "다른 인상파 화가들이 그리는 것은 자연의 빛이지만 내가 주목하는 것은 인공의 빛이다."라고 말했다. 실제로 드가는 야외의 강한 자연광에서는 눈이 시려서, 실내에서 그림을 그리는 편을 더 좋아했다는 이야기가 있다. 그가 말년에 심각한 안질환으로 실명하게 된다는 점으로 볼 때 이 이야기는 믿을 만하다. 드가는 〈발레수업〉을 비롯해서 발레리나들의 모습을 담고 있는 수많은 작품들을 발표했기 때문에 '발레리나의 화가'라는 별명을 얻기도 했다. 그가 발레리나들을 작품 소재로 주목하기 시작한 것은 1860년대 후반부터였고 1870년대에 들어서면서 무대 뒤나 연습실까지 영역을 넓혀서 발레리나들의 일상적인 모습까지 그리기 시작했다.

▲ 다림질하는 여인들
(Women Ironing)

1874년부터 1876년 사이에 열린 인상파전에서 드가는 1882년만 제외하고 매회 작품을 출품했다. 〈발레수업〉은 1874년에 열린 제1회 인상파전에서 공개할 예정이었던 작품으로, 작품 목록 55호라는 번호가 붙어 있었다. 그러나 드가가 계속 수정 작업을 하는 바람에 이 작품은 결국 전시회장에 걸리지 못했다.

모든 사람들의 미적 기준이 똑같을 수는 없으므로, 이 세계적인 명화에 대해 못마땅하게 생각한 이들도 있었다. 유명한 화가 렘브란트 역시 그중의 한 명이었던 것 같다. 렘브란트는 원래 드가의 화풍에 대해 찬사를 아끼지 않았으나 이 작품에 한해서는 예외였던 모양이다. 당시 렘브란트와 친분이 있던 어느 유명한 미술품 수집가가 유언장에 그에게 자신의 소장품 중 원하는 것 하나를 주겠다고 남겼고, 그는 〈발레수업〉을 선택했다. 그러나 작품 속 발레리나 소녀들과 나이 든 선생의 모습에 금방 질렸는지, 얼마 후 자신의 친구 중 한 명이 이 작품을 마음에 들어 하는 기색을 보이자 벽에 걸려있던 이 그림을 손수 떼어 그 친구에게 미련 없이 넘겼다고 한다.

▲ 근위병 처형의 아침
(Morning of Streltzi's execution)

근위병 처형의 아침

명화자료

창작시기 : 1878~1881년
크기 : 218 × 375cm
기법 : 캔버스에 유채
소장 : 러시아 모스크바 트레치야코프 미술관(Tretyakovskaya Galereya)

〈근위병 처형의 아침〉은 러시아 이동파 회화의 대표적인 화가 바실리 수리코프의 명성을 대중에게 알려준 초기작품이다. 수리코프는 이 작품을 포함한 다수의 작품에서 역사적 사건을 심도 있게 다루어 러시아 사실주의 화파를 대표하는 예술가로 입지를 확고히 굳혔다. 여기에 작품의 대담한 구성과 러시아 민족의 기질을 대변하는 듯한 색채 사용 등 흡입력이 강한 화가의 예술성이 더해져 러시아가 자랑하는 작품이 탄생되었다. 그중에서도 〈근위병 처형의 아침〉, 〈베료조프에서의 멘시코프〉, 〈보야리니아 모로조바〉는 수리코프의 역사화 3부작으로 불린다.

위 세 작품은 전부 러시아 역사에서 중요한 의의가 있는 실제 사건을 소재로 취했다. 1698년 표트르 대제가 외국 순방 중일 때 러시아 황제의 근위병들이 군사 정변을 도모했다. 이 소식을 보고받은 표트르 대제는 서둘러 귀국해 이 반란을 바로 진압했다. 이 사건의 직접적인 발단은 표트르 대제가 즉위 후 실시한 군사개혁에서 시작되었다. 여러 가지 개혁을 시도하던 표트르 대제는 근위병을 정규군에 편입시키기로 결정했다. 그 와중에 수많은 근위병들이 정규군에 편입되지 못한 채 오갈 데가 없어지는 바람에 불만을 품게 되었다. 그러나 사실 이 사건은 단순히 해고된 병사들이 일으킨 반란이라기보다는 더 복잡한 정치, 종교적 배경으로 말미암아 발생한 사건으로 보아야 한다. 당시 러시아의 사회 배경을 살펴보면 이 사건에 대해 더욱 이해하기 쉽다. 17세기 러시아 사회는 구교와 신교로 크게 분열된다. 이는 당시 러시아의 대주교가 교권과 황권을 동시에 확장시키기 위해 기존의 종교 전례를 뒤엎는 개혁을 추진했기 때문이다. 전통을 중시하는 일반 성직자들과 신도들, 황권 확장에 따른 여파를 두려워한 귀족 세력들이 개혁에 반대하자 표트르 대제는 이들을 가차 없이 숙청했다. 당시 근위병은 러시아 구교의 종교적 질서를 수호하는 귀족 세력을 대표했으므로 귀족들은 군사 개혁의 진짜 의도 역시 의심할 수밖에 없었다. 귀족 세력을 중심으로 하는 구교는 대주교와 표트르 대제에 격렬하게 대항했고 두 세력 간의 대립은 격화되었다. 그 와중에 구교의 질서를 옹호했던 표트르 대제의 누나 소피아 공주는 불만을 품은 근위병들이 일으킨 정변을 이용해 스스로 황제의 자리에 오르려고 했다. 그러나 정변은 결국 실패로 끝났고 그녀는 평생 수도원에 유폐 되었다. 그리고 정변의 주동자들은 공개 처형되었다. 〈근위병 처형의 아침〉은 바로 그 주동자들이 처형되는 날 아침의 풍경을 그린 작품이다. 수리코프는 이 작품을 그리기 위해 오랜 기간에 걸쳐 자료를 수집하고 박물관을 수차례 방문하는 등 열정을 쏟았고 결국 3년 만에 작품이 완성되었다.

작품의 배경은 이른 새벽 시간 모스크바에 위치한 성 바실리 사원의 앞이다. 지난밤에 비가 내렸는지 바닥은 진흙탕이다. 작품의 전경에는 흰 셔츠를 입고 쇠사슬에 묶여 죽음을 기다리는 죄수들이 보인다. 그 주변으로 절망에 사로잡힌 비통한 표정으로 자리를 지키고 있는 사형수들의 가족이나 공개 처형을 구경

작자소개

바실리 이바노비치 수리코프
(Vasilii Ivanovich Surikov, 1848~1916)
러시아의 저명한 화가로, 레핀과 함께 러시아 사실주의 회화의 전신에 해당하는 이동파(Peredvizhniki, 모든 사람들에게 예술 작품을 접할 수 있도록 하기위해 순회 전시회를 열었던 러시아 사실주의 화파의 한 부류로 창작의 자유를 중시하며 아카데미 화파의 보수 성향에 반발했다-옮긴이)의 핵심 화가이다. 당시 러시아 영토였던 시베리아의 크라스노야르스크(Krasnoyarsk)에서 태어난 수리코프는 러시아의 역사적 사건을 담은 작품을 많이 남겼다. 대표작인 〈근위병 처형의 아침〉, 〈베료조프에서의 멘시코프〉 등은 넓은 화면에 역사적 순간을 담아내며 그 모습을 지켜보는 러시아 민중들의 생동감 넘치는 모습까지 함께 그려 넣어 한층 높은 러시아 사실주의 회화의 풍격을 구현했다. 그 밖에 그의 주요 대표작으로는 〈눈의 요새 습격(Storm of Snow Fortress)〉, 〈예맥 족의 시베리아 정복(Conquest of Siberia by Yermak)〉, 〈수보로프 군대의 알프스 행군(March of Suvorov through the Alps)〉, 〈네 번째 공의회(The Fourth Oecumenical Council)〉, 〈스테판 라진(Stepan Timofeyevich Razin)〉, 〈보야리니아 모로조바〉가 있다.

▲ 수리코프

◀ 베료조프에서의 멘시코프

▶ 보야리니아 모로조바
(Boyarynya Morozova)

하려는 호기심 많은 구경꾼들의 모습이 대조적으로 그려져 있어 기록 사진을 보는 듯한 현장감과 사실성이 느껴진다. 화면 오른쪽으로는 어깨를 펴고 위엄 있는 자세로 말위에 앉아 이 장면을 내려다보는 인물이 보인다. 그가 바로 표트르 대제다. 그러나 그는 그저 자신에게 반란을 일으킨 반역자들의 처형 장면을 지켜보려 나온 것이 아니다. 이 공개 처형에서 그는 직접 다섯 명의 머리를 베어 반대 세력에게 경고의 메시지를 보냈다. 표트르 대제의 주변에는 외국의 사절단과 그에게 충성하는 신하들이 이 모든 과정을 지켜보고 있다.

〈근위병 처형의 아침〉은 1881년 3월 이동파 화가들의 순회 전시회에서 공개되어 대중들의 반향을 얻으며 커다란 파장을 몰고 왔다. 저명한 미술 수집가들이 적극적으로 이 작품을 구입하려고 나섰으며, 사실주의 회화의 대가 레핀 또한 이번 전시회에서 가장 인상적인 걸작으로 〈근위병 처형의 아침〉을 꼽은 후 재능 있는 예술가의 등장을 반가워하며 깊은 관심을 기울였다.

수리코프는 비교적 무거운 역사적 주제를 선택해 그림을 그리는 화가로, 작품 준비 및 마음 자세가 무척 신중한 인물로 잘 알려져 있다. 〈근위병 처형의 아침〉에 대한 대중들의 폭발적 반응으로 그는 하루아침에 유명인사가 되었지만 이는 결코 우연히 얻게 된 결과가 아니다. 이 작품을 계기로 수리코프는 이동파의 주요 구성원이 되었으나 만년에는 그들과 지향하는 바가 조금씩 차이를 보이며 저절로 다른 노선을 걷게 되었다.

◀ 이렌 카엥 당베르 양의 초상
(Portrait of Mademoiselle Irene Cahen d'Anvers)

명화자료
창작시기 : 1880년
크기 : 61×57cm
기법 : 캔버스에 유채
소장 : 스위스 취리히 E. G. 뷰레 컬렉션(E. G. Buhrle Collection)

이렌 카엥 당베르 양의 초상

〈이렌 카엥 당베르 양의 초상〉은 프랑스 인상주의 화파의 거장 르누아르의 초기 초상화로, 〈리틀 이렌(Little Irene)〉이라는 약칭으로도 잘 알려진 작품이다. 맑고 깨끗한 색채와 선명한 명암, 잘게 부서진 듯 풍성한 빛의 입자들을 섬세하게 표현한 르누아르 특유의 작화기법이 잘 나타나 있다. 이 작품은 프랑스 살롱전에 출품되어 심사위원 및 비평가들의 주목을 받았다. 당시 르누아르와 안면이 없었던 드가는 이 작품을 본 후, 붓으로 소녀의 아름다움을 이렇게까지 표현할 수 있으리라고는 상상도 못했다며 감탄사를 연발했다고 한다.
〈이렌 카엥 당베르 양의 초상〉은 1880년에 완성되었다. 그 전까지 르누아르는 전혀 주목받지 못한 무명 화가였다. 하지만 그의 재능을 일찌감치 알아보고 호감을 갖고 있었던 저명한 은행가 루이 카엥 당

▲ 르누아르

▲ 뱃놀이 점심 식사
(Luncheon of the Boating Party)

▼ 햇빛 속의 누드
(Nude In The Sun)

베르(Ruis Cahen d'Anvers)가 여덟 살 난 자신의 막내딸 이렌의 초상화를 의뢰해왔다. 가난한 무명 시절을 보내고 있던 화가 르누아르는 의뢰를 받아들여 그의 집으로 찾아갔다. 그곳에 도착해 모델인 이렌 카앵 당베르를 처음 만난 순간 그의 예술적 창작의욕에 불이 붙었다. 투명하게 빛나는 흰 피부에 크고 둥근 눈망울을 빛내는 소녀의 사랑스러운 모습을 자신의 작품으로 남기고 싶다는 열망이 솟구쳐 생계를 위해 맡았던 초상화 일에 활력을 불어 넣은 것이다.

르누아르가 평생 동안 가장 사랑했던 예술적 소재는 젊고 아름다운 소녀였다. 그의 붓 끝을 통해 그림으로 다시 태어난 모든 여성들은 마치 먹지도 늙지도 않고, 아프거나 슬프거나 힘든 일도 없이 아름다운 모습으로 즐겁고 행복하게 살아가는 존재 같다. 〈이렌 카앵 당베르 양의 초상〉 속 소녀 역시 예외가 아니다. 그녀는 몸을 화면 왼쪽으로 살짝 돌리고 다소곳이 앉아서 초식 동물을 연상케 하는 눈망울을 빛내며 고요히 한 곳을 응시하고 있다. 르누아르는 소녀의 순한 눈빛 속에 숨겨진 긴장감과 쑥쓰러운 감정까지 모두 담아냈다. 또한 르누아르는 정오의 강렬한 태양광이 늦은 오후에는 한풀 꺾여 부드러운 햇살이 되어 소녀의 여린 피부를 어루만지는 것 같은 환상을 작품 위에 재현했다.

허리까지 늘어뜨린 소녀의 긴 머리채를 한 올 한 올 세심하게 그리며, 구불구불 물결치는 머리카락 위에 빛이 반사되거나 그림자가 진 부분을 섬세하게 표현하고 있다. 르누아르가 이 그림을 얼마나 정성껏 그렸는지 금방 알 수 있는 부분이다. 덧붙여, 붉은 기가 도는 그녀의 금발 머리카락은 하늘 색 머리 장식과 의상에 어우러져 상류층 가정에서 자란 소녀 특유의 우아하고 기품 있는 분위기를 자아내

◀ 샤르팡티에 부인과 아이들
(Madame Charpentier and Her Children)

고 있다. 또한 르누아르는 배경을 어둡게 처리해서 맑고 온화한 색조로 그려낸 순수하고 천진한 소녀의 모습과 그 내면의 신비로움을 더욱 강조했다.

〈이렌 카엥 당베르 양의 초상〉은 참신함과 생동감을 중시하며 색채의 온도 변화 표현을 추구하는 르누아르 특유의 작화 풍격을 잘 보여주는 중요한 작품이다. 르누아르의 작품 속에서 쉴 새 없이 변화하는 빛의 효과와 자연스러운 명암 대비는 보는 이에게 편안함과 따뜻한 인상을 준다.

〈이렌 카엥 당베르 양의 초상〉을 그린 시절 그는 "회화 작품은 보는 이에게 기쁨과 즐거움을 주는 예쁘고 아름다운 것이어야 한다."는 확고한 신념을 갖고 그림을 그렸다. 이 무렵에 그렸던 르누아르의 작품들 속 등장 인물의 즐겁고 행복하며 긍정적인 생기가 도는 모습에서도 그의 신념이 충분히 전해져 온다. 실제로 그는 "이 현실의 세상 속에서 추악하고 불쾌한 일들은 주변에도 넘쳐나는데, 굳이 내 그림에까지 그러한 모습들을 그려야 할 필요가 있겠는가."라고 단호하게 말했다고 한다.

사실 이 작품이 완성된 직후에는 큰 반향은 없었다. 그러나 점차 시간이 흐르면서 그의 작품에 주목하는 사람들의 수가 늘어갔고, 특히 살롱전 입상을 계기로 그의 이름이 유명세를 탔다.

판화

판화는 나무와 돌, 금속 등의 평면에 형상을 새긴 후 잉크나 물감을 칠해 종이나 천 등에 여러 장을 찍어낼 수 있는 회화 예술의 한 줄기다. 기원은 종교적인 필요에 의해 대중에게 경전의 내용을 시각적으로 전달하기 위해 제작한 삽화에서 비롯되었다는 견해가 가장 일반적이다. 판화는 판의 소재, 면의 형태와 작화 기법에 따라 다양한 종류가 있다. 볼록판 형식에서는 목판, 오목판형식에서는 동판, 평판형식에서는 석판이 가장 적합하며 기법 방면에서는 직접 새기는 음각과 양각, 공판, 약품을 이용한 부식 등 판의 재료에 따라 다양하게 발전했다.

▶ 물랭 드 라 갈레트의 무도회
(Dance at Le Moulin de la Galette)

명화자료
창작시기 : 1876년
크기 : 131 × 175cm
기법 : 캔버스에 유채
소장 : 프랑스 파리 오르세 박물관

물랭 드 라 갈레트의 무도회

〈물랭 드 라 갈레트의 무도회〉는 프랑스의 저명한 인상주의 화가 르누아르의 대표작으로 손꼽힌다. 동시에, '빛의 변화는 회화의 가장 중요한 요소'라고 주장한 인상파의 이론을 착실히 실천에 옮긴 작품이라는 평가를 받으며 인상주의 미술을 대표하는 중요한 작품으로 인정받고 있다. 인상주의 회화가 초기에 거둔 가장 큰 성과는 야외 풍경을 그릴 때 그림 전체의 분위기를 어둡게 하는 무거운 명암 대신 밝은 분위기를 유지하면서도 빛과 그림자를 표현할 수 있다는 사실을 발견한 점이다. 〈물랭 드 라 갈레트의 무도회〉는 이 점이 반영된 작품이다.

'물랭 드 라 갈레트'는 몽마르뜨 언덕에 위치한 야외 댄스홀로 당시 파리의 젊은 남녀들과 예술적 영감을 얻기 위한 화가들이 주말마다 이곳에 모여들었다. 화면 속 젊은이들은 춤이나 놀이, 대화를 즐기며 여유롭게 휴일을 보내고 있다. 나뭇잎과 나뭇가지를 통과한 햇빛이 인물들의 얼굴, 옷, 테이블을 가리지 않고 점점이 비추며 다채로운 빛의 변화를 풍부하게 연출한다. 그러나 흥에 겨운 젊은이들은 그런 것엔 관심없이 눈 앞의 즐거움에 취했을 뿐이다. 르누아르는 이곳의 떠들썩하고 활기차며, 즐거움과 생기로 가득한 분위기를 작

작자소개
피에르 오귀스트 르누아르
(Pierre Auguste Renoir, 1841~1919)
프랑스 미술사에서 인상주의가 등장할 무렵 이를 발전시키는 데 지대한 공헌을 한 화가이다.
1870년 그는 살롱에 작품을 출품했으나 낙선했다. 그 이후로 그는 인상파적 화풍을 선보이게 되었다. 특히 이 무렵에는 야외의 무도회장을 자주 찾으며 이곳에서 영감을 얻어 여러 작품을 남겼다. 1876년에는 나무 사이로 스며드는 햇빛을 받으며 즐거운 한때를 보내는 사람들의 모습을 그린 대작 〈물랭 드 라 갈레트의 무도회〉를 발표했고, 1881년에는 〈뱃놀이 점심 식사〉를 완성한다. 이 두 작품을 보면 몇 년 사이에 그의 화풍이 빛의 표현에 대해 인상파로서 고수해온 고집을 버리고 비교적 대중적인 취향으로 변화를 시도했음을 알 수 있다.

품 속에 그대로 담기 위해 이 근처에 화실을 얻어 스케치북이나 캔버스를 가지고 몽마르트 언덕을 자주 오르내리는 수고로움도 마다하지 않았다.

이 작품에는 수많은 이들이 등장한다. 그들은 하나같이 즐겁고 흥겨운 얼굴로 그늘 한 점 없이 밝게 웃고 있다. 어떤 처녀는 자신의 아름다운 외출복을 뽐내며 하늘하늘 춤을 추고 있고, 어떤 청년은 흥미로운 화제로 여인의 관심을 사려고 하는 모습 등에서 초여름의 휴일을 즐겁게 보내는 젊은이들의 유쾌한 감성이 화면 밖까지 전해져 온다.

르누아르 외에 당시 댄스홀을 소재로 그림을 그렸던 유명한 화가로는 툴루즈 로트렉(Henri de Toulouse Lautrec)을 빼놓을 수 없다. 오늘날 파리의 유명한 관광 명소가 된 댄스홀 물랭루주(Moulin Rouge)와 깊은 관련이 있어 '물랭루주의 화가'라는 별명으로도 불렸던 툴루즈 로트렉도 처음에는 이곳에 자주 드나들며 훗날 물랭루주의 최고 스타로 등극하는 라 굴뤼

▲ 우산
(Umbrellas)

와 친분을 쌓았다는 사실이 잘 알려져 있다. 물랭루주와 물랭루주의 프렌치 캉캉 댄스 쇼, 유럽 전역에서 인기를 끌었던 최고의 댄서들에 관한 이야기는 이후 수 차례 영화로도 제작되었다. 그중에서도 2001년 미국의 20세기 폭스 사에서 제작한 영화 물랭루주[*]는 우리나라에서 뿐만 아니라 세계적으로 흥행에 성공했기 때문에 우리들에게도 아주 친숙하다. 여담이지만 이 작품에는 화가 로트렉이 주요 조연으로 등장하고 있어 반가움을 더한다. 실제로 로트렉은 물랭루주의 근처에 살면서 그 곳에서 보고 들은 일들을 소재로 하는 작품을 다수 남겼다. 작품에서는 이 댄스홀의 환락적인 성격이 강하게

---

[*] 국내 개봉 제목은 '물랑 루즈'

▶ 머리를 땋는 처녀
(Young Women Braiding Her Hair)

부각되었기 때문에 당시 물랭루주의 간판이나 포스터, 광고 전단에도 툴루즈 로트렉의 그림을 사용했을 정도였다. 이러한 분위기는 물론 르누아르의 작품 성격과는 거리가 있었다.

오늘날 몽마르뜨 언덕으로 올라가는 길에는 '르 물랭 드 라 갈레트'라는 하얀 아치 모양의 입구가 보인다. 그 옛날 파리의 청년들과 르누아르, 고흐, 위트릴로, 피카소 및 로트렉 등 여러 예술가들이 모여 즐겼던 야외 댄스홀이 있던 정원에는 이미 레스토랑이 들어서서 예전의 모습을 찾아볼 수는 없지만 그 이름만은 입구에 그대로 남아 관광객들을 반기고 있다.

참고로 이 작품은 1990년 경매에서 7810만 달러에 팔려 세계에서 가장 비싼 값에 팔린 명화 목록에서 4위에 오르는 경이적인 기록을 남겼다.

◀ 생트 빅투아르 산
(Mont Sainte-Victoire)

명화자료
창작시기 : 1902~1904년
크기 : 69.8 × 89.5cm
기법 : 캔버스에 유채
소장 : 미국 펜실베니아 주 필라델피아, 필라델피아 미술관
(Philadelphia Museum of Art)

생트 빅투아르 산

〈생트 빅투아르 산〉은 프랑스 후기 인상파를 대표하는 화가 폴 세잔의 대표적인 작품이다. 구도 및 형상 등 회화의 표현 양식에 대해 끊임없이 연구했던 세잔은 이후 20세기에 입체파와 야수파의 등장을 이끌었고, 그 영향력을 인정받아 '현대미술의 아버지'로 불리게 되었다.

세잔이 남긴 작품들 중 가장 많은 수를 차지하는 것은 풍경화다. 1882년 이후 그는 고향인 남프랑스의 엑상프로방스(Aix-en-Provence)에 은거하며 열정적으로 풍경화에 매달렸다. 고향의 풍경 중에서도 그를 가장 매혹시켰던 것은 바로 날씨나 시간, 보는 위치에 따라 매번 다른 모습을 보여주는 생트 빅투아르 산의 자태였다. 생트 빅투아르는 약 18km에 걸쳐 길게 뻗어있는 산인데, 거의 석회암으로 이루어져 있다. 그는 이 거대한 바위들로 이루어진 산이 보여주는 복잡하고도 미묘한 변화의 순간들, 그 천태만상을 몇 번이고 그림에 담아냈다. 평생 그가 그렸던 생트 빅투아르 산의 풍경화는 무려 80여 점에 이른다.

사람의 그림자라고는 찾아볼 수도 없는 이 광활하고 웅대한 풍경

▲ 폴 세잔

▲ 카드놀이 하는 사람들
(The Card Players)

화 속에서는 너울너울 춤추듯 상승하고 있는 청량한 대기의 존재감이 느껴진다. 세잔은 밝은 태양 아래 들쑥날쑥한 바위들의 기복이 만들어내는 장엄하고 숭고한 생트 빅투아르 산의 모습을 통해 자연에 내재하는 생명의 본질과 함께 화가 본인의 내면세계를 표현하고자 했다. 그는 캔버스 위로 종횡무진 붓을 움직여서 먼저 선을 그리고 면을 채색한 후 명암과 색조의 대비를 이용해서 공간을 생성하고 원근감을 포함한 현실적인 질서를 옮겨 담았다. 세잔이 추구한 화풍의 핵심이 바로 이 부분이다. 그가 이 작품에서 사용한 색상의 종류는 많지 않다. 그렇지만 그는 특유의 색채 감각을 발휘해 한 가지 색으로도 색조를 달리함으로써 다채로운 변화의 힘을 품고 있는 듯한 인상을 주었다. 녹색과 황토색을 각각 밝기와 농도를 달리한 것만으로 군데군데 수풀이 우거진 모습과 살을 드러낸 황야를 표현하는 방식은 세잔이 남긴 수많은 정물화 작품들에서도 볼 수 있는 특징이다.

그가 생트 빅투아르 산을 그린 풍경화 중에는 각각 다른 지점에서 관찰한 산의 풍경을 그린 것이 많다. 그러므로 각각의 작품에 그려진 생트 빅투아르 산은 저마다 다른 독특한 구도를 띠고 있는 경우가 많다. 자기 자신을 가리켜 '생트 빅투아르의 의식'이라고 표현할 정도로 이 산에 대해 강한 애착을 느끼고 있던 세잔은 자신이 그 동안 보았던 이 산의 천태만상을 다양한 방법으로 화폭에 담고자 했다. 그 중 가운데 부분에 하늘을 향해 줄기가 곧게 뻗어 올라간 전나무가 그려져 있어 그림을 양분하고 있는 작품을 예로 들어보자. 세잔은 이 나무를 아주 약간 오른쪽으로 기울어지도록 그렸는데, 이는 마치 바람이 불어와 나무를 잔잔히 쓰다듬고 지나가는 장면을 보는 듯한 착시 효과를 준다. 산비탈 아래에 어떤 광경이 펼쳐져 있어도 생트 빅투아르 산은 묵묵히 지켜보고 있을 뿐이다.

세잔이 그린 생트 빅투아르 산의 연작들은 미술사에서 유례가 없는 새로운 시도가 돋보이는 작품이다. 서양 회화 기법에서 선 원근

작자소개

폴 세잔
(Paul Cezanne, 1839~1909)
프랑스 후기 인상파를 대표하는 저명한 화가이다. 표현 형식의 탐구와 세심하고 꼼꼼한 색채 표현, 참신한 조형의 창조에 집중했던 그의 화풍은 이후 20세기 인상파나 야수파의 등장에 직접적인 영향을 미친 점을 인정받아 오늘날에는 현대 미술의 아버지로 불리고 있다.

세잔은 1839년 1월 19일 남프랑스의 마르세유로부터 가까운 엑상프로방스에서 부유한 은행가의 아들로 태어났다. 1858년에는 중학교 친구인 에밀 졸라와 어머니의 도움으로 어렵사리 아버지를 설득해 파리에서 그림을 배웠다. 60년대 초 모네, 르누아르 등 중요한 인상파 화가들과 교류하게 된 것을 계기로 인상주의 운동에 적극적으로 참여하기 시작했다. 그는 뛰어난 인물화도 많이 남겼으나 정물화와 풍경화 분야는 타의 추종을 불허할 정도로 독보적이고 개성적인 화풍을 자랑한다. 대표작으로는 〈목욕하는 여인들(The Bathers)〉, 〈생트 빅투아르 산〉, 〈나폴리에서의 오후(Afternoon In Naples With A Black Servant)〉 등을 꼽을 수 있다.

◀ 사과 바구니가 있는 정물
(Still Life With Basket of Apples)

법과 대기 원근법이 등장한 이래로 모든 이들은 평면 위에 공간감을 나타낼 수 있는 것은 이 두 가지 방법뿐이라고 생각했다. 때문에 그 외에 다른 방식으로 원근감을 표현하려고 시도하는 이는 아무도 없었다. 하지만 세잔은 1880년대 부터 죽을 때 까지 약 20여 년 동안 생트 빅투아르 산의 풍경을 셀 수 없이 그리면서 색채만으로 원근감을 표현하는 데 성공을 거두었다. 세잔의 색채 원근 방식은 1904년에 완성한 이 작품에서도 잘 나타나고 있다. 관찰 시점과 가까운 산비탈 아래 소나무 숲을 이루고 있는 평지 부분은 따스한 인상을 주는 노란색과 연두색을 주로 사용한 반면, 멀리 있는 생트 빅투아르 산은 차가운 인상을 주는 푸르스름한 색채를 주로 사용했다. 세잔은 대조적인 느낌을 주는 색채를 한 화면 안에서 조화롭게 사용함으로써 원근감을 주는 파격적인 방식을 처음으로 회화에 적용했다.

이후 서양의 야수주의와 입체주의 화가들은 세잔의 색채 원근법에 주목하며 그의 화풍을 빠르게 흡수했다. 생트 빅투아르 연작은 세잔의 예술적 성취를 보여주는 대표작으로 인정받고 있으며, 이 업적 덕분에 세잔은 서양 미술사에 아주 중요한 영향을 끼친 예술가로서 이름을 남겼다.

▲ 그랑드자트 섬의 일요일 오후
(Sunday Afternoon on the Island of La Grande Jatte)

그랑드자트 섬의 일요일 오후

명화자료
창작시기 : 1884~1886년
크기 : 207 × 308cm
기법 : 캔버스에 유채
소장 : 미국 시카고 아트 인스티튜트(Art Institute of Chicago)

〈그랑드자트 섬의 일요일 오후〉는 신新인상주의의 시대를 연 프랑스 화가 조르주 쇠라의 대표적인 작품이다. 신인상주의라는 표현을 최초로 사용한 인물로 알려진 미술 비평가 펠릭스 페네옹은 〈그랑드자트 섬의 일요일 오후〉에 대한 평론에서 처음으로 신인상주의라는 용어를 언급했다. 쇠라의 가장 특징적인 기법은 색채를 작은 점으로 분할해서 표현하는 색채 분할법, 즉 '점묘화법點描畫法'이다. 쇠라는 혼합하지 않은 순수한 원색을 이용해 무수히 많은 작은 점을 찍어서 면을 채색하는 표현 방식을 통해 색채의 선명함과 광택의 정도가 더욱 나아지는 효과를 볼 수 있다는 사실을 알고 있었다. 직관과 본능에 주로 의존했던 인상주의 미술이 쇠라를 통해 이론적 체계를 쌓기 시작한 것이다. 이와 같은 기법을 활용한 쇠라의 화풍은 이후 20세기 야수파 및 표현주의 예술의 등장에 막대한 영향을 끼쳤다.

쇠라가 〈그랑드자트 섬의 일요일 오후〉를 완성하는 데에는 2년 이상의 시간이 걸렸다. 그 동안 그는 매일 아침 한 팔에 스케치북을 끼고 해변에 나가 사람들의 모습을 관찰하며 다양한 모습을 담았다. 이 작품과 관련된 소묘 작품만 스무 장 정도, 채색까지 한 초안 작품은 40장 정도가 있는데, 여기에는 쇠라가 사람들의 자세나 태도를 포함해 당시 유행하던 복식에 대해서도 깊은 관심을 갖고 관찰했음이 나타나 있다. 그 밖에도 쇠라는 이 작품을 완성하기 위해 적어도 서른여덟 가지 색을 꼼꼼히 연구하며 자신이 원하는 색채 효과를 찾아 나갔다.

〈그랑드자트 섬의 일요일 오후〉에는 파리 서북부의 세느 강변에 위치한 그랑드자트 섬의 한가로운 주말 풍경이 담겨 있다. 한낮의 따사로운 햇볕을 즐기는 사람들이 있는 한편 시원한 그늘에 앉아 강변에서 소풍을 즐기는 사람들도 있다. 잔디밭에 편안하게 앉아 있거나 천천히 산책을 즐기는 그들의 모습을 보면 남녀 할 것 없이 모두 햇빛을 가리기 위한 양산이나 한껏 멋을 부린 모자를 쓰고 있다. 그 밖에도 멀리 수상레포츠를 즐기는 사람들의 모습도 그려져 있다. 비록 인물 한 명 한 명의 표정이 자세히 나타나 있지는 않지만 평화로운 한때의 풍경이라는 사실을 쉽게 알 수 있다. 놀라운 것은 이 작품 속에서 음지와 양지로 이루어진 잔디밭, 주변의 풍광을 비추는 맑고 투명한 물, 여가를 즐기는 사람들의 모습은 빛의 3원색인 빨강, 노랑, 파랑색의 무수히 작은 점들로만 구성되어 있다는 사실이다. 이처럼 원색의 작은 점을 병치해서 빛을 표현하는 것은 강렬한 보색 대비 효과와 함께 화면 전체에 빛이 아른거리는 듯한 눈부신 반짝임을 표현하지만 정작 색을 이루는 입자가 너무 작아 육안

▲ 조르주 쇠라

작자소개

조르주 피에르 쇠라
(Georges Pierre Seurat, 1859~1891)
신인상주의를 대표하는 프랑스의 화가다. 그는 점묘화법이라는 독특한 기법을 이용해 도시민들의 삶을 그려낸 작품들을 다수 남겼다.
쇠라의 특징은 과학적 탐구와 실증을 통해 르네상스 시대 이탈리아를 중심으로 발달했던 미술의 고전적 구도 위에 인상과 색채 활용 방식을 결합한 것이다. 그는 이 참신한 시도를 통해 20세기 추상 예술이 발전하는 데 큰 영향을 미쳤다.

◀ 샤위 춤
(Chahut)

243

▶ 아스니에르에서의 물놀이
(Bathers at Asnières)

으로는 식별이 불가능하다. 기존의 인상파 화가들은 빛을 어떻게 표현할 것인지 고민하느라 조형과 같은 기타 요소들을 소홀히 여긴 경우가 많았다. 그러나 쇠라의 점묘화법은 인상파 화가들의 빛에 관한 해석을 충실히 따르면서도 조형적 질서를 바로잡아 인상주의의 새로운 길을 얻었다. 그 밖에 이 작품에서는 원근법에 대한 쇠라의 창의적 해석과 혁신적 시도가 도드라진다. 〈그랑드자트 섬의 일요일 오후〉 속 세상은 사실적 입체감 대신 마치 고대 이집트의 벽화와 같이 평면적 느낌이 강하게 부각되어 있다. 이는 쇠라가 의도적으로 공간 감각을 왜곡시키고 있기 때문이다. 예를 들어 그림 중앙에 흰 옷을 입은 어린 소녀의 손을 잡고 함께 걷고 있는 여인은 그림 왼쪽의 낚시하는 여인과 같은 선상에 위치해 있음에도 불구하고 신체의 크기가 전혀 다르기 때문에 감상자들은 두 인물에 대해 각각 다른 거리 감각을 느낄 수밖에 없다. 그의 노력들은 기존의 인상주의에 새로운 활력을 불어넣고 부족한 면을 보완한 신인상주의의 탄생으로 이어졌다.

◀ 카네이션, 백합, 백합, 장미
(Carnation, Lily, Rose)

명화자료
창작시기 : 1885~1886년
크기 : 174 × 153cm
기법 : 캔버스에 유채
소장 : 영국 런던 테이트 갤러리

카네이션, 백합, 백합, 장미

　1880년대 말 완성된 〈카네이션, 백합, 백합, 장미〉는 그 전까지는 거의 무명이나 다름없었던 사전트에게 명성을 안겨주는 데 결정적인 역할을 한 작품이다. 이 그림 속에는 대여섯 살 정도 되어 보이는 사랑스러운 두 소녀가 일본식 종이 등롱에 차례로 불을 밝히고 있다.

　어스름한 저녁 시간, 얇고 가벼운 흰색 옷을 입고 꽃밭에 있는 이 두 소녀의 모습은 마치 이 세상 사람이 아닌 것처럼 몽환적이다. 요정이나 아기 천사처럼 티 없이 맑고 천진해 보이는 두 소녀가 온통 꽃으로 둘러싸여 불 밝힌 종이 등을 꽃밭 사이사이에 놓고 있다. 이 광경에서는 엄숙하고 숭고한 종교적인 아름다움과 신비롭고 고요한 우아함이 묻어난다. 사전트는 영국에서 이 작품을 완성했는데, 그

▲ 사전트

▲ 보이트의 딸들
(The Daughters of Edward Darley Boit)

작자소개

존 싱어 사전트
(John Singer Sargent, 1856~1925)
19세기 말에서 20세기 초에 활동했던 저명한 초기 인상주의 화가다. 이탈리아 피렌체 출신이나 어려서부터 유럽 각국을 돌아다니며 견문을 넓혔고 1876년에는 미국 시민권을 얻어 정식으로 미국 국적을 인정받았다. 그는 어려서부터 그림 그리기를 좋아하고 뛰어난 재능을 보였다. 열네 살 때 피렌체 미술 아카데미에 입학해서 정식으로 회화 교육을 받았고 4년 후에는 프랑스 파리로 떠났다. 파리에서 그는 프랑스의 세련된 초상화 기법을 배우는 한편, 인상주의 미술로부터 깊은 영향을 받았다. 스무 살이 되던 해에 건너간 미국에서 초상화가로서 명성을 얻었다. 대표작으로는 〈카네이션, 백합, 백합, 장미〉, 〈마담 X(Portrait of Madame X)〉, 〈헨리 화이트 부인의 초상(Portrait of Mrs. Henry White)〉, 〈캔 케일의 조개잡이 들(Oyster Gatherers of Cancale)〉 등이 있다.

전까지는 줄곧 그를 외면했던 영국인들은 〈카네이션, 백합, 백합, 장미〉를 감상한 후 그의 화풍에 깊이 매료되었다. 그들은 이 작품을 통해 인간과 자연이 단순히 교감하는 것을 넘어, 하나로 융합되는 순간을 지켜보면서 감동을 느꼈다. 이를 계기로 그들은 사전트의 작품 활동을 평생 지지해 주었다.

해질 무렵 꽃이 한가득 피어 있는 곳을 배경으로 한 이 작품을 들여다보면 등불이 만들어 내는 부드럽고 따스한 빛과 그림자가 만들어내는 다채로운 색채의 풍성한 향연이 꽃잎과 소녀들의 통통한 볼 위에서 벌어지는 것을 감상할 수 있다.

그의 색채 운용 방식은 인상파의 풍격을 띠고 있다. 물론 그는 인상파의 일원으로 인정받은 화가는 아니었으나 사전트의 작품에서 나타나는 빛에 대한 이해와 표현 방식을 보면 그가 인상주의의 영향을 깊이 받았음을 쉽게 알 수 있다.

1884년에 열린 살롱 전에서 그는 〈마담 X〉를 출품했다. 오늘날 사전트가 남긴 작품 중에서도 그의 심미주의적 관점이 가장 잘 나타나 대표적인 작품으로 손꼽히는 이 작품의 실제 모델은 당시 파리의 사교계에서 유력한 인물이자 유명한 미인인 고트로(Gautreau) 부인이다. 이 작품을 완성한 순간 사전트는 이 작품이 평생의 걸작이 될 것이라는 사실을 추호도 의심하지 않았다. 하지만 살롱의 심사위원들은 작품이 너무 선정적이라며 혹평을 퍼부었고, 이에 사전트는 크게 실망해서 프랑스에서 그 동안 쌓았던 모든 기반을 포기한 채 영국으로 떠나버렸다. 영국으로 건너간 직후에도 이렇다 할 반응을 이끌어내지 못한 채 무명의 설움을 겪어야 했으나 〈카네이션, 백합, 백합, 장미〉 이후 명성과 안정적인 경제력을 손에 넣을 수 있었다.

19세기 말에서 20세기 초에 유럽과 미국을 무대로 활동했던 사전트는 특히 초상화 화가로 크게 명성을 떨쳤다. 그가 초상화 화가로

◀ 스콜라 디 산 로코
(Scuola di San Rocco)

서 인기가 높았던 이유 중 하나는 상류층 인사들과 교류하기에도 부족함이 없었다는 점이다. 왜냐하면 그는 부유한 가정에서 태어나 수준 높은 교육을 받고 자라서 상식과 교양의 수준이 높았기 때문이다. 그보다도 우선 인물의 삶과 성격을 초상화 속에 녹여 넣으려 했던 그의 시도가 자신의 모습을 초상화로 남기고 싶어했던 초상화를 의뢰하려는 이들의 눈에 들었기 때문이다. 많은 이들로부터 의뢰가 끊이지 않고 들어왔다. 특히 수채 초상화에서는 사전트 특유의 밝고 투명한 색채 감각과 섬세한 필치가 돋보여 그의 예술가적 재능이 선명하게 드러나고 있으므로 미국과 유럽에서의 높은 인기는 사그라지지 않았다. 그러나 1910년 이후 그는 초상화 제작을 그만두고 풍경을 소재로 한 수채화 작품이나 벽화를 그리며 말년을 보냈다.

 1925년 4월 15일 런던에서 마지막 벽화 작품을 완성한 후 잠자리에 든 사전트는 향년 69세의 나이로 조용히 숨을 거두었다.

▲ 별이 빛나는 밤
(The Starry Night)

명화자료
창작시기 : 1889년 6월
크기 : 73.7 × 92.1cm
기법 : 캔버스에 유채
소장 : 미국 뉴욕 현대 미술관(The Museum of Modern Art)

별이 빛나는 밤

 그 동안 경매에 나와 가장 높은 가격에 낙찰된 세계의 유명한 회화 작품 목록을 보면 1~5위 중 반 고흐의 작품이 세 점이나 된다는 놀라운 사실을 발견할 수 있다. 5위에는 소더비(Sotheby's) 경매에서 5,390만 달러에 낙찰된 〈아이리스(Irises)〉, 3위에는 크리스티(Christie's) 경매에서 7,150만 달러에 낙찰된 〈수염 없는 예술가의 초상(Self Portrait Facing Left)〉, 마지막으로는 3위와 마찬가지로 크리스티 경매에서 8,250만 달러에 팔려 경매 사상 최고낙찰가의 기록을 깼던 〈닥터 가셰의 초상(Portrait of Dr. Gachet)〉이 있다.
 오늘 날 반 고흐의 작품들은 천문학적인 액수에 거래되고 있지만 오히려 그는 생전에 자신의 그림 중 데생화 한 점밖에 팔지 못했다. 그림을 그리는 것만으로는 먹고 살 수 없어 동생에게 의존해야했던 그는 예술가로서 열등감에 시달렸고 자신의 예술적 재능을 끊임없이 의심하다가 결국 스스로 목숨을 끊는 비극적인 최후를 맞이해야 했다.

　반 고흐라는 비운의 천재를 이해하기에 앞서 반드시 감상해야 할 작품이 바로 이 〈별이 빛나는 밤〉이다. 이 작품은 밤하늘을 그린 역대 회화 작품들 중 대중에 가장 널리 알려진 작품이다. 별이 빛나는 밤하늘과 하늘을 향해 꿈틀거리는 듯 높이 뻗어 올라간 사이프러스 나무의 역동적인 모습, 그리고 교회를 중심으로 발달된 마을이 사방이 산으로 둘러싸여 고요하게 밤을 맞이하는 모습이 자아내는 대조적인 분위기가 무척 인상적이다. 특히 과감하고 힘 있는 필치로 하늘의 움직임과 나무의 모습을 표현한 것이 매우 격정적이며 과장되어 보인다. 하지만 전체적으로 짙은 쪽빛과 오렌지색, 노란색 등 온

▲ 반 고흐

작자소개

빈센트 반 고흐
(Vincent van Gogh, 1853~1890) 후기 인상파를 대표하는 네덜란드 출신 화가이다.
그는 제대로 정규 미술 교육을 받아본 적이 거의 없으며, 다른 일에 종사하다가 스물일곱 살이라는 늦은 나이에 그림에 눈을 떠 화가의 길로 입문했다. 화상畵商이었던 고흐의 동생은 형의 생활을 돌봐주는 가족인 동시에 그의 예술 활동을 마음으로부터 지지해주는 팬이었다.
반 고흐는 사물을 눈에 보이는 형태 그대로 그리기 보다는 자신이 보고 느낀 감성을 최대한 그림에서 표현해내려 했다. 그의 대표작으로는 〈밤의 카페테라스〉, 〈감자 먹는 사람들(The Potato Eaters)〉, 〈해바라기〉 등을 꼽을 수 있다.

◀ 밤의 카페테라스
(Cafe Terrace at Night)

유하고 고요하며 따스한 밤을 연상시키는 색채를 사용하고 있어 기이한 밤의 분위기를 효과적으로 연출했다.

반 고흐는 자살로 스스로 삶을 마치기 1년 전, 1889년 6월 상 레미의 정신병원에 입원해 있는 동안 이 작품을 그렸다. 그 무렵 그는 종종 발작을 일으켜 일상 생활이 어려울 정도였다. 정신적으로 궁지에 몰려있었기 때문이다. 병원에 입원해 있는 중에도 병세는 호전되었다가 다시 악화되기를 반복했다. 그러던 어느 날 문득 그는 정신병원의 철창 너머로 보이는 밤하늘에서 소용돌이 치고 있는 모종의 힘을 발견해 정신없이 붓과 캔버스를 챙겨들었다. 이 장대한 광경은 그의 서정적 감성과 예술혼을 자극했으므로 그는 쉬지 않고 붓을 놀렸다. 그러나 이 작품 역시 미치광이가 물감을 발라 알 수 없는 그림을 그린 것 정도로 취급당할 뿐이었다.

그의 가장 큰 비극은 바로, 시대를 너무 앞서간다는 점에 있었다. 오늘날에야 전무후무한 걸작으로 평가받으며 크게 사랑받고 있지만 동시대 사람들에게는 그의 작품이 쉽사리 받아들여지지 못했다. 그가 평생 판매한 그림이 겨우 한 점 뿐이었다는 사실에서 알 수 있듯이 그의 작품은 화가의 주관적 정서와 독창성이 폭발한 것으로 당시 대중들에게 공감대를 형성하지 못했다. 예술가가 스스로도 감당하지 못했던 내면 세계가 적나라하게 드러난 작품들이 부담스러웠기 때문이다. 그 탓에 누구보다도 순수하고 열정적인 예술혼을 지녔던 반 고흐는 시간이 지날수록 사람들의 외면 속에서 자신의 예술적 재능에 대해 끊임없이 의심하며 고독과 싸워야만 했고, 결국 그의 정신세계는 광기에 사로잡혀 서서히 무너져 내렸다. 반 고흐의 작품들을 살펴보면 초기에는 비교적 어둡고 가라앉은 분위기를 띠고 있는 것들이 많지만 후기로 갈수록 점차 밝고 명랑한 분위기로 변화해가는 것을 알 수 있다. 이는 마치 현실 세계에서 받은 마음의 상처를 치유하고 마음을 강하게 다지기 위해 일부러 밝고 희망적인 자기 암시를 걸기 위한 노력 때문이었을 것이다. 그러나 이와 같은 노력에도 불구하고 1890년 7월 27일, 빈센트 반 고흐는 파리의 오베르쉬르우아즈(Auvers-sur-Oise)에서 권총 자살을 기도해 이틀 후에는 서른일곱 살의 젊은 나이로 세상을 떠나고 말았다. 그의 묘비는 오베르쉬르우아즈 교회에서 멀지 않은 곳에 있다. 100년을 훌쩍 넘긴 오늘날에도, 이 세상에 잠시 머물다 간 불운한 천재의 존재를 증명하듯 묵묵히 자리를 지키고 있다.

◀ 해바라기
(Sunflowers)

명화자료

창작시기 : 1888년 8월
크기 : 91×72cm
기법 : 캔버스에 유채
소장 : 네델란드 암스테르담 반 고흐 미술관(Van Gogh Museum)

해바라기

  반 고흐는 10년 동안 화가로 활동하면서 1500여 점이나 되는 수많은 작품을 남겼다. 그중에서도 해바라기는 그가 자주 정물화의 소재로 삼았던 대상이다. 그중 가장 유명한 작품은 총 네 점이 있는데, 영국 런던에 두 점, 독일 뮌헨에 한 점, 네델란드 암스테르담에 한 점 등 각 미술관이 소장하고 있다. 네 작품 중 뮌헨에 있는 작품 외에는 전부 밝은 노란색 바탕에 짙은 황금빛 해바라기 꽃이 그려져 있다. 뮌헨의 뮌헨 노이에 피나코텍(Neue Pinakothek)에서 소장 중

▲ 까마귀가 나는 밀밭
(Wheatfield with Crows)

인 작품은 배경이 옅은 하늘색이다.

　반 고흐의 모국인 네덜란드를 대표하는 꽃은 튤립이지만, 그에게 예술적 영감을 주었던 꽃은 줄곧 해바라기였다. 고흐는 '해바라기의 화가'라고 불릴 정도로 해바라기를 특별히 사랑했다.

　현재 반 고흐가 그린 것으로 알려진 해바라기 정물화는 총 열 한 점이다. 그중 열 점은 반 고흐의 사후 유럽 각지로 뿔뿔이 흩어졌고 단 한 점만이 남아 오늘날 반 고흐 미술관에서 보관, 전시되고 있다. 그의 해바라기 그림 중 대중적으로 가장 많은 인기를 얻고 있는 것은 해바라기 열 두 송이가 그려진 작품과 열 네 송이가 그려진 작품이다. 반 고흐는 동생인 테오에게 보낸 편지에서 꽃의 수인 12와 14가 각각 의미하는 바를 말해주었다. 12는 예수 그리스도의 열 두 사도를 의미하며, 14는 열 두 사도에 반 고흐와 동생인 테오를 더한 열 네 명을 의미하는 것이다. 한때 성직자가 되려고 했을 정도로 종교적 소명 의식을 지닌 그의 신앙심의 깊이를 알 수 있는 일화다.

　반 고흐가 좋아해서 자주 사용하던 색은 녹색과 노란색이었는데, 특히 노란색에 대한 집착은 광적일 정도였다. 해바라기 그림에서 사용된 색상 거의 대부분이 그가 사랑했던 녹색과 노란색으로 이루어져 있다는 점이 이 사실을 뒷받침한다. 그가 해바라기를 좋아했던 이유는 이 꽃이 태양과 닮았기 때문이다. 또한 그는 어떤 이유에서인지 해바라기와 자신을 동일시하고 있었고 이는 그의 해바라기 그림들에서도 알아보기 쉽게 표현되어 있다. 그러나 반 고흐의 해바라

유화

유화는 안료를 기름과 같은 용제에 갠 물감으로 캔버스나 나무 패널 과 같은 평면에 그린 서양의 회화 작품을 가리킨다. 유화 작품은 마르는 데 오래 걸리는 단점이 있으나 채색 중의 색상과 건조된 후의 색상이 같 다는 점, 그리고 건조 후에는 색상과 광택이 오랜 기간 변하지 않아 화가 가 완성한 상태에서 손상 없이 보관 이 용이하다는 점에서 타 재료보다 훨씬 우월한 장점을 갖고 있다.
유화 기법의 발전으로 서양 미술은 급속도로 발전했다. 이와 같은 유화 기법을 처음 선보인 것은 15세기 초 반 에이크 형제이며, 그 영향으로 유 화 물감을 처음으로 발명한 사람 역 시 반 에이크 형제라는 인식이 일반 적이다.

기 정물화는 대부분 그가 아직은 미래에 대한 희망을 꿈꾸고 그림을 그릴 수 있다는 사실에 감사와 기쁨을 느끼던 시절에 완성된 것으로, 우울증과 정신 이상 증세가 심해지면서 더 이상 그리지 않았다.

◀ 반 고흐의 자화상
(Self Portrait)

1890년에 그가 서른 일곱 살의 나이로 자살한 뒤 불과 얼마 지나지 않아 열린 그의 유작 전시회를 통해 그의 작품은 뒤늦게 세간의 주목을 받게 되었다. 반 고흐가 살아있는 동안 그의 작품, 특히 해바라기 그림에 대해 호평했던 인물로 후기 인상파의 대표적 화가인 폴 고갱(Paul Gauguin)이 있다. 그 인연으로 고흐는 고갱과 한 집에 거주하며 함께 작업을 하기도 했으나 결국 반 년 만에 크게 싸우고 헤어졌다.

1987년에 열린 국제 경매에서 일본의 보험회사인 야스다 화재 해상이 고흐의 해바라기 그림 한 점을 3950만 달러라는 높은 가격에 낙찰 받았다. 이 작품을 경매에 내놓은 이는 영국의 명망 있는 미술품 수집가인 체스터 베티(Chester Bette) 경의 일가였다. 이 경매의 높은 낙찰가는 최고가의 기록을 세우며 미술계를 술렁이게 만들었으나, 곧이어 미술계를 더욱 경악시키는 사건이 일어났다. 경매 직후 유력한 미술 감정가인 제랄딘 노만이 야스다 화재 해상이 구입한 해바라기 그림에 대해 위작임을 주장하며 진위 논란이 일었던 것이다.

노만은 이 작품이 반 고흐의 작품이라는 근거가 전혀 없다는 점을 포함해 몇 가지 신빙성이 있는 근거를 들면서 위작 가능성을 주장했으나, 런던 국립 미술관 측은 이를 강하게 부정하였으며 격렬한 논쟁은 야스다 화재 해상이 구입한 그 작품이 원래는 반 고흐의 동생인 테오가 소장하고 있던 작품이라는 사실을 입증하는 문서가 발견되는 2002년까지 계속 되었다.

▶ 절규
　(The Scream, 또는 The Cry)

명화자료
창작시기 : 1893년
크기 : 83.5 × 66cm
기법 : 템페라 화
소장 : 노르웨이 오슬로(Oslo) 뭉크
　　　미술관(Munch-Museet)

절규

　〈절규〉는 노르웨이가 자랑스러워하는 표현주의 화가 에드바르 뭉크의 가장 대표적인 작품이다. 또한 그의 삶을 지배하고 작품 세계를 주도한 '생명의 본질'에 관한 철학적 사고가 잘 드러나는 작품으로 널리 알려진 중요한 작품이다. 오늘날에는 '표현주의 회화의 아버지'라고 불리는 뭉크도 이 작품이 완성되었을 당시에는 대중으로부터 "추악한 사물을 그리는 화가"로 불리며 외면당했다.

　뭉크는 강렬한 색채와 대담한 필치, 주관적 형상을 통해 인간 내면의 비애와 고통, 두려움을 극대화 시켜 화가의 내면에 흐르는 정서를 보는 이에게 숨김없이 보여준다. 그중에서도 화가의 정서가 극대화된 이 작품은 뭉크의 영혼이 담긴 작품으로 인정받고 있으며, 많은 이들이 이 작품 자체가 뭉크 본인이 내지른 '비명'과도 같은 작품

▲ 뭉크

이라는 데 동의하고 있다.

뭉크의 작품 세계를 지배하는 생명, 죽음, 공포, 고통의 정서는 그의 불행했던 성장 환경에서 그 뿌리를 찾아볼 수 있다. 뭉크의 아버지는 노르웨이의 명문가 출신 의사였으나 사실은 심한 성격 이상자였으며, 어머니는 그가 다섯 살 때에 결핵으로 세상을 떠났다. 10년 뒤 누나가 어머니와 같은 병으로 세상을 떠났으며 누이동생은 정신 이상 증세를 보였다. 결국, 부친과 남동생마저 잇따라 세상을 떠남으로써 그의 어린 시절의 기억은 가족 대부분을 잃는 비극적인 상처들로 얼룩졌다. 견디기 어려운 불행들이 한꺼번에 불어 닥치면서 어린 에드바르 뭉크의 심리에는 이미 고통, 병, 죽음에 대한 본능적인 두려움이 자리 잡고 있었으며, 이는 훗날 그가 그러한 자신의 내면을 객관적으로 응시할 수 있을 정도로 성장한 뒤에도 계속 남아있었다. 그는 다른 이들에 비해 일찍 삶의 의미라는 철학적 명제에 대해 깊이 생각했는데 이 또한, 어린 시절의 성장환경과 큰 연관이 있다.

▲ 생명의 춤
(The Dance of Life)

뭉크는 〈절규〉의 소묘 작품에서 다음과 같이 밝혔다.

"해질 무렵 두 친구와 함께 산책을 나갔다. 어느 순간 애상적인 기분이 들며 우울해졌다. 갑자기 하늘이 핏빛으로 물들기 시작했고 그 순간, 극도의 피로감이 나를 덮쳐 와서 걸음을 멈추고 난간에 기댔다. 그리고 피처럼 붉은 하늘에 드리워진 구름과 암청색 도시, 피오르드에 걸쳐진 칼을 보았다. 친구들은 저만치 걸어가고 있었고 나만이 두려움에 떨며 홀로 제자리에 서 있었다. 그때 나는 대자연을 관통하는 강력하고 무한한 절규를 들었다."

〈절규〉는 그때 그가 느낀 모든 것을 시각적으로 표현한 회화 작품이다. 핏빛으로 물든 하늘과 그 아래에 짙은 남색으로 흐르는 강물은 강렬한 곡선을 그리며 절망에 빠져 절규하는 인물을 더욱 압박한다. 작품 속 주인공은 사람이라고는 볼 수 없는, 심령 사진에 찍힌 유령처럼 기괴한 형상을 하고 있다. 머리카락은 고사하고 눈, 코, 입의 윤곽조차 불명확한 얼굴이지만 공포에 질린 그 표정만큼은 아주 확실하게 드러나 있다. 얼굴 양 옆을 감싼 두 손은 뺨에 붙은 듯 단단히 고정되어 있다. 이 작품에서 객관적인 형상을 유지하고 있는

작자소개
에드바르 뭉크
(Edvard Munch, 1863~1944)
노르웨이의 대표적인 표현주의 화가이자 판화가이다. 그는 인간의 심리적 고통을 시각적으로 형상화하는 데 뛰어난 능력이 있었으며, 그 밖에도 인간의 삶과 죽음에 관한 본질적 문제를 포괄적으로 다루었다. 그의 대표작인 〈절규〉는 인류가 보편적으로 공감할 수 있는 두려움과 고통의 형상과 표현주의 회화의 특성을 가장 명확하게 보여주는 작품으로 손꼽히고 있다. 뭉크의 〈절규〉는 총 네 작품이 있다. 〈절규〉를 비롯한 그의 작품 세계에는 삶과 죽음, 병, 사랑과 관능, 공포의 정서가 일관적으로 흐르고 있으며, 뭉크의 내면세계 표현이 정점에 달한 것은 '생명의 프리즈' 연작이다. 이후 그의 이름은 인간의 실존적 고통을 가장 잘 형상화한 화가로 널리 알려졌다.

▲ 죽은 어머니
(The Dead Mother)

것은 그때 뭉크가 기댔다고 말한 그 난간뿐이다. 이 인물은 다리 위에 서있다. 그러나 이 다리는 그의 뒤로 길게 펼쳐져 있을 뿐 끝이 보이지 않는다. 마치 아무리 열심히 달려도 끝이 보이지 않는 악몽 속의 외길과 같은 느낌이 든다. 그리고 그의 뒤에는 뒤를 따라오는 것 같은 두 사람의 형상이 흐릿하게 보인다. 그러나 처절하게 비명을 지르는 이 인물과는 달리, 그들의 모습은 고요하고 차분한 듯한 인상을 풍겨 주인공이 느끼고 있는 두렵고 고독한 정서를 더욱 부각시킨다.

뭉크는 평소 그림을 그릴 때 색채와 선을 최대한 활용해서 살아있는 사람들의 모습과 그들의 호흡, 사랑과 고통을 느끼는 감정까지 모두 표현하기 위해 끊임없이 시도했다. 그는 다른 화가들에게도 우아하게 앉아서 책을 읽는 소녀나 기계적인 동작으로 직물을 짜는 여인들 대신, 온갖 감정으로 충만해 있는 살아있는 사람들을 그려야 한다고 강력히 주장했다.

뭉크가 세상을 떠난 뒤 그의 작품들은 전부 오슬로 시에 기증되었다. 오슬로 시는 뭉크를 기리고 그의 작품을 보관하기 위해 뭉크 미술관을 건립했다. 뭉크의 대표작인 〈절규〉 역시 줄곧 이곳에서 소장 중이다. 그러나 〈절규〉는 안타깝게도 1994년과 2004년에 두 차례 도난당한 적이 있었다. 다행히 두 번 다 되찾아 올 수 있었기 때문에 뭉크 미술관으로 되돌아가기는 했으나 그 과정에서 작품의 일부가 손상되는 신세를 면치 못했다. 이 일이 알려지자 뭉크를 자랑스럽게 여기는 노르웨이인들과 전 세계의 수많은 미술 애호가들은 안타까움을 금치 못했다.

◀ 키클롭스
(The Cyclops)

명화자료
창작시기 : 1895~1900년
크기 : 65×51cm
기법 : 캔버스에 유채
소장 : 네덜란드 오테를로(Otterlo), 크뢸러 뮐러 미술관 (Kröller-Müller Museum)

키클롭스

키클롭스는 그리스 신화에 등장하는 외눈박이 거인 족이다. 고대 그리스 인들은 과격하며 포악한 성격에 힘도 세고 무기를 만들거나 다루는 것에 능숙한 이 거인 족을 두려워했다.

르동의 작품인 〈키클롭스〉에 등장하는 거인은 그리스 신화의 폴리페모스(Polyphemos)로, 화가는 신화 속 이야기와 자신의 상상력을 더해 이 작품을 완성했다.

▲ 르동

작자소개

오딜롱 르동
(Odilon Redon, 1840~1916)
프랑스의 상징주의 화가로, 시각적 인상의 한계에서 벗어나 무한한 상상의 세계를 캔버스 위에 마음껏 펼쳤다.

1840년 와인 생산으로 유명한 보르도에서 태어나 청소년 시절을 보냈다. 처음에는 판화가로서 활동하면서 환상적이고 상징적인 작품들을 선보였으며, 이 무렵 석판화집인《꿈속에서(In the Dream)》를 발간하기도 했다. 그는 마흔 살이 넘어서야 색채에도 눈을 떠 그의 작품 세계를 더욱 풍요롭고 다채롭게 표현하기 시작했으며 소재 범위 또한 넓혀갔다. 색채의 영역에 발을 내딛는 것은 늦었으나 그 활용 능력 및 이해력은 무섭게 성장해서 수많은 걸작을 남겼다. 대표작으로는 〈키클롭스〉와 〈흰 꽃병과 꽃(Bouquet Of Flowers In A White Vase)〉 등이 있다.

화면 속에는 산 너머로부터 고개를 내밀어 그 앞쪽을 내려다보고 있는 외눈박이 거인 폴리페모스가 보인다. 그의 시선 끝에는 아름다운 꽃들에 둘러싸여 누워 있는 님프 갈라테아의 나신이 있다. 그녀는 달콤한 잠에 깊이 취해 외눈박이 거인의 욕망어린 시선도 눈치채지 못한 채 모로 누워 있을 뿐이다. 외눈박이 거인 족들은 사람을 잡아먹기도 하는 야만적이고 포악한 괴물이지만 그 마음속에도 이성에 대한 사랑과 욕망의 불꽃이 피어오른다. 르동은 이 그림에서 사랑에 빠진 거인 폴리페모스의 형상을 통해 생명의 원시적 욕망과 그 욕망의 거대한 힘을 표현해내고자 했다. 르동의 세계 속에서 이성에 대한 사랑에 눈을 뜬 폴리페모스의 외눈은 더 이상 무섭고 위협적이지 않으며, 오히려 온화하고 부드러운 빛을 띠고 상대를 바라보고 있다. 그 눈빛 속에는 사랑하는 여인의 마음을 끝내 얻지 못할 자신의 운명을 이미 알고 있는 그의 슬픔과 그럼에도 사랑을 멈추지 못하는 순애보까지 진득하게 묻어난다.

그리스 신화에 따르면 폴리페모스는 바다의 님프인 갈라테아를 사랑하지만 자신의 모습에 자신이 없어 그 마음을 전하지 못하고, 가까이 다가서지도 못한 채 그녀의 주변만을 맴돌고 있었다. 이 무렵 갈라테아는 미소년인 아키스에게만 온통 마음이 가 있었기 때문에 폴리페모스의 마음을 받아주지 않았다. 그러던 어느 날 폴리페모스는 갈라테아와 아키스가 함께 다정한 시간을 보내는 장면을 본 후 분노하며 질투에 눈이 멀어서 그만 바윗돌로 아키스를 죽이고 말았다. 한 순간에 벌어진 이 일로 아키스를 잃은 갈라테아는 크게 슬퍼했으며, 그녀의 마음은 폴리페모스로부터 영영 멀어지고 말았다.

르동의 〈키클롭스〉는 많은 사람들이 그리스 신화를 읽으며 머릿속으로만 상상했던 장면을 그 이상으로만 신비롭고 몽환적인 환상의 세계로 연출하여 보여주었다. 보일 듯 말 듯 옅은 미소를 띤 폴리페모스의 표정은 부드럽고 온화하며 한편으로는 우수에 찬 인상을 주고 있다. 이와 같은 분위기는 상징주의 회화에서 중시하는 내적

▼ 눈 기구
(The balloon Eye)

요소로, 르동은 기이한 환상과도 같은 장면을 보여줌으로써 마치 해소할 길 없는 갈증과도 같은 인간의 욕망을 보여준다.

◀ 베아트리체
(Beatrice)

〈키클롭스〉를 채우고 있는 색채는 투명하고 화사하며 밝고 따뜻해서 서정적이고 평화로운 분위기가 감돌고 있다. 다양한 색상의 물감을 점점이 찍는 방식으로 꽃이 흐드러지게 핀 산등성이를 그려 풍부한 색채 감각을 뽐내고 있으며 백조의 솜털과도 같은 독특한 질감의 그림을 완성했다. 이는 르동의 수준 높은 예술적 기교를 보여주는 동시에 실험 정신과 깊은 호기심을 나타내고 있다.

오딜롱 르동은 프랑스 상징주의 회화를 말할 때 반드시 거론되는 아주 중요한 화가이다. 그는 회화에서 인간의 상상력을 의도적으로 배제해온 사실주의나 화가의 감성만을 화폭에 담으려 한 인상주의 양쪽 중 어느 쪽도 따르기를 거부했다. 그는 단지 자신이 말하고 싶은 이야기를 담아 보여주고 싶은 그림을 그리고자 했다. 기묘한 형상과 상징성이 넘쳐나는 기이한 환각과도 같은 르동의 작품은 그의 말마따나 '보이지 않는 것을 표현하기 위해 보이는 것의 논리를 사용한' 결과물이다.

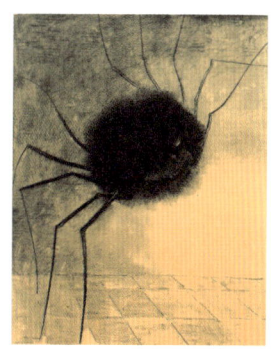

▲ 웃음 짓는 거미
(The Smiling Spider)

사실 그의 작품이 상징하는 바를 한 번에 읽어내기란 쉽지 않다. 이 작품 속 상징성은 순전히 그의 상상력을 통해 태어난 것이므로, 종교화에서처럼 도상학적 지식으로 읽을 수 있는 일반적인 공식이 성립하는 것도 아니기 때문이다. 이와 같은 작품 성격으로 볼 때 프랑스 상징주의의 대가 오딜롱 르동의 화풍에서는 이후 등장하게 될 초현실주의 예술과 깊은 연관성을 찾아볼 수 있다.

▲ 몽마르트의 거리, 오후 햇살
(Boulevard Montmartre, Afternoon, Sunlight)

명화자료
창작시기 : 1897년
크기 : 73×92cm
기법 : 캔버스에 유채
소장 : 러시아 상트페테르부르크 에르미타슈 미술관(The State Hermitage Museum)

몽마르트의 거리, 오후 햇살

1855년에서 1870년까지 피사로는 화가 장 밥티스트 카미유 코로(Jean Baptiste Camille Corot)의 작품에서 영향을 받아 세피아 빛과 옅은 회색빛을 띠는 색조를 많이 사용하는 풍경화를 선보였다. 그러나 1870년 프랑스와 프로이센 간의 전쟁을 피해 영국으로 건너간 이후 미술관에서 터너의 풍경화를 보게 된 것을 계기로 그의 작품에는 빛의 스펙트럼 상의 순색이 나타나기 시작했다.

피사로가 만년에 그린 작품 들 중 그가 머물던 여관의 객실 창문에서 바라본 거리 풍경을 그린 작품들이 부쩍 눈에 띤다. 〈몽마르트의 거리, 오후 햇살〉을 포함한 몽마르트 거리의 연작들 역시 1897년 요양 기간 동안 그렸던 작품이다.

◀ 숲 속에서 목욕하는 여인
(Bather in the Woods)

피사로가 그린 사람들과 마차로 북적이는 몽마르트의 번화한 풍경에서 그 특유의 세심하고 꼼꼼한 관찰력을 엿볼 수 있다. 그는 창가에 기대어 바깥 풍경을 바라보며 느낀 자신의 감상과 주관적 기억을 이 화면에 그대로 표현하고자 했으나 자질구레한 부분까지 장황하게 묘사하지는 않았다. 또한 그는 보색 대비를 이용해 대상의 명암에 변화를 주었으며, 자잘한 붓 자국을 이용해 형상의 윤곽이 뿌옇게 보이도록 처리해서 빛의 산란 효과를 주었다. 또한 점묘화법을 응용해 거리의 인물들과 마차를 채색함으로써 움직이고 있는 느낌을 더욱 강조했다. 그 밖에도 넓은 거리에 바삐 오가는 사람들과 마차, 거리를 따라 길게 늘어선 건물들의 모습 위로 각각 농담을 조절한 잿빛을 씌워 우아한 분위기가 감도는 파리 시가지의 풍경을 연출했다.

거리와 그 양 옆으로 늘어선 큰 건물들과 하늘, 가로수 등 작품 내 모든 구성 요소들은 하나의 소실점을 향해 가지런히 정돈된 구도를 이루고 있다. 또한 소실점의 위치나 대로변의 사람들, 오가는 마차들의 모습을 통해 화가가 비교적 높은 곳에서 이 풍경을 관찰하고 있다는 사실을 쉽게 눈치 챌 수 있다.

태양의 반짝임과 대기의 흐름이 느껴지는 그림 속에서 모든 사물

▲ 피사로

▲ 붉은 지붕의 집들
(The Red Roofs)

들은 저마다 생생하게 존재감을 과시한다. 이와 같은 분위기를 표현하기 위해 피사로는 오랜 기간 연구해 온 자기 나름의 색채에 대한 이해도를 높이고, 새로운 채색방법을 모색했다. 우선 그는 생동하는 빛의 표현을 더욱 극대화시키고 풍성한 색감을 줄 수 있는 방법을 찾아야 한다고 생각했다. 그 과정에서 그는 다른 예술가들이 남긴 작품들을 살펴보았는데, 조르주 쇠라가 제시한 신인상주의에 깊이 호응해 보색 대비 및 점묘화법에 착안했다. 처음에는 착실하게 쇠라의 화풍을 따랐지만 점차 틀에서 벗어나 자신만의 화풍을 정립하면서 코로나 쇠라, 터너 등을 포함한 여러 화가들로부터 배운 기법들을 취향에 맞게 응용하기에 이르렀다. 다만 피사로는 회화 기법 상 다양한 실험을 거치면서도 처음부터 끝까지 인상주의 미술을 고집했다. 피사로의 화풍을 대표하는 흐릿한 윤곽처리와 색의 대비를 통한 광선의 표현은 작품에 생동감을 더하며 감상하는 이에게 한층 더 강렬한 인상을 주는 중요한 역할을 한다.

인상파가 처음 등장했을 때에는 아직 그들의 화풍이 인정을 받지 못하고 인기도 별로 없었다. 그 때문에 초기 인상파 화가들은 대부분 궁핍한 생활에서 벗어나지 못했다. 물론 피사로의 경제적 사정도 그들과 크게 다르지 않았다. 게다가 피사로는 슬하에 자녀도 많이 두었기 때문에 생활이 더욱 어려웠다. 입에 풀칠하기도 어려운 가정의 가장으로서 그는 수차례 화상을 찾아가 자신의 그림을 팔아달라고 부탁하기도 했는데, 그는 한 푼이라도 아끼기 위해 먼 거리를 다닐 때에도 교통수단을 이용하지 않고 걸어서 오고 갔으며 나아질 줄 모르는 경제 사정에 너무 힘이 들었던 피사로의 아내는 아이들을 데리고 동반 자살이라도 할까 고민했었다고 한다. 그러던 중 1892년에는 인상파 화가들을 돌봐주며 인상주의 미술의 옹호자로 중요한 후원자 역할을 했던 화상 폴 뒤랑뤼엘(Paul Durand-Ruel)의 도움으로 대규모 회고전을 열었다. 다행히 이 전시회가 좋은 반응을 얻으며 피사로는 말년에 이르러서야 간신히 경제적인 안정을 얻을 수 있었다. 피사로는 60대까지 삶의 대부분을 극심한 가난에 시달렸지만 "내가 좋아하는 평화로운 풍경을 담은 그림들을 그릴 수 있다는 것만으로도 굉장히 즐겁고 감사한 일이다."라는 말과 함께 마지막까지 성공에 대한 확신을 가졌다. 그의 사고방식은 당시 어려운 생활 속에 있었던 젊은 인상주의 화가들에게 큰 격려가 되었다.

작자소개

카미유 피사로
(Camille Pissarro, 1830~1903)
프랑스 초기 인상파 화가들에게 중대한 영향을 끼친 화가로, 인상파 화가들 중 화구를 들고 가장 먼저 야외로 나가 그림을 그리기 시작한 인물이며, 여덟 번 열린 인상파전에 한 번도 빠짐없이 매번 작품을 출품했던 성실한 인상주의 화가이기도 하다. 1830년 피사로는 서인도 제도 상에 위치한 덴마크령 세인트토머스(Saint Thomas) 섬에서 프랑스 국적을 가진 유대인의 아들로 태어났다. 그의 부친은 유능한 상인이었기에 피사로는 부유한 청소년기를 보냈다. 하지만 부친은 아들이 화가가 되는 것을 크게 반대해서 부자간의 사이는 멀어졌다.
그가 남긴 작품들 거의 대부분이 시골의 풍경이나 노동하는 사람들, 대도시의 거리 풍경을 소재로 취한 것들이다. 그 때문에 '인상파의 밀레'라는 별명으로 불리기도 했다. 피사로의 대표작으로는 〈퐁투아즈의 정원(The garden of Pontoise)〉, 〈수확(The Harvest)〉, 〈퐁투아즈의 채마밭(Kitchen Garden with Trees in Flower, Pontoise)〉, 〈붉은 지붕의 집들〉, 〈담소를 나누는 두 여인(Conversation)〉 등이 유명하다.

▲ 우리는 어디에서 왔는가? 우리는 누구인가? 우리는 어디로 가는가?
(Where Do We Come From? What Are We? Where Are We Going?)

우리는 어디에서 왔는가? 우리는 누구인가? 우리는 어디로 가는가?

명화자료
창작시기 : 1897년
크기 : 141 × 377cm
기법 : 캔버스에 유채
소장 : 미국 매사추세츠 주 보스턴 미술관(Boston Museum of Fine Arts)

 〈우리는 어디에서 왔는가? 우리는 누구인가? 우리는 어디로 가는가?〉는 세잔, 반 고흐와 함께 후기 인상파를 대표하는 화가 폴 고갱의 대표적인 작품이다. 또한 그가 그린 그림 중 최대 규모의 작품이기도 하다. 이 작품은 세 문장으로 이루어진 무척 긴 제목으로도 유명한데, 이는 원래 성경 속 문구다. 고갱은 이 작품에서 생명의 근원과 자아에 대해 철학적이고 근본적인 질문을 던지고 있다.

 고갱은 딸을 잃은 뒤 이 작품을 그렸다. 머나먼 이국의 섬에서 아이의 죽음을 전해 듣고 깊은 절망에 빠진 그는 결국 삶을 포기하기로 결심했다. 그는 자포자기한 채, 자신이 죽고 나면 시체는 굶주린 들짐승의 먹이라도 되도록 깊은 산 속으로 들어가 독약을 마시기로 했다. 그러나 누군가가 그를 발견하는 바람에 결국, 그의 자살시도는 실패로 끝났다. 그 후 그는 삶의 모든 에너지를 창작에 쏟았다. 이 작품은 죽음보다 깊은 절망을 겪은 뒤, 한 예술가가 자신의 모든 것을 담아 완성한 유서이다. 훗날 이 그림을 그렸던 때를 회고하며 다음과 같이 말했다. "죽기 전에 단 한 번이라도 위대한 작품을 남겨보고 싶다는 강한 열망에 사로잡혔다. 전에 없이 강한 창작욕에 사로잡혀 밤낮없이 한 달 동안 정신없이 붓을 움직였다."

 그리고 고갱은 하얀 캔버스를 마주하고 앉아서 타히티 섬에서 본 광경들을 떠올렸다. 그에게 있어 타히티는 유럽의 문명이 미치지 않은 순수한 원시적 생명력이 흘러넘치는 낙원의 땅이었다. 타히티 섬

▲ 고갱

▲ 두 명의 타히티 여인
(Two Tahitian Women)

에서 만난 원주민들은 건강한 야성미로 가득한 검은 피부색을 빛내며 그에게 무한한 영감을 선사했다. 구체적인 형상들이 그의 머릿속에 빠르게 떠올랐다 사라졌다. 이 심상을 놓치지 않기 위해 미친 듯이 붓을 놀리던 그는 어느 순간 정신을 차렸다. 하얀 캔버스에는 어느덧 자신이 그리고자 구상했던 그림이 있었다. 완성된 그림을 보면서 그는 무심코 "우리는 어디에서 왔는가? 우리는 누구인가? 우리는 어디로 가는가?"라는 성경 구절을 중얼거렸다. 그리고 이 구절이 바로 작품의 제목이 되었다. 한 가지 놀라운 것은 이 거대한 작품을 그리면서 그는 별도의 습작이나 데생 과정도 거치지 않고 그렸다는 사실이다.

그림은 내용상 세 부분으로 나눌 수 있다. 먼저 작품의 오른쪽 아래 부분에는 깊이 잠든 어린 아기와 그 옆에 앉아있는 여인 세 명이 있다. 그 중 두 명은 담담한 표정으로 그림 밖을 응시하고 있다. 그들 뒤로는 모녀로 보이는 두 여인이 서로의 팔에 기댄 자세로 어딘가를 향해 걸어가고 있다. 그림을 본 순간 시각이 집중되는 것은 가운데 쪽에 서있는 청년이다. 과일을 따는 모습으로 서있는 이 청년은 태초의 인간인 아담이 선악과를 딴 사건을 상징한다. 이는 인생에서 청장년 시기가 삶에 미치는 아주 중요한 시기임을 암시한다. 화면의 왼쪽 아래 부분에는 곧 수명이 다할 것 같아 보이는 노파의 모습이 그려져 있다. 그림의 세 부분은 별개로 나뉘었다고 보기 보다는 오른쪽에서 왼쪽을 향해 진행되는 일련의 흐름이 있다고 볼 수 있다. 그리고 이 흐름은 그림의 제목에 나타난 세 질문 그 자체인 동시에, 이 질문들에 대해 그가 내린 답안이다. 오른쪽 아기의 모습에서 우리는 과거의 모습을 보고, 가운데 청년에게서는 중요한 선택의 순간에 서있는 현재의 모습을 보며, 왼쪽의 노파에게서는 미래를 본다. 그리고 그들의 뒤로 불상처럼 보이는 신상은 마치 인간의 생로병사와 삶의 역정을 조용히 지켜보는 듯 자리를 지키고 있다. 이 신상은 타히티 섬의 전설 속에 나오는 히나 여신이다. 히나 여신의 신상 옆에 서있는 여인은 앞서 세상

작자소개

폴 고갱
(Paul Gauguin, 1848~1903)
후기 인상파를 대표하는 화가이자 '상징주의를 주도한 화가'로서 미술사에서 중요한 의미를 지닌 예술가이다.

그의 초기 작품에는 인상파의 영향을 받은 흔적이 역력히 나타나고 있으나, 그 후에는 관념적인 동양 회화, 특히 일본의 우키요에로부터 영향을 받아 특징적인 선의 표현과 맑고 아름다운 색채, 장식성에 매료되었다. 이후 그의 미술 활동은 종합주의(synthetism) 회화가 등장하는 데 결정적인 영향을 끼쳤다. 이후 그는 마음이 맞는다고 생각한 반 고흐와 프랑스 남부 아를(Arles) 지역에서 함께 생활하기 시작했으나, 처음 생각했던 것과는 달리 마찰이 계속 되었고 싸움 끝에 반 고흐가 자신의 귀를 자르는 자해를 하면서 두 사람의 공동생활은 끝을 고했다.

을 떠난 고갱의 딸이라고 하는 설이 있는데, 신의 권능을 통해서라도 딸이 살아 돌아오기를 바랐던 고갱의 염원이 담겨있다고 볼 수 있다.

한편 당시 다른 화가들이 2차원의 평면 공간에 입체적 3차원 세계를 세우려고 노력했던 것과 달리 고갱은 선명한 색채로 뒤덮인 평면을 표현하려는 것으로 되돌아가려는 시도를 보였다. 이는 그의 작품 속에 나타난 원시 미술의 종교적 성격을 더욱 강조하는 효과를 가져다주었다. 또한 신비로운 느낌의 푸른색과 원시성을 품은 녹색이 중심이 된 바탕 속에서 맑고 선명한 오렌지 빛과 황색으로 이루어진 타히티 사람들의 피부가 부각된다.

고갱은 이 작품에 대해 기존에 자신이 그렸던 작품들을 모든 면에서 능가한다고 말하면서, 남은 생에서 이를 뛰어넘는 작품이나 이와 비슷한 정도의 작품을 다시는 그리지 못할 것이라고 단언했다. 이는 자신에게 남아있는 삶의 모든 힘을 이 작품에 쏟아 부었다는 것을 고갱 스스로가 가장 잘 알고 있었기 때문이다.

▲ 아를의 오솔길

◀ 설교 후의 환영
(Vision After the Sermon)

▲ 잠자는 집시
　(Sleeping Gypsy)

명화자료

창작시기 : 1897년
크기 : 349.3 × 776.6cm
기법 : 캔버스에 유채
소장 : 미국 뉴욕 현대 미술관

잠자는 집시

　이국적인 분위기를 풍기는 〈잠자는 집시〉는 프랑스 화가 앙리 루소의 대표작 중에서도 가장 널리 알려진 작품이다. 바람 한 점 없이 고요한 만월의 밤, 쏟아질 듯 반짝이는 별 빛 아래에 끝없이 펼쳐진 적막한 사막의 한 가운데에 누워 잠든 한 집시 여인의 옆으로 사자 한 마리가 조용히 다가가고 있다. 이 사자의 모습에서 사람을 해치려는 맹수의 공격성이나 경계심은 전혀 보이지 않는다.

　집시 여인과 맹수의 왕 사자가 사막에서 조우하는 장면을 담은 이 작품 속 화면의 구도는 매우 간단명료하다. 선명하게 빛나는 별, 창백한 만월이 뜬 깊고 푸른 밤하늘과 풀 한포기 나지 않은 황량한 모래벌판이 펼쳐져 저 멀리에서 서로 맞닿아 있고, 면면히 흐르는 강줄기가 지평선과 수평 방향으로 흐르고 있다. 작품의 앞 쪽에는 물병과 만돌린을 옆에 놓아둔 채 깊이 잠든 흑인 집시 여인의 모습이 보인다. 만돌린과 손에 쥐고 있는 나무 지팡이는 그녀가 악기를 연주하며 방랑하는 집시라는 사실을 은유적으로 보여준다. 또한 그녀

◀ 뤽상부르 공원
(Luxembourg Garden)

▲ 앙리 루소

가 입은 화려한 무늬의 옷은 사막의 밤이 풍기는 냉랭하고 적막한 분위기를 고요하고 신비로우며 청량하게 전환시키는 작용을 한다. 그 곁으로 소리 없이 다가선 사자는 무표정한 얼굴로 집시 여인에게 코를 가까이 가져다대며 조심스럽게 냄새를 맡으며 그녀에 대해 파악하는 중이다. 하지만 그녀는 피로가 쌓였었는지 이 사실을 전혀 모른 채 깊이 잠들어 있다. 여기에 루소는 만돌린과 물병 등의 정물을 놓아둠으로써 전체적인 구도를 공고하게 안정시키는 효과를 주었다.

　루소는 이 그림 속 풍경에 대해 그가 군대에 있던 시절의 기억을 떠올리며 그린 것이라고 고백했다. 스무 살 때 그는 자원해서 군에 입대해 4년간 군복무를 했던 경험이 있다. 그 때 북 아프리카 지역에 파병된 병사들의 이야기를 들은 적이 있는데, 그 중에서도 인가는커녕 사람의 그림자 하나 볼 수 없는 광야의 풍경에 대한 묘사는 그에게 깊은 인상을 남겼다. 원래 그에게 떠올랐던 심상은 악기를 연주하고 노래를 부르며 정처 없이 방랑하던 한 집시 여인의 죽음이었다. 사막 어딘가에 누워있는 그녀의 시체는 평소 사용하던 악기와 단출한 일상용품만 남긴 채 서서히 풍화되어 갈 것이다. 그 후 머릿속의 장면을 캔버스에 옮기는 과정에서 집시 여인은 죽은 것이 아니라 깊이 잠든 것으로 바뀌었고, 그 옆에는 천천히 다가서는 사자가

작자소개

앙리 루소
(Henri Rousseau, 1844~1910)
풍부한 상상력을 통해 인물이나 풍경을 신비롭고 몽환적으로 표현한 그림들을 남겨 초현실주의의 등장에 큰 영향을 끼친 화가로서 프랑스 소박파(naïve art)를 대표하는 저명한 예술가이다. 1885년 살롱 드 샹젤리제에 처음 작품을 출품한 이후에는 앙데팡당(Independent)전이나 살롱 도톤 등과 같은 전람회에 한 해 평균 다섯 점 이상의 작품을 거의 매년 출품했다. 마성이 깃든 기묘한 환상이나 백일몽처럼 신비한 시적 정서가 감도는 루소의 작품은 처음에는 대중에게 쉽게 받아들여지지 않았으나 당시 수많은 문학가들과 피카소와 같은 예술가들에게 큰 감동을 주며 점차 주목을 받았다.
그가 남긴 대표작으로는 〈이국적인 숲 속을 산책하는 여인(Woman Walking In An Exotic Forest)〉, 〈시인에게 영감을 주는 뮤즈(The Muse Inspiring The Poet)〉, 〈전쟁(War)〉, 〈인형을 들고 있는 어린이(To Celebrate The Baby)〉, 〈성 클라우드 공원의 큰 가로수길(The Avenue In The Park At Saint Cloud)〉, 〈시골 결혼식(The Country Wedding)〉, 〈꿈〉 등이 있다.

▲ 분홍빛 옷을 입은 소녀
(Young Girl in Pink)

추가되었다. 그의 작품 속 사자와 집시 여인 간에는 아름답고 온화하며 서정적인 분위기가 흘러 신비로운 인상을 준다. 이처럼 루소는 기묘하면서도 낭만적인 환상 속에 대자연의 소박하고 따스하며 편안한 성격을 잘 이입시켰으며, 이 풍경은 간결하고 선명한 그의 표현 기법을 통해 마치 생생한 꿈 속 풍경과도 같은 인상을 주는 독특한 효과를 누리게 된다. 특히 사자와 집시 여인의 조우에 대한 루소의 의도는 이 그림만 보고는 쉽게 파악이 되지 않는다는 점 또한 작품의 신비감을 더한다. 사자는 노란 눈을 무심히 빛내며 세상 모르고 잠든 그녀의 체취를 맡을 뿐 어떠한 살의나 공격적 의도도 드러내고 있지 않기 때문이다.

이 작품은 인간 문명과 대 자연의 경계를 걷는 삶을 사는 집시 여인과 야생 세계의 왕인 사자의 우연한 조우를 표현했다. 이처럼 그는 은밀하며 기이한 환상의 세계를 통해 예술가의 거대한 잠재적 능력을 보여주고 있다. 그러나 형식적 구성능력만으로는 몽환적인 허상의 세계를 창조하기에 역부족이며, 감각이 없다면 신비로운 느낌을 표현하기는 어렵다. 그림 속 구성형식은 현실 세계 속 각 사물의 관계를 확립해 주며, 색채는 이 관계에 대한 화가 본인의 해석을 표현하고 있다. 작품 속 밤하늘은 작품의 전체적인 기본 성격을 결정하는 바탕 색조이며, 집시 여인이 입고 있는 옷의 화려한 무늬와 융합시키는 동시에 고요하고 평화로운 분위기를 자아내는 주된 역할을 한다.

환상적인 꿈속의 한 장면을 보는 듯 한 그의 작품은 동시대의 대중들에게는 쉽게 받아들여지지 않았다. 하지만 피카소와 초현실주의 화가들은 그의 색채와 표현 방식에 주목하기 시작했다. 루소의 경우 정규적인 미술 교육 과정을 받은 적 없이 독학을 통해 자신만의 미술 영역을 구축한 화가로도 유명하다. 또한 젊은 시절 그는 세관에서 세관원으로 종사하며 주말마다 그림을 그리러 나갔던 사실도 잘 알려져 있는데, 이때 '일요화가', 프랑스어를 의미하는 '르 두아니에(Le Douanier)'와 같은 별명을 얻기도 했다.

◀ 꿈
(Dream)

명화자료

창작시기 : 1910년
크기 : 204.5 × 298.5cm
기법 : 캔버스에 유채
소장 : 미국 뉴욕 현대 미술관

꿈

프랑스 화가 앙리 루소의 〈꿈〉은 원시적 동화의 세계를 엿보는 것 같은 매력을 풍기는 우의적 회화작품으로, 그의 풍부한 색채 감각을 가장 잘 보여주는 작품이기도 하다. 루소의 후기 작품들에 나타나는 나무와 꽃, 야생동물, 인물들은 영적인 원시세계의 신비와 은밀함을 그대로 품고 있는 독특한 느낌을 자아낸다. 작품 속 각 요소의 기이한 조형과 사물의 조합 및 구성, 고요하고 정적인 풍경의 비현실적인 인상은 감상하는 이들에게 마치 언젠가 꿈속에서 느껴본 듯한 감각을 다시 불러일으키는 불가사의한 경험을 선사한다. 그 중에서도 〈꿈〉은 루소가 열대밀림에 대해 느끼는 환상과 서정성을 잘 나타내고 있는 작품으로 그의 말년을 대표하는 가장 중요한 작품이다. 색채와 형상이 기묘한 질서를 이루는 이 그림 속 풍경은 마치 과거와 현재, 미래가 교차하는 추상적 시공간과 같은 느낌을 준다. 대단한 점은 현실 세상 속에서는 존재하지 않는 세계라는 것을 감상자들 모두가 알고 있지만, 그래도 한 번쯤은 가보고 싶은 세계라고 느끼게 한다는 점이다. 이는 서툴지만 간결하고 명료한 색채 및 윤곽 표현과 어린아이가 생각한 환상적인 세계를 보는 것 같은 재미가 맞물려, 감상하는 이들의 마음 속 깊은 곳에 숨어있던 막연한 그리움과 동심을 자극하기 때문이다.

▲ 호랑이 사냥
(The Tiger Hunt)

작품의 제목인 〈꿈〉은 이 그림 속의 세계가 바로 소파에 누워있는 여인이 꿈속에서 보고 있는 풍경임을 의미한다. 여기에는 몽환적 원시 밀림이 펼쳐져 있다. 드문드문 숨어있는 신기한 동물들과 크고 화려한 꽃이나 색색의 열대 과일이 열려있는 나무, 열대 활엽수 등 희귀한 식물들이 빽빽이 들어차있다. 이 숲에서는 인간 문명의 영향이 닿지 않은 태초의 신비로운 매력과 향수를 느낄 수 있기 때문에 사람들은 별다른 설명을 듣지 않더라도 은연중에 이 풍경을 원시 밀림이라고 믿게 된다. 루소는 인간문명이 닿지 않은 이 원시의 땅에 고급스러운 붉은 벨벳을 씌운 소파와 그 위에 기대 누운 나체의 여인을 그려 넣었다. 그 옆에는 한 흑인이 정면을 바라보며 선 자세로 악기를 연주하고 있다. 흑인 연주자의 앞에 있는 사자 한 마리도 정면을 향해 눈동자를 빛내고 있다. 그 뒤로는 나무 사이로 새들의 모습이나 코끼리의 모습도 일부 보인다. 이처럼, 전체가 아닌 일부를 언뜻 보여주는 표현 방식 덕분에 이 숲이 지닌 무한한 생명력과 보이지 않는 곳에 무엇이 존재하는지 모를 비밀스러움이 부각되었다. 이는 환상적인 시적 정서를 더욱 풍부하게 끌어올리는 효과가 있다.

그러나 작품 속 시공간이나 상황 등을 일반적인 상식으로 생각해 보면 모든 것은 단지 화가의 머릿속에서 태어난 허구적 상상의 산물에 불과하다. 이와 같은 무한한 상상력이 특수한 구성 능력과 복잡한 듯 단순하게 대상을 배치하는 화가 본인의 재능과 만나 〈꿈〉을 포함한 일련의 작품들이 탄생한 것이다. 〈꿈〉은 암녹색과 짙은 갈색의 배경 위에 어린 아이가 그린 그림처럼 단순한 필치와 루소 특유의 신선하고 선명한 색채로 표현된 작품이다. 선으로 단순하게 나뭇잎, 꽃, 식물, 열매 등을 그린 뒤, 색채와 명암의 대비를 더욱 분명히 하는 그만의 채색 방식이 도드라진다.

이국적 정취와 환상이 가득한 루소의 작품들을 감상할 때 그림 속에 나타난 화가의 심리를 이해하는 것이 가장 중요하다. 루소 본인

표현주의

표현주의는 대상의 형태를 과장하거나 왜곡함으로써 예술가 본인의 주관적 정서와 자아, 감성을 표현하려는 예술 사조를 말한다. 표현주의는 20세기 초 북유럽 국가들의 회화 예술 영역에서 크게 유행했으며, 사회문화적으로 혼란했던 당시의 상황과 그에 비례하는 위기의식을 강렬하게 반영하며 발전했다.

◀ 화가와 그의 아내
(The Painter And His Wife)

이 정확히 밝힌 적은 없지만 사실 그는 프랑스 밖으로 나가본 경험은 전혀 없다고 한다. 그의 작품에 자주 등장하는 열대 밀림이나 그 밖의 이국적인 장소들에 대한 묘사는 모두 화가의 상상력에서 나왔다. 그러므로 이 작품 속 풍경은 루소 본인이 가보고 싶은 이상향을 시각화한 그의 꿈과 희망이라는 사실을 미루어 추측할 수 있다. 즉, 〈꿈〉은 표현주의 회화 작품에 속한다. 이 작품 속 처녀림, 사자, 아름다운 새들, 코끼리, 적막한 빛을 비추고 있는 달, 풀숲에서 악기를 연주하는 흑인과 비스듬히 누워있는 여인의 모습 등은 누구도 실제로 본 적이 없는 곳으로 화가의 머릿속에서 태어난 창의적 세계의 일부들이다. 그러나 꽃잎이나 나뭇가지뿐만 아니라 잎사귀의 잎 맥 하나하나까지 전부 세밀하게 묘사된 것을 보면 그가 자신의 머릿속에 떠오른 심상을 화폭에 옮기기 위해 관련 소재를 얼마나 치밀하고 구체적으로 관찰했는지 잘 알 수 있다.

이처럼 그의 작품에는 고요한 평화, 미지의 신비, 순수, 생명력 등이 원초적 야생세계의 위협적 존재로부터 오는 불안감과 공존하며, 그것들이 자아내는 기묘한 환상을 가시적으로 표현한다. 따라서 그는 정형화된 회화에서 벗어나 새로운 영역을 개척했으며 현대 회화의 발전 가능성을 활짝 열어주었다.

▶ 모자를 쓴 여인
(Woman with a Hat)

명화자료
창작시기 : 1905년
크기 : 40.5 × 32.5cm
기법 : 캔버스에 유채
소장 : 미국 샌프란시스코 현대 미술관

▲ 앙리 마티스

모자를 쓴 여인

〈모자를 쓴 여인〉은 야수파를 대표하는 화가 앙리 마티스의 이름을 세상에 알린 작품으로 야수파 작품 중에서도 가장 뛰어난 작품으로 평가받는다. 마티스는 이 그림 속 여인의 모습을 표현할 때 눈에 보이는 고유색을 거부하고 분간할 수 없는 주관적 색채를 거친 필치로 대담하게 채색했다. 특히 배경이나, 옷, 모자뿐만 아니라 여인의 얼굴까지 녹색으로 칠한 과감한 시도는 색채에 대한 일반적 상식과 고정관념을 깨고 강렬한 인상을 심어주었다.

이 여인의 얼굴은 다양한 색채로 채색되어 있는데, 여기서 마티스의 충동적 실험정신이 드러난다. 이는 사실주의 회화와 인상주의 미술에 대한 혁신을 꿈꾸며 새로운 표현 형식을 창조하고자 하는 도전이었다. 이처럼 도전을 거듭한 마티스는 사람들의 욕망과 격정을 자극하는 색채들을 자유자재로 표현할 수만 있다면 한층 더 이상적 세계에 근접한 작품 세계를 구현하는 것이 가능하다고 믿었다.

마티스의 야수파 시절 작품들에서 볼 수 있는 가장 큰 특징은 강렬한 색채 표현이다. 그는 사실적 묘사를 거부했다. 우선 자연 풍경과 인물 묘사 등 현실 세계를 표현하는 데 당연시 되던 전통적인 색채관념과 명암 표현을 과감히 배제했다. 동시에 원색의 병렬과 강렬한 보색 대비를 통해 색채의 선명함을 강조했다.

마티스의 작품 세계가 형성되는 데 가장 큰 영향을 끼친 스승은 파리의 미술학교 교수이자 화가였던 귀스타브 모로였다. 그는 제자인 마티스에게 다음과 같이 말했다고 한다. "예술에서 자네의 표현 방식이 단순하면 단순할수록, 자네의 감각은 점점 더 분명해질 것이네." 모로는 이 한마디로 마티스의 작품 세계와 화풍을 전통의 무게로부터 해방시켜주었다.

당시에는 이미 마티스와 비슷한 생각을 갖고 있던 젊은 화가들이 있었다. 1905년부터 그들은 마티스를 중심으로 뭉쳐 20세기 회화를

◀ 푸른 누드
(Blue Nude)

▲ 춤
(The Dance)

작자소개

앙리 마티스
(Henri Matisse, 1869~1954)
피카소와 함께 20세기 회화 예술의 색채 운용 방식에 있어 가장 위대한 업적을 남긴 화가로, 젊은 화가들을 이끌고 야수파 운동을 주도했다. 1892년 파리의 장식 미술학교에 들어갔고 3년 뒤인 1895년에는 파리 미술 아카데미로 진학했다. 그곳에서 상징주의 회화의 대가인 귀스타브 모로의 지도를 받으며 예술적 재능을 꽃피웠다. 훗날 후기 인상파의 영향을 크게 받았으며 일본의 판화 예술 및 아프리카의 원시 예술에서도 영감을 얻어 '종합적 단순화'라고 불리는 자신만의 독특한 표현 방식을 확립했다. 1906년 이후 그의 작품에서 과장된 조형과 단순화된 선처리, 주관적인 색채 등과 같은 특징이 뚜렷해졌다. 그의 대표적인 작품으로는 〈모자를 쓴 여인〉, 〈춤〉, 〈붉은 색의 조화(Harmony in Red)〉등이 있다.

여는 혁신적인 포비슴(fauvisme), 즉 야수파 운동을 주도했다. 그 해 가을에 개최된 살롱 도톤에 그들이 출품했던 작품들에서 마치 길들여지지 않는 야생 동물과 같은 자유분방함이 공통적으로 느껴졌다. 그래서 사람들은 그들을 야수파 화가들이라고 부르기 시작했다. 야수파 회화의 공통적 특징은 거칠고 힘 있는 필치의 자유분방함과 원색을 병렬로 처리하는 과감함으로 강렬한 인상을 더욱 강조한 젊은 패기, 그리고 대상의 형태를 단순화해 추상성을 강조한 것이다. 특히 그들의 색채 사용은 신인상주의의 대가인 반 고흐나 고갱의 색채보다도 더욱 더 직접적이고 강렬하게 다가온다.

야수파 화가들은 크게 세 부류로 볼 수 있다. 먼저 상징주의 화가 모로의 화실 출신인 마티스와 조르주 루오(Georges Rouault), 알베르 마르케(Albert Marquet), 앙리 망갱(Henri Manguin)이 한 부류를 이루고 있고, L.보나르의 교실에 있었던 라울 뒤피(Raoul Dufy), 그리고 모리스 드 블라맹크(Maurice de Vlaminck), 앙드레 드랭(Andre Derain)이 있으며, 마지막으로는 프랑스 북부 출신인 조르주 브라크(Georges Braque) 등이 있다.

▲ 호사, 평온 그리고 관능
(Luxury, Calm and Pleasure)

젊은 야수파 화가들의 출현은 회화 미술계의 커다란 지각변동이라고 할 정도로 중요한 사건이었다. 특히 그들이 이룬 가장 큰 업적은 바로, 전통적 사실주의의 색채 체계를 완전히 무너뜨린 것이었다. 야수파의 혁명은 그들의 등장을 이끌었던 고갱, 반 고흐, 쇠라 등과 같은 신 인상주의 화가들이 이루어냈던 혁신적 개념을 다시 한 번 타파하는 기염을 토하며 20세기 회화 예술의 미래에 더욱 더 다양한 발전 가능성을 열어주었다.

훗날 마티스의 화풍은 여행길에서 새로운 것을 접하거나 일본 판화의 일종인 우키요에를 접하는 과정을 거치면서 조금씩 변화해서 야수파 회화의 성격을 잠시 탈피하기도 한다. 새로운 문화에 눈을 뜨고 더 많은 것을 보고 느끼면서 가치관의 변화를 겪게 되자 그의 화풍은 점차 깊이를 더해가고 성숙해졌으며, 마티스는 이후 자신만의 독자적인 세계를 구축하는 성공을 거두었다.

◀ 푸른 옷을 입은 여인
 (Lady in Blue)

명화자료

창작시기 : 1937년
크기 : 92.7 × 73.6cm
기법 : 캔버스에 유채
소장 : 미국 펜실베이니아 주 필라델피아, 필라델피아 미술관 (Philadelphia Museum of Art)

푸른 옷을 입은 여인

　앙리 마티스는 20세기 회화 예술 영역에서 참신한 색채 사용법을 보여 새로운 시대를 여는 데 앞장 선 화가로 야수파의 핵심 인물이다. 그의 작품들 중 1906년 이후에 완성된 회화 작품은 과장된 조형과 고도로 단순화된 선, 강렬한 색채 대비를 통해 자신만의 개성적인 양식을 확립시키는 과정들을 보여주고 있다. 그 중에서도 〈푸른 옷을 입은 여인〉은 마티스 고유의 화풍이 분명하게 드러나는 작품이다.

　이 작품은 우의적 표현이 풍부하게 담겨있는 인물 초상화다. 그림

▲ 앙리 마티스

▶ 마담 마티스: 마드라스 모자를 쓴 여인
(Madame Matisse: madras rouge)

야수파

야수파는 점차 타성에 젖어가는 것에 반발한 인상파나 신인상파의 젊은 화가들 중에서 뜻을 같이하는 사람들로부터 비롯되었다. 그들의 등장 시기는 1898년 무렵으로 볼 수 있지만 그들이 대외적으로 야수파라는 이름으로 불리게 된 것은 약 1905년이다. 1908년까지는 전시회에도 참가하는 등 활발한 창작 활동을 보였으나 그 이후로는 야수파 운동이 뜸해져 사실상 해체된 것과 같았다. 그러나 야수파가 보여준 새로운 예술적 표현 방식과 색채 해방을 위한 노력은 이후 20세기 미술 발전에 큰 영향을 미쳤으며, 특히 표현주의 미술의 등장에 견인차와 같은 역할을 했다.

속에는 푸른색 드레스를 입은 금발 여인이 빅토리아풍의 소파에 편하게 기댄 채 정면을 바라보고 있다. 그녀는 치맛자락이 풍성하게 퍼지는 아름다운 드레스를 입고 있는데, 이 옷차림은 무늬 없는 푸른색 바탕에 흰색 레이스로 장식해서 정갈하며 기품 있는 느낌을 주며 그녀의 화사한 금발머리와도 아주 잘 어울린다. 그리고 그녀의 금목걸이는 금발과 서로 호응한다. 그녀가 앉아있는 소파는 앉는 부분에 붉은 천을 씌우고 나무 부분을 금색으로 칠해 고급스럽고 화려하게 장식한 것으로 상류층 가정에서나 볼 수 있는 가구다. 그녀는 왼쪽 팔꿈치를 소파의 팔걸이 부분에 살짝 기댄 후 왼손을 머리 쪽에 두고 있으며, 오른손에는 흑백의 구슬을 교대로 긴 목걸이 같은 것을 돌돌 감아 아래로 늘어뜨리고 있다. 그녀의 오른손은 왼손이 희고 고운 것과 달리 붉고 투박한 모양새를 하고 있으며 훨씬 크다. 이 구슬 목걸이는 가톨릭교도들이 기도할 때 사용하는 로사리오(rosario)*처럼 생겼다. 또한 이 여인의 어깨 뒤로는 꽃송이가 크고 꽃잎이 풍성한 꽃 한 송이가 마치 후광처럼 황금빛으로 빛난다. 이것은 그녀의 과장된 형태에서 우러나는 아름다움과 조화를 이루는 역할을 한다.

이 작품 역시 마티스의 다른 작품들과 마찬가지로 전통 회화의 특징을 완전히 배제하고 있다. 아울러 원근감을 줌으로써 평면에 입체 공간을 구현하는 투시법 역시 이 그림에서는 전혀 찾아볼 수 없다. 오히려 그는 화면의 평면성을 더욱 강조하는 동시에 순도 높은 색상을 병치, 서로 대비되는 보색 관계를 이용해 더욱 개성적이고 강렬한 인상을 주는 남다른 미적 기준을 제시하기도 했다. 이 그림은 붉은색과 노란색, 노란색과 파란색, 파란색과 붉은색 등 각각의 색으

---

* 가톨릭에서 묵상 기도 중 사용하는 묵주 또는 '묵주의 기도'를 의미

로 이루어진 면들의 색채 대비와, 그 색채의 면들 사이사이를 누비며 무늬나 윤곽선을 만들어내는 흰 선으로 구성되어 있다. 특히 붉은색, 노란색, 파란색, 검은색 등 각 색채가 지닌 고유한 농도와 선명함이 각각 강조되면서도 절묘하게 조화를 이루는 경지에 이르고 있는데, 이는 동양의 회화, 특히 일본의 우키요에 기법과 형식에서 크게 영향을 받은 것으로 보인다. 그는 일본 우키요에 외에도 이슬람 문화의 영향을 보여주는 아라베스크(Arabesque)** 무늬를 작품 속에서 선보이면서 작품 세계의 영역을 넓혀갔다. 그가 작품에서 항상 고민했던 것은 '어떻게 하면 더욱 효과적으로 색채를 표현할 수 있는가?'였다. 이렇듯 색채에 대한 그의 끝없는 열정의 불꽃은 사그라지는 일이 없었다.

▲ 디저트: 붉은색의 조화
(The Dessert: Harmony in Red)

1905년 마티스를 중심으로 뭉친 청년 화가들이 살롱 도톤(Salon d'Automne)에 작품을 출품하자, 거칠고 다듬어지지 않은 필치와 눈이 아플 정도로 강렬한 색상에 대해 거부감을 가진 사람들은 그들의 작품이 야만적이라고 비난했다. 또한 그들이 예술을 전혀 이해하지 못하고 있다고 비웃었다. 당시 미술평론가 루이 보셀(Louis Vouxcelles)이 살롱 도톤에 출품된 마르케의 작품을 보고 "야수(포브)의 우리에 갇혀 있는 듯한 도나텔로"라고 평론했다고 하며, 야수파라는 명칭은 여기에서부터 시작되었다고 한다. 그러나 이 전시회 이후 야수파 화가들은 불과 3~4년 만에 각자의 길을 걸으며 야수파 운동은 사실상 아주 짧은 시간 동안만 진행되다가 끝나고 말았다. 그러나 20세기 현대 미술의 발전 방향에 있어 야수파 운동이 미친 파급력은 실로 대단한 것이어서 미술사에서도 아주 중요한 미술사조로 다루고 있다. 그 중에서도 마티스는 끝까지 자신의 예술적 본질세계를 지키고 발전시킨 화가였다.

** 이슬람 풍의 장식 무늬

▶ 입맞춤
(The Kiss)

명화자료
창작시기 : 1907~1908년
크기 : 180.4 × 180.4cm
기법 : 캔버스에 유채
소장 : 오스트리아 벨베데레 오스트리아 갤러리(Osterreich-ische Galerie Belvedere)

입맞춤

▲ 클림트

〈입맞춤〉은 20세기 초 오스트리아 빈의 분리파를 이끌었던 화가 구스타프 클림트의 가장 유명한 작품이다. 그는 작품에서 화가의 주관적 정서와 심미적 기준을 강조하는 동시에 풍부한 상상력을 유감없이 발휘했다. 그는 특히 여인을 주인공으로 하는 그림을 주로 그렸으며 누드 작품도 종종 그렸다. 당시 빈의 사람들은 여인의 아름다움에 유독 깊이 집착했던 이 화가를 호색한으로 취급하며 '빈의 카사노바'라는 별명으로 불렀다고 한다.

〈입맞춤〉은 클림트의 예술 창작에 있어 가장 중요한 시기, 이른바 '황금시대'로 불리는 무렵에 완성된 작품이다. 사랑하는 두 연인이 자아내는 몽환적인 분위기 속에서 클림트 특유의 관능미가 돋보이는데 여기에는 금박과 은박을 많이 사용해서 화려함을 강조해 장식성을 높였다. 원래 이 작품은 벽화와 캔버스 두 종류가 있는데, 캔버스에 그려진 〈입맞춤〉은 원래 벽화를 제작하기 위해 그가 구상했던 초안을 기초로 그린 것이다. 일반 대중에게 잘 알려져 큰 사랑을 받고 있는 작품은 캔버스에 그린 작품이다. 사랑하는 두 연인이 키스하는 순간에 느낀 강렬한 환희와 애욕이 그림을 보는 이에게도 그대로 전해져 온다.

클림트의 〈입맞춤〉은 남녀 간의 사랑을 주제로 한 추상적 우의화로, 그림 속 남녀는 서로에게 바싹 붙어있다. 남자는 고개를 숙이고 있어 어떤 표정을 짓고 있는지 알 수 없지만, 여인을 마치 보석처럼 조심스러우면서도 단단하게 팔로 끌어안고 고개 숙여 입을 맞추는 그의 모습에서 그녀를 소중히 여기는 깊은 사랑의 감정이 물씬 풍긴다. 남자가 입고 있는 옷을 자세히 보면 검은색과 흰색, 금색의 사각형 무늬로 이루어져 있다. 이는 그의 강인한 남성적 매력을 강조한다. 또 그의 허리 부분에는 느슨하게 흘러내린 허리띠가 걸려 있는데, 이는 지금 그 남자가 성적 욕구와 충동을 느끼고 있음을 암시한다. 한편, 남자의 팔 안에 안겨있는 여인의 자세는 부드럽고 유연한 여체의 곡선을 잘 살리고 있다. 그녀는 오른팔로 남자의 목을 끌어안고 고개를 뒤로 젖힌 채 왼쪽 어깨를 살짝 움츠려 몸을 최대한 밀착하고 있다. 두 눈을 꼭 감은 얼굴에는 발그레한 홍조가 떠올라 있어 사랑하는 이의 입맞춤을 기다리며 행복감과 황홀함에 취하고 기대감에 들뜬 젊은 여인의 마음을 보여준다. 그러나 그녀의 마음 속 깊은 곳에서는 이 행복을 아직 믿을 수 없어서 불안감을 느끼고 긴장하고 있다. 그녀의 불안한 심리는 꼭 다물고 있는 입술에서 나타나고 있다. 한편 그녀가 입고 있는 옷의 무늬는 크고 작은 원형들로 이루어져 있으며, 조금씩 일그러져 있거나 자유분방하게 배치되어 있어 유동적인 느낌을 주는 곡선이 강조 되었다. 녹색과 보라색, 선홍색, 흰색, 파란색 등 다채로운 색채로 이루어진 원형 무늬는 부드러움과 상냥함, 따스함과 같은 여성적 매력을 잘 나타내고 있다.

평소 일본 예술에서 영감을 얻거나 큰 매력을 느꼈던 클림트의 야심작답게 이 그림 속 두 사람의 옷에서는 색채나 장식에서 동양적인 느낌이 강하게 풍긴다. 또한 그는 남녀의 옷에 각각 사각형과 원형의 무늬를 넣어 성별을 구분함으로써 이 작품에 상징과 암시의 성격을 부여했다. 그 밖에도 클림트는 달콤한 사랑의 기쁨을 더욱 효과적으로 표현하기 위해 남자의 머리 위에 풀로 엮은 화관을 얹어두고, 여인의 머리에는 작은 풀꽃들을 뿌리는 작은 장치를 더했다. 이 꽃들은 두 연인이 서있는 절벽 위의 꽃들과도 어우러져 사랑이 충만

▲ 유디스 1
(Judith I)

작자소개

구스타프 클림트
(Gustav Klimt, 1862~1918)
오스트리아 빈의 바움가르트에서 금세공업자의 아들로 태어난 화가이다. 그는 1897년 고도의 장식미가 돋보이는 아르누보 미술을 지향하며 전통 미술에 반발할 뜻을 같이하는 화가들과 함께 빈 분리파를 세웠다. 이후 빈 대학교의 강당에 벽화를 그렸는데 그의 표현 방식에서 선정성과 외설을 문제 삼는 스캔들이 불거졌다.
그러나 클림트는 관능적 아름다움을 중시하는 자신만의 화풍을 고수하며 연구를 통해 새로운 기법을 끊임없이 창출해냈다. 집에 일본식 정원을 꾸밀 정도로 일본 예술에 관심이 많았으며, 그 중에서도 화려한 색채와 장식적인 성격에 크게 매료되어, 자신의 작품에도 동양적인 장식을 응용했다. 템페라에 금박 · 은박 · 수채를 함께 사용한 다채로운 기법은 클림트만의 독창적인 기법으로 유명하다.

한 순간을 빛내고 있다. 그러나 이 꽃들은 사랑을 아침에 피었다 지는 꽃처럼 일시적이고 허무한 감정임을 암시하기 위해 그려 넣었다고 주장하는 이들도 있다. 평소 클림트가 염세적 성향을 지닌 인물이었다는 점에서 생각해보면 그럴 듯하게 들릴 수도 있지만 오늘날까지도 클림트의 의도를 정확히 알 수는 없다.

클림트는 생전에 비교적 부유한 생활을 영위했던 편이므로 경제적으로는 운이 좋은 화가에 속한다. 그러나 명예나 평판 면에서는 그

▲ 아델레 블로흐바우어의 초상
(Portrait of Adele Bloch-Bauer I)

다지 훌륭한 편이 아니었다. 대중들은 인간의 성적 욕망을 자극하는 관능적 그림을 주로 그리는 화가라며 곱지 않은 시선을 보냈다. 심지어는 그와 그의 작품에 대해 '저질 화가'나 '빈의 카사노바', '매독의 우의화'라는 별명을 붙이며 맹렬히 비난하는 이도 있었다. 실제로 클림트는 자신의 모델들과 수차례 염문을 뿌렸고, 그의 사후에는 클림트의 아이를 낳아 기르고 있다고 주장하고 나선 여성들만 열네 명이나 되었다. 하지만 빈의 젊은 화가들은 클림트의 작품에 나타난 고도의 장식성, 아름다운 선형 등 참신한 화풍에 열렬히 환호했으며, 몽환적이고 환상적인 작품 속 세상에 열광했다. 클림트로부터 큰 영향을 받은 화가들 중에서는 유명한 인물로는 에곤 실레(Egon Schiele)가 있다.

◀ 아비뇽의 처녀들
(The Young Ladies of Avignon)

명화자료
창작시기 : 1907년
크기 : 244 × 233.5cm
기법 : 캔버스에 유채
소장 : 미국 뉴욕 현대 미술관

아비뇽의 처녀들

〈아비뇽의 처녀들〉은 현대 예술의 시대를 연 천재 예술가이자 입체파 미술의 선봉장이었던 파블로 루이스 피카소가 입체주의 경향을 보이기 시작할 무렵에 그린 작품으로, 기존의 회화예술에서 반드시 지켜야 했던 원칙적 기법들을 완전히 뒤집는 새로운 방식을 보여주고 있다. 〈아비뇽의 처녀들〉은 피카소의 예술 인생에서 무척 중요한 전환점으로도 널리 알려져 있다.

이 작품은 피카소의 초기 입체주의 시대를 대표하는데, 일반적으로 1907년에 완성된 것으로 알려졌지만 1909년이라고 주장하는 사람들도 있다. 이 무렵 곤궁한 생활을 벗어나지 못하고 있던 청년 화가 피카소는 파리의 몽마르트 부근의 빈민굴에 위치한 바토 라부아

▲ 피카소

281

▲ 곡예사 가족
(Family of Saltimbanques)

작자소개

파블로 루이스 피카소
(Pablo Ruiz Picasso, 1881~1973)
20세기 서양 예술에서 가장 큰 영향력을 끼친 화가이자 조각가이다. 그는 평생 회화나 조각 등 다양한 분야에서 타의 추종을 불허하는 독창적 작품들을 무려 25만 점 가량 남겨 세상을 놀라게 했다.
그는 스페인 남부의 말라가(Malaga)에서 태어났으나 1900년 무렵 프랑스 파리로 건너가 그 곳에서 거주하며 미술활동을 펼쳤다. 그의 초기 작품들은 음울한 청회색이 주를 이루며 고독과 절망의 감정을 표현하고 있다. 이 무렵이 피카소의 '청색 시대'에 해당한다. 1904년에서 1906년에 이르기까지 완성된 피카소의 작품들은 '장밋빛 시대'에 속한다. 이 무렵 그의 작품 속에는 곡예단 광대들이 많이 등장했다. 1906년부터 피카소는 아프리카 조각 예술과 세잔의 회화로부터 영감을 얻었고, 그 이듬해에는 그의 미술 인생에 중요한 한 획을 긋는 〈아비뇽의 처녀들〉을 완성하기에 이른다.

르(Bateau Lavoir)*라고 불리는 화실에서 창작 활동에 전념했다. 이 이름은 그 건물이 금방이라도 쓰러질 것처럼 낡고 몰골도 흉해서 당시 세탁부들이 모여 빨래를 하던 곳에 있던 낡은 배와 같았기 때문에 붙여졌다고 한다. 이 작품에서 말하는 아비뇽은 프랑스의 도시가 아닌 바르셀로나의 유명한 사창가다. 작품 속 모델이 된 여인들 역시 사실은 바르셀로나의 아비뇽 거리에 살고 있는 매춘부들로, 피카소가 생각했던 이 작품의 제목은 원래 〈아비뇽의 창녀들〉이었다고 한다. 그러나 피카소들의 주변인들이 그 제목이 너무나도 저속하다며 간곡히 만류해서 현재의 제목으로 결정되었다. 이 시기 피카소는 아프리카 예술과 프로이트의 심리분석학에 심취해있었다. 그 영향으로 이 작품 속 여인들의 모습에서는 거칠고 다듬어지지 않은 조악한 아프리카 조각상과 같은 기이한 조형적 특징이 나타나 있다. 피카소는 이 작품을 시작으로 아프리카 조각 미술로부터 영감을 얻어 작품을 창작하는 '흑색 시대'로 진입했다. 그는 인체를 사실적으로 묘사하기를 거부하며 입체적 요소를 배제하고 인체 각 부분을 기하학적 평면 도형으로 구성함으로써 평면성을 강조하는 파격적 시도를 감행했다. 그러나 당시의 대중들은 피카소의 이 작품을 두고 야만적이라며 거부반응을 보였다. 피카소는 이에 대해 "아프리카의 흑인들은 인체의 구조와 체계성에 대해 전혀 알지 못하기 때문에 그렇게 밖에 표현하지 못한 것이 아니다. 오히려 그들은 일부러 가시적 외형을 파괴함으로써 그 내면에 숨어있는 본질을 형상화하는 놀라운 예술적 감각을 갖고 있다."고 말하며 세간의 비난을 한 귀로 흘려버렸다.

이 작품의 구도에서는 통일감이나 안정감을 느낄 수 없으며, 마치 고대의 부조 작품을 보는 것처럼 인물과 배경과의 거리감도 전혀 표현되지 않았다. 색채 사용 또한 어색하고 경직된 인상을 주는데다가 부피감도 전혀 없다. 그 이유는 입체적인 부분을 모두 분해하고 평면 위에 펼쳐서 표현하고 있으므로 젊은 여인의 누드에서 풍기는 풍만하고 육감적인 아름다움이나 생명력 넘치는 청춘의 아름다움이

---

* 세탁선

느껴지지 않기 때문이다. 하지만 그 영향으로 감상자의 시선은 형태가 비틀린 그녀들의 얼굴에 집중된다. 이 그림 속에 등장하는 여인들은 총 다섯 명이다. 청회색과 회색, 갈색 배경 앞에 서있거나 앉아있는 이 여인들의 나체는 기하학적 도형들을 모아서 구성한 것 같은 독특한 형태를 이루고 있다. 그가 대상의 구조를 기하학적 도형으로서 파악한 것은 프랑스로 건너와서 접한 폴 세잔의 작품에서 영향을 받으면서였다. 작품에서 오른쪽의 두 여인은 얼굴이나 자세가 거칠고 야성적인 느낌을 준다. 특히 오른쪽 가장자리에 앉아있는 여인의 얼굴은 갈색 빛을 띠고 있으며 표정도 강한데다가 다른 세 명에 비해 손발이 크고 투박하게 생겨 무서울 정도다. 그런 그녀의 발치에는 포도나 수박 같은 과일들이 그려져 있는데, 서양 미술에서 포도는 성애를 상징하는 과일이다.

▲ 꿈
(The Dream)

〈아비뇽의 처녀들〉이 공개되었을 때 많은 평론가와 예술가를 포함한 대중들이 대대적으로 비난과 조롱을 퍼부었으며 심지어 화가 마티스는 피카소를 몰락시킬 것을 공개적으로 선언하기도 했다. 이 작품에 대해서는 피카소와 평소 친분이 있던 주변 인물들조차 감싸주지 못했는데, 친구이자 동시대 화가인 조르주 브라크(Georges Braque) 마저도 "이건 마치 우리에게 솜뭉치와 석유를 먹여서 불을 내뿜도록 하려는 것과 같은 그림이로군."이라고 말했을 정도였다. 그러나 이 작품은 사실 피카소가 생각했던 대로 완성되지 못한 미완성 작품이다. 피카소가 그렸던 습작에는 해골이 그려져 있었던 것으로 보아 해골을 통해 죽음의 의미를 강조하려고 했었다는 것을 알 수 있다. 그러나 어째서인지 그는 결국 해골을 그려 넣지 않았다.

당시 프랑스 예술계에 커다란 풍파를 몰고 온 이 작품을 통해 피카소는 예술계의 기존 권위를 무너뜨렸고, 그로부터 얼마 후에는 현대 미술의 새로운 역사를 써나가는 살아있는 신화로서 그 천재성을 인정받았다.

▲ 게르니카
(Guernica)

명화자료
창작시기: 1937년
크기: 349 × 775cm
기법: 캔버스에 유채
소장: 스페인 마드리드 국립 소피아왕비 미술센터(Centro de Arte Reina Sofia)

입체주의 회화

입체주의(Cubism) 회화는 이념성이 강한 예술의 한 분류이다. 입체주의는 기하학적인 형체와 그 형체의 배열과 형식의 조합이 주는 독특한 아름다움을 추구하며, 가시적 형태와 감성적 인식이 아닌 인간의 이성과 관념, 사유에 기본 바탕을 두고 있다. 또한 입체주의는 반 전통의 기치 하에 형식주의 경향을 짙게 드러내었다.
회화에서 시작된 입체주의는 이후 건축이나 조각, 장식, 공예 등 각 분야로 확대되면서 20세기 예술 발전에 커다란 영향을 미치며 국제적으로도 크게 환영받았다. 그 중에서도 피카소는 입체주의를 대표하는 가장 유명한 화가이다.

게르니카

 1937년 4월 26일 독일 파시스트 정권은 스페인의 북부에 위치한 작은 마을 게르니카로 공군 폭격기를 보내 대대적인 폭격을 퍼부었다. 게르니카는 군사적으로 중요한 의의를 지닌 요충지나 교통의 요지가 아니라, 단지 고요하고 한적한 풍경을 자랑하던 아름다운 시골 마을일뿐이었다. 이 곳에 무려 5만 발이나 되는 어마어마한 양의 포탄을 퍼붓다시피 해 무고한 민간인 2천여 명이 한 순간에 목숨을 잃었고, 이 처참한 범죄 행위에 대한 소식은 이내 일파만파로 퍼져나갔다. 이 소식을 접한 세상은 충격과 경악에 사로잡혔으며, 피카소 역시 믿을 수 없는 고국의 비보를 듣고 큰 충격을 받았다.
 〈게르니카〉에는 전투기나 포탄이 그려져 있지는 않지만, 사람들의 공포와 괴로움, 고통, 절망, 죽음 등 그 당시 작은 시골 마을에서 벌어진 무자비한 학살의 현장이 생생하게 표현되어 전쟁의 참상을 낱낱이 고한다. 피카소는 반 추상적 입체주의 기법으로 면을 분할함으로써 시공을 초월한 형상을 표현해 분노와 항의, 파시즘에 대한 반감을 강조했다. 이 작품은 그가 예술가로서 소명의식을 갖고 문화적인 방식을 통해 벌인 시위였다.
 이 작품은 입체주의와 사실주의가 결합된 초현실주의적 양상을 띠고 있다. 그림의 오른쪽에는 한 여인이 불이 붙은 집에서 떨어지고 있으며, 그 아래 다른 여인은 눈물을 흘리며 화면 중심을 향하고 있다. 왼쪽 가장자리에는 죽은 아이의 시체를 끌어안은 여인이 하늘을 향해 울부짖고 있다. 화면 가운데의 아래쪽에는 한 손에 부러진 칼을 움켜쥔 채 쓰러져있는 한 전사의 시체가 있는데, 그가 쥔 칼 옆에는 이제 막 작은 꽃 한 송이를 피워낸 들풀이 있다. 화면의 한가운데에는 창에 찔려 상처를 입고 쓰러져가는 늙은 말 한필이 있고, 그 왼쪽으로는 머리를 꼿꼿이 세운 황소가 한 마리 그려져 있다. 그리고 창문 사이로 빠져나온 팔이 등불을 들고 초토화 된 게르니카 마을의 참혹한 풍경을 밝히고 있다.

▲ 해변을 달리는 두 여인
(Women Running on the Beach)

화면 한 가운데에 상처입고 죽어가는 말은 아무런 죄가 없는데도 전쟁에 휘말려 죽어가는 약한 민중들을 상징한다. 살을 찢고 뼈를 관통하는 아픔에 고개를 쳐들고 길게 비명을 지르는 이 말의 모습은 파괴와 살육뿐인 무의미한 전쟁을 성토하게 한다. 또한 말의 몸 위로는 신문의 활자와 같은 자잘한 글자들이 가득 차 있는데, 이는 피카소가 고국의 참변을 처음 전해들은 것이 신문에 게재된 기사와 흑백 사진을 통해서였음을 나타낸다.

말의 머리 위에 번쩍이는 빛을 내뿜는 것은 눈이다. 자세히 보면 눈동자가 있어야 할 자리에는 전구가 그려져 있다. 피카소는 원래 이 눈이 그려진 자리에 태양을 그렸었는데, 나중에 눈으로 고쳐 그렸다고 한다. 때문에 이 모든 것을 내려다보고 있는 듯한 이 눈을 '여호와의 눈'이라고 해석하는 시각도 있다.

▲ 과일 바구니가 있는 정물

그림의 오른쪽 아래 화면 중심을 향한 채 눈물을 흘리고 있는 여인을 자세히 보면 왼쪽 다리가 잘려져 있다는 것을 알 수 있다. 잘린 왼발은 그림 오른쪽 아래 모서리 쪽에 떨어져 있고, 그녀는 몸을 낮추고 기다시피 필사적으로 도망치고 있다. 화면 아래 죽은 전사의 시체는 이 작품의 주제를 상징하는 중요 요소 중 하나다. 피카소는 이 전사를 통해 전쟁의 광기 속에서 선량한 양민들과 함께 학살된 인간의 이성과 인도주의를 표현하고자 했다고 밝혔다.

이 작품에서 피카소의 의도를 정확히 알 수 없는 존재는 바로 황소다. 이 황소는 머리만 선명하게 보일 뿐 몸통은 잘 보이지 않는다.

285

이 소의 정체에 대해 조국의 참상을 지켜보는 스페인이라고 주장하는 사람도 있다. 스페인이 투우의 나라라는 점을 생각하면 일리가 있다. 게다가 피카소는 그 전까지도 자신의 회화 속에 스페인을 상징하는 대상으로서 종종 소를 그려 넣었기 때문에 더욱 신빙성이 있다. 하지만 그렇다고 하기에는 이 참혹한 광경을 바라보고 있는 소의 표정은 태연하고 냉담하다 싶을 정도로 무덤덤하다. 때문에 이 소는 당시 독일 나치스와 협력 관계에 있던 스페인의 독재자 프랑코를 상징한다고 주장하는 이들도 있으며, 그 중에는 소의 표정에서 승리를 의심하지 않는 오만한 권력자의 모습이 보인다고 하는 이들도 있다.

피카소는 "나는 작품을 제작할 때 현실에서 눈 돌린 적이 없다. 나는 항상 객관적 현상 속의 진실을 알고자 했다."고 말한 바가 있다. 이처럼 그는 전위적 예술을 주도하는 천재 예술가였지만, 한편으로는 현실의 상황을 직시하고 감시하기를 게을리 하지 않았다.

▼ 기타
(Guitar)

제 2차 세계 대전 중 독일 나치스의 장교들은 파리의 피카소 미술관을 자주 드나들었다. 그러나 피카소는 줄곧 그들에게 냉담한 태도를 보였다. 그러던 어느 날 피카소는 자신의 미술관을 들렀다가 돌아가는 독일 군인들에게 〈게르니카〉의 복제화를 한 장씩 주었다. 그들 중 가장 지위가 높은 장교가 피카소에게 다음과 같이 물었다. "당신이 그린 작품입니까?" 그러자 피카소는 "아니오, 당신들이 그린 작품입니다."라고 대답했다.

이 작품은 독재자인 프란시스코 프랑코(Francisco Franco) 장군의 통치 기간 중에는 스페인에서 전시되지 못했다. 뉴욕의 뉴욕 현대 미술관에서 보관하던 이 작품은 피카소의 유지를 따라 프랑코가 세상을 떠난 후 1981년, 스페인으로 반환했다. 이로써 피카소의 오랜 염원이 이루어졌다.

◀ 우는 여인
(Weeping Women)

명화자료
창작시기 : 1937년
크기 : 60×49cm
기법 : 캔버스에 유채
소장 : 영국 런던 테이트 갤러리

우는 여인

 1986년 오스트리아의 빅토리아 국립 미술관에서 소장 중인 미술품들 중 미술관을 대표하는 작품인 피카소의 〈우는 여인〉이 어이없이 도난당하는 일이 발생했다. 범인은 젊은 화가들로 보이는 청년 무리들이었다. 이 작품은 당시 시가로 160만 달러에 이르는 고가 미술품이었기 때문에 처음에는 돈을 노린 범죄로 초점을 맞추었으나 몇 가지 이상한 점이 있었다. 그들은 그림을 떼어낸 자리에 정교하게 만든 명함 한 장을 붙여놓아서 자신의 흔적을 남겨놓는 괴상한 짓을 한 것이다. 게다가 도난당한 후 40여 시간이 지난 뒤에야 사라

소묘

소묘란 목탄, 연필, 콩테(Conte) 등의 재료를 이용해 선으로써 대상을 표현하는 회화 기법을 말한다. 한 가지 색상의 선으로 명암을 표현함으로써 조형을 만들어 내는 것을 소묘로 볼 때, 단색 수채화와 단색 유화도 넓은 의미에서는 소묘의 테두리에 속한다. 그러나 소묘화라고 하면 일반적으로 목탄이나 연필로 그린 스케치를 주로 떠올린다.
소묘는 회화의 가장 기본적인 기법이자 가장 중요한 첫걸음이다. 소묘화를 그릴 때 주의해야 할 것은 메탈 포인트, 목탄, 연필, 붓, 먹물 등 무엇으로 그릴 것인가 하는 점 뿐 만 아니다. 각 재료의 성질에 따라 종이, 천, 금속, 석판 등 어떤 바탕에 그릴 것인가를 선택하는 것도 중요한 일이다.

▶ 귀족가의 부부
(Aristocratic couple)

졌다는 사실이 알려졌다. 그로부터 몇 주가 지난 후 이 작품은 기차역 사물함에서 기적적으로 발견되었는데 천만다행으로 전혀 훼손되지 않은 상태였다. 운 좋게 작품을 되찾기는 했으나 범인은 누구인지, 그리고 어떻게 이 작품을 훔쳐갔는지는 밝혀지지 않은 채 사건은 미궁으로 빠져들었다.

〈우는 여인〉은 피카소의 걸작인 〈게르니카〉와 같은 해에 완성된 또 하나의 걸작이다. 피카소는 평생 수많은 여인들과 사랑에 빠졌고, 그 사랑의 열정을 바탕으로 창작 활동에 필요한 자양분을 얻는 일이 무척 많았다. 이 작품 속 주인공은 피카소의 다섯 번째 연인으로 9년 동안 교제했던 유명한 여류 사진작가 도라 마르(Dora Maar)였다. 그녀와 함께한 시간동안 피카소는 눈물 흘리는 도라의 초상화를 다수 남겼다. 그 중에서도 가장 유명한 작품이 바로 1937년에 완성된 〈우는 여인〉이다. 이 작품은 피카소에게 새로운 연인이 생기고 도라 마르가 눈물과 고독에서 헤어 나오지 못하고 우울증을 앓다가 세상을 떠난 뒤 경매에 나오게 되는데 백만 달러를 호가하는 비싼 가격에 팔렸다. 도라 마르는 죽는 순간까지 피카소를 잊지 못하고 이 작품을 소중히 보관했다고 한다.

작품 속 여인은 폭풍처럼 덮쳐온 격정과 슬픔을 이기지 못하고 굵은 눈물을 뚝뚝 흘리며 오열하고 있다. 그녀의 비극적 운명과 슬픔은 거친 색상과 강한 필치로 그려진 얼굴 위에 잘 반영되었다. 피카소는 이 그림에서 삼각형과 날카롭게 꺾인 선들을 이용해 여인의 손과 코, 입술, 치아 등을 표현했는데, 이는 그의 추상적 입체주의의 특징을 여실히 보여준다.

피카소는 연인인 도라에 대해 "도라는 내 마음 속에 울고 있는 여인으로 기억되고 있다."라고 말한 적이 있다. 도라의 마음 속 깊은 곳에 숨겨진 슬픔과 외로움, 불안함을 꿰뚫어보고 있었던 것이다. 그러나 이 그림 속 여인의 모습은 세상 사람들이 보기에 아름답다고 느낄만한 보편적인 미의 기준과는 거리가 멀었다. 형광 빛이 감도는 황색과 녹색, 거슬리는 붉은색, 병을 앓는 듯 창백한 인상을 주는 흰색, 으스스한 분위기의 보라색 등 이 작품에 사용된 색상은 대중에게 호감을 주지 못했기 때문이다.

피카소의 삶과 미술을 말할 때에는 피카소의 연인들을 떼어놓고는 설명하기 어렵다. 새로운 사랑은 그에게 창조적 영감을 가득 채워주었다. 그러나 피카소의 연인들 중 도라 마르가 차지하는 비중은 아주 높다. 피카소가 슬픔과 외로움, 불안함 때문에 흔들리는 도라의 마음을 알고 있었다고는 하지만 그 근본적 원인은 모두 피카소와의 관계에 있었다. 그녀가 피카소와 처음 사랑에 빠졌을 때 피카소에게는 아이까지 낳고 함께 지내는 여인이 있었다. 다른 여인을 불행에 빠뜨려야 하는 사랑을 시작했던 그녀는 죄책감과 함께 언젠가는 자신 역시 버려질지도 모른다는 불안감을 항상 느껴야 했을지도 모른다.

▲ 앙티브에서의 밤낚시
(Night Fishing at Antibes)

사진 작가였던 그녀는 1937년 피카소가 필생의 역작인 〈게르니카〉를 그리는 동안 작품 완성 과정을 사진으로 기록해두었다. 뿐만 아니라 그의 생활 전반을 돌봐주고 작품의 주제와 구상을 정하는 데에도 의논 상대가 되어주었으며, 창작 활동에만 전념할 수 있도록 최상의 환경을 만들어주고자 노력했다. 피카소가 〈게르니카〉를 그리고 있던 어느 날, 피카소의 아이를 낳은 여인 마리 테레사가 화실로 찾아왔다. 공교롭게도 피카소의 두 여인이 마주쳤다. 그녀들은 피카소에게 다른 여자가 있다는 사실을 미리 알고 있었으나, 직접 얼굴을 본 것은 이때가 처음이었다. 길어진 침묵을 먼저 깬 것은 마리 테레사였다. "난 저 남자의 아이까지 낳았어요. 그러니 당신이 그만 그의 곁에서 사라져주면 좋겠군요."라고 말한 마리 테레사에게 도라는 다음과 같이 응수했다. "글쎄요. 나는 아직 그에게 아이를 낳아주지 못했으니, 당신이 떠나주었으면 좋겠군요." 팽팽한 신경전은 이내 몸싸움으로 번졌으나 정작 피카소 본인은 옆에서 팔짱만 낀 채 그 싸움을 구경할 뿐 말릴 생각도 하지 않았다고 한다.

▶ 나와 마을
(I and the Village)

명화자료
창작시기 : 1911년
크기 : 192.1 × 151.4cm
기법 : 캔버스에 유채
소장 : 미국 뉴욕 현대 미술관

▲ 샤갈

나와 마을

"내가 막 파리에 도착했을 때, 내 신발에 러시아에서 묻은 진흙이 여전히 달라붙어 있는 것을 눈치챘다. 신발에 묻은 흙을 털어내고 이역만리 프랑스 땅에서 새로 발걸음을 내딛으려 했지만, 그럴 수 없었다. 여전히 나를 키운 땅 위에 서있는 것 같은 기분이 들었기 때문이다." 이는 러시아 출신의 저명한 화가 마르크 샤갈이 러시아에서 프랑스로 건너왔던 과거를 회상하며 한 말이다. 〈나와 마을〉은 그가 파리에 도착한 이듬해에 완성한 작품으로 샤갈 특유의 정취가 가장 잘 드러나며, 그의 작품 중에서도 가장 상징성이 풍부한 것으로 유명한 걸작이다. 이 작품을 계기로 샤갈의 이름은 프랑스 회화 미술계에 널리 알려졌다.

 고향에 대한 애틋한 그리움과 사랑은 샤갈의 작품 곳곳에서 드러난다. 그 중에도 〈나와 마을〉은 러시아에 대한 샤갈의 추억을 담고 있는 마음 속 고향의 풍경을 화폭에 옮긴 작품이다. 그래서인지 이 작품에는 전반적으로 따스하고 다정한 분위기가 흐르는 느낌을 받는다. 그림의 화면은 기하학적 형태로 분할되었다. 염소(혹은 소)의 하얀 옆얼굴과 녹색을 띤 사람의 옆얼굴에 걸쳐 둥근 원을 그리고 있는 부분이 이 그림의 중심이며 마주보는 두 얼굴은 대각선이 서로 교차하며 화면을 분할하는 것 같은 효과를 주고 있다. 그 배경에는 교회와 집들이 늘어선 고향 마을 풍경이 보이는데 노란색, 녹색, 빨간색을 이용해 동화 속의 세계처럼 아기자기하게 그려져 있다. 어떤 집들은 지붕이 아래쪽을 향하도록 거꾸로 그려져 있다. 또 교회의 정문에는 붉은색 옷을 입은 아이가 눈을 크게 뜨고 정면을 바라보는 모습이 그려져 있다. 거꾸로 그려진 녹색 집과 빨간색 집 아래로는 어깨에 낫을 메고 걸어가는 농부와 머리와 발의 방향이 거꾸로 그려진 젊은 여인의 모습이 보인다. 농부와 여인의 관계에 대해서는 여러 가지 다양한 해석이 있다. 다만 한 가지 재미있는 것은 이 그림을 거꾸로 뒤집어서 보면, 여인의 모습이 마치 지붕 위에서 춤을 추는 것처럼 보인다는 점이다. 그림의 아랫부분에는 꽃이 피고 열매가 열린 나무 한그루가 있는데 자세히 보면 녹색 얼굴의 남자가 이 나무를 들고 있다는 것을 알 수 있다. 이 남자는 샤갈 본인이다. 그림 속 '나'는 크고 둥근 눈망울을 순하게 빛내며 다정한 표정을 짓고 있는 염소와 마주보고 있는데, 자세히 살펴보면 마주보는 눈동자 사이에는 희미하게 선이 그려져 있어 마치 서로의 마음이 이어진 듯한 인상을 준다. 이 그림의 가장 큰 특징은 중첩이다. 염소의 볼 부분을 보면 염소젖을 짜고 있는 여인의 모습이 그려져 있다. 그 밖에도 염소와 '나'는 모두 목에 십자가 목걸이를 걸고 있는데, 이는 샤갈이 어려서부터 신앙이 독실한 집안의 분위기에 큰 영향을 받아 성장했음을 의미한다. 그의 종교적 영향을 알아볼 수 있는 또 한 가지 대상이 바로 앞에서 말했던 화면 아래의 나무다. 이 그림 속 나무는 일반적으로 '생명의 나무'로 설명이 되고 있는데, 풍요로움과 만족감의 상징으로 이해할 수 있다. 이처럼 이 작품은 유태교적인 정서와 고향을 사랑하며 그리워하는 화가의 마음이 만나서 탄생한 서정적인

작자소개
마르크 샤갈
(Marc Chagall, 1887~1985)
프랑스 국적의 화가로 본래는 러시아의 가난한 유대인 가정에서 태어났다. 프랑스에서 인상주의, 입체주의, 추상 표현주의 등 다양한 미술을 접한 후 자신만의 표현 방식으로 승화시켜 샤갈 특유의 동화적 환상과 시적인 아름다움을 나타내는 작품들을 다수 남겼다. 피카소와 함께 20세기 미술을 이끈 양대 거장으로 손꼽히며, 그의 이름 앞에는 항상 '색채의 마술사'라는 수식어가 붙는다.
스물세 살 때 프랑스 파리로 건너가 초기에는 입체주의 화가로서 활동하지만 짧은 기간 내에 반 고흐와 야수파, 입체파의 정수를 습득했다. 이 무렵 그의 작품들에서는 강렬하고 개방적인 색채가 나타나며 자유분방하고 독특한 구성 방식도 파리로 온 이후부터 본격적으로 드러났다.
샤갈은 같은 기간 동안 다른 작가들에 비해 더 많은 작품을 그리는 화가였으며 유화, 판화, 벽화, 스테인드글라스, 도자기, 조각에서 무대 디자인에 이르기까지 다양한 예술 영역에 도전하며 수많은 경험을 쌓았다. 그의 대표작으로는 〈손가락이 7개인 자화상(Self Portrait with Seven Fingers)〉, 〈에펠탑 앞의 신랑과 신부(A Married Couple of the Eiffel Tower)〉, 〈전쟁(The War)〉, 〈서커스(Great Circus)〉, 〈바이올린 연주자(The Fiddler)〉 등이 있다.

환상을 그대로 담고 있다. 그 밖에도 이 그림의 가장 큰 특징은 중첩이다. 염소의 볼 부분을 보면 염소젖을 짜고 있는 여인의 모습이 그려져 있다.

평소 샤갈은 현실이란 지나간 과거와 앞으로 다가올 미래를 투영하는 것이라고 믿었다. 그가 작품에서 기하학적 형태로 면적을 분할해 그림을 그리는 것에서 이와 같은 사고방식이 반영되었다고 볼 수 있다.

샤갈이 자신의 서정성과 낭만적 감성을 유감없이 드러낸 〈나와 마을〉에서는 초현실주의적 특성을 띤 구도 외에도 수많은 상징성과 일정한 규칙성을 띤 기하학적 형태, 녹색과 붉은색의 강렬한 색채 대비와 같은 다양한 특징들이 나타나고 있다. 그러나 이 요소들은 입체주의적인 기하학 형태나 야수파의 거칠고 강한 색조에서 영향을 받았다고는 보기 어렵다. 그 밖에도 등장하는 인물과 동물은 기이한 모습을 하고 있으며 풍경 역시 비현실적이지만 어딘가 모르게 익숙하고 정겨운 시골 마을의 분위기가 물씬 풍긴다. 이는 마치 감상하는 이들이 화가의 머릿속에 떠오른 아련한 추억의 한 장면을 공유하고 있는 것 같은 느낌을 들게 한다. 예술의 도시, 파리에서 홀로 지내야 했던 청년 화가는 고향에 대한 그리움과 따스한 추억을 예술적으로 승화시킨 것으로 이해할 수 있다.

▼ 예술가와 그의 신부
(Artist and His Bride)

많은 사람들이 샤갈의 그림을 보면서 말로 형언할 수 없는 신비가 느껴지는 환상적인 그림이라고 말한다. 그러나 샤갈은 이와 같은 감상평에 대해 단호하게 고개를 가로젓는다. 샤갈에게 작품 속 풍경은 실제로 존재하기 때문이다. 다만 그는 자신의 작품이 신비로워 보인다면, 그 이유는 공간을 표현할 때 현실의 물리적 방향 감각 대신 자신의 주관적 기준을 이입했기 때문일 것이라고 밝혔다. 오히려 그는 "나는 환상과 상징이라는 말을 좋아하지 않습니다. 사람의 내면에 존재하는 모든 정신세계는 곧 현실이며, 이는 오히려 눈에 보이는 객관적 현실보다도 더욱 진실한 것이니까요."라고 강조했다.

▲ 생일
(The Birthday)

생일

샤갈의 회화 작품들 중에는 고향에 대한 따뜻한 애정과 아련한 향수가 깃든 작품이 유독 많은데, 유년 시절의 기억은 그의 작품에 가장 큰 원동력이 되었다. 그 영향 때문인지 그의 작품 중에는 고향의 따스한 풍경이나 샤갈과 그의 아내 사이의 정답고 달콤한 감정이 드러나는 것이 태반이다. 사람들은 샤갈의 작품을 통해 그의 무한한 상상력과 천재적 재능, 깊고 풍부한 감성을 다시 한 번 확인하고 깊은 감동을 받는다. 그의 낭만적 감수성과 아내에 대한 깊은 애정은 〈생일〉에서도 진하게 묻어난다.

이 작품에는 소소하지만 아름다운 일화가 숨어있다. 1915년 7월 7일은 샤갈의 생일이었으며, 샤갈은 결혼을 앞둔 상황이었다. 샤갈의

명화자료
창작시기 : 1915년
크기 : 81 × 100cm
기법 : 캔버스에 유채
소장 : 미국 뉴욕 현대 미술관

▲ 창문 너머로 보이는 파리 시가지
(Paris Through My Window)

약혼녀는 비테브스크(Vitebsk)의 부유한 집안의 딸인 벨라 로젠펠트(Bella Rosenfeld)였는데, 그녀는 이 날 약혼자인 샤갈의 생일을 축하해 주기 위해 이른 아침부터 꽃다발을 만들어 집으로 찾아왔다. 그러나 생일의 주인공인 샤갈은 정작 본인의 생일에 대해서는 까맣게 잊고 있었기 때문에 그녀의 깜짝 방문에 크게 놀라면서도 무척이나 기뻐했다. 예기치 못했던 기쁨은 곧 창작으로 이어졌다. 기쁨에 들뜬 그는 벨라와 자신에게 있어 영원히 잊지 못할 이 날을 그림으로 남겨 기념하기로 결심했다. 그가 붓을 들자 눈 깜짝할 사이에 그림이 완성되었다. 〈생일〉을 탄생시킨 이 날의 이야기는 1965년 그가 발표한 자서전인 《나의 인생(My Life)》에서 자세히 들려주었다. 그의 아내인 벨라 역시 자신의 자전적 에세이 집인 《불을 밝히며》와 《첫 만남》에서 이 날의 일화를 소개했다.

그림 속 남녀는 공중에 붕 떠있는 모습이다. 여인은 발목까지 오는 긴 치마를 입고 있으며 손에는 꽃다발을 들고 있는 모습으로, 눈을 크게 뜨고 자신에게 입 맞추는 약혼자의 얼굴을 바라본다. 남자의 몸은 자신의 연인보다 조금 더 높은 곳에 떠있는데, 목을 길게 빼서 사랑하는 약혼녀에게 입술을 마주하며 눈을 지그시 감는다. 그들 발아래에 깔려있는 붉은 양탄자는 마치 두 사람의 애정을 대변하거나 혹은 두 사람의 앞날이 행복과 사랑이 가득하길 빌어주는 듯하다.

샤갈의 표현 기법은 몽환적이다. 이것은 그의 내면세계를 가장 솔직하게 드러낼 수 있는 최상의 방식이라는 데에 반론의 여지가 없다. 이 그림 속 두 연인은 각각 검정색 긴 치마와 같은 색 바지를 입고 있다 여기에 양탄자와 식탁보의 붉은색이 어우러져 장래를 함께

하기로 약속한 청춘 남녀의 열정적인 사랑을 암시한다. 이 작품은 원래 1929년부터 러시아의 레닌그라드(Leningrad)*에 있는 러시아 박물관에 소장되었으나, 훗날 미국의 뉴욕 현대 미술관이 소장하게 되었다.

◀ 과일과 꽃
(Fruits and Flowers)

제 2차 세계 대전이 발발한 후 전쟁의 포화를 피해 거주지를 이리저리 옮겨 다니던 샤갈은 1941년 마침내 거주지를 미국으로 옮겼다. 그리고 1949년 그의 아내 벨라 샤갈이 병으로 사망하고 말았다. 사랑하는 아내의 죽음에 그는 정신적으로 심각한 타격을 입었다. 되돌릴 수 없는 과거의 그리움과 행복했던 기억의 열망은 그의 작품 속에서 다시 꽃피웠다.

훗날 초현실주의 화가들은 샤갈을 초현실주의의 선구자로 지목했으나 샤갈은 이를 완곡히 거절했다. 샤갈 본인은 인간의 잠재의식과 환상, 본능 등을 창조의 원천으로 삼고 있는 초현실주의와 자신은 다른 길을 걷고 있다고 생각했기 때문이다. 그는 예술의 근원은 자아에 있는 것이므로 예술적 창조는 기억과 욕망 위에서 이루어진다고 믿었다. 때문에 그의 작품들은 지극히 개인적인 그림들로 볼 수 있다. 때문에 샤갈은 인상파, 입체파, 추상적 표현주의 등 당시의 회화 예술을 이끈 미술 유파들 중 어느 곳에 속해있다고 볼 수 없는 인물이었다. 그러나 반대로 생각해보면 그가 20세기 회화에서 가장 사랑받는 거장 중 한 명으로 손꼽히는 이유가 바로 그 점에 있었다. 샤갈은 자신만의 독창적인 방식으로 개인적 감성을 솔직하게 표현해서 많은 사람들의 감성을 자극하고 공감을 얻었다.

그리고 1985년 3월 28일 샤갈은 남 프랑스에 위치한 생폴 드 방스(St. Paul de vence)의 저택에서 향년 98세로 조용히 숨을 거두었다.

---

* 1924년부터 1991년 사이 상트페테르부르크는 레닌그라드라고 불렸다.

▶ 계단을 내려오는 누드
(Nude Descending a Staircase)

명화자료
창작시기 : 1912년
크기 : 147 × 89cm
기법 : 캔버스에 유채
소장 : 미국 펜실베이니아 주 필라델피아 미술관

계단을 내려오는 누드

▲ 뒤샹

20세기에 들어서면서 급속도로 발전하기 시작한 사진과 영상 기술은 대중에 널리 보급되었다. 시대 변화에 발맞춰 예술에 대한 대중들의 요구는 나날이 다양화 되었으며, 그에 따르듯 수많은 예술 유파들이 등장했다. 그러나 빠르고 복잡하게 변화하는 이 과정에서 길을 모색하다가 방황하는 화가들도 적지 않았다.

1912년 어느 날 마르셀 뒤샹이라는 한 청년이 〈계단을 내려오는 누드〉라는 제목의 유화 작품을 들고 찾아와서 입체주의 화가들이 주관하는 미술 전시회인 앙데팡당전의 문을 두드렸다. 그러나 당시 이

작품을 본 전시회 주최 측에서는 비록 입체주의의 특징이 없지는 않지만 그보다는 미래주의(Futurisme)의 전위적 특징이 더욱 강하다고 생각되어 이대로는 전시할 수 없다고 판단했다. 그리고 뒤샹에게는 입체주의의 특징이 강조되도록 그림을 수정한다면 전시할 수 있다고 전했으나 뒤샹은 이를 거절하고 그림을 받아 돌아갔다.

▲ 아홉 개의 주형
(Nine Malic Molds)

그 이듬해인 1913년 미국 뉴욕에서 사상 최초로 현대미술 국제 전람회(The International Exhibition of Modern Art), 통칭 아모리 쇼(The Armory Show)가 개최되었다. 이때 출품된 작품 목록을 보면 앵그르, 도미에, 폴 세잔, 빈센트 반 고흐, 쇠라, 앙리 마티스, 쿠르베, 코로, 파블로 피카소, 피카비아, 바실리 칸딘스키 등과 같은 위대한 예술가들의 이름이 나열되어 있다. 마르셀 뒤샹도 이 전시회에 〈계단을 내려오는 누드〉를 포함해 자신의 작품 네 점을 출품했다. 이 전시회에서 가장 크게 주목을 받았던 것은 놀랍게도 뒤샹의 작품이었다. 물론 관중들 중에는 그의 작품을 도저히 받아들이지 못해 불만을 터뜨린 사람도 많았으나, 뒤샹의 전위적 작품에 긍정적인 점수를 준 이들 또한 많았다. 제1회 아모리 쇼 최대 화제작이 뒤샹의 작품들이라는 사실은 두 말할 필요도 없었다. 당시 출품한 그림 네 점은 모두 미국의 어느 개인 소장가에게 팔렸다.

〈계단을 내려오는 누드〉는 마치 나무로 만든 꼭두각시 인형처럼 보이는 사람이 계단을 걸어 내려오는 장면을 담고 있는데, 그 사람의 얼굴은 뚜렷하게 보이지 않으며 심지어는 남자인지 여자인지조차 구분하기 어렵다. 사실 이 전위적 그림의 주인공에 대해서는 언뜻 봐서 인체의 윤곽조차 잡아내기 어려워 하는 사람들도 종종 있다고 한다.

당시 〈계단을 내려오는 누드〉에 대한 논란은 미술 평론가 뿐만 아니라 너 나 할 것 없이 여러 사람이 끼어들어 더욱 열띤 양상을 띠었다. 당시 미국 사회에서는 이 작품을 두고 '목재 공장이 폭발한 잔해'나 '지진 뒤 폐허' 같다고 비꼬는 사람들도 있었고, 심지어는 당

작자소개

마르셀 뒤샹

(Marcel Duchamp, 1887~1968)
다다이즘과 초현실주의 작품을 많이 남긴 프랑스의 예술가이다. 화가 자크 비용(Jacques Villon)과 조각가 레이몽 뒤샹 비용(Raymond Duchamp Villon)과는 형제지간이고 여류 화가 쉬 잔 뒤 샹 크 로 티 (Suzanne Duchamp Crotti)는 그의 누이 동생이다. 줄곧 프랑스에서 활동했으나 1955년에는 미국으로 귀화했다. 초반에는 뒤샹의 작품과 아이디어가 대중과 평론가, 동료 미술가들에게 환영받지 못했으나, 서양의 미술이 안고 있던 문제점을 미리 꿰뚫어보고 다른 이들이 아직 이를 눈치 채지 못했을 때 자신만의 해법을 제시함으로써 시대를 앞서 나간 예술가임을 뒤늦게 인정받았다. 제2차 세계대전 이후 서양 미술의 발전은 뒤샹의 사상적 궤도를 따라 흘러갔다고 볼 수 있다. 때문에 현대 서양 미술을 이해하기 위해서는 먼저 뒤샹을 이해해야 한다는 말이 있을 정도로 그의 예술은 중요한 위치를 차지하고 있다. 뒤샹의 대표작으로는 〈계단을 내려오는 누드〉, 〈샘(Fountain)〉, 〈거대한 유리(The Large Glass)〉, 〈L.H.O.O.Q.〉, 〈심지어, 그녀의 독신자들에 의해 발가벗겨진 신부(The Bride Stripped Bare By Her Bachelors, Even)〉, 〈명제: 1.폭포, 2.조명 가스 (Given: 1. The Waterfall, 2. The Illuminating Gas)〉 등이 있다.

▶ 기차를 탄 슬픈 젊은이
(Sad Young Man in a Train)

시 미국 대통령이었던 테오도어 루즈벨트조차 이 논란에 가담하는 등 뒤샹의 작품들이 가져온 여파는 대단했다. 그는 당시 자신의 저서에서 뒤샹의 작품을 빗대어 다음과 같이 말했다. "모든 혁신적 운동의 과정에는 평범함을 벗어나기 위해 한 곳만 보고 노력하다가 어느 순간 스스로 제어할 수 있는 능력을 잃는 때가 찾아오기 마련이다."

뒤샹이 처음 이 작품을 그리는 데 결정적 계기가 된 것은 프랑스의 촬영 작가들이 발표한 연속 사진을 이용한 형체의 운동(Motion) 표현법의 발견이었다. 그는 이 논리를 회화에 응용해보기로 하고 〈계단을 내려오는 누드〉속 인물의 움직임을 표현함으로써 추상적 선과 형태 표현이 움직이는 인체의 동적 자세를 나타내는 데 어떻게 배열하면 좋은지 연구했다. 그러나 안타깝게도 그림 속 인물의 동작과 화가의 정서, 개성 등이 작품의 주된 특징들은 당시 미술에서의 인체 표현에 대한 대중의 요구나 기대에 부합되지는 못했다. 하지만 그의 이 실험적 도전은 이내 이탈리아 미래주의 회화와 조각 예술에 큰 영향을 미쳐 이후 다다이즘(Dadaism)과 초현실주의 예술로 이어지며 현대 예술 발전에 한 획을 긋는 놀라운 결과를 낳았다.

뒤샹은 인상주의, 야수주의 등의 화풍을 빠르게 흡수한 후, 입체주의로 나아가는 도중에 당대의 화제작인 〈계단을 내려오는 누드〉를 완성했다. 그의 나이 스물다섯 살이었다. 그는 이후로 전통적 회화 기법으로 그리는 유화와 소묘 작품 창작에서 손을 뗐다.

◀ L.H.O.O.Q.

명화자료
창작시기 : 1919년
크기 : 19.7 × 12.4cm
기법 : 인쇄된 엽서 위에 연필
소장 : 프랑스 파리 개인소장

L.H.O.O.Q.

1912년 이후 뒤샹은 전통적 기법으로 그리는 회화 예술을 지양하고 도전적인 성격을 띤 창작 활동을 시작했다. 이 활동은 이내 다다이즘으로 연결되었다. 다다이즘 예술가들은 기존 예술의 모든 표현 형식과 가치, 이념을 부정하고 비판하며 때로는 조롱하기도 했다. 또한 그들은 예술 작품에서 전통적인 미학과 상반되는 미적 기준을 선호하며, 파격적인 방식으로 일반적인 상식이나 고정관념을 깨뜨렸다. 이 반항적 예술 유파의 중심에 있던 예술가가 바로 마르셀 뒤샹이다.

1919년 뒤샹은 레오나르도 다빈치의 걸작인 〈모나리자〉가 인쇄된 저렴한 가격의 엽서를 사서 그녀의 얼굴 위에 연필로 수염을 그려 넣

▲ 포토그래퍼 줄리앙 바서
(Julian Wasser)
1963년 10월 18일 뒤샹의 회고전이 열린 미국 파사데나 미술관
(Pasadena Art Museum)에서 누드 모델과 체스를 두고 있는 뒤샹의 모습

었다. 수염을 그려 넣자마자 모호한 미소를 띤 신비로운 미녀의 모습은 간데없이 사라지고 황당하고 기괴한 분위기를 풍기는 그림만이 남았다. 뒤샹의 모나리자 엽서 작품 중에서 가장 잘 알려져 있는 것이 바로 〈L.H.O.O.Q.〉이다. 〈L.H.O.O.Q.〉 속 모나리자의 얼굴에는 코 아래 인중 양쪽으로 날렵하게 뻗은 콧수염과 염소 같은 턱수염이 그려져 있다. 그리고 화면 가장 아래쪽 여백에는 연필을 이용해서 또박또박 쓴 'L.H.O.O.Q.' 라는 글자가 보인다. 사람들은 '일관성을 찾아볼 수 없이 알파벳의 나열로 이루어진 이 작품의 제목에 도대체 무슨 의미가 있는 것일까?'라고 고민했다. 그러자 뒤샹은 아무런 의미도 없으니 쓰인 대로 읽으면 된다고 답했다. 한 가지 재미있는 것은 이를 불어로 발음하면 '에르 아쉬 오 큐'라고 읽게 되는데, 공교롭게도 이 철자를 있는 그대로 읽으면 '그녀는 끝내주는 엉덩이를 갖고 있다.(Elle a chaud au cul)' 라는 조금은 낯 뜨거운 의미의 문장과 아주 유사한 발음으로 들린다. 전통 예술의 권위에 도전하고 대중을 우롱하는 듯한 그의 태도에 사람들은 분노하며 이 천박한 제목과 황당한 낙서에 대해 거세게 항의하고 비난했다. 그러나 뒤샹은 이에 아랑곳하지 않고 또 하나의 모나리자 엽서를 내놓았다. 이번에는 턱수염은 없이 콧수염만 그려져 있는 모나리자였다. 당연히 이 일로 그에 대한 비난과 분노는 더욱 거세졌다. 그리고 얼마 후 그는 다시 새로운 모나리자 엽서를 공개했는데, 이번 모나리자는 수염을 전혀 찾아볼 수 없었으며 그 밖의 부분에도 그가 손을 대지 않은 그대로였다. 뒤샹의 진짜 의도가 무엇인지 알 수 없지만 그가 시간차를 두고 보여준 일련의 모나리자 그림 세 점을 순서대로 보면 보는 사람의 상상력에 따라 모나리자는 원래 수염이 자라지만 이를 감쪽같이 면도했다고 하는 재미있는 반전을 설정할 수도 있다.

객관적으로 볼 때 〈L.H.O.O.Q.〉 속 여인은 원작의 주인공인 모나리자처럼 우아하고 고상한 미인이라고는 절대 말할 수 없다. 그러나 뒤샹이 이 작품을 통해서 예술계에 다음과 같은 화두를 던지고 있다는 점에서 〈L.H.O.O.Q.〉는 중요한 의의를 지닌다. '우리는 어째서 거장들의 작품을 다른 시각에서 보려고 하면 안 되는 것인가. 만약 우리가 영원히 거장들의 작품을 높은 곳에 두고 우러러보기만 한다면, 개인의 정신은 마지막까지 고귀한 권위 아래에서 숨죽이고 있어야 할 것이다.'

뒤샹은 작품을 통해 예술의 경계와 본질에 수차례 문제를 제기하며 사람들에게 새로운 시선으로 미술의 역사와 미술 작품들을 바라보도록 호소했다. 뒤샹의 예술 창작 방식은 기존에 없던 것을 순수하게 자신의 손으로 창작하는 것이 아니라, 기성 사물을 어떤 구도로 배치하고 재구성하는가에 중점을 두었다. 뒤샹은 평소에도 창작 과정 중 작품의 구상을 가장 중요시했다. 그래서 레디메이드(ready-made)ˇ라고 하는 이 새로운 미술의 영역을 개척했다. 그가 발표한 레디메이드 작품 중 가장 대표적인 작품으로는 모나리자의 복제 그림을 약간 손 본 이 〈L.H.O.O.Q.〉와 그가 시판용 남성 소변기를 눕혀놓고 전시하려 했던 일화로 유명한 〈샘〉을 들 수 있다. 〈샘〉은 창작 의도 면에서는 다다이즘에 해당하고, 방법 면에서는 레디메이드 미술에 해당하므로, 뒤샹의 미술을 논할 때에는 빠지지 않는 대표적 예가 되었다.

뒤샹이 현대 예술에 끼친 영향력을 생각해볼 때, 그가 예술가로서 평생 동안 남긴 작품 수는 많지 않다. 이는 뒤샹이 살면서 개최했던 자신의 전시회 중에서도 가장 규모가 컸던 때의 전시작이 불과 114점에 불과했다는 기록에서도 눈치챌 수 있다. 이는 그가 평소 미술 창작 활동에만 전념하는 예술가는 아니었다는 점과 관련이 깊다. 뒤샹은 체스광이었던 것으로도 무척 유명한데, 한때는 창작 활동을 접어두고 프로 체스 기사로 활동한 적도 있을 정도였다.

1942년에 제2차 세계 대전이 발발하자 뒤샹은 자신의 예술에 대해 줄곧 호의적이었던 미국으로 건너갔다. 미국 생활이 잘 맞았는지 1947년에는 미국 정부에 귀화를 신청했다. 1950년대 중반에는 미국 국적을 취득해서 여생을 미국에서 거의 보냈다. 그리고 1968년 81세의 나이로 프랑스 파리에서 숨을 거두었다. 뒤샹의 사망에 대해 미국의 권위 있는 일간지인 뉴욕 타임스(The New York Times)에서는 그 날의 헤드라인 뉴스로서 비중 있게 다루었으나, 프랑스에서는 어느 한 신문사의 부고란을 통해 간략하게 알리는 정도에 그치는 대조적인 모습을 보였다.

다다이즘

다다이즘(dadaism)은 제1차 세계 대전이 끝나가는 1916년 무렵 스위스의 취리히 지역에서부터 시작되어 1923년에 이르기까지 프랑스, 독일에서 나타난 예술 사조의 하나이다. 다다이즘은 다다(dada)라고도 하는데 이는 프랑스어로 아이들이 타고 노는 목마를 뜻한다. 다다이즘은 일종의 무정부주의적 예술 운동 성격을 띠고 발전했으며, 전통적 예술이 지향하던 모든 가치와 미적 기준을 거부했다. 다다이즘 추종자들은 새로운 시각에서 대상을 바라보고 참신한 내용을 발견하는 것을 중시했으며, 비판을 통해 전통적 관념을 되돌아보고, 반 주류 문화의 형식에서 벗어나기 위해 노력했다. 가장 대표적인 다다이즘의 예술가로는 마르셀 뒤샹을 들 수 있다.

▼ 샘
(Fountain)

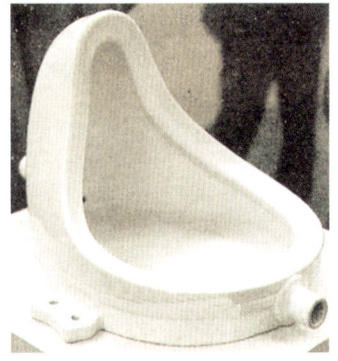

ˇ 기성품을 사용해서 새로 배치하거나 조금만 손보는 정도로 예술가의 의도를 전달하는 예술의 한 갈래

▶ 구성 10호 · 부두와 바다
(Composition No.10 · Pier and Ocean)

명화자료
창작시기 : 1915년
크기 : 85 × 108cm
기법 : 캔버스에 유채
소장 : 네덜란드 오테를로(Otterlo), 크뢸러-밀러 미술관(Kröller-Müller Museum)

부두와 바다

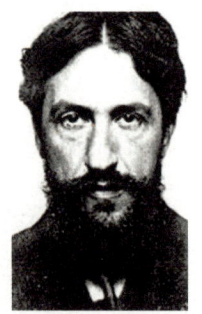

▲ 피트 몬드리안

〈플러스(+)와 마이너스(-)의 구성〉이라는 별명으로도 잘 알려진 〈부두와 바다〉는 몬드리안의 주요 작품 중 하나이다. 이 작품은 몬드리안이 바다를 주제로 그린 일련의 그림들 중 하나로 그림 속 모든 구성 요소가 세심하고 치밀하게 배열된 인상을 주는 것이 가장 큰 특징이다.

이 작품은 몬드리안이 야외에 스케치하러 나갔을 때 완성시킨 소묘 작품이다. 그는 해변에서 천천히 산책을 즐기면서 몇 시간 동안 파도에 일렁이는 해수면을 관찰했다. 그 곳에서 그는 드넓은 바다로부터 밀려온 파도가 작은 방파제에 부딪혀 하얗게 부서지는 광경을 보게 되었는데, 이 장면은 몬드리안에게 강한 영감을 주었다. 이후 그는 바다를 주제로 한 작품들을 연이어 완성했는데 이는 몬드리안의 예술 인생에 있어 획기적인 전환점이 되었다.

〈부두와 바다〉는 수직선과 수평선 및 선의 교차가 만들어내는 십자가 형태로만 이루어졌을 뿐 곡선은 없다. 길이도 다르고 굵기도 다른 이 선들은 저마다 주변의 다른 선들과 알맞게 거리를 두어 적당한 밀도를 유지하고 있다. 그는 길고 짧은 각각의 수직선과 수평선을 이용해서 작품을 추상적으로 구성했다. 이것은 놀랍게도 파도가 앞 다투어 밀려드는 모습과 반짝이는 빛의 흐름이 주는 풍경을 표현하는데 부족함이 없었다. 이 그림 속에서는 이미, 투시법과 같은 엄격한 미술 이론의 그림자조차 보이지 않는 새로운 세계가 열려 있다. 즉 이 작품은 두 눈으로 보는 사실적인 풍경에 화가의 감성을 담아서 우리에게 보여주려는 것이 아니라, 자연계에서 느낄 수 있는 어떤 절묘함 그 자체를 그림으로 표현했다고 이해할 수 있다.

몬드리안은 <부두와 바다>를 그릴 때 수채화 그림을 먼저 완성했는데, 이 수채화 작품은 사실 유화 작품을 그리기 위한 초안에 해당한다. <부두와 바다>는 부호를 이용한 고도의 추상화 작품으로, 자연의 형체가 추상적 부호로 간략화 된 형식 언어로써 화가가 생각하는 바를 들려준다. 화면 전체에는 입체파 특유의 타원형의 구도가 나타나는데, 이것은 바다를 에워싼 만과 방파제를 연상시킨다. 이 작품을 시작으로 몬드리안은 대상의 가시적 형태를 표현하지 않았다. 그는 현실에 존재하는 객관적 대상에 대해 모두 가로와 세로의 직선과 색채를 이용해 간략화해서 표현할 수 있다고 믿었다.

몬드리안은 '진정한 현실'이란 자연의 표상 아래에 숨겨져 있는 '순수한 실재'라고 믿었다. 다시 말해 산과 물, 나무에서 건축물에 이르기까지 이 세상의 모든 것은 겉보기에는 제각각의 형체로 되어 있지만 그 안에는 상호간에 통하는 순수한 실재를 내포하고 있다는 것이다. 그는 '화가란 다른 사람들에게 숨겨진 '순수한 실재'의 정체를 최대한 보여주어야 할 의무를 지니고 있다'라는 소명의식을 갖고 있었다.

이후 몬드리안은 그림을 그릴 때 기본적 요소인 수평선과 수직선, 빛의 삼원색인 빨강과 파랑, 노랑 그리고 세 가지 무채색인 흰색, 회색, 검정색만으로 이루어진 작품들을 다수 남겼다. 그의 새로운 미술 표현 양식은 신新조형주의라

작자소개
피트 몬드리안
(Piet Mondrian, 1872~1944)
네덜란드 출신의 화가로 칸딘스키와 함께 추상화의 선구적 인물이다. 스무 살 때 초등학교 미술교사 및 중등학교 미술교사 자격을 인정받았으나, 교사가 되는 대신 암스테르담으로 향했다. 그 곳에서 암스테르담 국립 미술 아카데미에 등록하면서 미술에 관해 연구했다. 그의 초기 작품에서는 아카데미 특유의 사실주의적 경향이 나타나고 있으나 이후 상징주의, 인상주의, 표현주의 등 다양한 회화 풍격을 접하면서 점차 자신만의 독립적인 화풍을 만들어 나갔다. 그는 미술이란 자연의 외형적 형식에서 벗어나 추상적 정신을 표현해내면서 신과 인간이 합치되는 절대적 경계를 추구하는 일이라고 믿었다. 즉, 오늘 날 우리가 흔히 말하는 '순수추상'이 바로 몬드리안이 추구했던 궁극적 예술이라고 이해할 수 있다.
그는 1920년 대 초부터 기하학적 추상화를 그리기 시작했으며, 그 중에서도 가장 대표적인 작품으로는 <햇빛 속의 풍차(Windmill in Sunlight)>, <빨간 나무(The Red Tree)> 등을 들 수 있다.

◀ 파랑 평면과 빨강, 검정, 노랑 그리고 회색의 구성
(Composition with Large Blue Plane, Red, Black, Yellow, and Gray)

▶ 노랑, 검정, 파랑, 빨강과 회색의 마름모 구성
(Lozenge Composition with Yellow, Black, Blue, Red, and Gray)

고 불렸다. 몬드리안은 마음이 맞는 화가들과 함께 신조형주의 화풍을 심화 발전시켰다. 신조형주의를 네덜란드어로 '데 스틸(De Stijl)'이라고 불렀는데 이는 영어 'The Style'에 해당한다.

몬드리안은 기존에 볼 수 없었던 신조형주의라고 하는 새로운 표현 양식을 창조함으로써 관념적 정신세계를 효과적으로 전달하는 예술적 성취를 거두었다. 생전에 그는 자신의 미술 표현 양식에 관해 다음과 같이 말했다. "신조형주의 작품에서는 내면과 현실이 따로 나뉘어져 있지 않다. 신조형주의에서는 정신세계와 물질세계를 상반되는 가치로 보지 않기 때문이다."

◀ 늙은 왕
(The Old King)

명화자료

창작시기 : 1916~1936년
크기 : 77×54cm
기법 : 캔버스에 유채
소장 : 미국 피츠버그(Pittsburgh) 카네기 미술관(Carnegie Institute Museum of Art)

늙은 왕

〈늙은 왕〉은 야수파 화가인 루오가 마흔 다섯 살 때 완성한 작품으로, 루오의 예술 인생을 대표하는 가장 중요한 작품으로 손꼽힌다. 그는 이 작품을 1916년에 그리기 시작했는데 완성한 것은 그로부터 20년이나 지난 1936년이었다. 그는 20년 동안 이 그림을 그리

▲ 루오

▲ 어릿광대
(Clown)

다가 멈추기를 반복하며 진지한 얼굴로 아주 신중하게 붓을 놀렸을 것이다. 또는 몇 년 전에 그렸던 이 작품을 어느 날 갑자기 꺼내어 수정했을 수도 있다. 이 작품에서는 루오의 서명을 찾아볼 수가 없는데, 이는 그가 나중에라도 다시 수정할 지도 모른다고 생각해서 줄곧 미완성 상태로 두었기 때문이라고 한다. 루오가 이 작품의 완성도를 높이기 위해 얼마나 심혈을 기울였는지 잘 알 수 있는 대목이다.

〈늙은 왕〉의 전체 구도는 매우 단순하다. 그는 꽃 한 송이를 쥔 손을 팔걸이에 올리고 앉아있다. 화면으로 보이는 옆얼굴에서는 긴장감이 배어난다. 투박한 검은 선이 그려내는 그의 옆모습은 마치 딱딱한 철골로 만든 것처럼 강한 느낌을 준다. 이 늙은 왕의 모습을 자세히 살펴보면 사각형을 기본 틀로 신체의 여러 부위를 표현하고 있다. 그 영향으로 주인공은 벽돌을 쌓아 만든 조형물처럼 보인다. 그는 이런 투박하고 거친 윤곽선 안쪽에다가 깊고 무거우면서도 투명한 느낌을 주는 독특한 색채를 채워 넣었다. 덕분에 중후하고 신비로우며 깊이 있는 광채를 내는 스테인드글라스 예술품을 보는 것 같다.

예술과 일상생활의 관계를 기계적인 시각으로 보는 사람이라면 이 작품의 진실성(Reality)을 금방 파악하기 어려울지도 모른다. 그러나 루오는 무겁고 어두운 색조를 잘 이용해 늙은 왕이 짊어진 현실의 무게와 감내해야 할 고통, 왕으로서 느끼는 고독함과 애수의 정서를 아주 사실적으로 표현했다. 이는 루오가 그림 속 인물의 심리와 삶을 마음 속 깊이 이해한 후에 그렸기 때문에 비로소 가능한 것이다.

루오가 그린 인물화 중에는 '고난'의 그늘 아래 고통스러워하는 인물들이 유독 자주 등장한다. 특히 그가 그린 예수 그리스도의 모습들이 대표적인데, 유심히 바라보면 위에서 설명한 늙은 왕의 모습

작자소개

조르주 루오
(Georges Rouault, 1871~1958)
프랑스 파리 출신의 화가로 20세기 초 야수파의 주요 구성원 중 한 명이다. 어린 시절 할아버지로부터 미술을 배웠고, 열네 살 때부터 낮에는 스테인드글라스 장인 밑에서 견습생활을 했으며 밤에는 공예미술학교에서 수업을 들었다. 그리고 스무 살이 되어서야 정식 미술 학교로 진학했다. 루오는 사회와 종교에 대한 깊은 성찰 속에서 점차 자신의 예술적 개성을 확립해 간 화가이다. 그의 대표작으로는 〈조롱당하는 그리스도(Christ Mocked by Soldiers)〉, 〈거울 앞의 창부 (The Whore)〉와 루오의 최고 걸작으로 인정받는 〈미제레레(Miserere)〉 연작 등이 있다.

에서 풍기는 고뇌와 고독의 정서가 루오가 그린 그리스도와 닮은 부분이 있다는 것을 잘 알 수 있다. 이처럼 〈늙은 왕〉에서는 내용적 특징과 스테인드글라스를 연상시키는 작화 기법이 만나 엄숙하고 품위 있는 종교적 색채가 느껴진다.

　루오와 같은 시대에 활동했던 야수파의 대가 마티스는 그의 중후한 화풍과 대담한 작화 기교에 대해 다음과 같은 말로 극찬했다. "루오의 작품과 함께 놓으면 천하의 반 고흐가 그린 작품도 18세기의 그림 같다."

　독실한 가톨릭 신자인 루오는 한때 스테인드글라스 작품을 복원하는 공방에서 견습공 시절을 보낸 경험이 있다. 이 경험은 사회와 종교에 대해 남다른 사색을 할 수 있는 토대를 마련해 주어 루오의 독창적 예술 품격으로 승화되었다. 그는 교회에서 지정한 공식 종교 화가는 아니었으나 개인적으로 깊은 신앙심을 갖고 있었으므로, 자신이 믿고 바라던 구원의 희망을 마치 기도하듯 예술로 풀어내었다. 덧붙여 스테인드글라스 공방에서 일했던 경험은 평생에 걸쳐 루오의 작품 구성 방식과 색채 감각 발달에도 큰 영향을 미쳤다. 그는 특히 빛이 통과한 듯 선명한 푸른색과 붉은색, 녹색, 노란색에 진한 검은색 윤곽선을 사용해서 스테인드글라스 작품처럼 표현했다.

　루오는 한때 상징주의의 대표적 화가인 모로의 작업실에 제자로 들어가 그림을 배운 적이 있는데, 모로는 루오를 무척 아꼈다고 한다. 모로의 제자 중에는 마티스를 포함한 기타 야수파 화가들이 있으며 루오는 이때 그들과 서로 친분을 쌓기 시작해서 훗날 야수주의 운동을 함께 주도해 나갔다. 그러나 그의 회화에는 표현 기법이나 내용 면에서 다른 야수파 작품에서는 볼 수 없는 종교적 엄숙함과 경건함이 나타나고 있다. 이 점이 마티스를 포함한 여타 야수파 화가들과는 구분되는 특징이다.

▶ 아를뢰캥의 사육제
(Harlequin's Carnival)

명화자료
창작시기 : 1924~1925년
크기 : 66×93cm
기법 : 캔버스에 유채
소장 : 미국 뉴욕 버팔로(Buffalo), 올브라이트-녹스 아트 갤러리(Albright-Knox Art Gallery)

아를뢰캥의 사육제

　19세기 말에서 20세기 초 스페인에서는 약 10년 동안 현대 미술사에 막대한 영향을 미친 천재 예술가 세 명이 태어났다. 그들이 바로 1881년에 태어난 파블로 피카소, 1893년에 태어난 호안 미로 그리고 마지막으로 1904에 출생한 살바도르 달리다. 그 중에서도 살바도르 달리와 호안 미로는 유럽 초현실주의 예술을 대표하는 인물들로, 살바도르 달리는 '자연적 초현실주의 화가' 로 불렸고 호안 미로는 '유기적 초현실주의 화가' 로 불렸다.

▲ 호안 미로

　미로는 열여덟 살 때 중병을 앓게 되어 바르셀로나에서 가까운 곳에 위치한 작은 시골 마을인 몬트로이그(Montroig)의 어느 농장에서 긴 요양 생활을 하게 되었다. 길게 이어진 산줄기에는 군데군데에 올리브나무가 울창한 숲과 포도 농장이 있었다. 마을에서는 가만히 귀를 기울이면 산 너머 바다에서 파도치는 소리가 들려왔는데, 이 마을은 고딕 건축 양식 교회를 둘러싸고 작은 집들이 옹기종기 모여 있는 평화로운 곳이었다. 뿐만 아니라 해가 지면 맑고 신선한 바람이 불고, 밤하늘은 짙은 푸른색의 장막 위에는 구슬을 흩뿌린 것처럼 무수히 많은 별이 반짝였다. 몸이 약한 소년은 이곳에서 시적 감성과 예술적 감각을 키워나갔다. 미로는 농원을 소재로 작품을 다수 남겼는데, 이는 몬트로이그에서 보낸 시간이 큰 영향을 미친 것으로

◀ 당나귀가 있는 채소밭
(The Vegetable Garden with Donkey)

볼 수 있다.

　스물여섯 살 때 그는 드디어 프랑스 파리로 건너갔다. 그곳에 도착한 후 미로는 야수파와 입체파의 미술로부터 깊은 영향을 받았다. 이 무렵 같은 스페인 화가인 피카소와 친분을 맺게 되었으며, 그 밖에 여러 예술가 및 문학가들과도 활발히 교류하기 시작했다. 특히 그 당시 여행 중에 프랑스 파리에서 묵고 있던 미국의 작가 헤밍웨이와도 특별한 친분을 쌓기도 했다. 헤밍웨이는 당시 그 본인의 경제적 사정도 여유롭지 못했으나 곤궁하게 지내는 미로를 위해 5000프랑을 마련해서 그의 초기작 중 유명한 〈농원〉을 구입했다. 한편 파리의 예술계에는 예술가의 무한한 상상력과 기발한 발상, 개인적 사상을 한껏 표출할 수 있는 새로운 표현 양식의 바람이 불어오고 있었다. 미로는 이에 깊은 매력을 느끼고 빠르게 받아들였다. 이후 1925년경부터 그의 작품에는 다다이즘과 초현실주의의 분위기가 강하게 나타나기 시작했다. 초현실주의는 날카로운 사회 비판 의식이 바탕이 되는 예술사조로, 자산계급이 중심이 되는 사회에 대해 비판 의식을 지닌 지식인들과 예술가들이 정신분석학에서 권위를 자랑하

작자소개
호안 미로
(Joan Miró, 1893~1983)
스페인 출신의 화가이자 조각가이며, 도예가이자 판화가이기도 하다. 이 다재다능한 예술가는 초현실주의를 대표하는 중요한 인물이다. 어린 시절부터 전위적 예술 세계를 접할 기회가 있었으며, 반 고흐나 마티스, 피카소나 루소의 작품에 주로 매력을 느꼈다. 파리 시절에 야수주의와 입체주의, 다다이즘으로부터 영향을 받는 단계를 거쳐 초현실주의 예술에 안착한 후, 자신만의 독자적인 예술적 세계를 구축하는 데 큰 성공을 거두었다. 풍부한 상상력과 강렬한 형상, 작품 전반에 흐르는 유쾌한 분위기가 조화를 이루는 미로의 작품은 많은 이들에게 참신함을 느끼게 하는 동시에 친밀감을 주며 큰 사랑을 받고 있다.

는 프로이트의 사상을 중심으로 모여 발전시켰다. 그들이 가장 큰 관심을 보였던 것은 인간의 잠재의식 속에 가려져 있는 능력을 어떻게 끄집어 낼 것인가 하는 것이었다. 미로의 대표적 작품 중 하나인 〈아를뤼캥의 사육제〉는 당시 유행하기 시작한 초현실주의의 영향을 받아 탄생했다.

〈아를뤼캥의 사육제〉는 미로가 한창 생활고에 시달릴 때 그린 작품이다. 기묘한 공간 속 모든 사물이 축제 분위기에 젖어있는 이 작품을 보면 마치 환각을 보는 듯한 착각이 든다. 화면의 오른쪽 윗부분의 창문을 통해 보이는 짙은 푸른색 하늘과 반짝이는 별에서 시간적 배경이 밤이라는 것을 금방 눈치챌 수 있다. 그러나 흥겨운 분위기 속에 흠뻑 빠져있는 실내의 온갖 존재들은 자신들만의 축제를 즐기고 있다. 미로는 이 방의 분위기를 전부 시각적으로 표현하려 애썼다. 흐르는 듯한 음표들을 그려 넣음으로써 이 방 안에 음악이 흐르고 있다는 점을 상기시킨 발상에는 감탄사가 절로 나온다. 파란색과 빨간색이 뒤섞인 어릿광대는 수염이 길게 나 있는 얼굴로 담뱃대를 물고 있으며, 그 주변으로는 각종 동물들이나 기타 사물들이 어지럽게 돌아다니고 있다. 방 안의 존재들이 제각각 흥청거리는 환상적인 장면을 보면 이 작품에 과연 특별한 상징적 의미가 있는지 의문이 생긴다.

이 작품은 그가 막 초현실주의 작품을 그리기 시작할 무렵에 그린 그림이다. 이 그림 속의 세계는 화가의 순수한 상상력으로 가득 채

▶ 농원
(The Farm)

워져 있다. 〈아를뤼캥의 사육제〉 이후로 미로의 그림 속에서 〈농원〉처럼 그의 유년 시절의 기억이 직접적으로 드러나는 일은 거의 없었다. 미로는 〈아를뤼캥의 사육제〉를 그리기 위해 밑그림을 수차례 그렸다고 한다. 관념과 잠재의식 속에 묻혀 있는 심상이 섬광처럼 뇌리를 스치고 지나가면, 그것을 종이 위에 그려 넣는 작업을 반복했다. 이 그림은 서커스를 구경하고 난 어린 아이의 머

▲ The Nightingale's Song at Midnight and the Morning Rain

릿속에 어지럽게 남아있는 기억의 단편을 엿보는 듯한 느낌을 준다. 미로는 성인이 된 이후에도 머릿속 어딘가에 남아있는 어린 시절의 기억을 초현실주의 화풍에 맞게 함축적으로 구성했다고 볼 수 있다.

미로의 예술적 개성은 무척 독특하지만, 자신만의 영역을 확실히 구축하고 있다. 그는 평소에 여인이나 새, 별이 빛나는 밤하늘을 중심 소재로 택해서 시적 정서로 가득한 환상적인 그림을 선보였다. 미로의 그림 속에 나타나는 기하학적 형태는 구체적이라 할 수 없고 그렇다고 아주 추상적이라고도 할 수 없는 경계선에서 줄타기를 하는 모호한 인상을 준다. 따라서 이 형태는 화가의 뛰어난 상상력을 더욱 효과적으로 돋보이게 한다. 미로는 예술가로서 활동한 약 60여 년 동안 유화 2,000여 점, 조각 500여 점, 도자기 400여 점, 판화 3,500여 점 등 어마어마한 수의 작품들을 남겼다. 그 밖에 소묘 작품 등도 무려 5,000여 점이나 된다. 그의 작품들은 세계 각지의 유명한 박물관에서 만나볼 수 있지만 바르셀로나에 있는 미로 미술관에서 가장 많이 소장하고 있다.

▶ 여러 개의 원들
(Several Circles)

명화자료
창작시기 : 1926년
크기 : 140.3 × 140.7cm
기법 : 캔버스에 유채
소장 : 미국 뉴욕 구겐하임 미술관
(The Solomon R. Guggenheim Museum)

여러 개의 원들

▲ 칸딘스키

〈여러 개의 원들〉은 현대 추상화의 아버지로 잘 알려진 러시아 출신 화가 칸딘스키의 대표작 중 하나이다. 그는 붓이 가는대로 파란색, 빨간색, 녹색에 강한 선들이 얽힌 그림을 그려 내면의 정서와 감성을 쏟아내기를 즐겼다.

이 작품은 자연의 형태에서 벗어난 관념적 도형들로 이루어져있어 특정한 주제의식이나 다른 사물들을 연상할 수 있는 시각적 장치를 찾아보기 어렵다. 다만 새롭다 못해 낯선 분위기 속에서 제각각 색상과 크기가 다른 원들이 자유롭게 자리를 잡아가는 궤적을 통해 칸딘스키의 생각을 간접적으로 보여준다. 빨간색과 노란색, 파란색, 보라색, 녹색, 주황색 등 다양한 색상의 원들은 제각각 다양한 크기로 시커먼 배경색 위에 서로 겹쳐져 있거나 적당히 거리를 유지하고 있다. 이 그림 속 원들의 색채와 원근, 크기의 대비가 이루어낸 색다

▲ 구성 8
(Composition VIII)

른 공간감은 마치 우주 공간에 부유하는 별들이 모였다가 흩어지는 운동을 하는 것처럼 보인다. 따라서 이 작품을 보는 이들은 다채로움과 생동감을 동시에 느낄 수 있다.

칸딘스키는 이 그림 외에도 원을 중심 소재로 하는 그림을 다수 남겼다. 한 번은 그에게 수많은 기하학적 도형 중에서도 어째서 원을 선택했는지에 대해 물어본 사람이 있었다. 그는 질문에 대해 다음과 같이 대답했다. "첫째, 원은 가장 겸양한 형태면서도 자기주장을 하고 있는 도형이기 때문이고, 둘째로 원의 형태는 단순한 반면에 무한히 변화하는 성질도 동시에 갖추고 있으며, 셋째로 안정과 불안정함을 동시에 지녔고, 넷째, 원은 무수한 긴장을 갖고 있는 하나의 결정체이기 때문이다."

칸딘스키는 이어서 다음과 같이 덧붙였다. "원은 최대한 대립하는 것들의 종합이며, 이는 구심력과 원심력을 하나의 형태 안에 지닌 채 균형을 유지하며 통일시킨다. 기하학의 기본적 형태 세 가지(삼각형, 정방형, 원) 중에서 원은 4차원 공간에의 가장 명확한 기본 지표이다." 칸딘스키의 말에서 기하학적 형태와 색채에 대해 그가 얼

작자소개

바실리 칸딘스키
(Wassily Kandinsky, 1866~1944)
러시아 모스크바 출신의 화가이자 판화가이며 예술이론가이다. 모스크바 대학에서 대학 교수직을 맡고 있던 칸딘스키는 서른 살이 되던 1896년에 보장된 미래를 뒤로 하고 화가가 되기 위해 독일 뮌헨으로 떠났다. 칸딘스키의 초기 작품에는 19세기 사실주의의 영향이 강하게 자리 잡고 있지만, 시간이 흐를수록 아르누보의 장식적 효과, 신인상주의의 점묘법, 유럽 중부 지역의 표현주의, 프랑스 야수파의 강렬하고 비사실적인 색채의 영향이 폭넓게 나타나는 한편 모스크바의 성상화나 볼로그다(Vologda) 지역의 민속미술의 영향을 받은 흔적도 눈에 띤다. 1909년 무렵에 그린 작품들에서는 순수 추상화적 성격이 강하게 나타나기 시작했다. 그는 1921년 이전까지는 계절적 정서가 드러나는 추상적인 선과 색, 형태에 중심을 두었다면 그 이후에는 구성을 중시하는 기하학적 추상화를 주로 그렸다.

313

▲ 가을
(Autumn)

마나 오래, 또 폭넓게 연구 했는가 알 수 있다.

 칸딘스키의 초기 작품들은 프랑스 야수파의 영향이 많이 나타난다. 이는 1896년 칸딘스키가 러시아의 모스크바에서 독일 뮌헨으로 옮긴 이후, 프랑스 파리를 방문해 수개월간 머물던 당시에 영향을 받은 것이다. 그는 그동안 야수파를 포함해서 인상주의, 상징주의, 입체주의 화풍을 두루 섭렵하며 자신의 화풍을 정립하기 위한 자양분으로 삼았다.

 1910년 칸딘스키는 생애 첫 추상화 작품을 완성했다. 이 해는 그의 예술 인생에 있어 추상화 시대가 열리기 시작한 중요한 전환점이 되었다. 이후 칸딘스키는 자신의 그림 속에서 객관적 형태를 묘사하는 기법을 전부 버리고 순수 추상 미술로 전향해서 색채와 선의 조합으로써 내면 세계를 표현하는 데 전념했다. 그는 예술을 창작하는 근본적인 목적이 대상의 외형을 포착하는 데에 있는 것이 아니라, 그 형태에 내재된 정신을 시각적으로 옮기는 것이라고 생각했다. 때문에 그는 화가의 관찰력을 교란시키는 대상의 외형에서 벗어나기 위해 다양한 방법을 시도하며 부단히 노력했다. 또한 그의 작품에 나타난 가장 큰 특징 중 하나는 그림의 전반에 음악적 요소가 일관되게 흐르고 있는 점이다. 이 역시 칸딘스키가 자신의 내면을 가장 효과적으로 표현하기 위해 고안한 방식이다.

 칸딘스키는 1933년 말부터 생을 마감할 때까지 약 11년 동안 파리에서 거주했다. 그가 예술가의 재능을 가장 꽃피운 때는 파리에서 거주한 기간이었다. 이 기간 동안 사상이나 형식면에서도 가장 눈부신 발전을 이루었으며 가장 많은 수의 작품들을 남겼다. 특히 뮌헨 시절에 보였던 유기적 양식과 그 이후에 나타난 구조적인 기하학 양식이 파리에 온 후에는 서로 조화를 이루었으며, 그가 인식하는 사물들의 조형과 색채, 질감은 모두 한층 더 추상적인 시각 언어로서 캔버스 위에 재해석되었다.

▲ 노랑 빨강 파랑
(Yellow-Red-Blue)

노랑-빨강-파랑

〈노랑-빨강-파랑〉은 칸딘스키의 미술 이론을 가장 잘 나타내는 작품이다. 그는 이 작품에서 서정성과 기하학적 추상 표현을 유기적으로 결합시키는 데 성공을 거두었다. 기하학적 구조와 조형 위에 밝은 빛과 부드러운 색채를 더함으로써 풍부한 상상력을 강조하고 격정적인 느낌을 더욱 효과적으로 높일 수 있었다.

추상 예술이란 눈으로 직접 보거나 손으로 만질 수 있는 대상이 아니라, 사람의 정신세계 속 관념적 사고를 시각화한 것을 뜻한다. 그러므로 추상화 작품을 감상할 때에는 작품을 눈으로 보려고 하거나 섣부른 추측으로 선입견을 갖기보다는 먼저 그림 속의 세계를 이루고 있는 선과 색채의 형상에서 먼저 작품의 분위기나 감성을 느끼는 것이 중요하다. 물론 누구나 처음부터 추상화 속에 절묘하게 그려진 인간 내면의 서정성과 난폭성, 유머와 격정 등을 느끼거나 공감할 수 있는 것은 아니다. 그러나 형태와 색, 구도와 같은 시각적 요소들을 찬찬히 감상하다보면 화가의 내면세계가 감상자의 마음에 물드는 순간이 올 것이다.

칸딘스키 역시 이와 같은 생각을 갖고 있었다. 때문에 상상력은 곧 존재 관계에 대한 일종의 주관적 투시이므로 반드시 상징 부호와

명화자료

창작시기 : 1925년
크기 : 125 × 200cm
기법 : 캔버스에 유채
소장 : 프랑스 파리 현대 예술 국립 박물관, 퐁피두 센터(Musee National Art Moderne, Centre Georges Pompidou)

▲ 구성 9
(Composition IX)

색채의 조화를 위한 새로운 표현 양식을 찾아내야 한다고 믿었다. 또한 그는 '회화란 서로 다른 세계가 한 공간에서 충돌하며 다시 새로운 세계를 낳는 것'이라고 믿었다. 그는 선과 색채의 조화를 꾀하며 정해진 격식에 얽매이지 않고 자신이 원하는 바를 가장 잘 표현할 수 있도록 자유롭게 그림을 그렸다. 그 노력 덕분에 칸딘스키의 작품에 내재된 인간의 욕망과 격정과 같은 정신세계는 많은 이들로부터 공감을 얻는 경지에 이르렀다.

사실 칸딘스키는 처음부터 추상화를 그리지는 않았다. 다른 화가들 보다 훨씬 늦은 나이에 회화 공부를 시작한 그는 인상주의, 야수주의, 입체주의의 영향을 받으며 자신의 내면을 표현하기에 가장 적합한 표현 양식을 끊임없이 모색했다. 하지만 어느 날 그가 추상화가의 길을 걷도록 결정하는 데 큰 영향을 미친 사건이 일어났다. 늦은 저녁 시간, 칸딘스키는 외출했다가 집에 돌아왔다. 막 문을 열고 들어서던 찰나 그의 눈앞에는 믿을 수 없을 정도로 아름다운 그림이 펼쳐져 있었다. 너무나도 놀란 한편 그 아름다움에 크게 감탄한 칸딘스키는 그림을 자세히 살펴보기 위해 가까이 다가갔다. 그러나 그 그림은 바로 칸딘스키 본인이 그린 작품이 아닌가! 그 그림은 원래 칸딘스키가 그린 그림이지만 위아래를 거꾸로 세워서 아무렇게나 기대 놓았기 때문에 첫 눈에 알아보지 못했던 것이다. 칸딘스키는 이때 자신이 거꾸로 놓은 그림에서 미묘한 광채를 느낀 것은 그림 속에 구체적으로 표현한 사물의 형태를 잘 알아보지 못했기 때문이라는 중요한 사실을 깨달았다. 그 후로 칸딘스키는 보는 이의 인지 능력이 나타나기 전에 작품 속 점, 선, 면 등을 이용한 순수한 형식과 색채만으로 작품을 느낄 수 있는 그림을 그리게 되었다. 그의 작품에서 음악이 흐르는 듯한 느낌이 나타나기 시작한 것도 구체적 형상을 묘사하기를 포기한 이 무렵부터였다.

어린 시절부터 피아노와 바이올린을 배워 음악에 대한 조예가 깊었던 칸딘스키는 평소 음악을 연주하거나 듣는 것을 즐겼다고 한다.

추상화

추상 예술은 서양 현대 미술의 다양한 미술 사조 중에서 다른 유파와의 차이점이 가장 분명하게 드러난다. 대상의 객관적 형체를 구체적으로 묘사하기를 거부하며, 자연적 사물을 작품의 기본 소재로 취하는 경우도 극히 드물다. 추상 화가들은 관념적 회화 언어로써 자신의 정서가 깃든 새로운 작품 세계를 창조하는 순수 추상화를 선호하는 경향이 강하다. 때문에 그들의 그림 속에 그려진 대상물들은 이 세상에 전혀 없는 것을 화가의 상상력으로 창조됐거나, 있더라도 아주 극소수에 불과하기 때문에 보는 이에게 강한 인상을 심어준다.

▲ 옛 시가지 2
(Old town II)

음악을 이해하고 좋아했던 것은 그의 작품 활동에 막대한 영향을 끼쳤다. 칸딘스키는 바그너의 선율에서 선의 움직임을 보았고, 그 다변적인 음색에서는 색채의 향연을 보았다. 이는 창조적 상상력이 창작 활동에 얼마나 중요한 역할을 하는가를 이해할 수 있는 중요한 단서이다.

칸딘스키는 현대 회화 예술에서 중요한 의의를 갖는 미술 이론서 두 권을 저술했다. 첫 번째 저서는 1910년에 출간한 《예술에 있어서 정신적인 것의 의미(Concerning the Spiritual in Art)》이고 두 번째 저서는 1926년에 출간한 《점·선·면(Point and Line to Plane)》이다. 칸딘스키는 이 두 이론서에서 색채와 조형의 이념에 대해 이야기 하고 있다. 특히 첫 번째 저서에서 그는 예술가의 임무에 대해 "형식을 지배하는 것이 아니라, 내용에 적합한 형식을 창조하는 것"이라고 주장했다.

그 밖에도 칸딘스키는 '구상'이라는 용어를 즐겨 사용했다. 자신의 회화 작품에 대해서도 '추상적'이라는 표현보다는 '구상적'이라는 표현을 써서 설명하는 것을 선호했다고 한다.

▶ 기억의 지속
(The Persistence of Memory)

명화자료
창작시기 : 1931년
크기 : 24 × 33cm
기법 : 캔버스에 유채
소장 : 미국 뉴욕 현대 미술관

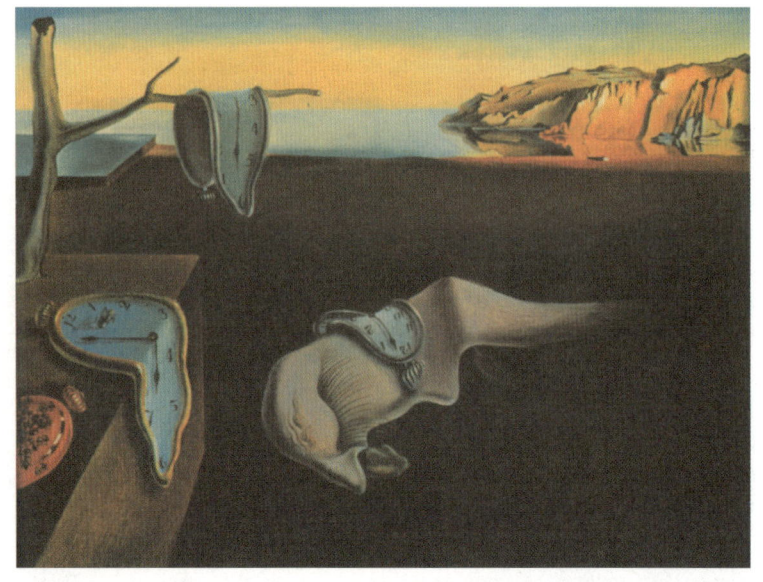

기억의 지속

▲ 달리

　이 그림 속에는 살아있는 생명체의 기운이 전혀 느껴지지 않는 완벽한 침묵의 세계가 펼쳐져 있다. 황량한 광야에 녹아내린 듯한 시계들이 여기저기에 널려있는 이 기묘한 광경은 마치 초현실적인 꿈 속 세계나 환각 속의 풍경 같은 인상을 준다. 보는 이의 모든 감각을 자극하는 이 작품은 바로 20세기 초현실주의의 거장 살바도르 달리의 명작 〈기억의 지속〉이다.

　그는 평생 타고난 괴짜 예술가로서 명성을 날렸으며 그의 머리에서는 일반인들로서는 도저히 생각할 수도 없는 기발한 아이디어가 마르지 않는 샘물처럼 끊임없이 떠올랐다. 타고난 초현실주의자였던 달리는 작품에서 극도의 사실적 배경 속에 일부 평범한 요소를 의도적으로 변형시키거나 왜곡시킴으로써 익숙함 속의 이질감을 느끼도록 하는 방법을 주로 사용했다.

　타의 추종을 불허하는 살바도르 달리 특유의 화풍이 완성도를 보인 것은 잠재의식의 심상에 관한 지그문트 프로이트(Sigmund Freud)의 저서를 읽은 후였다. 정신 분석학 분야에 있어 세계적 권위를 자랑하는 프로이트의 저서에서 그는 자신의 예술적 방향을 찾는 실마리를 발견했다. 이후 달리는 자신의 잠재적 무의식의 세계로

부터 심상을 이끌어내기 위해 의도적으로 환각 상태에 빠지는 과정을 시도했다. 그는 정신착란을 통해 깨어 있는 동안에도 보이는 꿈을 지속적으로 관찰하려 했다. 그리고 이것을 사람들에게 소개할 때 '편집광적 비평 방법'이라고 이름 붙였다.

달리의 대표작인 이 작품을 가득 메우고 있는 것은 죽음과도 같은 적막함이다. 바람 한 점 불지 않을 것 같은 모래사장 뒤로는 망망대해가 펼쳐져 있는데 마치 반반한 호수 면이나 거울처럼 파도조차 보이지 않는다. 이 작품에도 태양이 사방을 비추고는 있지만 무의미한 빛일 뿐이다. 화면의 전경에는 잎사귀 하나 없는 고목과 탁상, 정체를 알 수 없는 희끄무레한 물체가 보인다. 특히 마지막 세 번째 사물은 꼭 감고 있는 눈이 그려져 있지만 형태만으로는 무슨 동물인지 도저히 알 수 없는 괴이한 모습이다. 녹아내린 시계가 걸려있거나 얹혀 있는 이 물체가 무엇을 암시하는가에 대해서는 여러 가지 해석이 있지만, 분명한 것은 오른쪽 자락에 있는 황금색의 절벽은 달리의 고향인 스페인을 상징한다는 점이다.

오늘날 우리로서는 화가가 어떤 생각으로 이 그림을 그렸는지, 무엇을 전하고자 했는지 정확히 알 수 있는 길은 없으므로 그림을 마주하고 각자 추측해야 할 뿐이다. 되돌아오지 않는 시간에 대한 정신적 공황을 표현하고자 했을 것이라고 말하는 이도 있고, 당시 시대 배경에 주목해서 모순으로 가득 찬 불합리하고 불안정한 사회상이 반영되어 화가 자신이 느꼈던 불안함과 우울함이 반영되었을 것

작자소개
살바도르 달리
(Salvador Domingo Felipe Jacinto Dali, 1904~1989)
스페인의 바르셀로나에서 태어났다. 20세기 초현실주의 예술의 대가이며, 파격적인 작품과 일반인들로서는 이해할 수 없는 언행으로 종종 괴짜 예술가 취급을 받았던 인물이다. 달리의 화풍은 인상파, 초현실주의를 거쳐 라파엘로의 영향을 받아 전통적 양식의 종교화에 이르기까지 다양한 변신을 시도하며 쉬지 않고 변화의 길을 모색했다. 또한 순수미술과 상업미술을 가리지 않고 활발한 활동을 펼치면서 회화를 포함한 조각, 영화 연출, 보석이나 가구 및 기타 조형물의 기상천외한 디자인들을 선보이며 20세기 이후 예술이 나아갈 새로운 방향을 제시하기도 했다.

그의 대표작으로는 〈기억의 지속〉, 〈비키니 섬의 세 스핑크스(The Three Sphinxes of Bikini)〉, 〈창가에 서있는 소녀(Gure at a Window)〉, 〈구운 베이컨 조각과 함께 있는 부드러운 자화상(Soft Self-portrait with Grilled Bacon)〉 및 영화 〈안달루시아의 개(Un Chien Andalou)〉 등이 있다.

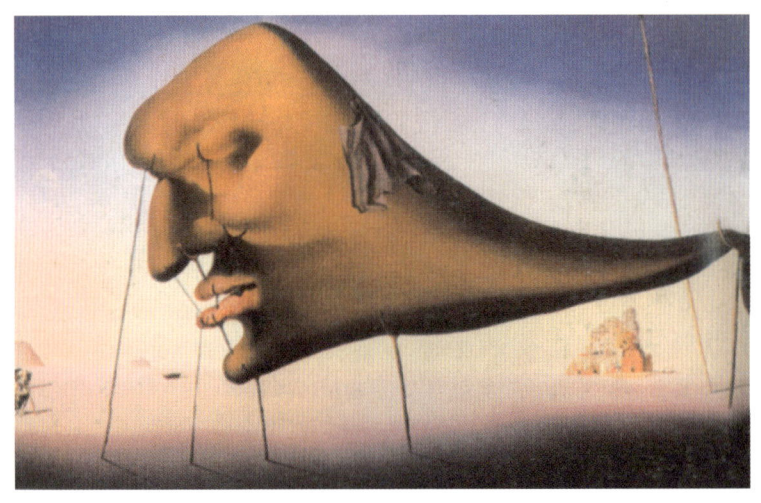

◀ Sleep

▶ 창작 활동에 몰두한 달리의 모습

▲ 콜럼부스의 신대륙발견
(The Discovery of America by Christopher Columbus)

이라고 말하는 이도 있다. 그중에서도 프로이트의 저서 《꿈의 해석》을 읽어본 이들이라면, 프로이트가 제시한 꿈의 특징에 근거해서 이 작품의 내재적 의미를 설명하려고 시도할 수도 있을 것이다. 프로이트는 자신의 저서를 통해 꿈에서 상자나 방, 동굴은 여인의 자궁을 암시한다거나 총이나 칼, 창, 뱀 등을 남성의 성기를 암시한다고 하는 등의 다양한 예를 들어가며 꿈에 나타난 사물이 암시하는 물질적 상징성이 존재한다고 주장한다. 실제로 달리 본인도 이 작품에 대해 소년 시절의 기억이 이입되었다고 밝히며 화면 중앙에 그려 넣은 눈 감은 존재는 화가가 자신의 형상을 변형시킨 자화상이라고 고백했다. 분명한 것은 화가의 의도와 심리 상태 보다는 감상자들 자신에게 처한 현실과 이 초현주의 회화 작품 사이에서 어떻게 공감대를 형성해 나갈 것인가를 생각하는 일이 더 중요하다는 사실이다.

1932년 달리는 런던에서 프로이트와 만날 기회가 생겼다. 이 인연을 계기로 프로이트는 달리에게 호감을 갖게 되었다. 프로이트는 달리에게, 달리의 예술 중 자신의 흥미를 끄는 것은 오히려 화가의 무의식이 아닌 '의식'이라고 말한 바가 있다. 이는 프로이트가 작품 속에 나타난 무의식적 심상을 이끌어내기 위한 노력이 달리의 의도적 행위였다는 점을 꿰뚫어보고 있었기 때문이다. 부드러움과 견고함이 조합된 상징으로서 녹아내린 형상을 한 달리의 시계는 전형적인 초현실주의 회화의 대명사로 자리 잡았다. "그 부드러움은 불합리와 불가능, 환상, 이단, 허구 등 온갖 부정적 가치를 상징하지만, 이와 같은 수식어들은 오히려 초현실주의자에게 있어 최고의 찬사다."라고 말했던 미술 평론가의 말처럼 달리의 〈기억의 지속〉은 초현실주의 회화 중 최고의 걸작으로 손꼽힌다.

◀ 삶은 강낭콩이 있는 부드러운 구성-내전의 예감
(Soft Construction with Boiled Beans-Premonition of Civil War)

명화자료
창작시기 : 1936년
크기 : 100 × 99cm
기법 : 캔버스에 유채
소장 : 미국 뉴욕 현대 미술관

삶은 강낭콩이 있는 부드러운 구성-내전의 예감

   1920년대 말 달리의 초현실주의 화풍이 절정에 올랐다. 여기에는 두 가지 중요한 계기가 작용했다. 우선 심리학 분야의 세계적 권위자인 프로이트 박사의 잠재의식과 성적 욕구에 관한 관계에 대한 저서를 접한 일이고, 또 한 가지는 파리 초현실주의파 구성원들과의 교류이다. 파리 초현실주의파는 잠재의식에 관해 연구하며 인간의 이성을 초월해 의식 속에 잠재 된 '더 위대한 실체'를 증명하려 한 예술가들과 문학가들의 모임이다. 이후 달리는 초현실주의를 대표하는 〈기억의 지속〉과 같은 작품을 줄줄이 내놓으며 명실상부한 초현실주의 회화의 대가로 자리를 굳혔다. 〈삶은 강낭콩이 있는 부드러운 구성 – 내전의 예감〉 역시 그의 초현실주의적 영감이 폭발했던 무렵인 1936년에 완성된 작품이다.
   세계 제2차 대전이 발발하기 직전, 파시즘의 폭력적인 그림자는

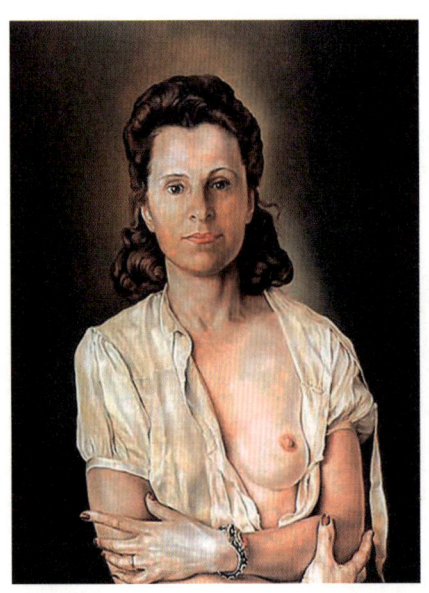
▲ 갈라리나
(Galarina)

유럽 전역을 포함해 전 세계를 뒤덮고 있었으며, 수많은 사람들은 이미 전쟁이 임박했음을 느끼고 있었다. 스페인 내부에서도 국가주의자들과 공화파 간의 첨예한 대립으로 정치적 혼란이 시작되며 서서히 내전이 발발할 낌새를 풍기기 시작했다. 그러던 중 1937년 4월 26일 스페인 국가주의자들의 선봉장인 프랑코 장군을 지지하던 독일 나치스의 공군 폭격기가 스페인을 공격한 사건이 발생했다. 독일군 폭격기가 스페인 북부 바스크 지방의 조그마한 시골 마을 게르니카에 무차별 폭격을 가한 이 사건 소식을 접한 전 유럽은 충격과 공포로 큰 혼란에 빠졌다. 그리고 이 사건은 이후 전쟁에 대한 분노와 비극성을 상기시키기 위해 피카소가 그린 기념비적인 작품 〈게르니카〉로 다시 태어났다.

스페인 내전이 발발하기 1년여 전 달리 역시 조만간 내전이 발발하리라는 것을 예감하고, 이 느낌 자체를 회화 작품으로 기록해 두었다. 이 무렵 스페인의 수많은 예술가들은 파시즘에 잠식당하는 자국의 상황에 비탄하며 프랑스나 미국으로 떠났다. 달리 역시 험악한 전쟁의 기운을 피해 일시적으로 이탈리아에 머물렀다. 그러나 그의 마음속에는 여전히 전쟁에 대한 공포가 자리 잡고 있었고, 그 결과 그는 이국땅에서 모국 스페인의 내전을 예감하는 이 작품을 그리기 시작했다. 〈삶은 강낭콩이 있는 부드러운 구성 - 내전의 예감〉이 완성된 후 불과 6개월 만에 스페인은 본격적으로 내전의 전화에 휩싸이고 말았다.

달리는 자신이 느낀 전쟁의 공포와 분노를 초현실주의적 회화 기법을 효과적으로 활용해 표현했다. 이 그림에는 끝없이 펼쳐진 하늘과 황야를 바탕으로 정체를 알 수 없는 괴이한 형상을 한 물체가 보인다. 자세히 들여다보면 마치 사람의 팔이나 다리 같은 것이 네 변의 테두리를 이루고 있는데, 마치 인체를 전부 해체한 후, 이어 붙여 만든 엽기적인 조형물처럼 보인다. 그렇기 때문에 기분이 나빠진다는 사람들의 반응도 종종 볼 수 있다. 사실 이는 당시 사분오열된 스페인의 국내 정황을 암시한다. 네 변의 제일 윗부분에 보이는 것은 사람의 머리 형상을 하고 있는데, 고개를 젖힌 채 흉악한 얼굴로 기분 나쁜 미소를 띠고 있다. 울퉁불퉁한 기형의 팔 하나는 지면을 누르고 있으며 다른 하나는 유방을 꽉 움켜쥐고 있다. 지면을 누른 팔은 민중을 억압하는 부당한 권력을 암시하며, 유방을 움켜쥐고 있는 다른 한 손은 전쟁을 일으킨 원흉의 폭력성을 암시한다.

이 작품은 상징과 암시로 가득한 극도의 초현실주의적 성향을 띠고 있으나, 대상을 표현하는 기법은 사실적 묘사에 기초하고 있다. 네 변의 테두리를 이루고 있는 괴물체 너머로 보이는 푸른 하늘과 흰 뭉게구름은 그들의 악행이 어둠 속에서 은밀히 진행되는 것이 아니라, 백주에 공개적으로 자행되고 있는 부조리함을 의미 한다.

이와 같은 시각에서 볼 때 초현실주의가 추구하는 가치관은 비非현실과는 다르다. 비록 인간의 육안으로 볼 수 있는 객관적 형태의 틀을 벗어난 사물을 그리고는 있지만, 현실과 아주 밀접한 연관을 갖고 있기 때문이다. 작품 속 대상은 화가의 의도와 상징성이 주는 암시에 의해 현실 세계의 이면에 존재하는 사실과 진리를 보여준다. 달리는 자신이 현실에서 발견한 진리를 다시 주관적 형상을 통해 시각화 하려고 했는데, 이것이 바로 그가 당시 초현실주의 예술가로서 지향했던 최종 목표였다. 침략과 전쟁으로 시작된 20세기 초반과 중반 무렵, 달리는 현실세계에서 눈 돌리지 않고 그 이면까지도 들여다보려 했다는 점에서 다른 의미로는 가장 현실주의자다운 면모를 갖고 있었다.

잠재의식 세계를 탐색하며 일생 기묘하고 환상적인 작품을 대중에게 선보였던 초현실주의의 대가 살바도르 달리는 한편으로는 자의식 과잉형 인물로도 유명하다. 특히 그는 자신을 대중에게 알리기 위해 돌발적이고 개성 강한 언행을 하거나 특이한 외모를 고집하는 등 다양한 수단을 활용했다. 또한 각국을 돌며 순회전시회를 개최하거나 자신의 기념관도 세우는 등 꾸준히 노력해서 자신의 이름을 알렸다. 이는 그의 경제력 향상에도 큰 영향을 미쳤기 때문에 달리를 비난하는 이들은 '돈을 좋아하는 달리'라는 의미로 그를 '달러'라고 부르며 조롱했으나 정작 살바도르 달리는 전혀 개의치 않았다. 그는 그저 자신의 머릿속에 존재하는 풍부한 상상력의 세계를 대중에게 보여주며 후세에 예술적 창작의 영역이 지닌 무한한 가능성을 제시하는 데 주력했다.

초현실주의

초현실주의는 프랑스 문학예술로부터 시작되어 음악과 미술 분야까지 영역을 넓혀나간 사조로, 그 원천은 다다이즘에서 찾아볼 수 있다. 초현실주의자들은 질서와 이성적 논리를 포기하고, 현실적 경험의 기억과 사실적 형상을 기반으로 삼았다. 그들은 그렇게 함으로써 인간 내면의 깊은 잠재의식으로부터 관념과 본능을 통해 몽상과 현실의 조화를 이루고자 했다. 이를 위해 초현실과 감각의 경계를 넘나드는 환각 세계를 그 창작의 원천으로 삼았다. 결국 그들이 초현실주의를 통해 도달하고자 한 최종목표는 현실세계의 이면에 숨어 있는 진실을 보는 경지였다. 이 점에서 현실주의와 같은 맥락을 지녔다고 볼 수 있다.

▼ The Great Masturbator

▶ 죽음과 불
(Death and Fire)

명화자료
창작시기 : 1940년
크기 : 46 × 44cm
기법 : 캔버스에 유채
소장 : 스위스 베른 미술관

죽음과 불

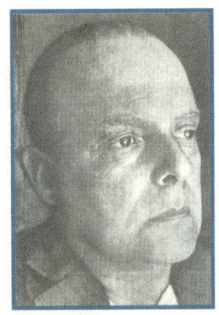

▲ 파울 클레

    스위스의 화가 파울 클레는 1935년부터 근육이 굳는 피부경화증에 걸려 손을 잘 움직일 수 없었다. 병을 치료하기 위해 백방으로 노력했지만 아무런 차도가 없이 악화되다가 1940년 6월 29일 결국 세상을 떠났다. 대기 만성형의 화가로 볼 수 있는 클레는 원래 유명한 음악가 집안에서 태어났고 어려서부터 그는 바이올린 연주자로서 전도 유망한 기대주였으나, 스무 살 무렵 갑자기 마음을 바꾸어 화가의 길을 걷기 시작했다. 그는 비록 다른 화가들보다 늦게 미술의 영역에 뛰어들었지만 평생에 걸쳐 9,000점에 가까운 수많은 작품을 남겼다. 왕성하게 활동하던 그는 말년에 그림을 그릴 수 없을 정도로 치명적인 병에 걸려 절망에 빠졌다. 그는 깊은 절망에도 불구하고 세상을 떠나기 수개월 전 붓을 쥘 수 있는 마지막 순간까지 그림

▲ 물고기를 에워싸고
(Around The Fish)

을 그렸다. 결국 클레의 유작이 된 〈죽음과 불〉은 그가 자신을 위해 써내려간 진혼곡인 셈이었다.

〈죽음과 불〉은 클레가 한참 병마와 사투를 벌이고 있었던 1940년에 완성되었다. 그림 가운데에는 진하고 굵은 윤곽선으로 그린 얼굴을 그려 넣고 창백한 색으로 채운 후 그 안에 다시 눈 코 입을 그려 넣었다. 이 단순한 윤곽선으로 이루어진 얼굴에 그는 눈과 코, 입을 그려 넣는 것으로 가장해서 독일어로 죽음을 의미하는 'Tod'를 써 넣었다. '선의 화가'라고 불렸던 화가답게 클레는 작품 속에서 선을 이용해 직접적으로 자신의 죽음을 다시 한 번 상기하고 있다.

그러나 이 작품의 배경 색상은 완성 당시의 절망적이고 우울한 화가의 상황과는 달리, 오렌지색과 노란색으로 가득 차 있다. 또한 화면 왼쪽 위에는 태양으로 보이는 둥근 빛 덩어리가 희미하게 보인다. 비록 이 거무스름한 빛이 끼어 있어 원래 노란색이나 오렌지색이 지니고 있어야 할 밝고 따스한 느낌 대신 칙칙한 인상을 주지만

작자소개
파울 클레
(Paul Klee, 1879~1940)
스위스 화가이지만 국적은 독일이다. 스위스의 수도 베른근교에 위치한 뮌헨부흐제(Münchenbuchsee)에서 음악가 가문의 아들로 태어났다. 그의 작품은 상징주의, 표현주의, 입체파, 초현실주의 등 여러 다양한 예술 형태의 영향을 받았다. 러시아의 유명한 추상화가 바실리 칸딘스키와도 친밀한 관계에 있었으며 그 밖에도 다방면에서 활동하는 예술가들과 교류하며 표현의 영역을 넓혔다. 1921년에는 친구인 칸딘스키와 함께 예술과 건축으로 유명한 바이마르의 바우하우스에서 학생을 가르쳤으며, 그 후에는 뒤셀도르프의 미술학교에서 교수가 되었다. 그러나 그 당시 독일에서는 정권을 잡고 있던 나치스가 예술탄압을 자행하며 클레의 작품 102점을 몰수했다. 작품을 몰수당하고 퇴폐 화가라는 굴욕적인 낙인이 찍히자 충격받은 그는 스위스로 돌아갔다. 이때 클레는 "독일은 이르는 곳마다 시체냄새가 난다."라는 유명한 말을 남기며 독일을 떠났다.

오히려 일말의 생명력에 기대어 그림을 그렸던 화가의 상황과 맞아 떨어지는 느낌을 준다. 이는 화가의 삶은 아직 완전한 어둠이 찾아오지 않고 시간이 남아 있음을 의미하며 화가 스스로가 그 속에서 희망을 찾고자 하는 바람이 나타나 있다. 그 밖에 작품의 오른쪽에 보이는 인물은 클레가 만년에 그린 작품에서 종종 볼 수 있었던 오르페우스다. 오르페우스는 그리스 신화에서 아내 에우리디케를 이승으로 데리고 오기 위해 위험을 무릅쓰고 죽음의 강을 건넜던 남자다.

클레의 만년 작품들에는 그 전의 작품에서 자주 볼 수 있었던 쾌활하고 발랄한 분위기가 사라지고 없다. 건강상의 이유인지 혹은 그의 가치관의 변화 때문인지 정확히는 알 수 없으나, 그의 화풍이 지닌 본질적 측면은 그대로 나타나고 있다.

수년간 악성 피부 경화증을 앓으면서 그의 손은 점차 섬세하게 선을 그리는 일이나 채색 등을 할 수 없는 지경에 이르렀고 마지막에는 붓을 쥘 수조차 없게 되었다. 그러나 그는 이 절망적 상황에서조차 그림의 일부를 문자로 대체하는 등 유머와 해학의 코드에 맞춰 추상화 작품으로 표현해 냄으로써 초현실주의와 표현주의의 양쪽 특성을 모두 갖춘데다 자신만의 특성을 가미한 독자적인 화풍을 끝까지 고수했다.

▶ 항해사

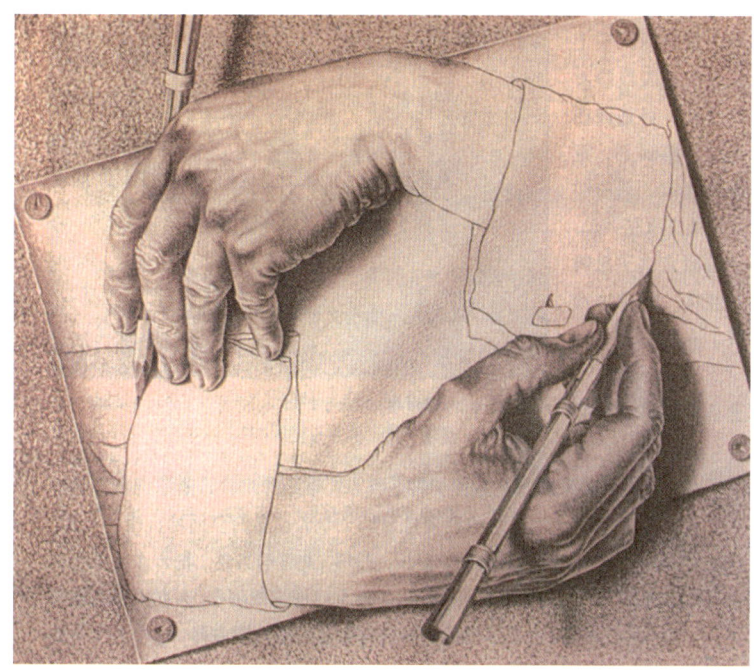

◀ 그림 그리는 손
(Drawing Hands)

명화자료
창작시기 : 1948년
크기 : 28.2 × 33.2cm
기법 : 석판화
소장 : 미국 개인 소장

그림 그리는 손

　네덜란드의 판화가 모리츠 코르넬리스 에셔는 현대 회화에서 독특한 화풍을 선보이며 입지를 굳게 다진 인물이다. 그는 주변에서 쉽게 볼 수 있는 일상적 대상을 유심히 관찰한 후 다른 시각으로 재구성하는 것에 탁월한 능력을 뽐냈다. 에셔의 작품들은 화가의 감정이 드러나 있지 않으며, 마치 말장난에 불과한 난센스 퀴즈를 보는 것 같은 인상을 주는 것이 큰 특징이다. 그러나 잘 살펴보면 그의 작품들은 질서 정연한 법칙과 기하학적 원리에 따라 일정한 양식이 반복되거나, 시작점과 귀결점이 하나로 통하는 순환적 논리를 보여주는 경우가 많다는 사실을 알 수 있다. 수학적 개념과 논리학적 사고를 마치 날실과 씨실처럼 복잡하게 얽어서 현실 세계에서는 설명할 수 없는 현상을 천연덕스럽게 보여주거나 혹은 그림을 감상하는 이들이 현실에서 쉽게 볼 수 있는 광경에 대해 의문을 갖도록 한 후 새로운 관찰 시각을 제시하는 것이 바로 에셔의 독특한 화풍이다. 그 중에서 그가 가장 좋아했던 주제는 뫼비우스 띠의 성격을 응용한 '무한히 순환하는 이상한 고리'나, 똑같은 모양의 도형을 이용해 겹

▲ 에셔

▶ 전망대
(Belvedere)

작자소개

모리츠 코르넬리스 에셔
(Maurits Cornelis Escher, 1898~1972)
네덜란드 레이우아르던(Leeuwarden)에서 토목 기술자의 아들로 태어났으며, 건축 공예 학교를 졸업한 이후 판화가로서 명성을 날렸다. 특히 착시 효과를 표현하는 능력이 뛰어났으며, 이는 수학과 논리학적으로 풀리지 않는 난제를 주제로 정하는 그의 독특한 발상에서 비롯되었다.
그의 부모는 건축가로서 아들이 성장하기를 희망했다. 하지만 그는 건축 공예 학교 입학 전부터 그래픽 예술에 관심이 많았고 재학 중에는 판화를 배우는 등 건축 설계 쪽에는 그다지 관심을 두지 않았다. 1956년에 처음 열린 그의 전시회는 대중들로부터 호평을 받으며 성공적으로 치러졌고, 이후 그의 이름은 수학 화가라는 유일무이한 존재로서 대중에 각인되었다.
에셔의 대표작으로는〈세 개의 세계(Three Worlds)〉,〈올라가기와 내려가기(Ascending and Descending)〉,〈폭포(Waterfall)〉,〈뫼비우스의 띠(Moebius Strap)〉등이 잘 알려져 있다.

치거나 빈틈이 생기는 일 없이 공간을 채우는 그래픽 예술 방식인 테셀레이션(Tessellation)이다. 치밀한 수학적 계산에 따라 작품을 제작하는 성격 덕분에 에셔는 '수학 화가'라고 불렸다. 에셔의 작품 세계가 가장 알기 쉽게 드러나는 작품이 바로 1948년에 그린〈그림 그리는 손〉이다.

이 작품은 얼핏 보면 연필을 쥐고 그림을 그리고 있는 손 두 개가 나타나 있을 뿐 그 외에는 이렇다 할 놀라운 특징은 없는 것처럼 보인다. 그러나 자세히 들여다보면 들여다볼수록 도대체 시작과 끝을 찾을 수 없는 미궁에 빠진 것처럼 그 속에 시선이 갇히고야 만다. 그림 속에는 코르크 판 위에 압정으로 고정시켜놓은 흰색 도화지가 그려져 있다. 그 도화지 위로는 연필을 쥐고 도화지에 부지런히 그림을 그리고 있는 누군가의 오른손이 보인다. 그가 그리는 것은 왼손이다. 손 부분은 이미 완성되었고 지금은 한창 소매 부분을 그리는 중이다. 그런데 소매 윗부분으로 이미 완성된 왼손을 보면 지금 그림을 그리고 있는 오른손 못지않게 바삐 움직이며 오른손의

▶ 에셔의 작품

소매를 그려주고 있다! 마치 불가사의한 착시 현상을 보는 것과 같은 이 그림에서 대체 어느 손이 진짜고 어느 손이 그림이냐는 질문은 어리석다. 닭이 먼저인지 달걀이 먼저인지를 알 수 없는 것과 마찬가지다.

에셔가 그린 수

수께끼 같은 그림들은 대부분 이처럼 분할과 대칭, 무한한 순환을 통해 역설적인 형상을 표현한다. 에서는 이를 통해 사실과 상징, 물질과 개념의 관계를 시각적으로 형상화하고자 했다. 그는 이 기법들을 활용해 2차원의 평면 공간에 3차원의 입체적 사물의 형상을 성공적으로 배치했다. 에서는 이와 관련해서 "수학의 세계에서 평면을 규칙적으로 분할하는 문제에 대해서는 이미 이론상으로 충분히 연구를 거쳐 증명되었다. 그러나 무한한 가능성의 세계를 열어놓은 수학자들은 오히려 그 세계로 들어가 탐험할 생각은 하지 않고 그저 그 문 앞에 서서 문을 여는 방법들에 대한 연구에만 정신이 팔려 있다."고 말하며 예술과 수학의 상호연관성을 강조했다.

▲ 물고기
(Fish)

  도형들을 반복적으로 배열해 형이상학의 세계를 창조하는 에셔의 작품들 중에는 마치 고도의 두뇌게임이나 미로 찾기와 같은 인상을 주거나 기묘한 세계의 환각을 보는 것 같은 착각을 주는 것이 많다. 그러나 이 불가사의한 형상의 저변에는 정밀한 계산과 정확한 질서가 깔려있으며, 단순 반복되는 것처럼 보이는 도형들은 사실 화가가 사소한 것 하나 하나까지 전부 치밀하게 계산한 뒤에 배열한 것이다. 그의 작품들은 오늘날 수많은 논리학자와 수학자들의 사랑과 관심을 받고 있으며, 덧붙여 오늘날 미국을 비롯한 선진국들은 그가 즐겨 사용했던 작화 기법인 테셀레이션을 수학 교육에 접목시켜 도형과 공간의 개념을 설명하는 데 적극 활용한다는 사실도 흥미를 더한다.

▲ 작품 1호 - 라벤더 빛 안개
(Number 1-Lavender Mist)

명화자료
창작시기 : 1950년
크기 : 221 × 300cm
기법 : 캔버스에 유채
소장 : 미국 워싱턴 국립 미술관

▲ 폴록

작품 1호 - 라벤더 빛 안개

　사람들은 보통 서양 미술을 감상할 때 그림이 그려질 당시 화가의 신변이나 창작 방식, 작화 기법이나 심리 상태와 같은 작품 외적인 요소에 대해 관심을 두지 않는다. 하지만 이와 같은 방식으로 잭슨 폴록의 작품을 대한다면 낯설고 이해할 수 없는 행위 예술 정도로 이해하는 데에 그칠지도 모른다. 그는 자기 자신까지도 작품을 구성하는 일부분으로 여기고, 작품을 감상하는 이들이 그림 속에서 자신이 남긴 흔적을 찾아주기를 바랬다.

　잭슨 폴록은 인간의 잠재의식이 회화에 미치는 영향에 대해 깊은 흥미를 갖고 연구했으며, 작품 속에 이를 반영시키려 했다. 그는 거대한 캔버스를 주로 사용했는데, 그 때문인지 이젤을 사용하지 않았다. 폴록은 이 거대한 캔버스를 벽이나 지면에 단단히 고정시켜두고 다양한 도구를 활용하거나, 쏟아 붓기, 방울 흘리기 같은 다양한 채색 방식을 고안해 작품을 완성해갔다. 그는 고정해놓은 캔버스 앞을 오가면서 머릿속에 떠오르는 대로 즉흥적인 그림을 그렸다. 그는 딱딱한 벽면이나 지면에 캔버스를 움직이거나 구겨지지 않도록 고정한 뒤에야 그림을 그릴 때에 안도할 수 있으며, 비로소 그림과 더욱 밀착된 듯한 편안함과 만족스러운 일체감을 느낄 수 있다고 말했다. 이처럼 기이한 행동을 일삼았기 때문에 그에게는 '행동화가'라는 별명이 꼬리표처럼 따라다녔다. 이와 관련해 폴록이 "그림을 그리는 과정 또한 예술의 일부다."라고 한 말도 유명하다.

〈작품 1호 - 라벤더 빛 안개〉는 위에서 설명한 폴록의 작화 방식이 더욱 두드러진 작품이다. 카오스의 원시적 신비로움을 담고 있는 이 작품은 폴록의 대표작으로 손꼽힌다. 높이 3미터에 폭이 2미터에 이르는 거대한 캔버스를 꽉 채운 작품이라고는 믿을 수 없을 정도로 깊고 풍부한 색감이 화면 전체를 밀도 있게 뒤덮고 있다.

이 작품에는 구도나 입체적 투시법과 같은 치밀한 구성이나 명암 대비를 통한 공간 형성은 고사하고 윤곽선과 면의 구분조차 나타나있지 않다.

▲ 작품 3호
(Number 3)

폴록은 기존의 정돈된 회화를 구성하는 모든 요소와 법칙을 철저히 무시하고 배제한 것이다. 이에 대해 폴록은 '색채의 해방'이라고 단언했다. 폴록에 의하면 물감들은 모두 자신만이 지닌 생명의 빛이 있으며, 자신은 그것을 해방했을 뿐이라는 것이다. 종래에 없던 사고방식과 참신한 작화 기법은 많은 예술가들에게 발상을 전환할 수 있는 기회를 주었으며, 대중들은 폴록에 대해 경악인지 감동인지 모를 감탄사를 연발했다.

그러나 이와 같은 그의 특이함을 이용해 대중의 주목을 끌 수는 있어도, 지속적으로 인기를 끌거나 사랑을 받기에는 한계가 있었다. 그림의 내용은 고사하고 미추조차 한눈에 알기도 어려운데다가, 화가의 심리나 내력을 알고 보더라도 너무나도 주관적인 정서를 추상

작자소개

잭슨 폴록
(Jackson Pollock, 1912~1956)
20세기 추상파 표현주의를 대표하는 화가이며, 회화 예술에 퍼포먼스를 곁들인 '행동회화(Action Painting)'의 선구자이기도 하다.
로스앤젤레스 미술학교에서 그림을 배운 뒤 뉴욕으로 거처를 옮긴 후에는 미술학생 연맹에 가입한다. 초반에는 유럽 미술의 아방가르드를 거부했으나 점차 잠재의식이 미술에 미치는 영향에 대해 흥미를 느끼며 초현실주의 미술의 영향을 받았다. 이후로 원시 미술에 대한 관심 또한 높아 미국 원주민들의 미술로부터 영향을 받았다. 1940년대 후반 그는 자신의 그림을 형식적 제목의 틀로부터 자유로워질 수 있도록 이름을 붙이기를 거부하고 번호를 붙이기 시작했다.
그의 대표작으로는 〈원을 끊는 달의 여인(Moon Woman Cuts the Circle)〉, 〈가을의 리듬 – 작품 30호(Autumn Rhythm-Number 30)〉, 〈블루 – 모비 딕(Blue-Moby Dick)〉, 〈작품 1호 – 라벤더 빛 안개〉 등이 있다.

적으로 표현했기 때문에 공감하기 힘들다는 것이 단점이었다. 그러나 폴록 본인은 인기에 크게 연연하지 않았던 듯 굳이 화풍을 고쳐서까지 인기를 얻으려는 노력은 하지 않았다. 실제로 음악과 미술은 그 주체에게 즐거운 놀이여야 한다는 것이 그의 평소 생각이었다. 특히 폴록에게 추상화란 예술가의 잠재의식 속에서 전혀 새로운 것을 찾아 떠나는 미지의 탐험과도 같이 즐거운 분야였다. 그의 시도는 이후 미국 회화 예술의 발전에 깊은 영향을 끼쳤다.

▶ 사진작가 한스 네이머스(Hans Namuth)가 촬영한 폴록의 작업 장면

◀ 두 개의 마릴린
(The two Marilyns)

명화자료
창작시기 : 1950년
크기 : 221 × 300cm
기법 : 캔버스에 유채
소장 : 미국 워싱턴 국립 미술관

두 개의 마릴린

　마릴린 먼로는 팝 아트(Pop Art)를 선도한 현대 예술의 대가 앤디 워홀의 작품 중 가장 사랑받은 소재다. 팝 아트는 문명의 발달과 대중문화의 성장에 힘입어 전 세계적으로 커다란 영향을 미친 예술의 한줄기이다.

　팝 아트는 그 특성상 유행에 민감하며 대중에 친근해야 한다. 그는 "예술은 일상생활을 반영해야 하며, 일상생활은 예술로서 표현되어야 한다."고 주장하면서 광고와 잡지, 텔레비전, 만화 등 다양한 형식을 통해 익숙한 이미지로 대중에 다가가는 예술을 고집했다. 워홀의 작품 소재는 주로 돈, 달러의 기호, 여인의 구두, 통조림이나 콜라처럼 흔한 식품 등 대부분 누구나 쉽게 알아 볼 수 있는 익숙한 사물이나 체 게바라, 마오쩌둥, 마릴린 먼로, 그레이스 켈리 등 사회적 이슈의 중심에 선 유명인과 연관된 것이었다. 이는 당시의 미국

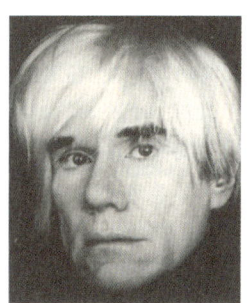

▲ 앤디 워홀

▶ 녹색의 코카콜라 병들
(Green Coca-Cola Bottles)

사회의 관심과 문화를 대변하는 소재들이다.

이 작품의 주인공인 마릴린 먼로는 관능미로 인기를 얻어 한 시대를 풍미한 미국 여배우이다. 1926년에 태어나 인기가 절정에 올랐을 때인 1962년 8월 돌연 권총 자살로 생을 마감했다. 믿기지 않는 그녀의 죽음으로 대중이 충격에 빠졌을 때, 그녀의 죽음을 둘러싼 각종 의혹과 소문으로 미국 전역이 벌집을 들쑤신 것처럼 시끄러울 때 이 작품이 완성되었다. 마릴린 먼로의 얼굴을 중복적으로 나열한 이 작품은 두 폭으로 이루어져 있는데 왼쪽의 한 폭은 채색된 그림이고, 오른쪽 한 폭은 흑백 그림이다.

오른쪽 흑백 부분에서 워홀은 이 작품이 인쇄물이라는 느낌을 부각시키기 위해 잉크가 고르지 않은 것처럼 처리했다. 가장 오른쪽에서 1, 2열은 마치 잉크가 모자라 밝게 인쇄된 듯한 인상을 주는 반면, 3, 4열은 잉크가 짙게 묻어난 것처럼 보인다.

코카콜라나 마릴린 먼로 등 워홀의 몇몇 작품에서는 똑같은 대상을 반복적으로 드러내는 특징을 발견할 수 있다. 이는 당시 기계를 이용한 대량 생산과 무한 복제가 일반화되고 미디어가 고도성장을 거듭하고 있던 당시 사회의 모습에서 미국의 가장 핵심적인 문화적 정체성을 발견한 워홀이 작품에 반영한 것으로 생각할 수 있다. 워홀은 세상의 변화와 대중의 취향에 발맞추어 작품을 대량 생산하면

작자소개

앤디 워홀
(Andy Warhol, 1928~1987)
미국 펜실베이니아 피츠버그에서 태어나, 훗날 20세기 최고의 대중 예술가로 세계적인 명성을 떨쳤다. 앤디 워홀은 초기에 판화가로 이름을 알리기 시작했으나 점차 순수 미술과 상업 미술의 경계를 넘나들며 광범위하게 활동했다. 또한 그가 기존의 예술 분야의 틈새에서 새로이 개척한 영역들도 있으므로 종합 예술가라고 부르는 편이 가장 타당하다. 앤디 워홀은 미국의 물질문화를 예술적 원천으로 삼았다. 그의 작품 세계가 갖는 특성은 실용주의, 상업주의, 다원화, 유머로 정리된다. 앤디 워홀은 그가 속한 시대의 문화를 날카롭게 꿰뚫어본 후 그것을 다시 다양한 방식으로 대중에 보여주는 자신의 예술에 대해 스스로 '세상의 거울'이라고 표현했다.
대표적인 작품으로 〈캠벨 수프(Campbell's soup)〉, 〈두 개의 마릴린〉, 〈마릴린 먼로(Marilyn Monroe)〉, 〈마오(Mao)〉 등이 있다.

서 그런 자신에 대해 기계가 되고 싶다고 할 정도로 시대적 상황을 적극 받아들여 앞서 나갔다. 그는 심지어 자신의 작업실에 영어로 공장을 의미하는 '팩토리(factory)'라는 이름을 붙이기도 했다.

한편 앤디 워홀이 남긴 수많은 어록은 그의 혁명적인 예술적 성취만큼이나 그의 명성을 드높이는 데 큰 역할을 했다. 특히 "예술가는 사람들이 꼭 가질 필요는 없는 것들을 만들어내는 사람들이다."와 같은 발언은 줄곧 예술가로서 상업성을 추구하며 돈을 밝힌다는 비난을 들었던 그로서는 상당히 냉소적인 모습이 아닐 수 없다. 그가 남긴 말들 중에서도 매스 미디어의 발전을 두고 다음과 같은 유명한 말을 남겼다. "미래에는 모든 사람들이 15분 동안 유명해질 것이다."

◀ 달러 사인 (Dollar Sign)

역사가 기억하는 세계 100대 **명화**

발행일 / 2판1쇄 2016년 2월 25일
발행인 / 이 병 덕
편저자 / 우 지 에
옮긴이 / 남 은 성
발행처 / 도서출판 꾸벅
등록날짜 / 2001년 11월 20일
등록번호 / 제 8-349호
주소 / 경기도 고양시 일산서구 강선로 49
　　　　일산비스타 913호
전화 / (031) 908-9152
팩스 / (031) 908-9153

isbn / 978-89-90636-79-9(13600)
잘못된 책은 구입하신 서점이나 본사에서 교환해 드립니다.

《感动世界的100幅名畵》

copyright © 2009 by 武汉出版社
All rights reserved.
Korean Translation Copyright © 2011 by Coobug Publishing Co.
Korean edition is published by arrangement with 武汉出版社
through EntersKorea Co., LTD, Seoul.

이 책의 한국어판 저작권은 (주)엔터스코리아를 통한 중국의 武汉出版社와의 계약으로 도서출판 꾸벅이 소유합니다. 신 저작권법에 의하여 한국 내에서 보호를 받는 저작물이므로 무단전제와 무단복제를 금합니다.